U0107051

清华大学地区研究丛书·译著 **IIAS**
Area Studies Book Series, Tsinghua University-Translation

姜景奎　张　静　主编

泰国史

（第三版）

A History of Thailand

（3rd edition）

［英］克里斯·贝克（CHRIS BAKER）　　著
［泰］帕素·蓬派吉（PASUK PHONGPAICHIT）

李宇晴　金勇　译

中国社会科学出版社

审图号：GS（2023）2981 号

图字：01－2021－4762 号

图书在版编目（CIP）数据

泰国史：第三版／（英）克里斯·贝克，（泰）帕素·蓬派吉著；
李宇晴，金勇译．—北京：中国社会科学出版社，2023.9

书名原文：A History of Thailand（3rd edition）

ISBN 978－7－5227－0956－7

Ⅰ.①泰…　Ⅱ.①克…②帕…③李…④金…　Ⅲ.①泰国—历史
Ⅳ.①K336.0

中国国家版本馆 CIP 数据核字（2023）第 030797 号

出 版 人	赵剑英	
项目统筹	张　潜　侯聪睿	
责任编辑	侯聪睿	
责任校对	冯英爽	
责任印制	王　超	

出　　版	中国社会科学出版社	
社　　址	北京鼓楼西大街甲 158 号	
邮　　编	100720	
网　　址	http://www.csspw.cn	
发 行 部	010－84083685	
门 市 部	010－84029450	
经　　销	新华书店及其他书店	

印　　刷	北京君升印刷有限公司	
装　　订	廊坊市广阳区广增装订厂	
版　　次	2023 年 9 月第 1 版	
印　　次	2023 年 9 月第 1 次印刷	

开　　本	710×1000　1/16	
印　　张	23.25	
字　　数	335 千字	
定　　价	119.00 元	

泰国史

（第三版）

　　《泰国史》一书对从湄南河流域早期定居时期到今天的泰国政治、经济、社会和文化的历史进行了生动而通俗易懂的描述。

　　本书现已出版第三版，它探讨了殖民主义、拓荒和来自中国南部的商人与劳工移民是如何改变一个由官僚贵族和不自由的农民所组成的世界。它研究了君主制如何在20世纪初建立了一种新的民族国家。

　　贝克和蓬派吉捕捉到了不同群体之间的碰撞，包括城市民族主义者、野心勃勃的将军、共产主义反叛者和商业政客，他们试图在20世纪争夺民族国家的控制权。他们通过经济繁荣的高潮和低谷、全球化以及大众社会的演进来追踪泰国的经济变化。

　　第三版揭示了泰国近期的政治、社会和经济发展，包括2006年的军事政变、2010年五月的暴力街头政治，以及2011年标志性的大选及其余波。它揭示了在今日泰国，君主制、军方、商界和新的大众运动在关于这个国家民主的性质与未来的复杂冲突中是如何发挥作用的。

　　克里斯·贝克（Chris Baker）曾在剑桥大学教授亚洲历史，在泰国生活30余年。他现在是一名独立学者、研究员和翻译家。

　　帕素·蓬派吉（Pasuk Phongpaichit）是曼谷朱拉隆功大学经济学院的教授。她用泰语和英语撰写了大量关于泰国经济、性产业、腐败、非法经济和不平等的文章。

目　录

中文版序言

我们的《泰国史》一书将与中文读者见面，对此我们深感自豪。我们要向李宇晴和金勇两位译者致以诚挚的谢意，他们为翻译本书倾注了大量时间、精力和才智，同时也要感谢中国社会科学出版社能够出版本书。

2000 年前后，剑桥大学出版社请我们写一本关于泰国历史的书。当时我们已经合作写过了三本书和几篇学术文章，以及大量的报纸专栏。克里斯是英国人，接受过社会史的教育，博士期间从事印度史的研究，并在泰国生活了 30 多年。帕素是泰国人，出生在一个村庄，曾在澳大利亚和英国接受高等教育，博士学位论文是关于泰国发展的政治经济学研究，并写过关于腐败、非法经济、不平等和社会运动的著作。我们的团队构成有些特别：一个泰国人和一个西方人；一个来自内部，另一个来自外部；一位是女性，另一位是男性；一位是经济学家，另一位是历史学家。

剑桥大学出版社要求我们更专注于现代历史，因此我们将重点放在了曼谷王朝时期。我们寻求在政治历史、政治经济和社会变迁之中找到一个良好的平衡。同期的其他历史著作大多聚焦于政治史，特别是关于王权的历史。我们突出强调了土地开荒、农民社会的发展，以及创造了一种新的城市社会和经济的华人移民。我们还利用了大众文化，特别是歌曲和电影，将人文带到历史之中。

本书的英文版获得了一定的成功。我们已经对其进行了两次更新，以将泰国近期政治的戏剧性变化纳入其中，未来也会继续进行更新，以反映泰国社会的持续变化。2017 年，我们以《泰国现代史》（*Prawatisat thai ruamsamai*）为名推出了本书的泰文版。我们自己进行翻译，使之成为完全忠实于英文版的译本，毫无遗漏。我们对它在泰国的受欢迎程度感到惊讶不已。该书由泰国首屈一指的高端出版社民意出版社（Matichon）出版。在 2017 年 3 月举办的书展上，该书成为民意出版社最畅销的书。我们为排着长队购书的读者签名，他们几乎都在 25 岁以下。在接下来的两年里，该书被重印了 10 次。

回想起来，我们可以发现这种成功有两个原因。第一，本书是我们为非泰国读者而作的，并在翻译之时没有对其进行任何改动，它包含了许多泰国学校教科书中没有的信息，特别是关于最近几十年的政治危机。第二，我们用了大量篇幅介绍社会史，泰国读者可以在故事中找到自己和自己的家庭历史。他们在那些专注于君主制和政治精英的历史专著中是无法做到这一点的。这两个方面使得本书对许多泰国读者极具吸引力，尤其是那些拒绝传统规训并要求有权创造自己未来的年轻人——他们在 2020—2021 年的青年抗议活动中涌上了街头。

我们希望本书能够让中国的读者更好地了解泰国，并为促进两国人民之间的关系贡献绵薄之力。

克里斯·贝克与帕素·蓬派吉
于泰国曼谷
2022 年 3 月

前　言

　　历史是为民族国家发明的。它倾向于想象"一种同一的、随时间不断演化的民族主体的虚假的统一性"（杜赞齐）。民族很容易成为一种一直以来就存在的自然之物，但只有在民族国家的形式下才能被恰当认识。出于对这种倾向的反抗，今天的历史学家更喜欢书写人物、事件、思想、特定地点、区域或全球——只要不是民族，什么都行。要不然，他们就会写关于民族与其自身历史生产之间相互作用的反思性历史。

　　本书采用的方法是将民族国家的历程作为叙事的明确焦点。本书的主题之一是民族的概念以及民族国家的机制是如何在泰国建立起来的，不同的社会力量是如何试图利用它的，例如通过重新阐释民族的含义，或通过寻求控制或影响国家权力的使用等方式。第二个重要的主题是相关社会力量的演变。在介绍性的章节之后，各章在这两个主题之间交替进行，尽管这种划分相对粗糙，并不精确。

　　出版社希望这套丛书能够为广大读者所接受，不要太长，不要有太多的学术参考资料。我们的方式是只在直接引文来源上使用脚注。在附录的"阅读材料"中，列举了主要的英文著作，但在近几十年，出版的关于现代泰国的英文著作很少。但有数量巨大的泰文著作，还有更多泰文和英文的未经发表的论文。它们的作者和其他专家很容易就能发现我们对这些作品的依赖。部分最重要的著作包括：希萨·万利坡东（Srisak Vallibhotama）、韦杰夫（Geoff Wade）、皮塞·杰占蓬（Phiset Jiajanphong）和萨拉萨瓦迪·翁萨恭（Sratsawadi Ongsakun）

关于早期历史的研究；尼提·尤希翁（Nidhi Eoseewong）和赛春·萨达亚努拉（Saichon Sattayanurak）关于早期曼谷社会的研究；塔威萨·坡颂（Davisakdi Puaksom）、阿塔甲·萨达亚努拉（Attachak Sattayanurak）和如加亚·阿帕功（Rujaya Abhakorn）关于朱拉隆功改革时期的研究；品巴派·披叁布（Phimpraphai Phisanbut）、占依希·拉达宁（Chamnongsri Rutnin）和潘尼·波雷（Panni Bualek）关于城市社会的研究；查提·纳塔素帕（Chatthip Nartsupha）、大卫·约翰斯顿（David Johnston）和北原淳（Atsushi Kitahara）关于农村社会的研究；纳卡琳·梅德莱拉（Nakharin Mektrairat）、村嶋英治（Eiji Murashima）、探隆萨·沛叻阿南（Thamrongsak Petchloetanan）、查尼达·婆罗帕雅·坡颂（Chanida Phromphayak Puaksom）、赛春·萨达亚努拉、查冷杰·朴暖（Chaloemkiat Phianuan）、莫拉高·杰瓦金达（Morakot Jewachinda）、威奇达翁·纳堡沛（Vichitvong na Pombejra）、攀丕素·因塔拉皮荣（Phenphisut Inthraphirom）和马特·科普兰（Matt Copeland）关于民族主义的研究；查隆·孙塔拉瓦尼（Chalong Soontravanich）、颂萨·江提拉萨恭（Somsak Jeamteerasakul）、素塔猜·因巴色（Suthachai Yimprasoet）和禅威·格塞希利（Charnvit Kasetsiri）关于美国时代的研究；巴帕·宾豆丹（Praphat Pintobtaeng）、提拉育·汶密（Thirayuth Boonmi）、阿内·劳探玛塔（Anek Laothamatas）、乌汶拉·希利尤瓦萨（Ubonrat Siriyuvasak）、詹姆斯·奥奇（James Ockey）、卡贤·特加皮让（Kasian Tejapira）和通猜·威尼差恭（ThongchaiWinichakul）关于1975年以来的泰国历史的研究。我们对此表示诚挚的感激和谢意，使用这些著作时若出现任何不当之处，我们也深表歉意。

本书是在泰国撰写的，但其他地方的图书馆和研究中心的帮助也是不可或缺的。我们要特别感谢京都大学东南亚研究中心、哥本哈根北欧亚洲研究所、华盛顿约翰斯·霍普金斯大学SAIS以及澳大利亚国立大学和剑桥大学的图书馆所提供的帮助。

我们要感谢凯文·休伊森（Kevin Hewison）、克雷格·雷诺尔斯

（Craig Reynolds）、马尔科姆·福克斯（Malcom Falkus）、格兰特·埃文斯（Grant Evans）、安德鲁·布朗（Andrew Brown）和约翰·芬斯顿（John Funston），他们对手稿的初稿提出了意见。

感谢泰国国家档案馆、法政大学档案馆、《曼谷邮报》（*Bangkok Post*）、《民族报》（*The Nation*）、暹罗学会、阿内·纳威格蒙（Anake Nawikamune）、禅威·格塞希利、察查万·查素提猜（Chatchawan Chatsuthichai）、刀仍·奈通（Daoruang Naewthong）、艾格琳·拉塔萨希利（Ekkarin Latthasaksiri）、肯·萨力嘎（Kane Sarika）、格威·萨南当（Kovit Sanandaeng）、格莱叻·纳纳（Krairoek Nana）、《民意报》（*Matichon*）、南提亚·当威素提集（Nantiya Tangwisutijit）、尼克·诺斯蒂兹（Nick Nostitz）、帕纳·詹威洛（Pana Janviroj）、皮利亚·格莱叻（Piriya Krairiksh）、萨阿·昂恭瓦（Sa-ard Angkunwat）、萨迪纳·差恭·纳阿瑜陀耶（Sakdina Chatrakul na Ayudhya）、撒阿·叻查帕塔纳蓬（Sanga Luchapatthanakon）、沙朗·奥图尔（Sharon O'Toole）、颂素达·利亚瓦尼（Somsuda Leyavanija）、史蒂夫·范贝克（Steve Van Beek）、素帕德拉·普密巴帕（Subhatra Bhumiprabhas）、（Thamrongsak Petchloetanan）和瓦如尼·欧萨塔荣（Warunee Osatharam），感谢他们在我们寻找插图时所给予的帮助。

关于第三版的说明（2014 年）

我们已将本书更新至 2014 年初，包括 2006 年的政变、2010 年 5 月的纷争和 2011 年标志性的大选。在其他个别地方，我们做了一些小改动，引入了新发表的研究。

关于音译和名称的说明

国王名字和地名采用官方拼写，一些为人熟知的名字则使用传统形式。除此之外，泰语的转写采用了皇家学术院的体系，唯一的例外是用"j"来转写泰文的 *jo jan*。

缩略语表

ASEAN Association of Southeast Asian Nations

BAAC Bank for Agriculture and Agricultural Cooperatives

CDA Constitution Drafting Assembly

CEO Chief Executive Officer

CIA Central Intelligence Agency

CP Charoen Pokphand group of companies

CPD Campaign for Popular Democracy

CPT Communist Party of Thailand

GDP Gross Domestic Product

IMF International Monetary Fund

ISOC Internal Security Operations Command

ITV Independent Television

KMT Kuomintang

MP Member of Parliament

NESDB National Economic and Social Development Board, the planning agency

NGO Non-Governmental Organization

NIO National Identity Office

NPKC National Peacekeeping Council

OECD Organization for Economic Cooperation and Development

PAD People's Alliance for Democracy

PFT Peasants Federation of Thailand

PPB Privy Purse Bureau

PPE Philosophy, Politics and Economics

PPP People Power Party

SEATO Southeast Asia Treaty Organization

TRT Thai Rak Thai Party (Thais love Thais)

UDD United Front for Democracy Against Dictatorship

UN United Nations

USAID US Agency for International Development

术语表

angyi 一种华人秘密社团

baht 一种货币单位

barami 卡理斯玛；天生的权威

Bodhisatta 未来佛陀

cakkavatin 佛教宇宙观中的天下帝王

chaiyaphum "胜利的地势"；城市选址的科学

Chakri 曼谷王朝的名称；取自拉玛一世以前当军务部长时的头衔

chaophraya 传统官阶体系中最高的头衔之一

chat 出生；种族；国家

chatprathet 民族国家

chedi 佛塔（窣堵坡）；佛舍利塔

choduek 对华人社区首领的传统称呼

compradore 殖民地公司的代理人，负责与当地合作伙伴或客户
　　　　　联络

corvée 封建领主剥削的劳动力

ekkarat 统一而独立的王国

farang 西方人；欧洲人；外国人

Isan 东北地区

itthiphon 影响力

jao 领主；统治者；王族成员

jao pho 教父；黑手党

jao sua 富商，尤指华人（改编自中文短语的泰语）

jap jong 对未使用的土地要求所有权的过程

jataka 佛陀前世的故事集；常被用于布道，或作为寺庙壁画的
　　主题

jek 在泰国对华人的一种蔑称

kalahom 在传统政府中指负责南部地区的部长和部门，在现代政
　　府中负责监督国防

kamnan 一组村庄的首领

kanmueang ning 安静或平静的政治

kathin 向佛教僧侣敬献新僧衣的仪式

kha ratchakan 官僚；原始意思为国王的仆臣

khon samai mai 现代人

khwaen 勐的联盟

lak ratchakan 为国王服务的原则

lak wicha 法律和理性的原则（本书语境中使用）

luk thung "田园之子"，一种音乐风格

lukjin "华人之子"，对在泰国出生的华人移民后代的称呼

mahanakhon "大型都市"

mankhong 安全

manutsayatham 人文主义，或对人民的信仰

muang fai 堰渠式灌溉系统

mueang 一种政治单位；最初是指城邦，但也适用于国家。

munnai 监管者

naga 神话中的大蛇

nai 上司；监管者

nakleng 硬汉

nibbana 涅槃；佛教教义中指从世俗存在中解脱

nirat 一种结合了旅行、对所爱之人的怀念和对自然的观察的诗歌
　　形式

phatthana 发展

phleng phua chiwit 为人生歌曲

pho khun 传说中素可泰国王模式中的父权统治者

pho liang 赞助人

pho yu pho kin "丰衣足食"；充足

phrai 在传统秩序中，被强迫服劳役的自由人

phrai mangmi 富足的平民

phrakhlang 传统政府中的皇家财务部（及其部长）

phramahakasat 伟大的国王

phu di "好人"；贵族阶层

phu noi 小（普通）人物

phu yai 大（有权力的）人物

phueng ton eng 自力更生

phumibun "有功德之人"；具有特殊或超自然力量的人，有时指千
禧年叛乱的领袖

prathet 国家

prathetchat 民族国家

protégé 根据殖民条约的治外法权规定，受殖民国家（如英国或法
国）保护的人

rachasap "皇语"；一套用于称呼国王的专门词汇

rai 面积单位，等于 0.16 公顷

ratchathani 国王的居所；王国的内层与核心

ratthaniyom 文化法案；国家法令

sae 中国人的姓氏

sakdina "对土地的权力"；一种通过数值表示的传统等级制度；
有时被用来指称泰国的封建制

samakhom lap 秘密结社

samakkhi（tham）统一体

sanchat thai 泰国国籍

sawatdi 问候语

Seri Thai 自由泰，第二次世界大战时期泰国的抗日运动

siwilai 泰语对"文明"（civilized）一词的改编，概述了对于"进
步"的渴望

sukhaphiban 卫生区

thamma 达摩，佛陀的教诲；正义的行为

3

thammaracha 法王，遵守佛教道义的统治者

thammathut 达摩的使者

that 奴隶

thesaphiban "对领土的控制"

thotsaphit ratchatham 十王道

thudong 朝圣

Traiphum《三界论》；早期的佛教宇宙观，可能写于 14 世纪

wat 佛教寺庙；寺院

wihan 佛教寺庙中的礼堂

winaya 佛教僧侣的戒律

大事年表

1351 年传奇的阿瑜陀耶王朝建立

1569 年阿瑜陀耶城第一次被缅甸攻陷

1767 年阿瑜陀耶城第二次陷落

1782 年在曼谷建立新王都；拉玛一世耀发王登基

1822 年与英国签订第一个贸易条约，约翰·克劳福德负责谈判

1851 年拉玛四世蒙固王继位

1855 年签订《鲍林条约》

1863 年法国将柬埔寨纳入保护国

1868 年拉玛五世朱拉隆功王继位

1872 年朱拉隆功访问印度

1874 年前宫危机事件；在清迈签订《英暹条约》；废奴法令

1885 年布里萨当王子关于预备宪法的请愿书

1890 年建立王室财产局

1892 年组建内阁议会

1893 年法国炮舰威胁曼谷（河口事件）；建立内政部

1897 年朱拉隆功第一次访问欧洲

1901 年乌汶发生"福德之人"叛乱

1902 年帕爆发叛乱；南部土邦叛乱；《僧伽法案》通过

1905 年征兵法颁布

1908 年孙中山造访曼谷

1909 年《英暹条约》划定暹罗边界

1

1910 年拉玛六世瓦栖拉兀王继位；曼谷华人罢工

1912 年未遂军事政变

1913 年《国籍法》通过；《制姓条例》通过；瓦栖拉兀发表《东方的犹太人》一文

1916 年建立朱拉隆功大学

1917 年建立暹罗特遣队，在欧洲为协约国一方作战；第一份"政治报纸"出版

1920 年丹隆亲王的《泰缅战争史》第一次出版

1923 年《新闻法》通过；杜德的《泰族》一书出版

1925 年拉玛七世巴查提勃王继位

1927 年民党在巴黎建立

1928 年古腊·赛巴立的《男子汉》出版；昆威集玛德拉的《泰国的根基》出版；威集·瓦塔干的《伟人》出版；抵制日货

1930 年胡志明（从 1928 年开始不时在暹罗组织越南流亡者运动）组建暹罗共产党

1932 年革命推翻君主专制政体，建立君主立宪制政体（6 月 24 日）

1933 年发生波汶拉德叛乱

1934 年建立法政大学；披汶成为国防部长与陆军司令

1935 年巴查提勃逊位

1936 年威集·瓦塔干的戏剧《素攀之血》首演

1937 年第二次抵制日本进口商品

1938 年披汶成为总理；泰国大米公司成立

1939 年暹罗更名为泰国；一系列国家法案出台；宪法纪念碑完工

1941 年日本军队进入泰国；泰国向同盟国宣战；与法国交战

1942 年披汶的《僧伽法案》通过；泰国共产党重建

1944 年自由泰网络建立；披汶总理被迫下台；曼谷银行建立

1945 年社尼·巴莫被从美国召回进行和平谈判

1946 年比里制定的宪法通过；拉玛八世阿南塔·玛希敦去世；拉玛九世普密蓬·阿杜德继位；第一次五一劳动节集会
1947 年第一个全国劳工联盟建立；披汶通过政变重新掌权
1948 年哈吉素隆被捕引发南部穆斯林动乱；泰国共产党接受毛主义战略
1949 年发生大王宫叛乱；比里流亡
1950 年披汶压制和平运动
1951 年拉玛九世返回泰国；寂静或无线电政变；第一批美国军事援助抵达
1954 年东南亚条约组织（SEATO）建立
1955 年披汶的民主插曲
1957 年沙立·他那叻通过政变上台；友谊高速公路竣工
1958 年沙立第二次政变并实施高压政策
1960 年泰国军队在老挝作战
1961 年空·詹达翁被处决；泰国共产党在普潘山建立第一个农村根据地
1962 年沙立的《僧伽法》通过；《鲁斯克—科曼协议》巩固美泰安全同盟
1963 年沙立去世，他侬·吉滴卡宗接任总理；《社会科学评论》创刊
1964 年第一次对越南的空袭由泰国起飞
1965 年共产主义武装斗争打响“第一枪”
1966 年集·普米萨在普潘山被枪杀
1967 年泰国军队在南越作战；北部山地地区的赫蒙人（苗族）发生叛乱
1968 年宪法恢复
1971 年他侬针对政府的自我政变，并废除宪法；乡村巡逻队建立
1972 年学生举行抗议反对日货，并诉求恢复宪法
1973 年学生运动推翻了他侬统治（十月十四日事件）

1974 年泰国农民协会（PFT）成立；都喜天阙酒店工人罢工

1975 年由克立·巴莫和社尼·巴莫领导的民选政府；纳瓦蓬与红色野牛组织成立；美军开始离开

1976 年发生法政大学屠杀与军事政变（十月六日）

1979 年恢复选举和议会

1980 年炳·廷素拉暖出任总理；开始实施结束叛乱的政治政策

1981 年发生失败的愚人节政变

1984 年泰铢贬值

1985 年政变未遂；占隆·西芒当选曼谷市长

1986 年尼提·尤希翁关于达信王的著作出版

1987 年泰国共产党的余党被捕；素集·翁帖的《华老混合》出版

1988 年差猜·春哈旺当选为 1976 年后第一位民选总理；南宗大坝计划取消

1991 年国家和平维持委员会（NPKC）发动政变；阿南·班雅拉春出任总理

1992 年国家和平维持委员会与素金达·甲巴允总理被"黑色五月"的街头民主运动推翻；抗议森林清理计划的森林砍伐；普蓬·端詹去世；川·立派出任总理

1994 年泰国文化推广年；普密蓬国王推行自足农业计划；巴蒙大坝竣工

1995 年建立制宪会议；穷人议会建立

1996 年班汉·西巴阿差在国会不信任案辩论后被赶下台

1997 年穷人议会发动 99 天抗议；"人民宪法"通过；金融危机爆发

1998 年他信·西那瓦建立泰爱泰党

2001 年他信·西那瓦成为泰国总理

2003 年"缉毒战争"导致超过 2500 多人死亡

2004 年泰南地区战火重燃，包括那拉提瓦军械库遇袭、克鲁瑟清

真寺事件和德拜县事件

2006 年他信政府被军事政变推翻

2007 年新宪法经过全民公投后被接受；11 月选举由人民力量党
领导联合组阁，由沙马·顺达卫出任总理

2008 年在黄衫军示威封闭曼谷机场后，人民力量党政府被法院解
散；民主党的阿披实·威察集瓦成为总理

2009 年在泰国新年之际，大规模军事行动清场红衫军示威活动

2010 年大规模的红衫军示威活动于 2010 年 5 月结束，造成了约
上百人死亡

2011 年为泰党在 7 月大选中获得绝对多数；英拉·西那瓦成为泰
国首位女性总理

2013 年在大规模的城市抗议活动之后，意欲允许他信回国的特赦
法案未能通过

第 一 章

曼谷王朝之前的历史

泰国（Thailand）这个名字是在 1939 年发明的。它所描述的国家，过去称作暹罗（Siam），边界是在 19 世纪 90 年代和 20 世纪初确定的。其首都曼谷建于 1782 年，继承了在 15 年前被摧毁的旧都城阿瑜陀耶（Ayutthaya）。阿瑜陀耶曾是亚洲伟大的港口城市之一，其贸易联系从波斯延伸至中国，其政治和经济腹地集中在湄南河流域。

这个腹地的社会在过去几个世纪，以整个东南亚都很类似的模式发展。这里的地貌以热带和亚热带森林为主。人们聚居在城邦里。社会是围绕着服务和保护的个人关系组织起来的。在 13 世纪到 16 世纪的战争时代，出现了一个强大的穷兵黩武的王权，其支持体系是婆罗门教仪式、贸易利润和徭役制度。但是从 17 世纪开始，随着商业经济的扩张、劳动关系的松散、贵族阶层的出现以及上座部佛教焕发的新活力，这种社会和政治秩序开始发生变化。

在湄南河流域定居

东南亚大陆是这个星球上最富饶和最具生物多样性的地区之一。在北部，山脉将该地区与中国分隔开来，并向南延伸，像一只手的手指一样将该区域进一步分割开来（图 1-1）。这些山脉之间的平地有热带和亚热带的温度，而五条大河带着亚洲内陆高山上的消融冰雪流

1

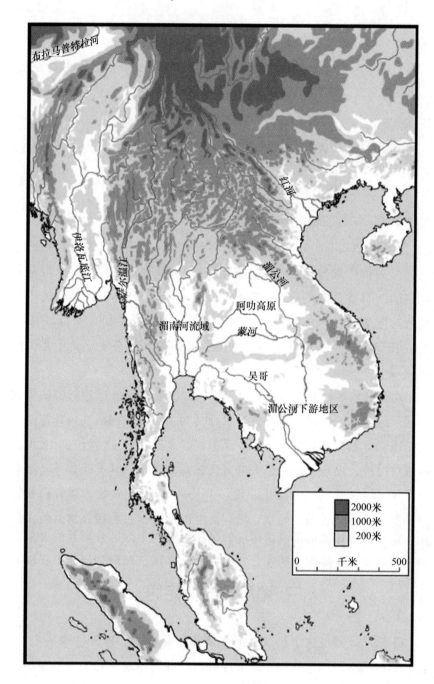

布拉马普特拉河

红河

伊洛瓦底江

萨尔温江

湄公河

呵叻高原

湄南河流域

蒙河

吴哥

湄公河下游地区

	2000米
	1000米
	200米

0　　　千米　　　500

图1-1　东南亚大陆

注：包括本图在内的书中所有地图系原文插附地图。

过，还有季风拂过，每年给这里带来四到六个月的强降雨。高温和充足的水分创造了一个极其丰富的生态环境。自然植被是茂密的森林：北部是落叶林，逐渐与南部的热带雨林和沿着海岸线的茂密的红树林融为一体。在过去，许多生物都比人类更好地栖息在这里，包括大象、野牛、鹿、猴子、老虎、蛇、鳄鱼以及大量的寄生虫和微生物。

直到很晚近的时期，这个地区依然人烟稀少。在 18 万年前，出现了狩猎—采集者在山洞里栖居的痕迹，但这些痕迹数量稀少且模糊不清。随着公元前 2500 年左右稻作农业和青铜器的出现，定居点有所增加，而随着公元前 500 年左右铁器的出现，定居点进一步增加。

这些金属时代的定居点坐落在凸起的土丘上，周围环绕着沟壕，或许是为了防御，又或许是为了蓄水。人们种植水稻，饲养牛和狗，继续在森林中狩猎和采集，并到很远的地方去交易有价值的物品，如串珠和仪式用鼓等。考古学家怀疑，在这个时期，新的人类可能已经扩张到整个地区，他们带来了稻作农业、金属加工技术、家畜和我们今天称作孟—高棉（Mon-Khmer）语系的语言。他们很可能沿着海岸线扩张，但也会深入内陆沿着河流进入高地平原，那里更容易开垦，也更适宜居住。

从大约公元前 1 世纪前后开始，这些人开始和印度有了贸易往来，最终从这个已经发展出许多城市中心的地区带来了思想和技术。更大的定居点开始出现，特别是在湄公河下游流域，以及西边从湄南河下游流域穿过半岛狭长地区的山丘，一直延伸到西海岸地区。在公元 6 世纪，通过改造借自南印度的字体，这两个地区分别开始书写高棉文和孟文。在高棉人国家，农民成为从降雨、湖泊和河流中获取和储存水的专家，以支撑稠密的人口。统治者利用印度人关于城市生活、建筑、宗教和治国的理念，整编了这些劳力，创造了新的城市中心、国家制度和君主政体。吴哥宏伟的都城成为一个典范，分散在其西边的从呵叻高原（Khorat Plateau）到湄南河水系的一众小型中心都尊崇和模仿它。

这些早期的孟—高棉传统住民立足沿海地区，并向内陆地区扩展。第二批涌入的人群及文化从北方翻山越岭而来。

今天被称作台语族（Tai）的语言很可能源自居住在长江以南的人群，他们早在公元前 6 世纪汉人从北方来到该地区之前就住在那里。随着汉人军队在公元初几个世纪控制了中国南方的海岸线，这些人中的一部分后退到海岸后面的高山峡谷之中。之后经过许多个世纪，一些人向西迁徙，在从广西内陆到布拉马普特拉河（Brahmaputra）① 流域这长达 1000 千米的弧状地带传播台语族语言。他们可能掌握了利用山涧流水种植稻米的专门技术。当然，他们选择在山间盆地定居，在那里才能使这种技术有用武之地。他们的社群与稻米种植紧密相关。他们也可能在与中国人作战之时学到了一些格斗技巧，因为其他族群都把他们视为凶猛的战士。一些早期的居民，主要是孟—高棉人，纷纷撤退至山上。其他人则继续和这些农民—战士精英共处，前者往往会接受一种台语族语言，并逐渐失去他们自己的独立身份。

这些使用台语族语言的傣泰族群（Tai groups）一般定居在山丘上的宽阔河谷中。只有在湄公河一带，他们才会向南迁移，沿着河走，但也会越过低矮的分水岭，来到湄南河上游支流附近的山麓一带。他们可能是在 12 世纪末遭受蒙古人的袭击而被迫南下的，也有可能是受贸易驱动，或者只是漫无目的地来到一个相对空旷的区域。他们起初在山地与平原的过渡路线上稍作停留。在此，他们依然可以选择在被视作圣山的山脚下定居下来，继续使用山涧流水进行农耕。然而，他们最终进一步扩张进入低地平原。

他们能够和更早在此的居民共处，很可能是因为他们有不同的稻米种植技术，导致他们偏好不同类型的土地。孟—高棉人利用池塘储存雨水；傣泰人则将善用流水的技巧转为利用河流的。最终，今天被称作"泰语"的台语族语言在湄南河流域占据了支配地位。然而，语言本身也表明不同族群都融入了该地区的社会之中。泰语从高棉语（也可能是孟语）中吸收了许多基础词汇、语法规则和句法原则，使

---

① 布拉马普特拉河是亚洲主要大河之一，发源于中国，上游名为雅鲁藏布江，在东北印度阿萨姆邦境内与其他两河合流后始称布拉马普特拉河，最后注入孟加拉湾。——译者注

其与其他任何一种台语族语言都截然不同〔有一位语言学家冠之以"高棉—泰"（Khmero-Tai）〕。早期欧洲来访者把许多人都当成了孟人。来自中国的定居者从13世纪开始出现。这些人的迁移和语言变化的时间不详。最早使用的泰语文字可追溯至13世纪，出现在山地的南部边缘地带。在更靠南的平原地区，直到15世纪，所有记载都使用高棉文或印度文字，这表明这些语言依然有较大的影响力。到16世纪初，葡萄牙人听人说湄南河下游地区被称作"勐泰"（*Mueang Thai*），意即泰人国家。

即使有这些人口流入，湄南河流域的人口依然十分稀少。若把森林砍伐掉，便有十分肥沃的大片土地。但是在自然状态下，它们充斥着掠食者，包括疟疾细菌及其他丛林热疾病。漫长的热季使得人们在远离永久水源的地方难以生存。定居点稀疏地分布在河流沿岸和海岸周围。大部分地区直到20世纪之前还依然是未经开发的森林。

这种地广人稀的状况意味着总是有吸纳新来者的空间，在接下来的几个世纪里，他们不断增加社会的复杂性。克伦人占据了标志着湄南河流域西部边界的山地，尽管他们何时到来、来自何方都已被遗忘了。孟人族群为了躲避政治上的麻烦，频繁地向东迁移，穿过同一片山地。来自群岛的马来海员在半岛的海岸线上登陆并定居下来。中国商人融入海湾周围和半岛上各个港口的社会。呵叻高原在18世纪由渡过湄公河西进的老挝人和归人（Kui people）占据。中国人不断向南推进，迫使山地居民逐渐渗入高原地区。

地广人稀也是奴隶制、奴隶劫掠和战争的基础。定居点需要保持一定的规模，以远离森林和海湾中的掠食者。领导人需要人手来充当战士、农民、工匠、建筑工和仆人。在早期的海上贸易中，奴隶是从中国和马来群岛引入的。为了获取人口，战争经常爆发。胜利的军队回国时带着成堆的战利品和成串的囚犯。工匠们尤为珍贵。普通的战俘被用作私人家臣，或被派去拓荒以提高粮食产量，并充实可被征役的士兵人数。一直到19世纪，还有一些专门掠夺奴隶的族群，从山地族群或邻近国家去抓人，然后将他们贩卖到低地的都城中去。

城邦

各个聚居区被绵延的山脉、森林或海洋分隔。该地区最基本的政治单位是城邦（city-state），在泰语中称作勐（Mueang）。其原型是在山间盆地中发展起来的，在那里最初的勐通常是一个坚固的城镇，是统治者或昭（jao）的家。村庄没有向外扩张，而是聚在一起环绕在中心勐的四周，以防御敌人、动物和疾病。

有人认为，地广人稀意味着土地非常丰富，几乎没什么价值。事实绝非如此！肥沃且位置优越的土地非常珍贵。在勐的早期阶段，昭行事就像一个地主，管理土地并指导耕种。随着定居点变得越来越大、越来越复杂，昭才更接近一个统治者。村庄管理土地，共同持有土地，并根据家庭的劳动供给和粮食需求重新分配土地。村民们相互合作，通常在广阔的区域内修建堰渠系统（muang fai），为稻米种植提供灌溉。等级制度发展起来了。最初的定居者往往成为精英，享有土地的特权和权利，相应地，他们需要承担必要时拿起武器保卫它的义务。后来的定居者可能只有成为这些精英的家眷才能获得土地。战俘或者交易来的奴隶可能根本没有机会得到土地。人们被迫向昭支付费用，多数情况下是交纳实物，以及为其进行诸如建造和修缮宫殿等劳力服务。昭的亲族或其他协助管理勐的名门望族，将会分配到特定村庄的税费和劳务。

在低地河流沿岸和沿海地区建立的定居点，只在细节上有所区别。最受青睐的地点是建在河曲处，这里可以开凿运河，建成一个护城河。与山区的勐相比，更多的人依靠的是贸易而不是农业。统治者之所以被选中，可能更多是因其财富和贸易技能，而不是因其血统出身或武力实力。

只有少数地方能够随时间推移发展成为较大的城市，这可能是因为大规模的定居点极易遭受传染病或抢劫的侵袭。在素可泰早期的历史传说中，全体居民在一场传染疾病之后迁徙到一个孟人国家。在哈里奔猜（南奔）的传说中，全部人口又被一支获胜的军队掳走。13
世纪之前，在东北部的蒙河河谷有数百个定居点，但是在随后的400
年时间里几乎都湮灭了。位于海岸线上的港口很容易遭到敌人或海盗
的攻击。在洛坤编年史的早期记载中，这个城市反复经历着创建、荒
弃、重建的过程。宋卡仅在17世纪内就被两次"摧毁"。地貌上的变
化同样是破坏性的。沙廷帕（Satingpra）① 是半岛上最大的史前定居
点之一，它之所以被废弃，很可能是因为海岸线发生了变动。当河道
因三角洲的发展而改变的时候，许多湄南河流域的城镇遗址都被遗弃
或迁移了。

　　整个地区有几个地方避免了人口骤减和下滑的趋势，部分原因是
其位置的优越。有一种叫"猜亚普"（chaiyaphum）的观念，字面意
思是"胜利的地势"，是本土科学的一个特殊分支。一个地点的猜亚
普特质包括防御性特征（易建护城河）、神圣性特征（例如山丘、河
流交汇处）、水与食物的供给以及当地气候。统治者也可以被加入这
些自然优势之中。在素可泰著名的（也颇有争议的）一号碑文中，统
治者向未来的居民宣传他的城市，描述他对猜亚普特征的贡献：他夸
耀自己作为一名保护者的武艺；保证食物的供给（"水中有鱼、田中
有稻"）；承诺公平的司法、低税收和自由贸易；列举了娱乐活动和节
日（"欲戏者戏，欲笑者笑"）；最后对宗教场所进行分类，强调它们
数量众多、辉煌壮丽和多种多样。②

统治者与国家

　　在13—15世纪，战争发生了一次革命性的变化，使得雄心勃勃
的统治者可以扩张他们的领地。这场变革一部分源自火器的到来：首
先是来自中国和阿拉伯的火炮，后来是来自葡萄牙的火枪和更好的火

---

① 位于今宋卡府北部。——译者注
② 一些学者相信这个表面上写于1292年的著名碑文，全部或一部分是后来创造的。
但对于阐释猜亚普观念来说，具体日期是无关紧要的。

炮。但这场变革也源自对大象运输的更多利用，更高效的募兵手段，或者仅仅是由于风调雨顺养活了更多可供招募的人。

野心勃勃的统治者首先将临近的一些勐联合起来，结成联邦。在山地地区，各个邦（khwaen）都是由沿同一条河流相邻流域内的勐连在一起构成的。统治者经常派他的儿子或其他亲属去统治那些被征服的勐。统治者俘虏或吸引技艺高超的工匠们，把自己的勐打造得比其他勐更辉煌、更著名。统治者经常资助佛教，故而佛教在这个时代的城市中大受欢迎。佛教最早于公元 5 世纪来到湄南河流域，但其中夹杂着一系列印度神明，可能没有被明确界定为独立的教派和传统。在 13 世纪，僧侣们再次从锡兰带来了上座部佛教传统，根据宗教编年史的记载，它在民众的热情浪潮中像野火一样蔓延。统治者们赞助宏伟的佛寺建筑，尊崇以学识著称的僧侣，并收集佛陀的舍利和造像，这些都被视为精神力量的集中体现。

这些新兴的都城逐渐成为界定松散但是又显著可见的政治区域的中心。在湄南河水系的上游地区，占据主导地位的是清迈。它是在 1296 年正式建立的，地理位置得天独厚，具有优越的猜亚普特征，由芒莱（Mangrai）建立，他可能是一位具有部分孟—高棉血统的傣泰人王子，他沿着滨河（Ping River）建立了一个统一的邦国，并开始沿其他河流向东扩张，使当地的酋长们称臣。芒莱去世之后，变成了创建这个不断壮大的邦国的祖灵，在接下来近两个世纪里，之后的统治者都是从他的神圣世系中遴选出来的。清迈在这些继任者治下才真正占据统治地位，他们用壮美辉煌的寺庙装点了整个城市，并与东至难河（Nan River）、北至湄公河的酋长们结成了婚姻联盟网络。该地区被称为"兰那"（Lanna），意为百万稻田。再往东，琅勃拉邦（Luang Prabang）的法昂（Fa Ngum）家族沿着湄公河及其支流发展了澜沧国（Lanchang）。

在其南边，傣泰诸政权沿着山麓低地发展出另外一个联邦。起初，统治中心是素可泰（Sukhothai），传说中的立国先祖帕銮（Phra Ruang）的家族在此建立了一个辉煌灿烂的宗教都城。后来，中心和王族都转移到了彭世洛（Phitsanulok），可能因为这是个战争频发的年代，战略性成为一个比神圣性更重要的猜亚普因素。这一地区并没有获得一个独特的名字，只是被它的南方邻国称为"勐讷"（mueang nua）或意译为"北方之城"。

另一个联邦是由湄南河流域下游和海湾上部沿海一带的港口城市组成，尤其是四个11世纪左右在高棉的影响下建立或重建的地方：碧武里（佛丕）、素攀武里、华富里和阿瑜陀耶。经过这些地方统治家族之间的斗争，阿瑜陀耶在14世纪末成为统治中心。中国人称这个地区为暹（Xian），而葡萄牙语中则音变作Siam。①

这些统治中心都向自己周围的勐扩张影响力，但都以一种特殊的形式。附属国的统治者通常会被留在原地。他可能要送出一个女儿或姐妹做其宗主国国王的妻子，或者一个儿子去做服侍宗主国国王的随从；这些人都作为人质以确保附属国保持忠诚。在特殊情况下，宗主国国王可能会赐予附属国国王一个王族或贵族的妻子，她可以充当一个线人。附属国每年都需进贡，贡品通常是一些异域的或珍稀的物品。后来，进贡物品往往被标准化为银制或金制的工艺品树，这是马来人的创造。作为回馈，宗主国国王会赐予他们标识附属国统治者地位的徽章和仪式用品，或者赐予一些实用物品，如武器和行政体制。宗主国国王将保证保护附属城邦及其统治者免受外来威胁，而相应的，当宗主国国王需要调动军力时，附属城邦则承诺提供补给。但实际上，这些协议从来都不能保证兑现。

这些政治联盟的首要原则是确保附属国统治者不是被击垮，而是得到加强，这样他就可以成为更为稳定和有用的帮佣。附属的勐没有被破坏，而是被纳入一个更大的单位之中，从而增强了该单位的实力和光辉。统治者们夸耀的不是他们的疆域，而是依附于他们的统治者

---

① 中国古籍中称古代泰国为暹罗，是暹与罗斛两国的并称。据《明史》（卷三二四）："（洪武）十年，昭禄群膺承其父命来朝。帝喜，命礼部员外郎王恒等赍诏及印赐之，文曰'暹罗国王之印'，并赐世子衣币及道里费。自是，其国遵朝命，始称暹罗。"西文中称古代泰国为Siam，从所指看，应对应中文的暹罗。因此后文再出现Siam尽皆译作暹罗。——译者注

的数量。乔治·孔多米纳（Georges Condominas）称为"套盒"（em-boxment）。通过这种原则，村庄被包含在一个勐内，而勐则隶属更高一级的勐，可能会向上经过多个级别。"曼荼罗"（mandala）、"裂变国家"（segmentary state）、"星云政体"（galactic polity）等术语被用来表示这种政治形式，但是"套盒"描述了其根本机制。

这种制度可能是在傣泰山地国家的世界中演化而来的，但是它的某些特征是从中国的朝贡体系中借来的，该地区的沿海国家自公元3世纪以来一直参与其中。中国皇帝要求那些"蛮夷之邦"称臣纳贡，确认新统治者的继承权，并接受优越的中华文明的教导。作为回报，皇帝会授予其印玺，并承诺保护朝贡国。实际上，皇帝几乎没有派兵去惩戒某个抗命不遵的朝贡国，或保卫某个被围攻的朝贡国。但是"蛮夷"国家都遵命行事，因为朝贡地位可以让他们进入中国市场，这是迄今最大的商品贸易需求来源。在此模式下，一些港口的勐与新兴的权力中心发展建立了朝贡关系，以获得进入其不断增长的市场的机会。那些权力中心的统治者在他们的碑铭和编年史中列举了这些朝贡国，以炫耀自己远播的影响力。

这些军事和商业关系的网络是灵活多变的。中心不断崛起又衰落。在边缘地区，勐会同时与两个或更多权力中心建立平行关系，这些关系纽带的相对重要性随着时间的推移而不断波动。

从14世纪末开始，在湄南河流域及其周边出现的四大政治联盟（兰那、澜沧、勐讷、暹）开始相互对抗，开启了一个不时爆发战争的时代。在接下来的一个世纪里，人们被迫加入大规模的征兵体系，军队规模不断扩大，社会变得更加军事化，一种尚武精神盛行起来。强大的军队纵横驰骋，摧毁城市、抢夺人口、破坏庄稼，并引发传染疾病。但这些战争都不是决定性的。阿瑜陀耶的军队在15世纪末终于征服了清迈，但却徒然无功。这些中心可以摧毁对方并带走他们的人民、著名的佛像以及财富，但是远隔千山万水，他们无法将对方永远"套盒"。到16世纪末，这种战争逐渐减少。

沿海地区称雄

贸易带来的财富对地缘政治产生了更为持久的影响。随着造船业的发展，海上贸易不断增长。从 13 世纪开始，阿瑜陀耶向南袭击马来半岛，并北上突入内陆地区，以控制产地，满足中国对于异域热带雨林产品，如香料、象牙、犀牛角和绚丽鸟羽的巨大需求。通过积极参与中国的朝贡体系，阿瑜陀耶成为中国亲密的贸易伙伴。随后，在 15 世纪后期，阿瑜陀耶又控制了横跨马来半岛颈部的运输路线，在东西方之间建立了新的贸易联系，避开了通过马六甲海峡的路线，后者路途更遥远且海盗猖獗。阿瑜陀耶因其贸易中心地位而繁盛起来，东方（中国）、西方（印度和阿拉伯）和南方（马来群岛）都在此进行货物交易。16 世纪初到来的葡萄牙人将阿瑜陀耶视为亚洲三大强国之一，与中国和印度的维查耶纳伽尔帝国并列。

在 15—16 世纪，阿瑜陀耶一直在向北方诸城扩张势力。但这并不是简单的征服和兼并，而是一种更微妙的传统融合。财富和贸易联系给阿瑜陀耶带来了军事上的优势，它可以得到葡萄牙的枪支和雇佣兵的供给。但是北方诸城却可能拥有更多可供征募的人力，以及更强悍的尚武传统。一些北方人是被强行掳到崛起的港口都城的，但其他人可能是为了能够分享城市的繁荣而自愿迁去的。北方城市的统治家族也通过联姻与阿瑜陀耶王朝紧密相连。北方的战士成为阿瑜陀耶军队的将军。北方的贵族在港口都城定居，并融入统治精英阶层。阿瑜陀耶逐渐吸收了北方邻国的行政体制、建筑风格、宗教习俗，甚至可能还包括日常用语。由于阿瑜陀耶在贸易上具有地理位置的优越性，它也成为这个壮大了的联邦的都城。北方的彭世洛城因其对抗兰那的战略地位而成为第二都城（葡萄牙人有时候描述它们是双子城）。最终，来自北方的贵族成为阿瑜陀耶的王位决定者（king-maker）。1559年，他们终于驱逐了旧王系，独揽大权。

与此同时，贸易也引发了来自东边和西边的竞争。湄南河流域人口和权力的南移与这两边的情况相吻合。在西边的伊洛瓦底江流域，勃固（Pegu）取代旧的缅甸中心阿瓦（Ava）成为统治中心。在东边，高棉人放弃了王都吴哥，转而选择了湄公河三角洲一带的洛韦—乌栋（Lawaek-Udong）。勃固、阿瑜陀耶和洛韦—乌栋这三个港口都城相互竞争，以争夺与中国贸易所需的林产品等内陆资源的控制权。

他们的统治者们同样在竞争至尊的地位。这些地方的统治者通过贸易利润储备国库，从内地招募新兵充军，用外国雇佣兵充当私人卫队，用从被征服的邻国掠夺来的佛像和黄金装饰寺庙，他们把自己想象成转轮王（cakkavatin），即《三界经》（Traiphum）等佛教经典里描述的独一无二的征服了世界的帝王。在这场东—西竞争中，西边占据了优势，可能是因为那个方向是葡萄牙雇佣兵和大炮的来源。暹罗派兵击垮了高棉的都城，并立顺从的王子为高棉国王。勃固要求暹罗接受类似的朝贡地位，然后联合北方的贵族于1569年包围并攻占了阿瑜陀耶城。勃固掳走了大量人口、工匠、佛像和战利品；缴获了珍贵的大象作为标志性的贡品；并将阿瑜陀耶统治家族的成员带走作为妻子和人质。

但是，由于距离遥远，还需要跨越文化差异的巨大障碍，"套盒"就更加难以维持了。当越南在高棉的另一侧形成了抗衡势力之后，暹罗对柬埔寨的控制就衰落了。同样地，当入质勃固的暹罗王子纳黎萱（Naresuan）逃脱之后，他废除了与勃固的朝贡关系，并在其15年的统治期间（1590—1605年）花去大部分时间南征北战，对抗缅甸的侵犯，并重新确立了阿瑜陀耶在湄南河流域下游地区的统治地位。

到17世纪初，战争年代已难以持续。在过去的一个世纪里，大多数横贯东南亚大陆的统治中心都遭受过一次甚至多次洗劫。人们开始更有效地抵制仅仅为了皇家自尊而进行的屠戮。16世纪60年代，在被带到阿瓦的战俘中间爆发了一场大规模的暴动。其他形式的反抗虽然不及它壮烈，但是同样有效。人们会贿赂招兵人员、混入僧侣之中或逃进森林。统治者们竭力招兵，希望能维持先前的规模。城市投资修筑砖墙、拓宽护城河、安置防御性的大炮，这些足以抵消围攻者

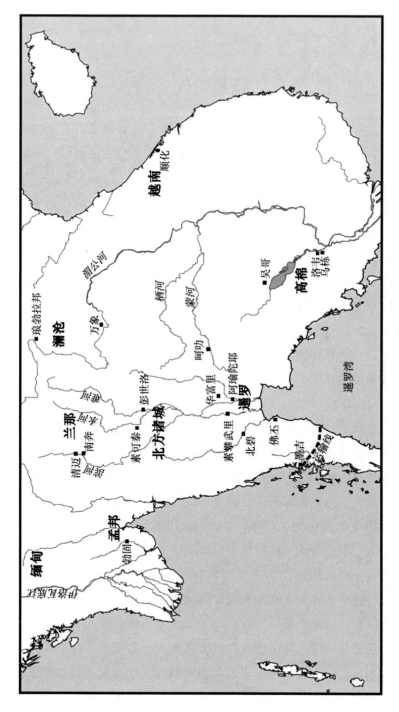

图 1 - 2 早期的政治地理情况

的优势。在 16 世纪 90 年代和 17 世纪初期，一系列围攻都以失败而告终，叛逃的士兵都散失于乡野之中。

贸易时代

和平带来了繁荣。在 17 世纪初，阿瑜陀耶复兴了。在纳黎萱的征服下，这个城市在湄南河三角洲中央形成了一个统治的内部核心（*ratchathani*）。在它周围有许多"大城市"（*mahanakhon*），都由各自的统治家族控制，但是毫无疑问它们都置于阿瑜陀耶的影响范围之内。这些城市包括那些古老的北方城市、暹罗湾一带的港口城市、通往半岛西海岸北部运输路线上的城市，以及管理着通往东部（呵叻）和西部（北碧）主要路线的边塞。再往外是一圈附属国，它们的归附程度时好时坏，这取决于阿瑜陀耶与其他影响势力之间的竞争。这其中还包括半岛南部、同时向南方马来人世界称臣的港口城市，以及高棉、老挝、兰那和掸邦等内陆政权，它们平衡着阿瑜陀耶与越南、中国或缅甸的关系。

阿瑜陀耶作为东西方贸易的转口港而再度繁荣起来。在东方，德川幕府时代的日本有条件地开放了贸易；在西方，萨法维和莫卧儿帝国成为丰富的市场和上等货物的生产者。当荷兰人支配了更南端通过马六甲海峡的路线之后，阿瑜陀耶管辖的运输路线对亚洲商人的吸引力越来越大。阿瑜陀耶可能已经发展成为东南亚最大的城市，当然也是最国际化的城市之一。城市的周围居住着中国人、越南人、占婆人、孟人、葡萄牙人、阿拉伯人、印度人、波斯人、日本人和来自群岛的各马来社区的居民。荷兰人于 1604 年来到这里，在与日本的贸易中分一杯羹，并加入在城周围定居的行列。法国人和英国人在该世纪晚些时候也接踵而至。

宫廷充分利用这些居民。它招募马来人、印度人、日本人和葡萄牙人充当宫廷守卫；它授予中国人和波斯人官职去管理贸易事务；它雇佣荷兰的一流工匠来造船，雇佣法国和意大利工程师来设计防御工事和水利工程，雇佣英国和印度的官员管理地方事务，以及雇佣来自中国和波斯的医生。有一个日本人、一个波斯人，之后是一个希腊冒险家（康斯坦丁·华尔康），相继成为宫廷中声名显赫的人物。国王们，尤其是纳莱王（Narai，1656—1688 年在位），欢迎新知识，先后与荷兰、法国和波斯互派使节，并从波斯、欧洲和中国吸收借鉴服饰和建筑风格。作为管理这样一个国际化中心的手段之一，国王们允许宗教自由，甚至允许改宗易教，这给欧洲人留下了深刻的印象（他们在国内正因对基督教解释不同而互相残杀）。这种开放性让法国人和波斯人跃跃欲试，他们相信可以改变暹罗国王的信仰，从而改变整个国家。这种愚蠢的行为在 1688 年引发了一场危机，在这场危机中，华尔康被杀，法国人被驱逐，而英国人则逃跑了。

阿瑜陀耶末期社会

贸易带来富庶，雇佣兵负责护卫，还有来自世界各地的专家的帮助，阿瑜陀耶的君主在 17 世纪变得异常强大。通过垄断，他为自己保留了暹罗对外贸易的最大份额，通过其他税收，他又从不断扩大的国内经济中分得部分份额。除了极少数资金被浪费在战争中，大部分资金都用于修建空前宏伟的新宫殿、新建或修缮寺庙和举行奢华的节庆活动。即使是最高傲的法国来访者、耶稣教士居伊·塔查尔（Guy Tachard），在 1687 年踏入王宫中的希善佩寺（Wat Phra Si Sanphet）之时也惊叹不已："所见之处都是金子……令人吃惊的是见到的仅仅一个佛像就比欧洲所有教堂的圣龛都富丽堂皇。"[①] 贵族精英们把他们未能施展的武艺精力都投入到狩猎大象和老虎、赛船及武术艺术表演中。宫廷也发现了一种新的趣味，即对诗歌和戏剧的优雅追求，以歌颂国王和神明的胜利与传奇。

为了戏剧化和加强其权力，君主被隐藏、神秘化并融入仪式之

---

① Guy Tachard, *A Relation of the Voyage to Siam*, Bangkok：White Orchid Press, 1981 [1688], pp. 180 – 181.

中。在 17 世纪 30 年代，巴萨通国王（Prasat Thong）重新塑造了阿瑜陀耶与高棉文明的传统联系。该王系声称他们的出身可追溯至遥远的吴哥时期的柬埔寨。更多的婆罗门祭司被引入宫廷，创制繁复的宫廷仪式。新的庙宇是依照吴哥窟的方案建造的，在国王和其私人圣殿的关系上带有强烈的吴哥式特征。宫殿经过多次重修，用一层层向外的庭院、更高的围墙和更小的入口将内部宫闱深藏起来。国王的圣体被隐藏起来，每年只在少数几个盛大的场合中才能向人们展示，即使在那个时候，群臣也禁止抬头看。在观看过宫廷和公共仪式之后，共和主义的荷兰人发现"这种敬畏更像是对天上的神明，而非地上的君王"。但是保皇主义的法国人却觉得这美妙非凡："在印度群岛中，没有哪个国家比暹罗更尊崇国王。"①

阿瑜陀耶晚期的社会严格分成了 2000 人左右的官僚贵族及其家庭，和需要交出部分或全部劳力给统治精英的劳苦大众。

到 17 世纪，官僚贵族有一个复杂的结构，记录在官职列表上，每个职位都有其特殊的头衔、尊号和等级，以一种称作"萨迪纳"（Sakdina）②的计量单位来表示。行政体系被划分成四个主要部门。第一个部门负责管理王宫和王都，包括从王田征收稻米、保卫王室成员、维持治安、管理王族事务，以及裁决王都和王国核心地带（rat-chathani）的争端。第二个部门负责军事事务，并管理与边远的大城市及附属城邦的关系。第三个部门进行皇家贸易，监督外国社区，并照管国库。第四个部门包括婆罗门，他们负责仪式、占星和记录。

跻身官秩的机会都是保留给贵族的。贵族家庭将自己的儿子献入宫廷，他们在那里担任侍从，之后凭借着个人能力、家族关系和王室

① Francois Caron and Joost Schouten, *A True Description of the Mighty Kingdoms of Japan and Siam*, ed. John Villiers, Bangkok: Siam Society, 1986 [1671], p. 128; Nicolas Gervaise, *The Natural and Political History of the Kingdom of Siam*, tr. and ed. John Villiers, Bangkok: White Lotus, 1998 [1688], p. 53.

② "萨迪纳"的大概意思是"对土地的权力"，可能最初用来指代一种土地授予。但是到了阿瑜陀耶晚期，它就成为对应每一个官职的数量等级。最近，这个术语被接受为一个前现代社会秩序的简略的表达形式，等同欧洲的"封建"（feudal）。

的赏识而攀上成功的阶梯。贵族家庭为保官运亨通，还可以向国王献上一个女儿，期望她能在龙床上和错综复杂的宫廷政治中获得影响力。贵族们被授予官职的标志，主要是分等级的设计精美的槟榔盒。高级官员还可能会被奖励人口，也许还有土地或其产品。他们在街上巡游，展示其槟榔盒，一名随从跟随在后，以表明他们的地位。贵族们要靠这些恩赐和任何能够利用他们的身份和地位获取的收入来谋生，后者主要来自一定比例的税收或收取司法工作的费用。

在战争年代，贵族阶层之外的所有男性（包括部分女性）都被纳入奴役和强迫劳动的体系。根据从傣泰人的山地国家借鉴来的方法，大多数自由民（phrai）都被登记在兵役名单中，并受负责动员调度的监工（nai 或 munnai）的指挥。那些逃避编制的人会失去诸如进入司法程序的权利。这种征役轮流执行（隔月一次或者半年一次）。随着战争的减少，这些徭役部队就被转到其他任务上，如修建寺庙和宫殿、抬轿、划船或装卸商船货物。国王和大贵族官僚控制着这些劳役，有时甚至为此展开竞争。阿瑜陀耶的情况也同样出现在其他的勐（城邦）中。

战俘是被排除在这个体系之外的，他们的身份是"塔"（that），通常被译作"奴隶"。其他人可以卖身为奴，或因债务或惩罚而沦为奴隶。一家之长可以卖掉其妻子和儿女。这种奴隶身份是世袭的。奴隶是有身价的，可以买卖和赎身。这些劳力控制体系非常全面，以至于欧洲商人发现很难雇佣到人，除非他们通过控制劳力的贵族阶层工作。即便如此，他们偶尔也会发现，当军事远征或大型建筑项目需要人手时，劳动力就会枯竭。

性别角色视社会地位而截然不同。在平民百姓中，女性几乎承担了所有工作。从 15 世纪的中国人到 17 世纪的法国人和波斯人，以及 19 世纪的英国人，这些来访者都注意到在暹罗，女人"干了大多数活"。一些人将这归因于徭役制度，它将男人从家庭抽走，最多长达半年之久。在湄南河流域大多数地区，农村家庭对母系和父系血统给予同等重视，男孩和女孩平均分配遗产。在那些与佛教并存的神灵信仰中，许多仪式专家都是女性。在早期一部源自口头传统的叙事诗作品《昆昌与昆平》（*Khun Chang Khun Phaen*）中，女性都具有坚强的性格、明确的经济职能和相当的独立性。

但是在王族和贵族中间，女性却被当作财产。男性家长妻妾成群，为了延续香火，各个家庭会派女儿去攀附王族。在法律上，女性总是男性的所有物，首先是属于她的父亲，然后是她的丈夫（婚姻法就像一个由父亲到丈夫的买卖契约），如果她被卖为奴，也可能是属于她的主人。宫廷诗歌里描绘的女性都是美丽的尤物，她们虽然是情节的一部分，却不是具有功能和性格的能动者。在整个阿瑜陀耶的编年史当中，只有两位著名的女性：一位是作为一名战士和荣耀男性的素丽瑶泰①；另一位是一个蛇蝎美人——希素达詹，她的性欲对王朝是一种威胁。

在 17 世纪，社会开始发生变化，并在随后的世纪里加速转变。贸易经济的增长和军事伦理的衰落，一定程度上削弱了强迫劳役制度。许多人通过贿赂来使自己不被登记在册。一些人寻找要求不高的庇护人。其他人则将自己卖身为奴，以筹集参与商业活动的资本，同时从徭役中获得自由。还有人混入了僧侣行列。几乎可以肯定的是，越来越多的人藏匿到森林之中，远离官方控制。到 18 世纪初，宫廷发现它很难再调动起超过几千人的军队。国王发布谕令，旨在改进登记程序、惩罚贿赂、阻止沦为奴隶的行为、揭露假僧侣，以及找出躲在贵族庇护之下的人。但是反复出台类似的法令表明，强制劳役已经越来越难以实施了。

贵族阶级在这个时代也经历着变化。在战争年代，人们可以通过在战场上浴血拼杀而平步青云。在这一途径的重要性降低之后，还有两条路可供选择。少数人能够通过帕康（*phrakhlang*），即负责贸易的财政部门来致富。该部门许多岗位都被交予外国人，因为他们有进行贸易所需的能力，也因为他们更容易管控。因此，在帕康中供职的泰

---

① 素丽瑶泰是一位王后，为救国王战死沙场，故称其为"荣耀男性"。——译者注

人贵族尽管非常少，但都是十分显赫的人物。他们有机会参与贸易，还会向来阿瑜陀耶进行贸易的外国人索取"礼物"。

另一个通向成功的阶梯是宫廷中错综复杂的王族斗争。这种政治操控是经常的，但是在王位更迭之时会达到顶峰。那些有希望染指王位的人必须拥有王族血统，最好与前任君主关系亲密，但是并没有一部确切的继承法。实际上，每一次王位更迭都是一次实力的较量，往往牵涉先王的兄弟和儿子。在尚武的时代，这种竞争不失为挑选武士国王的一种方式。在更加和平的 17 世纪，继位成为一种钩心斗角的竞争，牵涉其中的不仅包括有竞争力的王族血脉，还包括不同派系的贵族和宫廷侍卫，他们为了将来的晋升前途而支持各自的候选者。这种竞争开始于一场在王都中心打响的小型内战，最后以对站错队伍的贵族和希望日后重新夺权的男性王族成员进行大清洗而告终。帮助国王登基的贵族们将会得到地位、女人、财富和荣誉等回报。

大贵族家庭希冀积累财富和威望并数代相传。尤其是在边远地区，他们几乎可以确保其职位完全世袭。在王都，他们可以确保自己的儿子进入侍卫体系，他们奉献自己的女儿，并力争在王位斗争中选准胜利的一方。然而，国王们不会放任强势家族壮大。他们会轮换任命的职位。他们征收遗产税，区别对待这些家族，不让其积攒财富。国王还不时以贿赂的罪名枪打出头鸟，这种做法司空见惯。被告人随后遭受羞辱性的公开处决，随后，他的妻子和奴仆都被分给他人，他的房子门户大开，供人肆意洗劫。欧洲的来访者注意到，大贵族们住在富丽堂皇的房子里，周围有成群的奴仆，但是几乎没有任何动产。钻石非常受欢迎，因为它们很容易隐藏。

在 18 世纪初，贵族阶层还是得到了壮大，这很大程度上归因于贸易模式的转变。在 1688 年的危机之后，英国和法国商人退出了阿瑜陀耶。荷兰人留了下来，但是他们另有所图，最终他们在 1765 年也离开了。然而，阿瑜陀耶的贸易很快重新调整，首先面向中国，其次是南方的马来世界。中国为了养活其南方居民，对大米的需求急剧上升，因此允许更多贸易自由。暹罗成为一个理想的大米供应国。中国人开始移居暹罗，到 1735 年，中国人社区估计已达 20000 人规模了。至少有 2 名中国人晋升为帕康一职。据法国传教士记载，第一个中国人"将他的中国朋友安置在最重要的岗位上……结果就是中国人现在包揽了王国所有的贸易"。① 一些中国人通过联姻而成为宫廷精英。另一些人则从事大米贸易、面条制作、蒸馏酿酒和养猪。至少在王都附近，市场经济蓬勃发展。城里许多市场都挤满了内河船，它们带来了来自湄南河水系的商品。宫廷增加了硬币的发行量，通过了规范商业合同的法律，并招标包税人（tax-farms）收税。土地可被买卖。进口的布料、陶器、玻璃和铁器，也找到一个不断上升的市场。抢劫案增多了。随后出现了一个被称作"派芒米"（phrai mangmi）的新社会群体，意即富裕的平民。人们通过贿赂来获得等级和地位。至少在王都，贸易开始动摇社会秩序了。

继位战争变得不再那么频繁，其更多局限于王族内部，对贵族的伤害也更小。少数大家族成功地积累了几代人的人力和财富。有些是当地的古老家族，但也有一些是来自仪式部门的婆罗门、寻求恩庇的孟人将军以及波斯和中国商人。渐渐地，这个贵族阶层开始不满足于寻求自身的发达，他们还试图限制君主的权力。在继位斗争之后，一些地方贵族揭竿而起，但是没有人能真正威胁到王都。一些农民队伍招募的人手很可能来自那些逃进官府管辖不到的森林中的人，他们大胆地向王都进军，但都被大炮给驱散了。对王权更微妙的抵抗是通过佛教语言来实现的。

佛教与王权

上座部佛教（Theravada），即上座长老们的学说，与其他佛教派别不同，它将僧侣和寺院修行置于首要位置。僧伽或僧团的职责就是通过严格恪守戒律（winaya）或修行守则，去维护佛法（thamma）

---

① Alain Forest, *Les Missionnaires Franc, ais au Tonkin et au Siam xviie-xviiiie Sièecles*, *Livre I*: *Histoire du Siam*, Paris: L'Harmattan, 1998, p. 115.

或佛陀的教导。一些僧侣研究经文，通过重抄来保存它们，并向俗众宣讲里面的内容。其他僧侣通过模仿佛陀本人的生活来体现教义，通过严格的苦行和冥想来获得洞见。包括统治者在内的俗人的职责是通过赞助和保护来维持僧侣的生活。和其他地区一样，湄南河流域的民众对上座部佛教的狂热，主要是源于城市社会对其开放性和内在的平等主义的赞赏：所有人都有同等机会成为僧侣，为僧侣们提供赞助，并实现物质世界的终极解脱，即究竟涅槃（nibbhana）。

在实践中，这种纯粹的上座部佛教掺杂着其他宗教实践，包括印度教中的神祇、通常借自佛教密宗的超自然力量观念，以及民间对鬼神，尤其是预知未来和影响未来的力量的信仰。

东南亚地区的统治者青睐印度教神祇，因为它有机会将统治者和印度教万神殿中的强大神祇（毗湿奴、湿婆、因陀罗）关联起来，吴哥即是一例。因此，阿瑜陀耶的国王引入婆罗门来计划并执行王家仪式。但是印度教在暹罗并没有发展出本地信众。最常见的做法，是将印度教神祇改造成佛陀的侍者，或转化为地方的鬼神（正如他们经常在神庙中所做的那样）。因此，婆罗门教的王家仪式在宫廷以外意义有限。

统治者们也看到了将超自然力量混入佛教实践的机会。他们力图把自己和地方鬼神、神圣的佛像、圣山与圣河、白象、供奉于佛塔中的佛舍利和苦行的修道者的力量联系起来。但这些联系往往需要获得僧团的认可。因此，国王和僧伽就精神领袖和政治领导的相关角色进行协商。僧伽需要统治者所能提供的保护和赞助。作为回报，统治者可以要求对僧伽领导层的管理权力，以及僧侣对其统治的认可。作为回应，僧侣们可能会坚持要求统治者要治理有方，无论在物质还是精神利益方面都造福人民。在尚武的年代，僧侣们批评那些征税过重、在农忙时节征召民众、肆意抢占妇女或财产、杀生取乐、酗酒或树立不良榜样的统治者。一些重要的寺庙保留了评判每一位统治者的编年史，这些材料赞扬那些灵活地保卫城邦、以公正而慈悲的态度统治人民，当然还有供养僧伽的统治者。从这些微妙的协商中催生出法王（thammaracha）的观念，他是指根据佛法或佛教教义进行统治的统治者，以古印度的国王阿育王（Ashoka）为典范。在编年史中，这个观念被后世素可泰的统治者视为典范，他们使用达摩罗阇（Thammaracha，即法王之意）作为其王号。

在 17 世纪和 18 世纪初期，阿瑜陀耶的佛教热情高涨，这可能与贸易的增长和贵族阶层增强独立性有关。许多新的寺庙被兴建起来。维罕（Wihan，即精舍会堂）得到扩建，以便容纳更多的人。统治者们对其中一些项目进行了投资，但大多数项目来自贵族们的手笔。17世纪的国王对婆罗门教的扶持要多于佛教。纳莱王只修建或修缮了很少的佛寺，在佛教的庆典活动中也很少露面，他似乎对聚集在宫廷的穆斯林和基督教徒青睐有加。在一部文学作品中，他质问道："难道僧侣可以质疑国王?"在 1688 年的危机中，僧侣们组织人们拿起武器，阻止纳莱王的后代继续掌权。

在这次危机事件之后上台的国王并非王室宗族，而是一位一直在官僚贵族中备受欢迎的领袖。在这个新王统治下，阿瑜陀耶对婆罗门教的扶持减少了，与此同时，对僧伽的资助则大幅增加。波隆摩谷王（Borommakot，1733—1758 年在位）及其贵族修建和修缮了大量寺庙，以至于阿瑜陀耶的天际线景致都完全改头换面了。他的个人虔诚非常突出，以至于获得了达摩罗阇的名号。他的声名远播，甚至南传上座部佛教的发源地斯里兰卡都派出僧侣使团，请求阿瑜陀耶的僧侣去帮助他们恢复已衰微的僧伽。

贵族们盛赞波隆摩谷，但也寻求更多的权力来制约君主。他们采用了《起世因本经》（Akanya Sutta），这是一部早期的佛经，讲述了君主制的由来，是对无序社会的恐惧迫使人们聚集起来"选出"最优秀的人成为王。贵族们在其对阿瑜陀耶后期的记载中称，每次王位更迭时，国王都是由贵族召开会议选出来的，但这只是他们的一种愿望而非现实。贵族和僧侣们还强调，国王必须不断证明自己是统治者的最佳人选，遵循十王道（thotsaphit ratchatham），即国王行为的 10 个法则，包括布施、守戒、捐献、正直、慈悲、自律、不瞋恚、不尚暴力、谦恭和秉持佛法。可能作于这个时代的诗歌作品《阿瑜陀耶预言

长歌》（Long Song Prophecy for Ayutthaya），预言如果这些道德规则被
忽视，城市将会衰落:①

> 若王不守十种王道，便生十六奇异苦厄
> 月星地空异动颠倒，四面八方意外遍生
> 巨云升腾有如劫烧，诸城乡村异象频发
> ……
> 阿瑜陀耶喜乐无边，胜过天堂数十万倍
> 将沦不义淫乱之都，不日沉沦呜呼哀哉!②

阿瑜陀耶的陷落

一语成谶，1767 年，阿瑜陀耶城再次被来自阿瓦的缅甸军队围攻
和洗劫。这次的破坏过于猛烈，以至于后来的历史著作将缅甸描绘成
一个持续不断的侵略者，而抵御缅甸的攻击也成为泰国历史的核心主
题。事实上，前一轮战争结束于 16 世纪晚期，它带来了一段安定时
期:缅甸的影响集中在内陆地区，从阿瓦经过掸邦和兰那一直到澜沧
和西双版纳地区;阿瑜陀耶则控制着从马来半岛的颈部向东到柬埔寨
的海岸线一带。除了一些零星的小冲突外，暹罗和缅甸之间几乎有
150 年没有发生过冲突。

18 世纪 60 年代的进攻并非古老主题下的最新篇章。相反，它们
出人意料，非比寻常。它们源于一个新缅甸王朝向四方扩张其影响力
的野心，并由重开控制马来半岛北部地区的竞争而引发。但与以往不
同的是，缅甸这次野心勃勃，想要向东扩张势力，清除作为竞争对手
的阿瑜陀耶王都。

---

① 这段诗歌选段原书采用了怀亚特和库什曼的自由体英译本，译者直接译自泰文原
版。——译者注

② Richard D. Cushman and David K. Wyatt, 'Translating Thai poetry: Cushman, and King
Narai's "Long Song Prophecy for Ayutthaya"', *Journal of the Siam Society* 89, 1&2, 2001,
pp. 7, 11.

缅甸的进攻是王朝间为了争夺统治权而进行的又一场较量。但是经过之前 150 年相对和平的时期，阿瑜陀耶已成为一个更富裕、更复杂的社会。新的流行文化开始出现，包括谣曲、舞剧和其他主要在寺庙进行的表演形式。甚至连宫廷诗人也开始歌颂旅行的浪漫和性爱的欢悦，而不是战场上的胜利和关于王子的寓言。普通人也从依附的关系纽带中解放出来，不必卷入那种王室之间的战争，也不会被那种要求他们表现忠诚的思想束缚手脚。当缅甸军队抵近之时，阿瑜陀耶附近的许多人都通过贿赂官员逃避征兵。其他人则逃进森林，远离敌军的必经之地。王都向地方领主求援，却只有极少数人派出援兵。处于敌军进军路线上的城市，都集中力量进行自保，它们往往都通过投降来避免被摧毁。沿途的一些人被抓壮丁加入侵略军之中，另一些人则是为了获取战利品而加入。阿瑜陀耶的贵族们试图以他们用来制约君主制的佛教人文主义为基础，与进攻者进行谈判："这就像大象打架一样。地上的植物和草都被压垮了……因此，请你的主君促使两国结盟，成为同一块黄金之地……两位国王都将因其使人民摆脱忧虑的仁慈而获得声望。"[①]

阿瑜陀耶的统治者明白，旧的尚武时代已一去不复返了。为了弥补新兵的不足，他们垒高了城墙，拓宽了护城河，并购置了大量各式各样的枪支，当缅甸人打开军械库时，他们感到非常震惊。在这些防御措施的保护之下，城市还可以坚持一个战期，指望每年季风带来的洪水来解围。

但是缅甸人带来了三支部队，其总规模远超 16 世纪以来任何一支军队。他们在城外地势较高的寺庙周围安营扎寨，因此尽管有洪水，他们的围攻仍持续了两年多。城内的物资供应匮乏，许多人都溜走了。1767 年 4 月 7 日，城墙被攻破。正如缅甸的编年史中所说，"之后，这座城市就被摧毁了"[②]。

---

① *Khamhaikan chao krung kao* (Testimony of the Inhabitants of the Old Capital), Bangkok: Chotmaihet, 2001, p. 157.

② Luang Phraison Salarak, "Intercourse between Burma and Siam as recorded in Hmannan Yazawindawgyi", *Journal of the Siam Society*, 11, 3, 1915, p. 54.

缅甸人的目标不是要迫使阿瑜陀耶向它称臣纳贡，而是要彻底抹杀这个作为竞争对手的王都，不仅仅要摧毁该城的物质资源，还包括它的人力资源、思想资源和智力资源。任何能够带走的东西都被装车运往阿瓦，包括贵族、工匠艺人、佛像、书籍、武器，以及（据传闻）2000名王族成员。无法带走的资源都被摧毁了。城墙被夷为平地，军械库被捣毁。彰显王都和宗教中心的王宫和寺院都变成了"成堆的废墟和灰烬"。①

战斗断断续续持续了40年。阿瑜陀耶周围地区变得人烟稀少了。最初，缅军的主力进攻是通过兰那进行的，攫取人口、黄金和战备物资。后来，缅甸在1772年、1774年和1776年的进攻又重创兰那，以至于清迈被遗弃了，该城以北的大片区域都荒无人烟。1785—1786年，缅甸又发动了一次大规模的进攻，五路大军共计100000多人，沿着北部兰那的山地地区，向南一直到半岛中部绵延上千千米，造成了大量破坏。彭世洛和其他北方城市也被遗弃。1802—1804年，兰那终于驱逐了缅甸人，但是清迈城缩小成了一个村镇的规模，其北边地区直到19世纪70年代之前还未恢复定居。在南方，暹罗和缅甸的小规模冲突一直持续到1819年。1826年，第一位到访洛坤（Nakhon Si Thammarat）的西方人认为："它似乎从未（从缅甸战争中）恢复过来"，只有"少数居民，没有贸易，资源微不足道"。② 即使是中部平原的重镇叻丕（Ratchaburi），在1767年也付之一炬，直到1800年仍处于废弃状态，到19世纪80年代仍然有部分地区处于废墟状态。

结论

现代东南亚特有的棋盘格式、稻田成块的景观，非常具有误导

---

① F. H. Turpin, *A History of the Kingdom of Siam*, tr. B. O. Cartwright, Bangkok: White Lotus, 1997 [1771], p. 109.

② Henry Burney, 22 December 1826, in *The Burney Papers*, Vol. II, Pt IV, Bangkok: Vajiranana Library, 1911, p. 34.

性，过去情况并非如此。那时山地和平原都被森林所覆盖。在 17 世纪，每年有多达 200000 张鹿皮从阿瑜陀耶出口各国，这足以说明森林的范围及住在其中的猎物的丰富程度。人类的定居点稀疏地散布在河流水系沿线。19 世纪初，生活在现代泰国版图内的人口可能在 100 万到 200 万（见图 1 - 3）。[①] 由于水路是最好的交通路线，河流系统开始界定该地区的文化分区。到 16 世纪（但具体时间尚不清楚），泰语已成为山地南方湄南河下游地区的主要语言。凭借其贸易财富，阿瑜陀耶成为这一地区的霸主。但是该地区支离破碎的政治状态已反映在人们分散居住的模式中。每个地方都有自己的地方统治者，而且往往有自己的统治方式和传统。阿瑜陀耶及处于其中心地位的竞争者们，通过将这些统治者纳入附属和朝贡关系来扩大他们的影响。在 1767 年阿瑜陀耶被摧毁的前夕，它还对湄南河下游的城邦有强烈的影

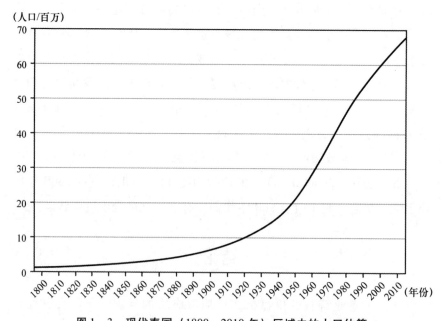

图 1 - 3　现代泰国（1800—2010 年）区域内的人口估算

---

　　① 从 1911 年起，这个图表的数据以人口普查资料为基础，而且经过了修匀。早期的数字是在特威尔（B. J. Terwiel）和施泰恩施泰因（L. Sternstein）之前的统计的基础上估算得来的。

响，对东边的老挝和高棉统治者，以及半岛南部泰人—中国人—马来人的港口城邦也有一定的影响。

前现代的社会结构是建立在主从关系纽带的基础之上的：种田的农民对地方城邦的统治者、奴隶（塔）对主人、平民对征兵长官、低级贵族对庇护人、高级贵族及进贡的领主对国王，以及国王对中国皇帝。在其中每一对关系中，从属方需要贡献一些产品（来自其田地或劳动技能）或劳力，以换取某种程度的保护。在普通的城邦中，社会阶级观念相对淡薄。但是在一些主要的中心，如阿瑜陀耶中，国王和大贵族通过战争和贸易积累资源，并建立了一个深刻而精细的等级制度。

在16—18世纪亚洲商业整体扩张之际，阿瑜陀耶的国王又从欧洲、波斯和中国积聚了财富、武器、雇佣兵和新的技能与科技。他们通过仪式、戏剧巩固了在地区的权力，并通过武力远征进一步扩展到更远的地方，经常与类似的扩张性邻国，如阿瓦、柬埔寨和越南发生冲突。

到18世纪，商贸活动的扩张开始削弱王权和尚武精神。新兴的贵族阶级寻求在几代人之间积累财富的方法。普通百姓拒绝再献出自己的劳力和生命。社会的愿望通过复兴的佛教的道德语言来表达。旧秩序已摇摇欲坠，大厦将倾，该城在1767年遭到缅甸出人意料又异常激烈的攻击时显得脆弱不堪。在短期内，这一事件破坏了贸易，散尽了财富，并激起了一种尚武精神的复兴。但从长远来看，它为市场经济和一个崭新的社会秩序的发展铺平了道路。

第 二 章

转型中的旧秩序
（18 世纪 60 年代—19 世纪 60 年代）

虽然王都在物质上已被摧毁，但是阿瑜陀耶代表着贸易和统治的传统，是不会被轻易抹去的。在接下来的 15 年时间里，在更南边的湄南河畔的吞武里—曼谷出现了一个新王都，这个地方对于贸易和防御来说具有更好的猜亚普条件。旧精英阶层成员将曼谷大肆渲染为阿瑜陀耶的复兴。但事实上，二者大不相同。在这个战争年代，暹罗军队影响力向北、向南和向东的扩张，超过任何时候。人口被强制迁移，改变了湄南河平原的民族融合状况。在危机中幸存下来的大贵族家庭成为政体中的主导力量。

最主要的变化是在经济方面。始于 18 世纪初的与中国的经贸关系得到了恢复和加强。市场经济在湄南河平原到半岛南部的地区迅速发展，这主要是受到了华人企业和劳动力引进的推动。市场经济的发展开始重塑社会结构，也改变了上层精英的心态。欧洲人带着"进步"的观念和殖民统治的威胁重返暹罗，为一个变革时代的到来奠定了基础。

从阿瑜陀耶到曼谷

阿瑜陀耶王城陷落、王朝灭亡之后不久，出现了一些冒名顶替者，他们迅速占领了权力真空地区。在他们中间，帕耶达信

（Taksin）的实力最为强大。他的身世不详。他可能是一个来自潮州的华人移民赌徒或商人和他的泰人妻子所生的儿子；他可能只是一个在地方赶车卖货的商贩，通过贿赂在边境城镇达（Tak）谋得城主一职。因此，他并没有传统意义上的政权血统，但却是一个有非凡卡理斯玛气质的领袖。他将其他华商、各种冒险家和小贵族都聚集在他周围，在吞武里（Thonburi）建立了一个新都城，城的四周环绕着利于防守的沼泽，城对面就是曼谷的一个古老的华人贸易定居点。他利用自己与华人的关系进口大米赈济遭受战争涂炭的地区，然后恢复贸易以创造收入。他带回了武士国王的传统和军事化的社会。他在男性的手腕上黥字以便于招募，并在带兵战斗时身先士卒。他放弃了阿瑜陀耶后期王权的充满仪式的风格，转而采用一种公开的、个人的、卡理斯玛式的风格，类似于那些曾在阿瑜陀耶腹地领导过农民暴动的有功德之人"蒲密汶"（phumibun）。

随着缅甸人的威胁逐渐消退，人们纷纷返乡。在幸存下来的贵族中，起初很少有人准备为这个新的、非常不同的统治者效力。后来，他们被那些很早就追随达信的冒险家们取代，他们在王都和地方省份都被提拔到最高职位上。唯一的例外是汶玛（Bunma），他是旧贵族中具有孟人血统的地位最高的家族的后裔。后来，他把自己的哥哥通端（Thongduang）带入达信的核心圈子。此二人成为达信手下最成功的将军。旧贵族们对自己被排斥在官僚体系之外心怀怨恨，也对达信的出身、支持者和"反常的"的统治方式感到不安，他们将通端作为其领袖。当达信宣称自己具有超凡的权力，将自己的地位凌驾于僧侣之上时，他们就怒不可遏了。1782年4月，他们发动了一场政变，以达信发疯为由将其处死，清洗了他的亲属和追随者们，并拥立通端登上王位，他就是耀发王（King Yotfa，即拉玛一世）。① 王朝名号取自通端之前的部长头衔：却克里（Chakri）。

新政权声称自己是对阿瑜陀耶传统的恢复，以反对达信执政时期

---

① 耀发是他王号的缩写，全称是帕普陀耀发朱拉洛（Phraphutthayotfa Chulalok）。关于王号名称的解释，请见"国王与总理名录"部分。

的异常举措。王都迁到了河对岸的曼谷，并按照与阿瑜陀耶相似的原则建设：打通一处河曲，形成封闭河道，从而创造出一座岛屿。阿瑜陀耶一词也被写进该城市的官方名称中。阿瑜陀耶残存的遗址碎片也被带到城内，嵌入新的建筑中。所有幸存的手稿都被收集起来，整理、校订成册，内容有法律、历史、宗教文本和关于政府各方面工作的手册。耀发王的加冕礼被推迟，直到他确信可以完全仿效波隆摩谷王的加冕仪式。

但是这种复兴是表面的。在其下，涌动着巨变。

领土扩张

社会的重新军事化起初是为了防御，结果却使暹罗王都的领土影响力扩大了，远远超过了过去的范围。在北方和南方，曼谷的军队平定了因缅甸入侵而四分五裂的地区，并把它们纳入附属范围。之后，曼谷的军事资源重新向东挺进。

在南方，阿瑜陀耶此前只要求马来半岛的港口保持宽松的朝贡关系。从16世纪开始，半岛地区人口越来越多，地位也越来越重要。越来越多的马来人为躲避荷兰人在群岛地区的统治而来到半岛地区。逃避国内法律限制的中国商人也在这些港口定居。人口的增长使得开发半岛的自然资源成为可能，尤其是有锡矿资源和适合种植胡椒等作物的地方。阿瑜陀耶开始对控制马来半岛及其资源产生更大的兴趣。它将洛坤发展成为其前哨站。它派遣海军南下实施控制。但是这些努力的成果有限，缅甸人入侵之后就土崩瓦解了。在那之后，达信和耀发派大军南下，受到了当地统治者的热烈欢迎，暹罗的影响力扩大到吉打和丁家奴等马来州①。

在北方和东方，击退缅甸人的战役也使暹罗的影响力更甚以往。清迈从16世纪开始就一直处于缅甸的影响之下。在18世纪70年代

---

① 丁家奴现为登嘉楼州，是马来西亚十三个州之一。——译者注

至 1804 年期间，达信及之后的耀发帮助一位地方领主卡维拉（Kavila）赶走了缅甸人并重建了清迈。卡维拉的继任者们尽管牢骚满腹，但是仍然继续向曼谷纳贡。接下来，达信占领了老挝的都城万象（Vientiane），将其王子带走作为人质。他还将柬埔寨的都城烧成了灰烬，并扶植了一个傀儡统治者。传统的朝贡制度重新在上述地区实行，为曼谷提供用于同中国进行贸易的出口货物。

尽管缅甸的威胁到 1804 年已被解除，但曼谷的军事扩张在接下来的几十年里仍在继续。在 19 世纪 20 年代，曼谷开始开发呵叻高原上的资源，当时那里仍然人迹罕至，有待开发。1827—1828 年，曼谷与老挝万象的统治者昭阿努（Jao Anu）开战，双方争夺对这一边疆地区的控制权。曼谷的军队摧毁了昭阿努的都城和王朝，和缅甸人 60 年前在阿瑜陀耶的所作所为如出一辙。随后，当地人被重新安置于湄公河对岸的呵叻高原上，以提高该地区作为贸易商品来源地的价值。

同样，曼谷首次对柬埔寨西部实行非正式的控制，之后在 1833 年，国王派遣军队去占领那里的领土，否则就"将柬埔寨变成森林，只留下土地、山脉、河流和水道。你要带着高棉人举家搬迁至泰人领地内，不要留下一家一户。对柬埔寨要是能像我们在万象做到的那样就再好不过了"。① 贸易重新转向曼谷。豆蔻及其他林产品被强制征用，以出口到中国。人民则被强行带走重新安置。精英家庭被带到曼谷，以备将来用作附属国统治者。

只有在西方，暹罗军队才遭遇了失败。两次试图夺取土瓦并重新控制跨越半岛的运输线的尝试，都被缅甸人挫败了。曼谷在南方、北方和东方都建立了新的外围附属国家。耀发国王的编年史中夸耀道："他的王国比之前阿瑜陀耶的国王们的王国都更为辽阔。"②

这个混乱的时代也改变了湄南河流域的人文地理。原先的人口在

---

① Puangthong Rungswasdisab, "War and trade: Siamese intervention in Cambodia, 1767 – 1851", PhD thesis, Wollongong University, 1995, p. 144.

② *The Dynastic Chronicle Bangkok Era: The First Reign*, Chaophraya Thiphakorawong edition, tr. and ed. Thadeus and Chadin Flood, Vol. I, Tokyo: Centre for East Asian Cultural Studies, 1978, p. 281.

1767 年时被缅甸大量掳走。更多的人口在此次及随后的多次战役中逃亡。曼谷军事扩张的一个目的就是通过强制重新安置的方式来补充人口。在 18 世纪 70 年代和 80 年代，达信的军队俘获了成千上万名兰那阮人（Lanna Yuan）、老挝万象人（Lao Wiang）、老挝普安人（Lao Phuan）、黑泰人（Black Tai）和高棉人。对南方的远征带回来数千名马来人。30000—40000 名孟人自愿移居到暹罗。19 世纪初，曼谷和兰那军队去掳掠更北的艮人（Kheon）、泐人（Lu）和掸人（Shan）。在 1827 年对万象的战争之后，超过 150000 人被俘，有约 50000 人南下到了湄南河流域。在 19 世纪 30 年代，曼谷军队对老挝地区发动了六次远征，清空了湄公河左岸的人口，并带回了大量查尔平原（Plain of Jars）的老挝普安人、西双楚泰（Sipsongchuthai）的黑泰人、高棉人和越南人。

其中一些人被重新安置到曼谷附近，并被雇佣来建设新都。一些人被重新安置到中部平原一带，以增加那里的产粮能力。其他人则被安置在呵叻高原，去收集对中国贸易所需的林产品。

大家族与佛教王权

现在，大家族贵族阶层已经开始崭露头角。

1767 年阿瑜陀耶被摧毁后，由商人、冒险家、旧贵族和卡理斯玛式的僧侣领导的"自然政权"① 在地方如雨后春笋般涌现。达信剿灭了反抗他的地方领袖，但肯定了那些支持他的人，并且很少干涉他们的事务。除了个别情况，早期的却克里王朝的国王也如法炮制。这些地方省份的家族很快成为世袭家族。例如在叻丕，1812—1897 年，除了其中的十年，翁萨洛（Wongsarot）家族一直垄断着城主及其他关键职位。在半岛南部，两个帮助耀发平定局势的家族，不仅仅在整个 19

---

① "自然政权"（Natural governments）的表述是尼提·尤希翁在他关于达信的权威著作《达信王时期的政治》（*Kanmueang thai samai prachao krung Thonburi*，Bangkok：Sinlapa Watthanatham，1986）中提出的。

世纪保留了地方管理权，而且还派他们的子嗣去统治其他城镇。在呵叻高原，来自曼谷军队的将军被授予城主的职位，该职位同样是世袭的。尽管宣誓效忠曼谷，但这些统治者在地方上行事就像一个小君主，他们修建寺庙、任命住持、主导仪式、占用人力和垄断贸易。即使在东北部新建的小城邦，统治者也俨然一个"小国王"。①

在中央也一样，大贵族家庭巩固了他们的权力。1767年和1782年王族血脉遭受了两次致命打击。耀发并未谎称自己有古老的王族血统。新王朝是由那些一个世纪以来一直寻求制约君主制的贵族们创建的。耀发及其继任者的加冕仪式颇具象征意义，各首要大臣比其他部门的大臣享有优先权：国王首先通过婆罗门祭司的神力被赋予国王之职，之后每位首要大臣再向他献上领土、人民、武器和其他各部里的装备。②

在1767年幸存下来的大家族，特别是少数与却克里家族有私人关系的家族，在新时代迅速崛起。一些新家族还通过军功崛起，并填补了那些在战时被杀或被掳走的人留下的空缺。约有十几个大家庭垄断了中央机构的实权位置。他们彼此联姻或与却克里家族通婚，也参与了商业经济的复苏。他们没有受到王室的阻挠。一些人几乎和统治家族一样显赫，尤其是汶纳（Bunnag）家族，它源自17世纪的波斯移民，其重要人物在达信王时期曾是耀发的私人家臣。从1767年开始有一个趋势，地方省区分属三个部门（军务部、内务部和码头司）管理，这三个部门实际上成为拥有私人财富的次国家（sub-states）。汶纳家族在长达四代人的时间里至少控制了其中的一个职位，有时候是两个。到18世纪中叶，有两位家族长都被人敬称为"欧"（ong），该称谓在过去只用在王族身上。

更有甚者，国王成了同侪之首（primus inter pares）。一些过去标志着君主制特殊性的特征，现在却不再是其专美了。大贵族家庭赞助自己的剧团，这曾经是由王室垄断的。过去仅限于王室的服饰样式，

① Jean-Baptiste Pallegoix, *Description of the Thai Kingdom of Siam*, tr. W. E. J. Tips, Bangkok: White Lotus 2000 [1854], p. 123.

② *Dynastic Chronicle*, pp. 78 – 84.

开始在贵族阶级中间广为传播。流行戏剧表演甚至仿制御服和王权御器，直到禁令出台予以禁止。虽然耀发在曼谷的中兴中非常活跃，他的继任者勒拉（Loetla，即拉玛二世）却只醉心于皇家仪式角色，而将行政管理拱手让与大贵族们。南诰（Nangklao，即拉玛三世）很活跃，他既是国王又是商人，但是蒙固（Mongkut，即拉玛四世）再次把权力让渡给贵族，他偶尔会抱怨出席他的议政会和重要皇家仪式的人数太少。在 19 世纪，每次皇位更迭之时都会或多或少产生紧张气氛，因为有可能引发改朝换代，就像 1767 年和 1782 年时发生的那样。在最后一次面临这种变化时，蒙固不禁担忧，"这里的本地人和外国人似乎对我和我的子孙都不太满意，而对另一个家族更加喜爱和寄予厚望"。①

　　大家庭通过不断娶妻纳妾而壮大，通过生出足够多的有才华的儿子来保持家族在高级官员队伍中的位置，通过生出足够多的女儿来建立与精英阶层的姻亲网络。王室家族做出了示范：拉玛一世有 28 个妻妾，生了 42 个孩子；拉玛二世有 40 个妻妾，生了 73 个孩子；拉玛三世有 37 个妻妾，生了 51 个孩子；拉玛四世有 35 个妻妾，生了 82 个孩子；拉玛五世有 36 个妻妾，生了 77 个孩子。其他大家族都纷纷效仿。根据 19 世纪 30—40 年代居住在曼谷的法国主教巴勒格瓦（Pallegoix）的陈述，"一些富人有两个妻子：达官贵人多达十二个、三十个、四十个甚至更多"。② 其子女的数量同样令人印象深刻。格莱叻（Krairiksh）家族的创建者有 50 个孩子。在三世王时期叱咤官场的汶纳兄弟共有 43 个儿子。只有大家族才被允许在王都中心一带的土地上居住，他们的府邸就像一座小城镇。以汶纳家族为例，他们获得了与三聘（Sampheng）隔河相望的一大片御赐土地。他们修建了 3 座寺庙、1 条运河和供家族内各家庭居住的住宅。商人和工匠们都在接近权力和庇护来源的地区居住。整个王都就是这种小城镇的集合。

---

① Letter to Anna Leonowens, 6 April 1868, printed in *Sinlapa Watthanatham* 25, 5, March 2004, p. 156.

② Pallegoix, *Description*, p. 117.

第二章　转型中的旧秩序（18 世纪 60 年代—19 世纪 60 年代）

1767 年以前有佛教王权的趋势，现在实现了。婆罗门教并没有被摒弃；宫廷仪式被保留下来，新王都之地被冠以"叻达纳哥信"（Rattanakosin）之名，即因陀罗的宝石，或"功贴"（Krungthep），即天使之城（只有外国人还在使用旧的村名 Bangkok）。君主再一次被隐藏起来并神秘化。但是王权的合法性并没有诉诸国王与神明之间的认同。相反，国王宣称自己是一位菩萨（Bodhisatta），一个在精神上超凡脱俗的人，他在前世积累了巨大的功德，转世人间是为了公正的统治，并将在未来成佛。国王的合法性并不取决于血统或王系（已经被打破了），而是取决于历史上佛陀伟大血统的"化身关系"①。耀发命人将包蕴这种哲学的锡兰语的《大史》（Mahavamsa）译成了泰语。

在这一时期编纂的编年史中，波隆摩谷被理想化为典范国王，而阿瑜陀耶后期的君主们则被斥为糟糕的统治者、糟糕的佛教徒和糟糕的武士。新的曼谷的君主则被颂扬为佛教的捍卫者，对抗具有破坏性（尽管也是佛教徒）的缅甸人。对老挝和高棉领土的征服也被合理化，即这是为了把这些人从不太完美的佛教徒的统治中拯救出来。

根据这种理论，王权的主要目的就是去帮助人民登上精神阶梯，通往涅槃的终极目标，从世俗的苦难中解脱出来。因此，国王不仅要建造佛寺，保卫佛教不受敌人侵害，还要承担其他"皇家职责"。最重要的是，他必须避免佛教像佛典中所说的那样衰落并最终消亡，这主要是通过定期净化僧伽队伍和修正校订佛经来实现。耀发颁布法律来纠正达信统治时期的戒律错误。他召集高僧委员会编纂校订佛教的基本经典《三藏经》（Tripitaka），并委托编纂两个新的《三界经》宇宙观版本。

所以，人们不应拘泥于佛教的仪式实践形式，而是要"理解每条戒律的泰语含义"，耀发创办了一所学校，对僧侣进行再教育，并命人将几部巴利文佛经译成泰文。出台法令禁止斗鸡及其他"有罪的"消遣，正如法律的序言中解释的那样，"国王为了人民的幸福和安康而有意推

---

① Patrick Jory, "The *Vessantara Jataka*, *barami*, and the *Boddhisatta*-kings: the origin and spread of a Thai concept of power", *Crossroads*, 16, 2, 2002.

广佛教"。官员们被要求按照一种以佛教戒律为参照的道德规范生活。寺院的墙壁上画着教导佛教的训诫，它往往是根据佛本生（*jataka*）故事绘制，展示了佛陀在其觉悟前的 500 世化身是如何成就精神上的圆满的。最受欢迎的是关于佛陀最后一世转世的须大拿本生（Vessantara Jataka），它是教导人们无私忘我的美德的故事。国王每年都会资助诵念这个故事的活动，该活动起初只是在供奉着王国的智慧化身——玉佛（Emerald Buddha）佛像的寺庙中举行，后来扩展至整个王国。这个仪式教育人们道德价值观，同时也彰显了国王作为菩萨的权威。

市场经济的扩大

达信鼓励华人移民以促进经济恢复。耀发的母亲是阿瑜陀耶时期"一位非常富有的中国人家的美丽女儿"，他沿袭了这一政策。在 19 世纪初，华人移民的涌入量不断增加。由于曼谷从未能恢复对马来半岛颈部运输线的控制，因此其贸易主要是面向东方，尤其是中国。当欧洲人在 19 世纪 20 年代访问这个新王都时，他们发现整条河都挤满了中式舢板帆船。他们估计中国人构成了大多数城市人口，这可以反映出中国人的突出地位，尽管实际比例并非如此。到 1835 年，华人聚居的三聘一带已经成为一个繁荣的市场，沿着一条砖块铺成的道路，延伸 3 千米：

> 它包括干货铺、零件铺、铁匠铺、木匠铺、制桶铺、赌场、杂货铺、妓院、水果铺、蔬菜铺、鱼铺、禽肉铺、猪肉铺、药铺和酒铺。[1]

最初到来的人绝大多数是从事日益增多的从暹罗到中国的大米贸易的企业家。在他们之后，更多是因为饥荒和中国南方的社会动荡而逃难

---

[1]　B. J. Terwiel, *Through Travellers' Eyes: An Approach to Early Nineteenth Century Thai History*, Bangkok: Editions Duang Kamol, 1989, p. 212.

过来的。在 19 世纪 20 年代，每年约有 7000 人到来，到 1870 年增长至 14000 人。大约有一半的人在几年后返回家乡，但是那些留下来定居的人到 19 世纪 50 年代就已累计达 300000 人左右。许多人最开始都在码头和城市的其他地方做"苦力"（coolie）。有些人在三角洲边缘地带的土地上种植蔬菜，以供应城市。在 1810 年左右，一些人开始种植糖蔗，到该世纪中叶，糖蔗已经成为一种广泛种植的作物和曼谷最大的出口产品。一些人沿着水路来到城镇定居，在那里他们成为店主，将当地产品销往曼谷的商人，以及制糖厂、酿酒厂、砖窑、船坞、烟草厂、锯木厂和金属加工工厂的老板。从暹罗湾一直到半岛一带的港口城镇都由华人主导，其中一些人向内陆扩展，种植橡胶、胡椒，开采锡矿。华人是市场经济的开拓者。在宋加洛（Sawankhalok），由福建华人带来的陶制赌博筹码成为最早的地方货币。

1830 年，英国特使约翰·克劳福德（John Crawfurd）称华人移民是"暹罗从中国进口的最有价值的商品"。① 政府赞赏他们的价值，免除了他们的徭役，因为这会影响他们的贸易活动，取而代之的是向他们每三年征收一次人头税。政府还对他们的企业活动征税，经过一段时间，政府发现这是比皇家垄断贸易更好地提高政府收入的方式。政府逐渐放弃了垄断贸易，雇用了越来越多的华人商人做包税人。

林产品一直是与东方贸易的主要出口商品，到 19 世纪 20 年代，出口商品扩大到大米、糖、鱼干和肉干、锡器、布匹、油和染料。这些商品都是由华人移民种植或制作的，但是其他人也逐渐加入进来。随着时间的推移，越来越多的人的生活依赖市场经济，而不是在徭役制和为王室服务的旧结构之中。按尼提·尤希翁（Nidhi Eoseewong）的描述，社会变得越来越"资产阶级化"（bourgeois）②，尤其是在王都。

---

① John Crawfurd, *Journal of an Embassy from the Governor-General of India to the Courts of Siam and Cochin China*, London：Henry Colbourn and Richard Bentley, 1830, Vol. II, pp. 162 – 163.

② Nidhi Eoseewong, *Pakkai lae bai rua* (Pen and Sail), Bangkok：Matichon, 1984.

座山

　　少数华人家族在王室的庇护下兴旺发达。在 19 世纪初，这些"座山"（*jao sua*）或商贾贵族代表国王和高级朝臣来从事商业活动。自 19 世纪 30 年代起，他们取得了最有价值的商品和行业的包税权，包括沿海岛屿的燕窝以及城里的酒类、鸦片和赌博业等。国王赐予他们官职和爵衔，提高了他们的地位。他们中最杰出的人会成为"丘德"（*choduek*），这是王都华人社区的领袖头衔。有几个出类拔萃的家族是在阿瑜陀耶时期到来的。格莱叻家族的先人是 18 世纪中期抵达的帆船商人，他担任达信国王的特使前往中国，并在 19 世纪初成为皇家商人。其他许多人是在 19 世纪初暹中贸易扩大的时期到来的。最杰出的几个家族是福建人，其他的还有潮州人和客家人。

　　有些家族建起了商业帝国。他们通过向朝臣、曼谷的同僚家族以及在中国和其他地方的贸易伙伴献上女儿来建立联系。在 19 世纪初，有些家族不仅能将他们的生意，还能将他们的官职传给自己的继承人。19 世纪 50 年代，丘迪伽普格纳（Chotikapukkana）家族的家长在皇家帆船贸易中脱颖而出，成为丘德，在接下来的半个世纪中，他的两个后人接任了这一职位。除了贸易，座山还以各种方式为国王服务。丘迪伽普格纳家族为王宫进口诸如特制的瓷器等物品，并在专为涉及中国人的争端而设立的特殊法庭上充当法官。一些家族在传统官僚机构中更进一步。甘拉雅纳密（Kalyanamit）家族的创建者成为主管徭役登记的大臣，并在 19 世纪 50 年代晋升至最高级别的昭帕耶（*chaophraya*）。他的两个后代随后在该世纪也取得了同样的爵衔和显赫地位。另一位皇家帆船贸易商人和丘德天·丘迪沙田（Thian Chotikasathian），被选派去帮助朱拉隆功国王建立了他的现代金融办公室，他的儿子在 1872 年随同国王一起出访印度（见下一章）。

　　这些知名的华人家族通过在宫廷中的关系，提升了其在社会阶梯中的地位。即使是最大的座山，也依然寻求重要的王族成员的正式庇护。他们向庇护人敬献礼物，逐步获得更高等级的官爵。在南诰后宫的 242 位妻妾中就有几位是这些座山的女儿。朱拉隆功国王（Chula-longkorn，即拉玛五世）就钟情于一个来自皮孙亚布（Phisolyabut）家族的女儿，并要将她带入王室家族。由于这个先例，几年之后有两位国王的近亲也娶了皮孙亚布家族的女子为偶。其他座山家族也同样和达官显贵们结亲。

这些家族都变得极为富有。丘迪伽普格纳家族的宅邸坐落在河畔的一个 100 莱（rai）① 面积的庭园内。国王们利用这些财富来装点王都。在国王的鼓励下，商界领袖出资修建和修缮了泰国的众多佛寺以及华人的神庙。他们被诱骗去开凿运河，以作为贸易的高速通道。在后来对"进步"充满热情的年代，他们的赞助又转向了医院和学校。

在该世纪上半叶，特别是三世王时期（1824—1851 年），华人在新王都的巨大作用都反映在时尚和建筑风格上。本来是给帆船做压舱之用的中国陶器和石像，被用来装饰许多城里的新建寺庙。中国的拖鞋和外套是宫廷中的常见服饰。从中国进口的家具装点了寺庙和大贵族的家。对中国古典小说的翻译风靡一时，尤其是《三国演义》的泰译本《三国》（Sam Kok）。商人国王南诰采用中国的设计、工匠和材料建造佛寺；中国的龙取代了纳迦在屋顶轮廓线的位置，而仙鹤、菊花和从中国神话传说中撷取的场景取代了泰国惯用的室内图像。这种风格被称作"皇家样式"。1840 年以后，面对欧洲的竞争，帆船贸易逐渐减少，南诰在河边修建了一座寺庙，采用了舢板帆船的造型，以纪念舢板帆船在建设新都中的作用。他的继任者蒙固命人画了一幅他穿着清朝官服的画像，还在邦巴茵（Bang Pa-in）行宫修建了一个中式的休闲花园。

知名的座山同样对接受泰人的文化充满热忱。大多数人娶了泰人妻子，而且往往是多个，尽管他们在中国可能已经成了家。他们捐资修建泰国的佛寺，这是传统上地位较高的标志。以燕窝包税和地产开发起家的銮阿派瓦尼（Luang Aphaiwanit）将大量金钱都投入到组建泰

---

① 莱即泰亩，是泰国面积单位，1 莱约合 1600 平方米。——译者注

国传统管弦乐队和戏剧剧团上，以满足他对贵族气质的臆想；有流言蜚语称他"有一整个剧团的妻子"。①

座山是一个小而光鲜的精英阶层，但是他们的商业成功和良好的社会适应性，以更温和的方式，在成千上万移居曼谷和地方城镇的华人中间再现。通过长期定居、结婚、王室认可和文化适应，"陆津"（lukjin）或华人移民后裔能够轻而易举地融入暹罗社会。1884 年，一个法国人描述了这个过程的各个阶段：

> 血统纯正的中国人随处可见，可以通过他细长的眼睛、高颧骨、瘦削的身型和传统服饰辨别出来。由于说泰语有困难，发不出轻声辅音，便会将其略去。在旁边的一群人，穿着宽松长裤、身材纤瘦、皮肤白皙、外貌姣好，他们是第一代移民的儿子和孙子。他们是与本地女子异族通婚后的首批成果。相比于母亲，他们仍然更像自己的父亲，尤其表现在道德观念方面。他们和父辈一样发不清弹舌音"r"。他们只接受了一个自己出身国家的东西，就是不再穿着蓝色的罩衫，而是披上一块棉布（pha hom），本地人用来盖在肩膀和前胸……更多人属于第三和第四代后裔……他们最终摒弃了宽松的长裤，缠上了腰布，尽管一部分人仍然保留着辫子……现在，母亲的教育作用变得越来越重要。见证他们出生的土地将把他们视作自己真正的子孙。从现在开始，这里将成为他们的故乡。②

进步

市场经济的发展和新社会群体的出现催生了新的思想和心态。从

---

① Phimpraphai Phisanbut, *Nai mae：rueang di di khong nari Sayam*（Great Mother：Good Stories of Siamese Women），Bangkok：Nanmee Books，2003，p. 96.

② M. Hardouin of the French Consulate in 1884, quoted in Rujaya Abhakorn, "Ratburi, an inner province：local government and central politics in Siam，1862 - 1892"，PhD thesis，Cornell University，1984，p. 21.

阿瑜陀耶后期开始，少数人就开始参与国际商业经济，并且对来自东方或西方的新思想持开放态度。在曼谷初期，商业和这种新思想传播到了更广泛的群体中。越来越多的人开始重视识字和学习。19 世纪20 年代，随着城市开始变得繁荣，一种新的大众文学蓬勃发展，反映了新的价值观。作品中的英雄开始包含普通人，而不仅仅是阿瑜陀耶时期作品中的王子和神明。他们不再受出身和命数的束缚，而是有能力掌控自己的命运。浪漫的爱情被描绘得更为私人化，更少受制于家庭、传统和地位。高贵的出身和武艺才能不再是成就功名的唯一路径，金钱同样是一种社会流动的手段。这个时期最典型的文类是尼拉（*nirat*），一种关于旅行的纪行诗，它允许作者展现其开阔的眼界，描绘他们所处社会令人陶醉的变化，而不是想象中的神明和国王的世界。顺通蒲（Sunthon Phu）和乃米（Nai Mi）是这个时代最杰出的诗人，他们对港口上"舟来舟往泊满岸，华贩华货茶陶香"，有"无数人操无数语言"的新的城市喧嚣，以及商人们"堆金叠银税倍增，娇妻成群乐无忧"的新社会景观都很着迷。顺通蒲还相当感怀地指出，金钱的力量是如何改变社会秩序的：

> 舟至邦銮入河渠，尽是杰[①]佬贩猪忙。
> 娇妻肤白遍身银，胸挺丰满惹人羞。
> 同为泰人想求欢，当头棒喝如铁击。
> 倘为富有如杰者，纵是混铁亦熔开。[②]

此外，顺通蒲还写了一部纪行长诗，一反惯常的文学程式，戏谑地嘲讽了旧秩序，受到人们的热烈欢迎。

王都寺庙中的壁画开始越来越多地描绘城市生活，捕捉忙碌的日常生活瞬间，作为佛传故事的背景场景。偶尔还包括城市的景色；地标性景致，如河流；特色建筑，如华人的店铺；甚至还记录历史事件（见图 2 - 1）。

---

① "杰"（*jek*）是对华人的一种轻蔑的称呼，但它最初并不含贬义，在泰国民族主义兴起时逐渐成为攻击华人的称谓，详见第四章的尾注。——译者注

② From *Nirat mueang Phet*, quoted in Nidhi, *Pakkai*, p. 315.

图 2 - 1　日常的现实生活也成为壁画的内容，
19 世纪初曼谷玉佛寺内的壁画

这种新的城市社会对 19 世纪 10 年代重新出现在曼谷的洋人（*farang*，即外国人、西方人）——首先是来自一位葡萄牙领事，随后是一些官方使节、传教士和一位从 1824 年开始在此常驻的商人罗伯特·亨特（Robert Hunter）——带来的新思想持开放态度。聚集在宫廷周围的曼谷商业领袖们，对直接推动他们生意的西方发明表示欢迎。他们采用了新的会计和航海方法。他们仿造了效率更高的西式单桅帆船。1824 年，后来成为国王的蒙固王子退居寺庙出家，或许是为了避免同自己的兄弟南诰王（拉玛三世）发生继位斗争。他和另一位兄弟朱塔玛尼（Chuthamani）以及少数年轻的廷臣一起，开始频繁接触西方人，尤其是那些更有理性精神的传教士。通过这些接触，蒙固圈子里的成员接受了英语和其他西方语言的教育，学习印刷并进口书籍。他们痴迷于那些小工具、蒸汽动力技术以及天文学的数学精度。

汶纳家族的人同样沉迷于此。当宫廷家庭教师安娜·李奥诺文斯（Anna Leonowens）在 1862 年访问他们府邸的时候，便对其复杂的西化程度感到震惊：

> 这位大人的官邸有丰富的雕刻和装饰品，设计和颜色都很考究，与挂在窗户上的多层奢华窗帘融为一体，和谐一致，令人感到十分愉悦。我们徐徐步行，由翻译引领我们穿过好几进宽敞大厅，由矮到高逐级递增，全都铺着地毯，挂着铜制油灯，可说是最昂贵的欧洲风尚。……四周到处都能见到珍贵的花瓶、镶有珠宝的杯子和盒子、光洁的酒杯和精致的小雕像——皆为东方和欧洲、古董与现代的珍品，融传统的粗犷壮丽和年轻艺术的优雅于一身。[①]

但是西方人不仅代表了新的机遇，也代表了新的威胁。19 世纪初，英国在印度的扩张势头开始向东南亚蔓延。英国在槟榔屿和新加坡建立了基地，开始发展锡工业，并向半岛北部施加外交影响。到

---

① Anna Leonowens, *The English Governess at the Siamese Court*, Singapore: Oxford University Press, 1988［1870］, pp. 14 – 15.

1820 年，英国和暹罗的影响在马来半岛发生了碰撞，开始谈判边界协议。另一边，在印度的英国军队侵入缅甸，双方在 1826 年进行了一场激烈的战争，缅甸交出了对若开（Arakan）和海滨的孟人地区的控制权。起初，暹罗很高兴见到自己的世敌被打败，并考虑与英国结盟重新夺回对马来半岛北部的控制权。但最终，暹罗宫廷意识到英国击败缅甸是一场时代巨变。特别是它标志着一场军事上的革命，包括轻型半自动枪、可以肆无忌惮地直接威胁沿江城市的金属炮艇，以及大量在战争中卖命的印度士兵。这些变革没有一项是暹罗可以复制的。

缅甸的失败也证实了西方人对领土的胃口。一位暹罗官员指责 1823 年首位英国来访者是为了"在英国组建远征舰队前来征服之前，观察暹罗帝国的"。① 1851 年，南诏在临终之时预言："同越南和缅甸不会再有战争了。将来我们只会同西方发生战争。"② 后来，当第一艘普鲁士船只抵达曼谷的时候，蒙固王直截了当地问船长，普鲁士人是否在寻求殖民地，因为"那些外国人不断扩张自己的影响，直到整个帝国都属于他们"。③

另一个威胁是鸦片。由于在中国销售鸦片大获成功，英国商人开始在其他地方的中国人群中寻找市场。1821 年，第一个到访曼谷的西方商人就带着鸦片。19 世纪 30 年代，传教士从新加坡过来时乘坐的船上也满载着鸦片。1839 年，政府颁布了一项法令禁止鸦片的进口和销售，但是不少商人铤而走险，因为利润远超风险。政府之所以担心，不仅是因为鸦片对人的影响，以及担忧这一恶习会蔓延至泰人居民中，还因为鸦片会让一些人变得非常富有，以及围绕这个利润丰厚的贸易引发的帮派斗争会造成社会动荡。

---

① Hong Lysa, *Thailand in the Nineteenth Century: Evolution of the Economy and Society*, Singapore: Institute of Southeast Asian Studies, 1984, p. 60.

② Mayoury Ngaosyvathn and Pheuiphanh Ngaosyvathn, *Paths to Conflagration: Fifty Years of Diplomacy and Warfare in Laos, Thailand, and Vietnam*, 1778 – 1828, Ithaca: Cornell Southeast Asian Program, 1998, p. 117.

③ Bernd Martin, "The Prussian expedition to the Far East (1860 – 1862)", *Journal of the Siam Society* 78, 1, 1990, p. 39.

第二章　转型中的旧秩序（18世纪60年代—19世纪60年代）

从暹罗精英的角度来看，"进步"的吸引力和殖民主义的威胁不幸地交织在一起。他们明白，新的西方人有一种对自身的优越感，并相信这种优势地位赋予夺取领土以正当性，以实现"进步"，并将"愚昧的"人们带入现代世界。根据他们自己的说法，早期英国官方来访者对待暹罗官员充满了傲慢。克劳福德在1822年写道，两艘战舰"即可摧毁王都，这些自负却赢弱的人们几无抵抗的可能"。[①] 19世纪30年代到达的雅裨理（David Abeel）等传教士们记载，暹罗是一块被奴隶制、鸦片、赌博、偶像崇拜、独裁专制和"无耻下流的语言和服饰"所包围的愚昧的土地。他描绘奴隶"戴着镣铐辛苦劳作，在残酷的奴隶主听来，锁链的叮当作响声就如同音乐一般"，并总结道："暹罗的道德和政治状况都是暗无天日的。"[②] 稍微温和一些的是尼尔（F. A. Neale）于1852年发表的第一篇关于暹罗的广受欢迎的报道，将暹罗人描绘成"充其量是半野蛮的……受压迫和低声下气的人……陷入粗暴的无知和迷信之中，丧失了所有道德情操"。尼尔还得出一个明显带有殖民主义色彩的结论：

> 若能处在更好的统治之下，东方世界还有哪个国家能与暹罗相媲美：它的土地富饶、产品丰富，拥有珍贵的矿藏资源，以及树胶、香料和胡椒，有最优质和廉价的大米和糖，这块土地绝对充满了世界上最甜美的水果……很少有国家比暹罗富有，它能生产欧洲市场所需的符合要求的商品，也很少有国家有这么多获取财富的机会……如果有其他欧洲大国阻止我们抓住这样一个有利时机，将会非常令人遗憾。[③]

欧洲人也非常好奇。所有的官方使节都在收集关于历史、交易

[①]　Note dated 12 July 1822, *The Crawfurd Papers*, Bangkok：Vajiranana Library, 1915.

[②]　Anthony Farrington ed., *Early Missionaries in Bangkok：The Journals of Tomlin, Gutzlaff and Abeel*, 1828-1832, Bangkok：White Lotus, 2001, pp. 119, 123.

[③]　F. A. Neale, *Narrative of a Residence at the Capital of the Kingdom of Siam*, Bangkok：White Lotus, 1997 [1852], pp. 67, 181.

品、军事实力和政治状况的信息。1824 年，来自马德拉斯轻步兵团的詹姆斯·洛（James Low）向他的上级提供了一张"暹罗、柬埔寨和老挝"地图，这为他带来了 2000 西班牙银币的奖赏。1833 年，一个叫马洛赫（D. E. Malloch）的商人交给英国在孟加拉的当局一份带有人口数字的暹罗地名表，可能是通过某种方式从官方案卷中复制的。在 19 世纪 30 年代中期，英国的官员从英属缅甸跋山涉水，穿越兰那和掸邦来到西双版纳。他们自称是商务代理，但他们也绘制路线图，记录当地经济情况，统计王宫周围的大炮数量，并到处询问当地的政治状况。他们所打听的对象，都对其目的感到担忧。这些深入内地的调查，使得关于英国殖民野心的传言不胫而走。1858 年，蒙固对此评论道："许多英国人来到或现在居住在我国。他们似乎对这里需要了解的一切都了如指掌。"①

　　暹罗宫廷对西方人的第一反应就是与他们保持距离。从 19 世纪 20 年代开始，它签订了一些贸易协议，但是没有做出任何重要改变。罗伯特·亨特是唯一在曼谷开店的商人。很快他就变成了传统的供应商角色，向宫廷提供武器和奢侈品，并充当与其他外国人沟通的中间人。和他的前辈一样，1844 年当他权势太盛之后就被赶走了。

　　蒙固的随从和其他精英集团都对西方人物质"进步"的理念很着迷，但是对基督教都很惊骇，并对西方人声称的他们的物质与道德进步紧密相关的说法感到恼火。蒙固团体的策略是将物质与道德分离开来。其中一位成员昭帕耶提帕格拉翁（Chao Phraya Thiphakorawong）在刚刚起步的泰国报刊上发表文章，1867 年结集成为《万物论》（*Sadaeng Kitjanukit*），这是泰国最早印刷出版的书籍之一。他明确拒绝传统的佛教宇宙论，并敦促孩子们去学校学习现代科学，接受物理世界的科学观点。这个团体也清楚，他们不得不放弃佛教的不断往复循环的时间概念。蒙固接受了这样一种观念，人们并不受命运束缚，而是有能力改进世界，因此创造历史是可能的。他开始研究和撰写暹

---

① A. Moffat, *Mongkut the King of Siam*, Ithaca：Cornell University Press, 1962, p. 57.

罗的历史。提帕格拉翁写了一个新版本的皇家编年史，描述了国王创造历史，而不是对预言和命运的被动反应。

这个团体还与他们的传教士朋友们进行激烈的辩论，并将他们的结论印刷出版。在提帕格拉翁为儿童撰写的书的后半部分，建议读者们拒绝基督教。他辩称每种宗教，包括基督教和佛教，都倾向于从民间信仰中吸收奇迹和魔法。但是，一旦将这些东西去除，佛教的训诫是合理的，要比基督教中的上帝意志（"一种愚蠢的宗教"①）更符合理性、科学的心态。

在 1824—1851 年这段出家时期，蒙固创立了法宗派（Thammayut sect），一方面是为了清除佛教中招致洋人批评的因素，一方面是为了将拉玛一世的雄心发扬光大，创建一个更有道德权威的佛教来规约社会。新的宗派采用严格的律法，基于一个孟文佛典，拒绝使用佛本生故事来讲经说法，淡化了基于传统宇宙论的文本（尤其是《三界经》）的重要性，并避免采用婆罗门教或鬼神崇拜的宗教实践。该宗派人数较少（当蒙固在 1851 年即位的时候只有 150 人），但是因其皇家渊源，影响力很大。

奴役与自由劳动力

到 19 世纪初，曼谷及其内陆地区有两个基于不同原则但同时共存的社会。

一方面，基于人际关系、正式的等级制和不自由的劳动力的旧式阿瑜陀耶社会已明显恢复了。在长达 40 年的战争和混乱中，旧的劳动力控制体系重新实行。每一个自由民"派"都依法接受监工监管。一直到 19 世纪 40 年代，征役的士兵仍用于东线的远征上。派往柬埔寨的规模最大的军队，可能是从湄南河下游流域和呵叻高原上征召的

---

① Henry Alabaster, *The Wheel of the Law: Buddhism Illustrated from Siamese Sources*, London: Trübner, 1871, p. 73. 阿拉巴斯特是英国外交使团的一名翻译，他辞职后为暹罗政府工作。本书的部分内容是对《万物论》的精简翻译。"一种愚蠢的宗教"一语出自蒙固王。

十分之一的体格健壮的男性劳力。征役的劳力还用于服务王室和贵族、建造和维护王都，以及收集用于出口贸易的产品。在王都，有许多官僚贵族负责调配和指挥这些不自由的劳动力资源。

在地方省区，奴役现象甚至更加明显。第一批到这些地方去的欧洲观察家报告，有百分之五十到百分之九十的人都处于某种"奴役"状态。许多人最初是战俘，或是在战争期间从南部和东部被掳掠来的。有些人是进口的：法律中对那些"乘坐舢板帆船"交易来的非自由劳力有一个特殊的分类。[1] 在边远地区，一些人通过袭击山村和其他偏远的定居点，绑架人口贩卖到城镇和低地地区。其他人是因犯罪受罚或因债务而沦为奴隶。还有些人卖身为奴，或者更常见的情况是，卖掉自己的儿女、其他亲属或其他下属。1805 年的一项法律规定，不允许任何人出卖其兄弟姐妹或孙辈，但是其他交易是合法的。法典规定了一个基于年龄、性别和其他条件的价格表。奴隶身份是世袭的。

许多战俘都被安置为农民。不太幸运的人被调去在公共工程中进行高强度的体力劳动。那些被从山区绑架来的人，经常被卖给官员作为私人家丁。一些人被自己的主人雇佣，特别是作为搬运工、商队马夫和象夫。其他人则在他们的庇护人的土地上工作。奴隶和自由民都很容易受到各种形式的胁迫。在南方，农民们抱怨当地贵族任意征税，强占他们的劳动成果，强迫他们进行强制性劳役。那些反抗的人被戴上镣铐并"挤压致死"，[2] 或者被置于烈日之下晒死。

另一方面，一个新兴的市场社会同时出现。起初，大部分劳力和创业者都是移民来的华人。但是随着市场社会方兴未艾，其他人也加入进来。在中部平原的农民种植一些大米用于出口或供应日益增长的非农业人口。一些人还为华人的工坊种植甘蔗，为造船厂砍伐木材，或为不断发展的市场制作工艺品。更多的贵族作为企业家参与其中，

---

[1] Andrew Turton, "Thai institutions of slavery", in J. L. Watson ed., *Asian and African Systems of Slavery*, Berkeley and Los Angeles：University of California Press, 1980, p.258.

[2] Peter Vandergeest, "Hierarchy and power in pre-national Buddhist states", *Modern Asian Studies*, 27, 4, 1993, p.855.

有些人单打独斗，有些人同华人合作或为其提供资助。一些与财政部门关系密切的大家庭，尤其是汶纳家族，获得了广泛的商业利益，包括出口、进口和种植园。

这些不同的经济形式及其各自背后的精英不断地成为争夺资源，特别是劳动力供应的竞争对手。到19世纪20年代，奴隶的价格已远远高出官方标准了。国王和传统贵族努力用传统方式维持劳动力供应。宫廷出台了一系列法律以强化旧有的义务，但是反复立法已表明它是无效的。国王和贵族内部同样在竞争不断减少的人力供应。国王减少了每年必需的徭役时间。贵族们也提出了有竞争力的条件。随后宫廷出台了法律严惩非法侵占劳动力的行为。1855年，蒙固下令对为国王服役的庶民进行登记，并对人数如此之少感到失望。从19世纪40年代后期开始，曼谷的军事扩张就已变得有心无力，部分原因就在于士兵的数量较之以往已大大缩水。

一些人可以通过各种方式逃避强制性劳役。一些人销声匿迹，藏身于森林和偏远地区的山村里。宫廷偶尔会派人千里迢迢来抓他们回去，但是更多时候是联系他们购买林产品用于出口贸易。一些人去投靠对工作强度要求不高的庇护者。其他人则是贿赂官员，以便在登记册上重新分组。在1867年的一次地方登记中，有五分之三的成年男性因为是公务员、僧侣、奴隶、残疾人、赤贫者、精神病患者或被恶灵附体者而被免除徭役。根据丹隆王子在19世纪70年代的估算，有五分之四的男性逃避了徭役。

那些涉足市场经济的精英成员鼓励出现更多的自由或半自由劳动力。从19世纪30年代开始，人们开始用支付金钱的方式代替每年的徭役义务。到19世纪40年代，由于有太多人选择这一方式，政府不得不雇佣华人劳力而不是依靠徭役去进行公共工程的建设。到19世纪50年代，征收上来的代役金成为政府最大的收入项目。那些有商业利益的贵族曾极力规劝蒙固废除征兵制度。在王都周围，债务奴隶急剧增长。居住在此的法国主教巴勒格瓦估计，"至少有三分之一的人口"是这种身份。[1] 通过卖身为奴，自由民可以筹集一些资本，并

---

[1] Pallegoix, *Description*, p. 153.

逃避徭役义务。一些债务奴隶用劳动来偿还他们的债主，而另一些人则投身于市场经济并用现金还债。具有讽刺意味的是，这种在王都及周边地区大规模扩张的"奴隶制"，成为一种将劳动力从传统的奴役状态下解放出来投入市场经济的方式。

性别关系也开始反映这种社会内部的划分。在新兴的市场社会中，女人作为男人合法财产的地位面临挑战。《训女箴言》（*Suphasit son ying*）是一部作于19世纪中叶的手册，作者可能是顺通蒲，它与过去那种教妻子如何谦恭地服侍自己丈夫的手册不大相同。它意识到更多上层女性希望在选择丈夫方面有发言权，并建议她们如何做出明智的选择。它指导她们如何参与家庭商业活动，这对这个阶层的女性越来越重要。该手册表明，许多女性并不像法律暗示的那样依赖他人。或许正是因为这个原因，在1868年，蒙固废除了丈夫出售自己的妻子或未经她允许就卖掉她的孩子的权利，因为"该条款对待妇女如同对待一头水牛"。①

但是在蒙固适应市场社会的同时，他也加强了传统上流社会家庭将女性视作财产的权利。他规定，中低阶级的女性可以选择丈夫，但出身高贵的女性不能，因为她们的选择可能会影响家庭的声望。1868年的法律修正案特别指出，一个男性仍然可以购买一个奴隶做妻子并在之后转卖她。特别是在那些超过400萨迪纳的家庭中，蒙固加强了父亲对妻子和女儿的合法权威。同样，提帕格拉翁这位最重要的"进步"的倡导者也写文章为一夫多妻制进行辩护。女儿的"部署"对于大家族的影响力仍然至关重要。

《鲍林条约》

临近19世纪中叶时，与经济、社会秩序和应对西方等相关的问

---

① Junko Koizumi, "From a water buffalo to a human being: women and the family in Siamese history", in Barbara Watson Andaya ed., *Other Pasts: Women, Gender and History in Early Modern Southeast Asia*, Honolulu: University of Hawai'i, 2000, p. 254.

题，在精英阶层中间引起了日益增强的紧张感。传统主义者希望继续与西方保持一定距离，保持旧的社会秩序，特别是传统上对非自由劳动力的控制。在南诰国王统治时期，这一派还很强势。国王从皇家贸易垄断转向包税制，但是拒绝了西方人对更多自由贸易的请求。他的东征严重依赖传统的征兵制。

改革派则相信更多的西方贸易、更自由的劳动力和新技术的获取将会刺激经济的增长，政府收入和私人财富都会从中受益。改革派的领袖是汶纳家族的族长，以及蒙固王子周围的贵族知识分子团体。1842 年，英国在鸦片战争中轻而易举地击败了中国，显示了拒绝英国"自由贸易"的要求会有何后果。战争的影响摧毁了暹罗—中国之间的帆船贸易，并说服暹罗将西方作为替代者。英国的胜利同样意味着印度和中国这两个对暹罗来说如此重要的古老的文化来源地，都落入西方的控制之下。越来越多的精英们开始把目光掉转向西方。

1851 年，汶纳家族帮助蒙固登上了王位。改革派的成员纷纷获得了晋升和更多的权力。他们认为，在西方航运的经济优势面前，继续靠差别关税来保护帆船贸易是毫无意义的。他们同样进言，之前尝试阻止进口鸦片，结果只是创造了超额利润和帮派斗争。1855 年，蒙固邀请［英国的鸦片之都香港］的总督约翰·鲍林（John Bowring）来谈判一个贸易条约。这个条约废除了残余的王室垄断，使西方和中国的船运费相等，赋予英国公民治外法权，允许英国人通过政府的垄断进口并销售鸦片。鲍林宣称这份条约是自由贸易原则的胜利，他也因此获得了提升。宫廷将鸦片垄断作为最大的单一收入来源。

条约标志着暹罗开始调整方向，从中国这个 150 年来的重点转向西方。

结论

18 世纪末漫长的抗缅战争，起初中断了社会和经济变革的趋势，使尚武精神和人力控制的传统得以恢复。但是从 19 世纪初开始，变革的步伐重新开始。贵族阶层现在变得更有统治力了。无论在王都还是地方，他们在统治和利益方面都确立了事实上的世袭地位。君主的作用更受限制了。

随着对华贸易和华人移民的增长，市场经济从湄南河流域的中心地带向下到马来半岛不断扩张。在其冲击下，社会秩序开始转变。更多的人逃避传统的劳动力控制体系。一批新的华人座山大家族加入精英阶层的行列。在旧精英家族中，更多人转向经营企业，心态也随之改变。

西方人的回归带来了暹罗对其殖民主义意图的担忧，但是也激发了对他们的科学、小工具和进步思想的兴趣。到19世纪中叶，精英阶层中的改革派人士希望可以转向西方，增加暹罗的贸易，解放更多的劳动力。1851年，蒙固在汶纳的支持下继位，四年后签订了《鲍林条约》，标志着改革者的影响力不断上升。

在条约签订之后，暹罗与西方的接触不断增加，精英阶层关注的关键问题发生了变化：如何改革政体以应对市场经济带来的社会变化和殖民主义威胁。

第 三 章

改革（19 世纪 50 年代—
20 世纪 10 年代）

　　在 19 世纪末，暹罗被改造成一个民族国家（nation-state）。在这一过程中构建起来的"民族"（nation）是个新鲜事物。在边界范围内的地域有独特的历史、语言、宗教文化和传统。从湄南河水系下游到马来半岛北部地区似乎都在使用泰语，但实际上，地方方言差异巨大，曼谷话和清迈话就互不相通。在前一个世纪，曼谷政治影响力的扩张、战俘的大量涌入和华人移民，都使社会变得越发多样化。行政管理上的断裂又给地方差异留下了空间。

　　民族、统一的"民族国家"、国籍、国族认同和中央集权的国家官僚管理机构等概念，都是自上而下强加的。它们都是从欧洲模板中改造来的，部分是为了抵御被殖民主义接管的威胁。但是它们也被用来取代旧的统治和社会控制体系，这些体系随着社会变化，已经变得不那么有效了，而且也无法满足市场经济的新需求。

传统政体的衰落

　　到 19 世纪中叶，军事扩张和崛起的商业经济相结合，通过破坏基于个人关系的传统政治秩序的方式，改变了王国核心部分的人口构成。

　　到 19 世纪 50 年代，约有 300000 名华人居民，很多人是在前两代移民过来的。政府最初试图用传统的方法管理他们，即将他们的社区领袖吸纳到官僚机构中，并让这些领袖对他们的活动和福利负责。但是这个办法并不适合新的现实。华人并没有形成一个有可被宫廷收编的领袖的"社区"。对古老的管理技巧来说，他们人数太多、差异太大、移动性太强、分布过于分散。他们聚在港口、砻米厂、制糖厂和锡矿等地工作，聚集程度比以前任何时候都高。许多人远离曼谷，很难控制，特别是在马来半岛南部开采锡矿的人。华人偶尔也会闹事，在19世纪40年代和70年代曾发生过数次，政府不得不派军队到曼谷东边的蔗糖产区去恢复秩序。在19世纪70年代的一次矿工暴乱中，南部城市拉廊（Ranong）"政府差点被推翻"。当一艘炮艇被派去平叛时，暴徒们用纵火和洗劫普吉作为回应。罢工工人使得曼谷码头瘫痪，让统治者噩梦一场，以为华人要接管城市了。1889年，对立的华人帮派在王都中心火并了整整三天。

与各地的移民一样，华人组成了自助和自卫的社团。当局称为"红字"（angyi）① 或秘密社团（samakhom lap），这个词暴露了他们的恐惧。政府担心这些组织会走私鸦片、私自酿酒和开摊设赌。他们还拥有武装。警察试图监管非法鸦片贸易和非法酿酒，有时候会遭到火枪甚至大炮的抵抗。当川·汶纳（Chuang Bunnag）在该世纪中期独揽大权之后，他采用了一种"扶持红字"（liang angyi）的政策，委托他们维持治安。

除了华人，还有很多人摆脱了旧的个人控制体系。一些人被转移到新开垦的农田去耕作，特别是种植稻米，以养活不断增长的城市人口、出口中国和供给作战部队。在19世纪30年代，曼谷修建了连接东西的河道，作为贸易和军事行动的高速通路。这些河道排干了沼泽地，那里很快就住上了寻找耕地的人。

这个新的边沿地带让农民定居者逃离了劳动力控制和监管。在大多数情况下，政府并不反对，而是逐渐增加了生产、商业和娱乐方面

---

① angyi 是来自潮州话对"红字"的发音。——译者注

的税收。但是从该世纪中叶开始，政府开始担忧农村地区的"盗匪"问题，在随后的几十年里，这种担忧变成了一种心腹之患。有些匪徒是那些遭遇农业歉收或其他不幸的农民；有些是从事鸦片、酿酒和赌博营生的人；有些是职业盗牛贼；有些则是"纳连"（*nakleng*），即当地的硬汉流氓，他们保护自己的村庄免受包括放贷者和税吏在内的掠夺者的侵害。这些匪徒伏击带着税款返回曼谷的车队，抢劫政府的粮仓并夺取土地。有些人立刻成为民间英雄，他们反抗权威的事迹被编入民谣广为传颂。在有些地方，农民们还模仿"红字"结社，同样是为了自卫并蔑视法律。在更边远的地方，在 18 世纪末以来受曼谷影响的老挝地区，人们时常会被所谓"深具功德之人"（*phumibun*）鼓动起来造反，这些人承诺将颠覆世界，并引领人们进入一个充满公正和富足的千禧时代。

1855 年的《鲍林条约》，以及随后与其他西方国家缔结的平行协议，进一步刺激了市场经济，并以一种特殊的方式不断对旧的行政管理体制施压。它们给予外国公民治外法权，特别是只受本国领事而不是暹罗法院审判的权利。一些从英属缅甸和法属印度支那来的商人会利用这种保护对抗暹罗官员，达到避税和从事非法生意的目的。一些华人商人投靠西方人或与投靠西方人的人联手，以逃避法律和管控。其他的华人则改信天主教，这是另一种寻求殖民保护的手段。暹罗官员试图压制这些活动，它们可能会成为引发典型的殖民"事件"的导火索。

此外，随着经济的变化，对政府的要求也变得更复杂了。一位政府官员记录道："每一天，法庭案件的数量都在增加，因为人们相互之间的贸易和交易越来越多。"① 根据一个欧洲来访者的说法，各地方省份到处都是"不满的诉讼当事人、未解决的索赔和未审判的犯人"。②

尽管蒙固在知识兴趣上倾向于西方，但是他管理这个日益混乱的

---

① Attachak Sattayanurak, *Kan plian plaeng lokkathat khong chon chan phu nam Thai tang tae ratchakan thi 4 thueng phuttasakkarat* 2475（Change in the Thai Elite's Worldview from the Fourth Reign to 1932）, Bangkok: Chulalongkorn University Press, 1994, p. 151.

② H. Warrington Smyth, *Five Years in Siam: From 1891 to 1896*, New York: Charles Scribner's Sons, 1898, Vol. II, p. 19.

王国的方法却非常传统。他恢复了大量自阿瑜陀耶陷落之后就被弃置的皇家仪式，包括每年一度的荡大秋千仪式。他造访了许多内地中心城市，为那里被列为"皇家寺院"的重要佛寺提供修缮和保养资金。他强制执行每两年一次的效忠仪式，在这个仪式上，地方的统治者和官员齐聚一堂，通常是在皇家寺院中，面朝王都的方向饮下效忠之水。为了加强王都的御敌能力，他修建了6个新的堡垒，而且还修建了一个新的城柱，重新卜算国运，并创造了一个守卫王国的神灵"暹罗之神"（Sayam Thewathirat）。在传统上，大多数村庄和勐都有这样的神灵，作为统一和认同的核心，但从未有过整个王国的守护神灵。当吴哥废墟重见天日，蒙固派出一支远征军，想要去拆除其中的一处神庙，运回曼谷重新组装，以增强王都的神圣力量，但最终不得不放弃这个想法，因为神庙实在太大，而且暹罗的队伍还遭到了攻击。

蒙固还颁布了大量的法令和王室公告，它们并不是行政命令，而是旨在指导官员和人民行为的原则声明，这多少有点像中华帝国的统治风格。这些命令中有几条试图强化君主的特殊地位，将君主与社会中的其他人拉开距离。他制定了皇语（rachasap）的使用规则，这是一种大量借用高棉语、专用于国王的语言；禁止私下描述国王；严令禁止国王纳娶出身乡野的女性；并且要求按照摄政年号来使用日历。他根据年龄、母亲的地位和与在位国王在家系上的远近次第，在王室家族内制定了一个非常精确的等级结构，并制定了精细反映这种等级的王爵头衔。他修改了继承法，以限制一夫多妻制可能导致的家族财富分散的程度，特别是在王室家庭中。他自己的历史著述以及在他任内修订的编年史书，都试图证明合法的父系继承在泰国历史上是种常规。他制定了上至国王、下至奴隶的各个社会阶层的称呼方式。他禁止接受过寺院教育的平民在重要部门任职，因为这些职位是留给"有良好家世背景的贵族子弟"的。[1] 通过各种传统的方式，蒙固致力于

---

[1] Decree quoted in D. K. Wyatt, "The Buddhist monkhood as an avenue of social mobility in traditional Thai society", in Wyatt, *Studies in Thai History*, Chiang Mai: Silkworm Books, 1994, p. 212.

打造一个在更加高贵的君主统治下的等级更为森严的王国。

蒙固还想着中国。他按照常规方式，派出一个贡使团去请求对自己继承王位的正式确认，但是使团遭到叛军的伏击，之后他再没有进行过尝试，后来干脆对这种想法嗤之以鼻。他和他的儿子都有身着清朝高级官员官袍的画像，但是他的目光已越来越多地转向西方。从1860年开始，他聘用西方人担任政府顾问，试图为暹罗带来"进步"（progress）。他试图将税收集中起来；出台管理地方和附属国统治者的法令；鼓励公民向国王上诉；并且想象自己是一个伟大的圣王（phramahakasat），统治着一个统一的独立王国（ekkarat）。他告诉受雇教他儿子们英语和西方礼仪的家庭女教师安娜·李奥诺文斯，他将"毫不犹豫地废除奴隶制……为了我统治的声名"。① 实际上，国王的权力受制于大贵族家庭的权力，以及行政机构的局限性。蒙固的统治是一个过渡时期，暂时处于不同时代和不同世界之间（见图3－1）。

建立在私人关系之上的陈旧的行政体制越来越低效。更多的人摆脱了将他们与国家捆绑在一起的纽带。精英把佛教作为社会约束的基础，并强化传统等级制，这些努力只能部分达成效果。统治者们从兴起的商业经济中获取收入，企业家们同样也从中获利，他们都希望用新的方法去约束人民、调动资源和保护财富。

治理国家

1868年，朱拉隆功国王继承了父亲蒙固的王位，在他42年的统治时间里，旧的政治秩序被民族国家的模式所取代。

朱拉隆功登基时年仅15岁。在他未成年这段时期，为了直观地认识"进步"，他访问了新加坡、爪哇、马来亚、缅甸和印度等殖民地地区，以便"选择有可能给这个国家的未来带来繁荣的安全模式"。② 他

---

① Letter dated 18 May 1864, printed in *Sinlapa Watthanatham* 25, 3, January 2004, p. 85.

② 1874, quoted in N. A. Battye, "The military, government and society in Siam, 1868 – 1910: politics and military reform during the reign of King Chulalongkorn", PhD thesis, Cornell University (1974), p. 118.

图 3 - 1　处于不同世界之间的蒙固国王：（左）身着暹罗盛装，照片由弗朗西斯·
　　　　集（Francis Chit）摄于 1864 年；（右）由一名佚名画师想象作画，身着
　　　　清朝高级官员官服；（下）身处一群宫女之中的素描画，由 1866 年跟随
　　　　伯瓦尔伯爵（Comte de Beauvoir）使团觐见的随从人员绘制

将 20 位未成年的王室成员送到新加坡学习。他将几部欧洲的宪法译成泰文，法国的《拿破仑法典》给他留下了最深刻的印象。当他成年之后，宣誓就任，"以使王室家族、官员和人民可以不断发展"。① 在一个月内，他建立了一个新的中央国库，又任命了塞满了王族亲属的咨议院（Council of State）和枢密院（Privy Council）。不久之后，他宣布了一项改革计划，即"咨议院应做之事与应废止之事"。其中，被指定要求废除的有徭役、奴隶制和赌博。改革举措包括法院的改革，建立实行薪俸制的官僚机构、警察和军队，发展农业和教育。对改革者来说，终结对劳动力的控制是当务之急。其部分原因是为了消除殖民主义的批评。安娜·李奥诺文斯则通过描绘隐匿在"错误、迷信、奴役和死亡的黑暗"② 中的暹罗精英而声名鹊起。在某种程度上，这是为了增加市场经济所需的劳动力。朱拉隆功未成年之时的摄政王、汶纳家族的家长川提出了要求取消奴隶制的建议，要么通过征税逐步消除，要么直接废除。保守派反对这些提议，这将威胁到他们的经济和社会地位的基础。为了安抚他们，国王提出先只取消某些种类的奴隶，并且以循序渐进的方式进行。1874 年 8 月通过的一个条例，规定从 1868 年后出生的家生奴隶③到 21 岁时就自动获得自由之身，其他 1868 年之后出生的奴隶在 21 岁之后，既不能自卖为奴，也不能被卖为奴。债务奴隶、战俘和被贩卖的儿童奴隶仍然未被取缔，徭役制度仍然未受影响。像川这样的改革者原本希望能有更富决定性的举措，但是他可能接受了必要的政治妥协。

在劳动力改革上，国王发现自己和商人贵族处于同一个阵营之中。但是在金融和司法改革上，在国王与川以及其他高级贵族之间出现了裂痕。朱拉隆功宣布设立一个财务处，统管所有的包税人，在此之前税收被上交到 17 处分散的国库之中。他还宣布建立一个新的法院，接管一些类似的分属于不同部门下设的法院的案件。这种集权将

---

① Quoted in Attachak, *Kan plian plaeng*, p. 134.
② Leonowens, *English Governess*, p. 47.
③ 即指奴隶的子女，世袭奴隶。——译者注

会削弱大贵族的收入和权力，并增强王权。川与其他贵族家长都强烈反对。他们策划了一场政变（1874年12月的"前宫危机"），迫使国王作出让步，改革此后更加谨小慎微了。

由于王室的一夫多妻制，朱拉隆功有许多弟弟和同父异母的兄弟。他将他们中的一部分人组织起来，同时还吸收了一些来自包括汶纳家族、汕初多家族（Saeng-Xuto）和阿玛达亚恭家族（Amatyakun）在内的大家族的年轻成员。这些人自称"少年暹罗"（Young Siam），含蓄地将自己的对手们定义为"老年暹罗"（Old Siam），认为他们已是明日黄花了。他们为"进步"和"改革"而激辩。朱拉隆功将他们吸收进试验性质的西式官僚体系和王室的军事组织中。

在之后的十年时间里，随着元老贵族纷纷去世或退休，朱拉隆功将他们的包税人纳入财务处的管辖之下，并将自己的亲信安插到空缺的职位上。1885年，他任命王弟那拉提（Narathip）主管财务处，又在随后3年时间里，将酿酒、鸦片和赌博的税收收入从汶纳家族的手中收归己有。在王室的指挥下，财政收入从1874年的160万铢增长到1906—1907年的5700万铢。这是君主专制政体的原始资本。

动用这笔资金进行的首批投资之一是增强军事实力。在摄政王执政时期，朱拉隆功在宫中建立了一支新的500人规模的皇家卫队，按照英国步兵团的模式组织和训练，装备最新式的西式武器，成员主要从贵族家庭中招募，定期支付薪水——他们是最早一批享受这种特权的官员。在19世纪70年代末，这种经验被推广应用到守卫王都的军团（thahan na）之中。原有的士兵被解散，新兵应召入伍开始了为期5年的带薪服役。欧洲人帮助训练，购置现代步枪，在王宫旁边建造了一个令人印象深刻的军营（后来被改建为国防部）。军队规模不大，约有4400人，但是对于清剿盗匪、威慑秘密社团和在重要时刻维持王都治安已绰绰有余。

这支武装力量对于实现"少年暹罗"的主要目标，即建立一个全新的金字塔式权力集中的官僚体系以取代地方领主至关重要。在朱拉隆功继位之初，曼谷的政治腹地是一个由分属于不同部门、体系众多的城邦组成的拼合体（见图 3 - 2）①。"内围"城邦据说实行曼谷式的税收制度、兵役制度，并由中央任命官员，尽管实际上很多城主都是世袭的。"外围"城邦是由地方领主统治的，他们缴纳林产品作为税费，而附属城则只是缴纳象征性的贡品。

中央集权首先从将过去的附属国兰那（清迈）纳入版图开始。英国的木材公司进入北部的森林，有可能成为殖民入侵的先锋。他们还让兰那的统治者身陷官司和债务之中，这给了朱拉隆功机会。他纾解了债务问题，在 1874 年主持签订了一个《英暹条约》（Anglo-Siamese treaty），以限制伐木的殖民主义者，并派一名专员去监督附属国的政府。专员抵达清迈时带着一支实行新式薪酬制的常备部队。国王对这位专员（一个同父异母的弟弟）做出如下指示："我们无意取消宫廷及其附属地位，但我们要掌握真正的权力……你必须凭借智慧而不是武力来实现它，不能让老挝人②觉得他们受到了压榨。"③ 这位专员逐步引入曼谷式的税制，任命地方官员，并接管了森林采伐的特许权。地方贵族抱怨道，兰那已被"抽筋剥骨"了，有些官员还发动了叛乱。为了安抚他们，专员授予贵族们华丽的爵衔和大笔的津贴，但是逐渐让他们远离行政机构，将税收送入曼谷的国库之中，并建立起一个下到地方一级的金字塔式的官僚体制。

最终的行政结构看上去和英属印度殖民地政府惊人地相似。它成为一个典范。其他专员也纷纷被派往其他边远地区的城邦，如琅勃拉邦、廊开、呵叻、乌汶和普吉，并有派驻到当地的常驻军作为支援。地方统治者成了有名无实的首领，去世之后还会被曼谷方面任命的人选取代，通常都是王族子弟。1893 年，朱拉隆功任命他最欣赏的一位同父异母的弟弟丹隆拉查努帕（Damrong Rajanuphap）为新成立的内政部部长，他将这一体系应用到内陆省区之中。这些地区传统的半世

---

① 这张地图根据 1866 年一份材料绘制，quoted in Rujaya，"Ratburi"，pp. 34 - 35。

② 在这个时期，所谓"老挝人"（Lao）既包括兰那（清迈）人，也包括澜沧（琅勃拉邦、万象和占巴塞）人。

③ Sratsawadi Ongsakun，*Prawatisat Lanna*（History of Lanna），Chiang Mai：Chiang Mai U-niversity，1996，p. 359.

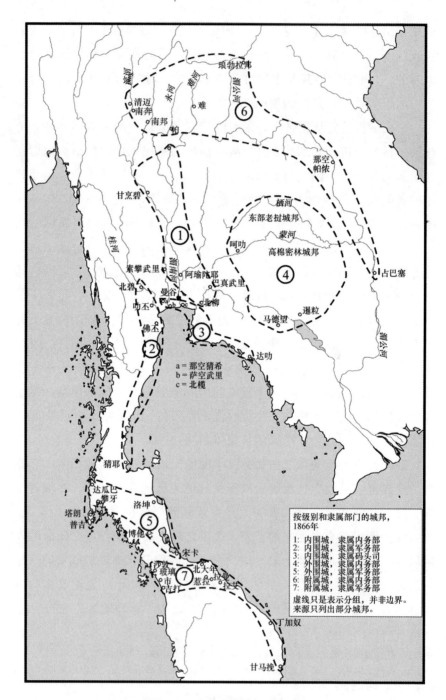

a = 那空猜希
b = 萨空武里
c = 北榄

按级别和隶属部门的城邦，
1866年

1：内围城，隶属内务部
2：内围城，隶属军务部
3：内围城，隶属军码头司
4：外围城，隶属内务部
5：外围城，隶属军务部
6：附属城，隶属内务部
7：附属城，隶属军务部

虚线只是表示分组，并非边界。
来源只列出部分城邦。

图3－2　改革前夕的政治地理

袭统治家庭，以同样的方式被中央任命的人取代。1899 年，新行政结构被正式立法确认。到 1914 年，内政部已任命了 3000 名地方官员。许多旧人和旧做法依然存在，但从技术上讲，他们现在只是一个单一的官僚金字塔的一部分，受内政部管理。从 1902 年开始，所有官员都由中央统一发工资，而不再依靠其在当地机关的利润。过去，地方统治者们只在他们的府邸或家院中发号施令。现在，新的官员要在省区中心建起的办公点办公，这更像一个殖民地的宿营地，带有办公室、牢房和官员的休息室，其建筑规模和标准设计都让人印象深刻。丹隆将这种全新的体系命名为"帖萨丕班"（*thesaphiban*），意为对领土的照管。

司法改革也经历了一个类似的集权模式。1892 年，所有王都中的案件都从各个下属的法庭移交到一个新建的统一机构中。从 1902 年开始，专员们被派往各地方省区，在一个单一的等级制下重组法院。1908 年颁布的一项法令正式将所有的法庭都划归司法部管辖。法院的程序也变得与西方的做法类似，并在 1908 年正式立法正规化。

在内陆地区，改革几乎没有遭遇任何对抗。许多旧贵族尽管对于税收和权力的损失愤恨不已，但是他们并未被替换掉，而且可以体面地退休。他们的孩子被鼓励送到学校读书，这是进入新官僚机构的门户。旧中央精英的下一代们似乎接受了朱拉隆功对"进步"所作的解释，即将其作为在一个变动不居的世界里维持他们地位的一种方式。但在边缘地区，发生了一些叛乱。

1895 年，孔敬（Khon Kaen）的一些村庄发生了叛乱，村民拒绝中央下派的官员长达三年之久。1889—1890 年，约有 3000 人反对清迈的新行政体制。1901 年，有 2500 人发动叛乱，加入东北乌汶（Ubon）地区的千禧年叛乱的队伍之中。1902 年，南部边境诸邦威胁要发动叛乱，北部的帕（Phrae）也被叛军控制，另外在南邦和南奔也发生了一些小规模的冲突事件。其中许多暴乱都直接针对新的税制。有些是由被取代的地方官员领导的，并得到了旧统治者的支持。在兰那，叛军袭击了新的政府机关，并发誓要将暹罗官员和华人包税人驱逐出去。在兰那和东北地区，这些叛乱借鉴了传统上的"功德之人"暴动，这些"功德之人"能够打破社会秩序，并迎来一个更好的世界。东北部的叛军将湄公河畔的肯玛叻（Khemmarat）洗劫一空，之后向乌汶的省会中心进发。他们宣称的目标是"建立一个既不受暹罗也不受法国统治的王国"。[①]

起初，这些叛乱打了政府一个措手不及。但是叛军手里只有地方的原始武器，还对圣水的力量能保护他们刀枪不入深信不疑，他们根本不是政府军的加特林机枪和大炮的对手。在东北部，政府军宣称在未造成一名人员伤亡的情况下，击毙了 200 名叛乱者。在兰那，13 位叛乱领导人被俘并戴枷示众 3 天，然后被处决。在南部，北大年的马来穆斯林统治者被投进监狱 2 年。在这种强大的武力面前，叛乱相继偃旗息鼓，但是他们还是让朱拉隆功和他的宫廷震惊不已。特别是在兰那，新施行的行政管理体系停摆了长达三年之久。

不规则的边界

在向新式行政体制转变的同时，基于城邦、"套盒"和统治者之间的个人关系的传统的政治地理学，被一种基于领土和边界的模式取代。用通猜·威尼差恭（Thongchai Winichakul）的一个著名说法来说，暹罗获得了一个"地缘机体"（geo-body）。[②]

在旧有的政治体系中，并没有像画在地图上或地面上的线那样的边界线。两个城邦国偶尔会将在连接两个中心的路线上的一座石冢、佛塔或海关哨所作为边境的标记。大多数城邦被大片渺无人烟的森林隔开，如暹罗和缅甸就被巨大山脉分隔开，这大片地带"不属于任何一方"。统治者们不喜欢把边疆看作障碍，而是视为"贸易和友谊的

---

① Quoted in C. F. Keyes, "Millennialism, Theravada Buddhism, and Thai society", *Journal of Asian Studies* 36, 2, 1977, p. 298.

② Thongchai Winichakul, *Siam Mapped: A History of the Geo-body of a Nation*, Honolulu: University of Hawaii Press, 1994.

图 3 - 3　在西方影响到来前夕的暹罗贵族，蒙拉丘泰（Mom Rachotai），
　　　　传教士最早的学生之一，曾作为特使出使伦敦，作家，摄于19
　　　　世纪60年代。他的衣着和饰物来自亚洲很多地方，包括泰国、
　　　　中国、波斯、印度和阿拉伯，只有书是来自西方的

金银之路"，是可能扩张其贸易和影响的渠道。在周边地区，地方统治者可能会向两个或更多的霸主称臣，这些状况可能会随着环境而发生转变。

当英国在 19 世纪 20 年代成为暹罗在南边和西边的邻居后，便要求暹罗明确双方的边界。起初，暹罗宫廷对此感到费解，甚感不快，只是勉强应允。

从 19 世纪 60 年代开始，殖民压力变得越发复杂。英国不断蚕食南部边境，在 1852—1853 年又夺取了缅甸另一块土地。法国从东方步步进逼，占领西贡之后又于 1863 年强行将柬埔寨纳为保护国。暹罗急忙签订了一份条约，同意分享保护国，并认为这是合理之举，因为柬埔寨之前同时向越南和暹罗称臣纳贡，这不过是一种延续。但是法国想要的不止于此。法国殖民者的梦想一直在两种选择间摇摆不定，要么向北找到一条从印度支那进入中国的道路，要么退而求其次，将影响向西扩张，穿越东南亚大陆地区，聊以慰藉。卡尼尔－拉格雷（Garnier-Lagrée）在 1866—1867 年的考察之后发现，无法沿着湄公河航行到中国，一位法国官员当场表示："我们的愿望是让我们中间一些人梦想中的法兰西帝国成为现实，它必须从广东和云南一直延伸到曼谷附近。"[1] 法国人还引入了另一个西方概念——领土主权的历史主张。他们查阅了文件，以说明越南（以及其继任者法国）对位于河内—西贡和曼谷之间的许多边缘地区有更合理的领土主张。

与此同时，西方商人也来到暹罗攫取商业利益。英国的木材公司穿过缅甸的森林，来到兰那。锡矿开采公司从英属马来亚蜂拥向北扩张。二者都从暹罗的地方附属国获得了特许权。在曼谷，西方的投机者们提出各种计划，如开凿穿过整个半岛的运河、开采各种金属以及修建广泛的铁路网等，反映了宏伟的帝国野心。对暹罗而言，明确的边界成为一个不错的防御理念。1880 年，暹罗从印度聘请了一位英国

---

① Le Myre de Vilers, governor of French Indochina in 1881, quoted in Patrick Tuck, *The French Wolf and the Siamese Lamb*: *The French Threat to Siamese Independence*, *1858 - 1907*, Bangkok: White Lotus, 1995, p. 44.

测量员詹姆斯·麦卡锡（James McCarthy），派他去绘制边界地图，特别是遥远的东北地区。随他一同前往的还有一队士兵，据说是为了去镇压"贺"人（Ho），这些人很可能是来自中国西南部的太平天国运动中的流亡难民。部队真正的目的是通过插上暹罗的白象旗、向地方首领发放暹罗的爵衔、建造军营，有时候通过给徭役壮丁黥字等方式，加强对地图线背后的领土要求。麦卡锡的地图于 1887 年出版，显示的暹罗边界北起西双版纳，沿着安南山脉进入柬埔寨（见图 3 - 4）。用通猜的话来说，这张地图是"欲望的编码"。① 1894 年和 1909 年暹罗与英国就南部和西部边界的谈判，相对容易地达成了一致，双方划分了地方政权，此前这些政权同时向两边进贡。

　　法国则比较难对付。它的回应是使用自己的地图，采用基于本地历史材料的领土主张，并出兵占领周边地区。这个问题不是通过地图或历史先例，而是通过武力解决的。1893 年，法国吞并了中国边境以南的湄公河东岸的领土。为了对抗他们，暹罗试图调集一支 18 万人的军队，这是一个多世纪以来最大的一次军事动员，但却只能征募到这个数字的零头。小股部队在湄公河附近和法国人发生了冲突。作为回应，法国向湄南河派出了两艘炮艇，并停泊在法国使馆附近。他们要求暹罗进行赔偿，并从湄公河东岸撤走。当暹罗政府提出异议，法国便封锁了港口，要求在湄公河西岸设立 25 千米的非军事区，并让法国成为暹罗境内的越南人、老挝人和高棉人的保护人。这次河口事件（Paknam Incident）导致了一项条约，该条约沿着湄公河划定了暹罗和法属印度支那的边界，暹罗在麦卡锡所画的暗含野心的地图上减去了老挝的琅勃拉邦和万象、柬埔寨北部地区以及西双版纳和西双楚泰的大部分地区。英国阻止了法国意欲将暹罗纳为保护国的想法。但是两国在私下秘密达成一致，暹罗最终只应保留湄南河流域的领土，将东部地区和马来半岛南部分别割让给法国和英国。当地的法国和英国官员开始为实现这一目标而进行演练。但是在 1900 年之后，为了

---

① Thongchai, *Siam Mapped*, p. 125.

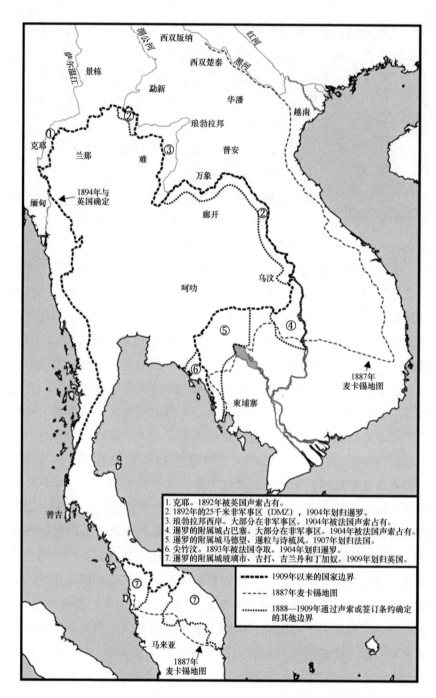

图 3-4 暹罗的边界图，1892—1909 年

1. 克耶。1892年被英国声索占有。
2. 1892年的25千米非军事区（DMZ），1904年划归暹罗。
3. 琅勃拉邦西岸。大部分在非军事区。1904年被法国声索占有。
4. 暹罗的附属城占巴塞。大部分在非军事区。1904年被法国声索占有。
5. 暹罗的附属城马德望、暹粒与诗梳风。1907年划归法国。
6. 尖竹汶。1893年被法国夺取。1904年划归暹罗。
7. 暹罗的附属城玻璃市、吉打、吉兰丹和丁加奴。1909年划归英国。

▬▬▬ 1909年以来的国家边界
- - - - 1887年麦卡锡地图
·········· 1888—1909年通过声索或签订条约确定的其他边界

在欧洲结盟对抗德国日益增长的威胁，两国国内政府中止了这一殖民野心和竞争行为。1902—1909 年达成的一系列条约，将暹罗的边界固定成今天的样子。暹罗已经成为一个轮廓分明、边界明确的国家。许多周边的国家都消失了。根据暹罗所接受的西方理论，首都曼谷在这个新划定的边界内部的领土上享有独一无二、不可分割的主权。

创造公民

与此同时，各个类别的奴隶和与庇护者或监管者有人身依附关系的庶民，都摇身一变成为公民，在理论上与国家有直接关系。

1897 年，朱拉隆功采取了另一项措施来结束强迫劳动，规定从那时起出生的人不得自己卖身或被别人卖身为奴。现在只剩下少数年老的债务奴隶和战俘奴隶了（最终到 1912 年彻底废除）。徭役制的废除要更复杂一些，因为它将影响到军队，国家还需要军队去保护测绘队伍、与法国作战、剿灭盗匪、防范华人骚乱以及镇压周边的叛乱。尽管在 19 世纪 70 年代末 80 年代初，朱拉隆功想方设法将一些人从贵族转变成公务员。之后在 1887 年，他另一位同父异母的弟弟被安排负责一个新的国防部，并受指示制订计划征召常备军。

宫廷中对这一计划出现了不少反对之声。他们认为，暹罗与欧洲军队对抗毫无胜算，不应去尝试激怒欧洲人。但是朱拉隆功坚持认为，常备军是现代国家的属性之一。此外，真正的需求不是针对外部的殖民主义者的，而是内部的，即让曼谷的权威能强加于新划定的边界以内的地区，并将所有人都置于国王的统治之下。

朱拉隆功把好几个儿子送到欧洲的军事学院学习。其中第一个儿子于 1897 年学成归来后，就被委以重任，负责规划一支新的军队。对镇压 1899—1902 年地方叛乱的艰难进一步增强了朱拉隆功的信念，并驱散了多数反对之声："征兵制是必要的。如果我们未能引入它，就等于将西北部（兰那）拱手让人。"[1] 征兵制开始在三个省区匆忙

---

[1]　Battye, "Military, government and society", p. 428.

实行，以完成对叛乱的镇压，然后到 1905 年普遍推行。壮丁税被一种普遍的人头税取代（1909 年征收范围扩大到包括华人和其他外国人）。军费开支由 1898 年的 100 万铢飙升到 1909—1910 年的 1300 万铢，当时暹罗已拥有了一支 20000 人的常备军和一支 5000 人的海军，以及超过 5 万人的后备役队伍。

所有国民现在都属于国王。几乎每个人都通过交税和军事服务，与国家保持着相同的关系。与此同时，他们还被重新塑造成为同一个民族的成员。

创造泰族

随着西方人在 19 世纪初重返暹罗，以及暹罗被卷入一系列条约中，其国内开启了一场关于暹罗居民的性质，以及他们与其他人群之间的关系的辩论。传统上用来区分民族的标准是语言。外国人作为一个类别被称为使用"12 种语言"或"40 种语言"的人。19 世纪 30 年代，在曼谷菩提寺（Wat Pho）展示了其中一部分人群，有 27 个不同种族的人被分别绘制在寺内门板上，每幅都配有描述的诗句。这些画和诗表明这样一种思想，不同种族的人不仅仅说不同的语言，而且外表看起来还各具特点——既体现在体貌特征上，也体现在服饰上。有的诗句还偶尔提及，一些民族还有特殊的性格特征。泰人也被列在这些分类里面：

> 暹人俊美世无双，
> 玉面雕塑自天成。
> 身居大城繁华邑，
> 耀世威德畏人魂。
> 上衣穿尽金银线，
> 下摆绸带束锦纹。
> 华服映身美不尽，

摄目光彩彰至尊。①

　　这种描述显然不是试图涵盖所有在暹罗的人。这首诗描述的是一个贵族，表明泰人的精英阶层是出自那些权力高于其他人的群体。

　　统治精英可能会被认为是"泰人"（Thai），但这个时期的宫廷，仍然对国内民族构成的多样性津津乐道。国王的统治扩展到所有用皇语来说是来"寻求皇恩荫庇"的人。在和外国人打交道时，国家自称是 Siam。蒙固签署自己的王号时作"暹都"（Krung Sayam），朱拉隆功则写作"暹因"（Sayamin，暹＋因陀罗）。按照"套盒"的原则，Siam 可以意味着王都，也可以指受王都影响力涵盖的更大的单位。在外围地区则根据其语言和族群认同而区分为"东部老挝人""西北老挝人""高棉人"和"马来人"或"凯人"等，强调了暹人的帝国凌驾于其他族群之上。在 1872 年访问印度期间，朱拉隆功称自己为"统治老挝人和马来人的暹罗国王"。②

　　欧洲人逐渐形成了这样一种观念：一个国家就是一个"种族"的政治表达。从 19 世纪 80 年代开始，法国人将这一观念用作入侵暹罗的一种手段。他们认为，老挝人虽然在语言上与泰人有联系，但也足以成为一个独特的种族。同时，暹罗人并不是一个严格意义上的种族，因为他们已经和中国人混杂在一起了。因此，纯粹的暹罗人在他们的国家里是少数群体，事实上是"占极少的寡头"统治着主体人群。③ 在这种话语之下，法国对暹罗的殖民占领就意味着对大多数人民的解放。在1893 年河口事件之后签订的条约中，法国通过了允许在暹罗的前印度支那居民寻求法国保护的条款，一定程度上实现了这一想法。法国积极扩展有资格成为被保护人的人员范围，从 1828 年以后渡过湄公河

---

　　① Davisakdi Puaksom, *Khon plaek na nanachat khong krung Sayam* (Siam's International Strangers), Bangkok: Sinlapa Watthanatham, 2003, pp. 31 – 32.

　　② *King Chulalongkorn's Journey to India, 1872*, Bangkok: River Books, 2000, p. 8.

　　③ David Streckfuss, "The mixed colonial legacy in Siam: origins of Thai racialist thought", in L. J. Sears ed., *Autonomous Histories, Particular Truths: Essays in Honor of John R. W. Smail*, Madison: niversity of Wisconsin, 1993, p. 131.

迁居而来的人的后代，扩大到所有自称是高棉人或老挝人的后代，甚至还有一些为了商业利益而寻求殖民保护的华人。泰人宫廷对此感到惊骇。一些人讽刺道，国王可能带有高棉血统，不知是否有资格成为法国的受保护人。许多人自愿登记成为受保护人，以逃避徭役。法国企业家们计划使用这些受保护的劳动力在暹罗境内发展商业。

暹罗宫廷学会了如何使用这种关于种族的话语。在 19 世纪末，它发展了泰语中的民族（chat）一词，它最初意为出生、起源或轮回，以此来对应表达种族的观念。为了定义泰族，两种互相重叠的定义被并行使用。第一种是对传统的通过语言来定义族群的方式进行调整，使用其他傣泰（Tai）语言的人也被归为泰族人（Thai）。被派往周边地区的专员们奉命去说服地方领主"泰族人和老族人都属于同一个 chat，在同一个王国内说同一种语言"。丹隆宣称"这些人都用不同的名字来称呼自己……如昭暹（chao Sayam）、佬（Lao）、掸（Shan）、泐（Lue）、贺（Ho）……其实都是泰族人（chon chat Thai）。他们说泰语，每个人都认为自己是泰人"①。第二种是将那些居住在边境内并臣属于国王的人都定义为泰族人。正如一位曼谷专员在南邦的晚宴上所说："暹罗人和老挝人的区别将不复存在——我们都是陛下的臣民。"② 在 1885 年与英国的一次边界争端中，朱拉隆功将这两种定义方式融合在一起："泰人、老挝人和掸人都认为他们属于同一个种族。他们都尊崇我为他们至高无上的君主，是他们福祉的保护者。"③

类似的观点被写进为新式学校准备的第一本教科书中（见后文）。民族是一个主要建立在语言之上的文化共同体："我们属于同一个民族，说同一种语言，所以我们对彼此的爱，怎能不超过对其他民族、说其他语言的人的爱呢？"④ 这个文化共同体也是由共同的宗教（佛

---

① Streckfuss, "Mixed colonial legacy", p. 150 fn. 66.

② Chaiyan Rajchagool, *The Rise and Fall of the Thai Absolute Monarchy*, Bangkok：White Lotus, 1994, p. 96.

③ Thongchai, *Siam Mapped*, pp. 101 – 102.

④ Chaophraya Thammasakmontri, *Thammajariya II*, p. 104, quoted in Kullada Kesboonchu Mead, *The Rise and Decline of Thai Absolutism*, London：Routledge Curzon, 2004, p. 89.

教）和共同的历史组成的。同时，民族是一个政治概念，要求其成员的忠诚和自我牺牲精神。

在世纪之交，曼谷变更了地理词汇，以反映这种新理念。从1899年开始新设立的省区不再使用老挝、马来或诸如此类的名字，而是取了梵文化的名字，有些直接使用北方、东方等方位词表示王国的部分地区。丹隆解释这么做是因为那里的居民"是真正的泰族人"，新名字也反映了"统一的泰王国"的存在。①

在1902年以来的泰文版本的条约中，称国家时不再使用 Siam，而使用 *Prathet Thai* 或 *Ratcha-anajak Thai*，意为泰人的国家或王国。所有王国内的居民均被视为持有泰国国籍（*sanchat Thai*），这是条约英文版中的"of Thai nationality"的对译。为了能使新的领土和国籍的匹配具有相应的法律地位，暹罗坚持要求殖民势力在边界条约中放弃充当保护人的治外法权。为了实现这一目标，政府割让了大量领土作为补偿。1907年，暹罗放弃了对高棉西北部省份（暹粒、马德望和诗梳风）的主权要求，以换取法国同意放弃治外法权。1909年，吉打、吉兰丹、丁加奴和玻璃市这四个马来土邦被割让给英国，以换取同样的让步（见图3-4）。

暹罗宫廷采用了一个新术语 *prathetchat* 或 *chatprathet*，对应着"民族—国家"（nation-state）的复合形式，这个词虽有力量，但也带来了困惑。一方面，泰族现在被简单定义为所有居住在泰王国内的人，这种观点被写入1913年的《国籍法》，规定所有出生于边界内的人都可以要求取得泰国国籍；另一方面，这个定义代表这样一种社会现实，人们是通过语言，或许还有族源而统一在一起的。

当这种统一的泰国性（Thai-ness）被展示给外国人的时候，宫廷对内仍然保留了一些微妙的区别。被派往周边地区的专员被告知，当与外国人交谈的时候要强调老挝人和暹罗人的共同身份认同，但是在

① Somrudee Nicrowattanayingyong, "Development, politics, and paradox: a study of Khon Kaen, a regional city in Northeast Thailand", PhD thesis, Syracuse University, 1991, pp. 148 – 150.

私下里要保留一定的旧式的泰—老差异。1904 年在圣路易斯举办的国际展览会上对暹罗的描述，将"伟大的泰国种族"（great Thai race）编成 3 个类别：首先是较为复杂的"暹罗人或泰人"；之后是掸人和老挝人的"邻近种族"；最后是其他种族，如高棉人、马来人和缅甸人，他们"最初……是战俘"，但后来"与暹罗人通婚并使用暹罗语言"。① 学校的教科书里区分了那些说"正宗的"有修养的泰语的人，以及其他需要提高自身以成为民族中合格一员的人。

精英阶层开始给那些现在被界定为泰民族的人一个更为复杂的社会学定义。蒙固在出家之时和当国王之时都曾到内陆地区旅行。朱拉隆功到过更多的地方，乔装改扮，当被人认出之时又扬扬自得。丹隆以及其他参与制定新的地方行政制度的人，去过的地方就更多了。像之前的洋人旅行家一样，丹隆等人将看到的一切都记录下来。从 19 世纪 80 年代起，他们开始撰写研究著作，对新的民族国家中的各种民族进行描述和分类。

这些研究将人群分成三个大的类别。在最底层的是山地族群。一位参与地图绘制和保卫新边界的军队将军对他们有如下描述：生活在丛林中；怪异、野蛮、肮脏，还半裸身体；远离文明，毫无进步的希望。接下来是低地地区的农耕人群。丹隆描述他们是更为人熟知、更顺从，而且显然从事有益于经济的生产活动，但他们的生活方式依旧简单，并信仰巫术迷信。在最顶层的是王公贵族和高级官员们。他们渴望变得文明（*siwilai*），这是"civilized"一词的泰化词语，同时表达了以西方为榜样的"进步"渴望，从而有资格去支配处于国界以内和以外的其他两类人群。所谓"泰族"概念既是统一的，又是分裂的。

创造更好的公民

新的民族国家承担了约束边界内不同背景和心态的人民的权力。

---

① Streckfuss，"Mixed colonial legacy"，p. 143.

新的军队几乎都被用于维持国内秩序；朱拉隆功称被派去镇压北方叛乱的部队是"占领军"。① 一支新的警察部队也组建起来，最初是为了控制华人的"秘密社团"，政府在20世纪初时，决定取缔赌博窝点。监狱是每个省区总部的标准配置。

朱拉隆功的另一个儿子叻武里王子（Prince Ratchaburi）从牛津大学获得法律学位，归国之后被指派去建立一个司法系统。他喜欢普通法系（common-law approac），但是被否决了，理由是外国人会对成文的罗马法（Roman law）印象更深刻。1908年他完成了一部刑法典。叻武里还希望司法系统能够从官僚机构中真正地分离出来。他的提议再次遭到否决。朱拉隆功曾见到过在殖民体系中为了加强控制而将司法系统和官僚机构结合在一起的做法。

由此，民族国家配备了威压工具。然而，从长远来看，人们不得不接受塑造，成为国家的好公民。

很明显，自曼谷王朝初期以来，政府希望利用佛教来进行教育并约束社会，它也已适应了民族国家的框架。蒙固和朱拉隆功任命了一系列王族成员担任僧伽的最高元老。从1874年起，他们成为经过蒙固改革后的法宗派成员。1893年，朱拉隆功委托另一位同父异母的弟弟、法宗派僧人和未来的僧王瓦栖拉延（Vachirayan）领导一个新的佛学院，以提高对僧侣的培训。之后于1898年，朱拉隆功将瓦栖拉延调去，通过扩大传统的寺庙教育体系来发展初等教育。瓦栖拉延首先派出法宗派僧人去各省区进行调查。他们的报告显示，在如今封闭的暹罗国界以内，人民和宗教实践千差万别。地方佛寺有自己的文本和传统。各省区的僧人深入田野，参与村庄的节庆活动，利用普通的民间故事弘法布道，他们对经典文本的知识很有限。接到这些报告之后，朱拉隆功转而派他去负责统一和整顿僧团的工作。最终推出了1902年的《僧伽法》，从最高的国王和僧王开始依次向下，将所有僧侣纳入等级体系中。僧侣们按照标准的教学大纲进行学习，通过中央

---

① Battye，"Military，government and society"，p. 418.

集中管理的考试取得资格，并使用经过批准的文本讲经说法。新建的佛寺鼓励遵循标准设计。瓦栖拉延温和地劝导兰那的僧人放弃他们根深蒂固的地方传统，并将多事的东北地区和遥远的南部地区的著名僧人召集起来加入法宗派。瓦栖拉延期望佛教成为"一个把政府和人民紧密连接在一起的纽带"。①

随后，瓦栖拉延回去培训僧侣，并为新的小学教育编写标准教科书。所有的孩子都要学习中部泰语、佛教和算术。1921年，小学教育被定为义务教育。教育的资金有限，但是到20世纪20年代中期之前，在7—14岁的儿童中有40%都进入学校学习。

标准课程中的一门课是教导正确的行为。在20世纪第一个十年，昭帕耶帕萨德（Chao Phraya Phrasadet）为这门课编写了一部教材。他是最早一批进入新式学校学习的贵族子弟，在法宗派的波汶尼威寺受戒出家，后来担任了丹隆的秘书。他的《名门世家的品性》（Sombat Phu Di）一书指导那些接受新式教育的一代，要整洁、彬彬有礼、可敬、讨人喜爱、高贵、令人愉悦、和善温厚、无私、诚实可信和远离各种恶习，这是理想官僚的行为准则。帕萨德被擢升为公务员学校的校长。他的教材开启了一种编写指导儿童和公民行为的国家手册的传统。

进步需要大量的健康人口，因此这个新国家开始关心国民的健康。1888年暹罗建立了第一所医院（诗里叻医院），1890年成立了第一所医学院。在1904年和1906年连续暴发鼠疫之后，政府发布了公共卫生条例，旨在预防和控制鼠疫和霍乱。政府还开始设立卫生区（sukhaphiban），负责维护公共卫生。为了收集作为政策基础的信息，1917年政府出台了一个法案，规定定期进行人口普查，进行出生、死亡和居住地的登记。

现代而杰出的君主制

伴随着对政体和人民的改造，君主制也在发生转变。

---

① Craig J. Reynolds, *Autobiography*: *The Life of Prince-Patriarch Vajiranana*, Athens, Ohio: Ohio University Press, 1979, p. 37.

首先，它获得了一个新的财政基础。私人王库最初是为了用皇家贸易的利润支付王室家族的开销而设立的。它还用于资助王室家族和贵族子弟到海外留学，1890 年又扩充为王室财产局 (Privy Purse Bureau, PPB)，成为王室的商业投资部门。政府的收入有 5%—20% 都流入王室财产局。其中一部分用于建设大米加工厂，扩大大米贸易。一部分用于房地产开发，于沿街不断扩张的曼谷的新马路建造商铺，并在内陆省区的中心修建市场。到 1910 年，王室财产局已成为全国最大的房产持有者。还有一部分资金用于公司投资，通常是与外国合伙人合资经营，主要在铁路、电车、电力、银行、水泥、煤矿开采和蒸汽航运等方面。

接下来，王室成员在政府中扮演更重要的角色。此前，王族被排除在高级官员职位之外；现在，他们则占据了这些职位。1892 年，朱拉隆功组建了一个由 12 名部长组成的内阁，其中有 9 位部长都是他的兄弟或同父异母的兄弟。1885 年，他将 4 个最年长的儿子送到海外接受教育，待他们在 19 世纪 90 年代中期回国之后，就挑选他们和其他王族表亲一道担任高级军事和官方职位。

王室成员还为在为国家公职机关培训人才的新式学校中享有特权。1881 年，丹隆建立了专门培养公务员的玫瑰园学校 (Suan Kulap School)，起初它只招收"王子和最高级贵族之子"。当几个平民子弟入学之后，"为了阻止太多平民百姓进入学校"，学费就涨价了。成立于 1897 年的国王宫廷学校旨在培养学生为海外学习做准备，它也有类似的限制。丹隆希望将不断扩大的官僚机构的上层招聘限制在"那些出身高贵 (phu di) 或家境殷实之人"中。[1] 1899 年成立的公务员学校起初只吸引了很少的贵族子弟，于是它更名为皇家侍卫官学校以提升名望。1897 年成立的陆军军官学校，官方规定只招收王室成员或贵族出身的人。到 1906 年，对于出身的限制更加严格了；1909 年，学校专门为最高等级贵族家庭的子弟开设了精英班。1910 年，每一位中将或以上级别的军官均由王室家族成员担任。

---

① Damrong quoted in Nakharin Mektrairat, *Kanpatiwat Sayam pho so 2475* (The 1932 Revolution in Siam), Bangkok: Munnithi khrongkan tamra sangkhomsat lae manutsayasat, 1992, p. 64.

其他高级职位则青睐外国顾问。从 1860 年起，少数外国人受雇一些技术性职位。1893 年的河口危机之后，外国顾问的数量在 4 年内飙升，其中有 58 名英国人、22 名德国人、22 名丹麦人、9 名比利时人、8 名意大利人和 20 名来自其他国家的人士。这些顾问不仅带来了专业知识，特别是在国际金融方面，而且还帮助处理来自殖民势力的威胁。朱拉隆功指出，"雇用外国人如同拥有现成的教科书"。①

在更广泛的方面，宫廷越来越多地与欧洲联系起来，将其作为力量和知识的来源。在 19 世纪 70 年代，宫廷中男性的衣着时尚开始模仿西方，留起长发、蓄起小胡子、穿上连裤袜和鞋子。到 19 世纪 90 年代，这种时尚扩展到长裤、量身定做的西服、礼帽和用于仪式场合的礼服制服。当国王出访欧洲之时，《裁缝和刀》（*Tailor and Cutter*）杂志称他"看起来就像一位英国绅士"。② 在 19 世纪 70 年代，朱拉隆功建造了一座新的宫殿，采用意大利风格的设计，但是在顶部采用了暹罗式的屋顶，以取悦传统主义者。1907 年，这种妥协就被抛弃了，国王修建了带有强烈古典主义风格的阿南达沙玛空御座厅（Ananta Samakhom throne hall），采用了卡雷拉大理石、米兰的花岗岩、德国的铜和维也纳的陶瓷。整座建筑成为通往旧城区北部的新的王室宫邸区的入口，那是一片欧式风格的宫殿群，以及为其他王室家族成员建造的宅邸。国王和贵族们进口了许多欧洲的小摆设来装点这些新房子。

1897 年，朱拉隆功访问欧洲。在某种程度上，这是在 1893 年河口事件之后进行的一次精明的外交活动。法国殖民部长立刻明白了其中的意思："它会给人留下这样的印象：暹罗王国的君主受到了类似欧洲国家元首一般的接待，它已经成为一个文明国家，应该受到像一个欧洲国家一般的待遇。"③ 一方面，这是国王亲眼观察文明的一种途径；另一方面，它也向臣民们展示了国王作为一个新式的君主，已跻

---

① 1899, quoted in Thamsook Numnonda, "The first American advisers in Thai history", *Journal of the Siam Society*, 62, 2, 1974, p. 122.

② M. Peleggi, *Lords of Things: The Fashioning of the Siamese Monarchy's Modern Image*, Honolulu: University of Hawai'i Press, 2002, p. 64.

③ Tuck, *French Wolf*, p. 191.

身世界王室精英行列。

这种新的西化君主公开露面的次数越来越多。曼谷王朝初期，弓箭手会走在国王队伍的前面，禁止人们瞧国王的身体。当三世王后期一位弓箭手射伤了一位妇女之后，他们被限制使用武力，只能"威吓人们不得表现不敬"。蒙固停止了这些做法，并欢迎人们参观他的王家仪式和地方巡视。朱拉隆功则更愿意现身展示他的形象。他乐于被照相、绘画和雕塑。他允许自己的形象被复制在硬币、邮票、纪念品和明信片上。他乘坐敞篷马车，后来换成了汽车环视曼谷（见图 3 - 5）。从 1899 年开始，在每年云石寺（Wat Benjamabophit）举行的仪式中，他都与挑选出的人群走在一起。1908 年，在新建的意大利式的御座厅宫殿前，一尊朱拉隆功骑马雕像揭幕。该雕像在巴黎铸造，国王形象身着西式军服，这是首次在没有宗教的背景下使用的雕像，也是国王在首都的一次伟岸的亮相。

图 3 - 5　朱拉隆功国王，现代且喜爱露面。很可能
摄于 20 世纪初的兜律王宫区

在执政后期，这位开放和现代的君主在更为盛大的场合出现在公众面前。在世纪之交，曼谷城市因两条大道的建造而改头换面，仿造巴黎的香榭丽舍大街修建的拉查丹侬路（Ratchadamnoen），意为御行之路。它们用于举行规模盛大的游行活动，如在 1907 年国王第二次出访欧洲归来时，以及次年庆祝他在位 40 周年的庆典。这两次事件的主题都是庆祝在他执政期间所取得的"进步"成就。政府部门修建了仪式用的拱门以及巡游花车，展现暹罗在农业、卫生、税务、铁路、电报和发电等方面取得的巨大成就。三年之后，朱拉隆功的儿子和继任者瓦栖拉兀（Vajiravudh）举行了第二次加冕礼，来自英国、俄国、希腊、瑞典、丹麦和日本的王室成员出席了典礼。典礼持续了13 天，同时还进行了其他欢庆活动，并耗费了 8% 的国家预算。

一些改革是为确保却克里王朝的连续性而设计的。蒙固曾言明"国王亦是人"，"这次能成为国王，若是归因为神权，就是对那些共同扶持（我）登上王位的列位大臣恩泽的蔑视"。但是他又坚持，这种能力的传承是通过王族的血脉。一位国王"良好的出身基于两方的卓越（是指父亲和母亲两方）"。[①] 蒙固巧妙地解决了继承者的问题，他赐予其最宠爱的儿子朱拉隆功比其他人都要高的王爵，并派川·汶纳监督整个过程。朱拉隆功调整了西方的做法，以确保王朝的延续性。他取消了前宫的副王制度，引入了提名继承人的思想。之后，他重修了《宫廷法》，按照欧洲式的长子继承制来确定继承权，并加以修改，以适应一夫多妻制。1916 年，他的继任者瓦栖拉兀进一步强化了连续性，将所有却克里家族的国王都重新命名为拉玛提波迪（Ramathibodi，通常简写成 Rama），并按编号顺序排列，依次为拉玛一世、二世、三世，依次类推。根据对早期国王的回忆，又为每位国王制作了肖像画。

朱拉隆功最主要的七位妻子都是其同父异母的妹妹和表姐妹，从而将他的后代血统限制在却克里王朝创建者的血脉之中。他命人从曼

① Attachak，*Kan plian plaeng*，p. 38.

谷和却克里王朝创建之时开始重新纪年，并设立公共假日庆祝王朝的创建和国王的生日。在19世纪最后25年里，君主制获得了财政上的保障、王朝的连续性以及在新政府中的主导地位。它使自己成为一个"繁荣进步"的象征，与占主导地位的西方和现代世界联系起来。在新王都的建筑和剧院中，君主制的地位更加重要。在接受《拿破仑法典》之后，朱拉隆功这样定义绝对王权：

> 国王的统治是绝对的，可以按照自己的欲望行事。没有事物可以凌驾其上。国王享有绝对的权力，如（1）是王国的最高统治者和臣民的庇护所；（2）是正义的来源；（3）是等级与身份的来源；（4）是通过发动战争或与其他国家保持友好关系等方式，保障人民减少痛苦的军队的指挥官。国王不会犯错。没有任何权力可以评判或惩治国王。①

戏剧、建筑和历史

在崇尚西方的同时，精英阶层还感到暹罗需要一种独特的文化遗产，和一个民族国家的地位相称。从曼谷王朝建立之初开始，宫廷就在致力于复兴并维持阿瑜陀耶晚期的宫廷文化，尤其是以演出《罗摩颂》（Ramakian，或译《拉玛坚》，改编自印度的《罗摩衍那》）故事和《伊瑙》（Inao，源自印度尼西亚）故事为主的戏剧表演。每位国王都要从这些作品中选出一个章节创作戏剧，这已成为一种惯例。在蒙固和朱拉隆功时期，那些自阿瑜陀耶陷落之后就衰落的古典表演形式又不知不觉地复兴了，尤其是面具舞剧孔剧（khon），并通过添加一些西方的舞台技术使其变得现代化。阿瑜陀耶时期的宫廷选取梵语文学中的神话主题，用复杂的格律作诗的风尚也同样得到中兴。蒙固及其继任者喜欢用源自梵文或巴利文的词汇给地名重新命名，这些词汇显得比那些泰人或老挝平民使用的词更有文化、更悦耳，也更文明。

---

① Attachak，*Kan plian plaeng*，p. 153.

这种复古主义和西化的结合出现在建筑中。皇家侍卫官学校（后来成为瓦栖拉兀学院）建于 1910 年，以英国公立学院为模板，但在建筑上却不自觉地带有泰式的风格和装饰。这一时期修建的最著名的佛寺云石寺，是传统泰式建筑的理想化呈现，辅以欧洲的艺术灵感，如卡雷拉大理石的墙壁，以及哥特风格的彩色玻璃窗。寺内的壁画是由一位泰国王子按照传统方式设计的，之后由一位意大利画家用文艺复兴时期的风格完成。

宫廷同样采用了富有时代精神的新的文化实践，特别是反映人类能够改变世界的信念的社会科学。除了上面提到的人类学的兴趣之外，最受欢迎和重要的学科是历史。在这个为进步理念着迷的时代，蒙固明白了历史的重要性。他走访历史遗迹，收集历史材料，并尝试编写了《暹罗简史》（*Short History of Siam*）。朱拉隆功将庆祝暹罗历史作为标志他统治达到顶峰的那场庆典的一部分。该活动于 1907 年在古都阿瑜陀耶的残垣断壁中进行。当时朱拉隆功刚刚从他第二次访问欧洲历史名城之旅中归来。他在这次活动的发言中说，完善的国家都"坚信一个民族和国家的历史是一个重要的问题，需要通过研究和教育，清楚而准确地掌握。它是一门评价思想和行为是对是错、是好是坏的学科，是一种教导热爱自己的民族和土地的手段"。[1] 他发现，这些国家编纂其历史至少上溯至一千年以前，他宣布成立一个古文物学会（Antiquarian Society），专门为暹罗编写同样的历史。第二年，他的儿子瓦栖拉兀访问素可泰，携带着一份由蒙固王发现的碑铭文本，其内容可上溯至 1292 年。他将碑文中提到的遗迹与地面上发现的遗迹相比对（见图 3-6）。他出版了这次纪行，"为了让泰人更加意识到我们泰民族不是一个新的民族，不是一个如丛林中的野人或英语中所谓的'未开化'的民族"。[2] 瓦栖拉兀和丹隆将素可泰定为

---

[1] Chris Baker, "The Antiquarian Society of Siam speech of King Chulalongkorn", *Journal of the Siam Society*, 89, 2001, p. 95.

[2] King Vajiravudh, *Thiao mueang Phra Ruang* (Visiting King Ruang's Cities), Bangkok: Ministry of Interior, 1954, p. 9.

82

"泰人的第一个王都"，并开启了一个经阿瑜陀耶到吞武里/曼谷的连续不断的历史序列。

图 3-6　君主调用历史。1907 年，瓦栖拉兀王子在仔细观察考古发现

1915 年，丹隆在与瓦栖拉兀大吵一架之后退出了内政部。他此前就已经开始从事历史研究了，从那以后，他就将全部的精力投入到研究之中。他之前帮助创建了民族国家（nation）这一行政单位，现在

他又赋予它历史。在接下来的 20 年时间里，他进行了 50 多项研究，包括碑铭、旅行见闻录和人类学研究，但最主要的还是历史研究。1920 年，他出版了他的巨著《泰缅战争史》（*Thai rop Phama*）。该书立即引起轰动，至今仍是泰国最著名的历史著作。它将缅甸人描绘成永恒敌对的他者，他们给暹罗这个民族国家下了定义。它让国家历史向前回溯，进入持续了 400 多年的一系列战争中。它将国王置于故事的中心，凸显纳黎萱和耀发是英勇的民族独立的捍卫者。它将阿瑜陀耶在 1569 年和 1767 年的两次陷落视为民族不团结，尤其是贵族内部不团结带来的巨大的民族灾难。它还将平民百姓写入民族的故事之中，在 1767 年的邦拉占村一役，村民们在没有王都支援的情况下，仅凭一腔忠诚，在一位佛教僧侣的统率下英勇无畏地抗击缅甸人。

丹隆通过历史将泰人的民族性格定义为"致力于民族自由，不尚暴力，善于平衡各种利益"。[1] 由于这些特质，许多不同种族的人都通过向国王效忠和接受泰语而成为"暹罗人"。

平民知识分子

宫廷控制了现代教育、海外求学和获得优越工作的机会，但是却无法实现绝对垄断。一小部分天赋过人的平民也有机会加入其中。他们也为西方的进步理念而着迷，但是激励他们的动力却与宫廷中的领袖截然不同。尽管他们人数很少，但是他们可以通过新兴的印刷媒体与受众交流。传教士们于 19 世纪 30 年代将印刷术引入泰国。起初，印刷术被教会和宫廷所垄断，但是到 19 世纪 70 年代，其他人也可以使用了。

古腊·德里沙纳侬（Kulap Tritsananon）的父亲是一个在暹罗出生的华人，娶了一个下级官僚的女儿。古腊在寺庙学校接受教育，之后由于天资聪颖，受到了来自宫廷下级教师的赏识和资助。他在洋人

---

[1] Saichon Sattayanurak, *Somdet kromphraya Damrong Rachanuphap: kan sang attalak "Mueang Thai" lae "chan" khong chao Sayam* (Prince Damrong: Creating the Identity of Thailand and Classes of the Siamese People), Bangkok: Sinlapa Watthanatham, 2003, p. 115.

的公司里工作了 15 年，足迹遍布亚洲各地，掌握了西方语言，并且嗜书如命。19 世纪 80 年代，他回到曼谷定居，成为最初一批创办独立印刷厂的人。他与宫廷建立起良好的关系，从王宫的图书馆借出书的手稿，偷偷复制下来，之后拿去印刷。他创办了一份杂志《暹罗门类》（Sayam Praphet），发行量达到了 1500 份，主要刊登关于历史和文化方面的文章，特别是他从盗印的书中节选的内容，以及他本人对最近发生的历史事件的评论杂文。最终，他遭到起诉，这表面上是因为他擅自给原文添加上自己的修改和创造，实际上是因为他胆大妄为地传播知识，知识在过去是只属于王宫的私密财产。

天宛·万纳坡（Thianwan Wannapho）也激起了宫廷的怒火。他的父母都是平民，祖辈曾做过贵族。和古腊一样，他也是在寺庙中接受的教育，并与宫廷有些许联系。他在湄南河上开始经商，后来拓展到遥远的新加坡，但又回来学习英语和法律。他作为一名律师，因为替穷人做辩护和公开批评统治精英的剥削与腐败行径而声名鹊起。他曾经被人警告过不要这样口无遮拦，之后在 1882 年他因法律操作上的技术违规而被判入狱。16 年之后，他被释放，当他走出监狱大门的时候带着成捆的著作。他创办了一份杂志，抨击强制劳役、一夫多妻制、政府资助的赌博以及缺乏政治代表的情况。最重要的是，他质疑为什么政治是宫廷的专属领地？他对日本的成功非常着迷，不仅仅是因为它抵御了殖民主义，还因为它仿效西方实现了"进步"。他认为，日本之所以成功，是因为它的自强是一场真正的民族运动；而在暹罗，宫廷的精英们却在故意排挤他人。

另一位平民知识分子提·素卡扬（Thim Sukkhayang）出身于一个筏子商人家庭。他在寺庙中接受教育，并得到一位高级官员的资助。1878 年，他发表了一首关于东北边疆地区军事远征的尼拉诗。该诗指控谋划这次远征的川·汶纳，是他的无能导致了这场军事失败，并造成了大量伤亡。它将普通人描绘成贵族精英的无能和腐败的牺牲品。宫廷裁定"该尼拉诗的内容过甚其辞"。[①] 经过简单的审理，提被关

---

① Panni Bualek，"Sayam" nai krasaethan haeng kan plian plaeng：prawattisat Thai tang tae samai ratchakan thi 5（Siam in the Tide of Change：Thai History from the Fifth Reign），Bangkok：Muang Boran，1998，p. 67.

进监狱，书也被销毁了。

古腊、天宛和提都出身平民家庭。他们都是接受传统的寺庙学校的教育，接受了来自宫廷的资助，又通过贸易接触了洋人。随着 19 世纪 80 年代之后新式学校纷纷建立，更多的平民有机会接受精英教育。尽管宫廷希望将教育限制在出身高贵的家庭，但是他们对能胜任新的行政机构工作的受过教育的职员的需求更为巨大。许多王族和贵族子弟觉得新式教育有失身份或太过困难。朱拉隆功不断逼迫他们去参与学习，但是收效甚微。富裕的华人和其他平民家庭迎来了新的机遇。法律、军事和公务员学校很快就加入了大量平民，他们的父母愿意支付不公平的高昂费用。虽然一些平民子弟在工作后迅速获得提升，但更多的时候，他们会被出身高贵或人脉更好的人轻松超越。特别是在军队中，没有平民能够晋升到最高级别的军官，但是他们主宰了中级军官干部。

天宛和古腊都通过添加大写英文首字母的方式（T. V. S. Wanna-pho 和 K. S. R. Kulap）把自己的名字弄得洋气十足。和宫廷知识分子一样，他们都对人民创造历史的观念、民族国家和"进步"的概念推崇备至。但是，当宫廷的思想家从这些思想中提炼出一种新的思想，即认为绝对王权可以保卫国家的统一，引领实现进步的道路之时，平民知识分子却认为一个国家应废除等级制度和排斥行为，这样全体公民才能为进步贡献力量。他们的思想启发了下一代人，他们发现，进入公务员行列后，受到的是现代知识和传统等级制度的共同教育——这种组合坚不可破。

"文明"的局限

在关于进行哪些改革才能应对西方的问题上，统治精英内部也有争论。1884 年，当法国占领了印度支那、英国攻入上缅甸之时，朱拉隆功向他的堂弟、驻巴黎的公使布里萨当（Prisdang）询问，暹罗如何才能保住独立地位？另外三位在欧洲的朱拉隆功同父异母的弟弟当时也在 1885 年 1 月那封 11 人联名上书的成员名单中。他们认为，暹罗的危险源自西方所信奉的要"传播进步和文明，使所有人都能实现平等"的使命。西方势力会以无法提供进步、公正、自由贸易和保护外国公民、"总而言之，治理和发展国家的能力"为由去占领一个国家。他们建议：

> 要解决这个问题，暹罗必须被西方势力认可为一个文明国家，并受到他们的尊重……根据欧洲人的信念，一个政府要保持公正，它必须基于民众的共识……没有一个欧洲国家能够相信暹罗能够秉持公正，因为一切均由国王定夺。①

请愿书建议组建一个内阁政府和根据工作业绩给予报酬的行政机构，法律面前人人平等，杜绝腐败，以及实现言论自由。最为重要的是，它提议制定一部宪法，"这样，人们就会感到压迫和不公已经结束，他们将会热爱这个国家，并认识到暹罗是属于它的公民的"。请愿者的模板是日本，一个已经开始效仿西方的亚洲国家。

请愿书中陈表的事情，为朱拉隆功学习欧洲划下了底线。他在回复中认为暹罗的政治传统是不同的。欧洲的君主实行专制主义，才会激起人们用议会和宪法约束他的权力。但是暹罗的国王却是按照佛教道德在统治。因此：

> 在暹罗从未出现人们反抗国王的政治事件。和欧洲的情况恰好相反，暹罗国王一直引领着人民，因此人民和国家才可能获得繁荣和幸福……人民绝不会乐于拥有西方制度。他们对国王的忠实超过对任何一位议会成员的，因为他们相信国王比任何人都更

---

① Eiji Murashima, "The origins of modern official state ideology in Thailand", *Journal of Southeast Asian Studies*, 19, 1, 1988, p. 84. 这段引述出自村嶋英治（Eiji Murashima）对该文献的总结。

公正和热爱人民。①

朱拉隆功强调，他刚刚从"保守派大臣们"的手中夺回权力，所以"缺乏合适的和有能力的人"来掌管议会，而"改革"需要绝对的权威。

朝臣们通过重提旧的皇家理论并用关于民族和国家的新话语重新表述，强化了这一观点。帕耶帕萨格拉翁（Phraya Phatsakorawong）是汶纳家族成员，同时也是两位非王族高级部长中的一位，他重申至少在波隆摩谷王时期，就盛行着最初的国王是由人民根据其德行自发选择出来的这一观念："我们的祖先聚集在一起，形成了一个民族［chat］。这种聚会从一个家族中选出一位有能力之人作为民族的领袖……它并不取决于多数人的意见，而是通过领袖的个人权威。"另一位接受过西方教育的官员将与法国的对抗描述为对佛教的捍卫，并呼吁："我们必须团结一致对抗王国的敌人，以回馈国王的恩情；我们必须保卫佛教不受邪见之人的践踏……保护泰民族的自由和独立。"②

1893 年河口事件大幅加剧了精英阶层对殖民接管的恐惧。朱拉隆功反复强调民族的神圣性和重要性，公民的首要职责就是保持团结（samakkhi），以保卫它。在这个时代，持异见的古腊被起诉，1885 年带头请愿的堂弟布里萨当遭到贬谪和流放。1904 年，朱拉隆功声明国王是国家的化身，暹罗需要"以国王为中心团结起来"，而议会只能将国家引入"不必要的分歧和冲突"之中。

在朱拉隆功统治末期及之后，丹隆通过一系列演讲和研究，重新定义了暹罗王权的性质。在过去，国王提供保护，使人民能够在佛教道路上追求涅槃。现在，国王的角色是给人们带来进步。蒙固和朱拉隆功都像苦行僧一样遍游全国，去了解人们的疾苦。国王所有的行为都是在致力于改善人民的福祉。"泰国政府的方式就像一位父亲对待孩子一般，正如英语中所谓的父权政府（paternal government）。"其结

---

① Murashima，"Origins"，p. 86.

② Murashima，"Origins"，pp. 86 – 88.

果是产生了一个"人民的"和"为人民的"国王，他的权力源自人民的爱。丹隆宣称国王形象的现身，尤其是通过大量的骑马雕像和允许哀悼者向朱拉隆功的遗体致哀的新举措，拉近了民众和国王的关系，"人民开始感受到了爱，他们已经很久没有对一位国王有这等感受了。他去世后，人民真的悲伤不已"。[1]

丹隆暗示，这种王权风格是却克里王朝与生俱来的。他的历史研究显示，（非却克里的）达信未能成为一位真正的国王、传统艺术的维护者和佛教的领导者，因为他并不属于这个传统。丹隆巧妙地编纂却克里王朝初期的编年史，如此一来，王朝从建立之初就开始践行这种王权风格了。他认为，王族成员把持政府，是因为他们受过治国之道的教育，尽心竭力地为实现理想而工作，赢得了人们的尊敬，并因此能够将其地位传给继任者。丹隆对王权统治的叙述暗示着宪政是毫无必要的，任何背离却克里主导的举动都是一种倒退。丹隆在朱拉隆功在位时期的纪年中写道："如果没有国王，国家将变得混乱不堪。"[2]

结论

在 19 世纪最后 25 年时间里，市场经济造成的社会压力、精英阶层新出现的"资产阶级"心态，以及与西方接触带来的威胁和机遇，给暹罗带来了惊天巨变。暹罗避免了沦为殖民地。部分原因要归结于地理和时机：暹罗成为法国和英国野心的缓冲区，也赶上了殖民土地掠夺时代行将结束。部分原因是，自阿瑜陀耶时代开始吸收外国人进入政府的举措，经过改造成为一种半殖民地的妥协。还有部分原因，是暹罗的统治精英接受了进步和历史的理念、地图绘制技术、殖民地的行政体系、法典和征兵制度。

---

[1] Saichon, *Somdet kromphraya Damrong*, p. 149.

[2] Kennon Breazeale, "The historical works of Prince Damrong Rachanuphap", MA thesis, University of Hawai'i, 1971, pp. 168 – 169.

在传统框架下，国王的权力会延伸到所有"寻求皇恩荫庇的人"。王权机构的职责是向人们提供庇护，抵御外敌，并通过治安和解决争端来缓解内部的混乱。国家结构之间的关系都是基于私人纽带，即派（庶民）附属于一位乃（主人），在官僚机构中的庇护关系，以及附属国的统治者或地方藩王对国王的忠诚，通过仪式表达，例如喝下宣誓效忠的圣水。税收收入、强制劳役和域外商品自下而上流向私人关系的金字塔的顶端，支持并颂扬更上层的人士。人们只在有限的范围内才能与宫廷产生联系（税赋、徭役、争端纠纷），多数情况下还经过中介，如包税人和地方征税官吏。

新的政治单元是由领土边界界定的。所有位于边界内部和被赋予"国籍"的人，都被视为民族的一员和国家的主体。国家的职责不仅仅是提供保护，还包括实现"进步"。为此，国家修建了电报和铁路，加强对宗教和教育的管理，以提高公民的思想素质，加大公共卫生投入，以提高公民的身体素质。国家通过这种扩展的方式，将对公民生活大张旗鼓地干预合法化。人们必须与中央任命的官员合作，他们负责征税、统计调查、教导、治安、征兵、审查，以及其他许多方面。他们屈从于各种项目，不管是来自宗教机构、学校还是公民身份的教育项目。

在实践中，这种新利维坦的范围最初受到资金和人力资源的限制，只能在主要城镇施行。此外，旧的结构和观念依旧阴魂不散。在新的官僚机构内外，人际关系和家庭网络依然重要。基于社会等级的旧统治态度，在官僚与农民的关系中重建起来。但是，所有这些残余现在都不得不向国家赋予的权力妥协。原则确立之后，国家的影响力在未来几十年时间里逐渐扩大。这个过程远非一帆风顺。在朱拉隆功整个统治时期，京都的政变传言就一直不断，既有来自保守派的，也有来自失望的激进改革派的。一些僧伽也对世俗化和西化的趋势表现出不悦。在外围地区，在世纪之交的叛乱之后仍有持续不断的抵抗。在兰那，克鲁巴西维采（Khruba Siwichai）领导的反对僧伽权力集中化和统一标准化的运动，一直持续到20世纪20年代。但是大多数反抗都是消极的，只是利用未完成的民族国家的漏洞攫取利益。

　　人民在暹罗民族国家建构过程中只是旁观者。暹罗的领土疆界是殖民主义扩张之后残留的结果。民族是为了适应这一空间而想象建构的，它包含了所有在这个空间以内的人。行政机构是借鉴自殖民地的经验自上而下推行的。民族和民族国家构建的背后，是王权的增长以及对君主制意识形态基础的概念重构。民族是被构想出来的，它并不是各种各样人群的统一集合，而是以统治者为象征的神圣的统一体——一个专制主义的国家。

第 四 章

农民、商人与公务员（19世纪 70年代—20世纪30年代）

民族国家是个新鲜事物，它的公民也同样如此，它们是两个彻底的社会变革的结果。从19世纪初开始，湄南河下游流域的景观和社会随着大量农民迁来垦荒而发生了变化。不同于亚洲其他地区，从19世纪中期一直到20世纪70年代，暹罗新土地的开发速度比人口的增长速度要更快。由于19世纪末的政治决策，这种开荒社会的特征是有大量小农，而鲜有大地主。直到20世纪最后25年的城市化加速时期，这种小农人口仍占总人口的五分之四，是经济的主要推动力。

大部分城市人口也是新出现的，特别是在首都曼谷。华人持续不断地从华南迁移过来，使得华人成为城市经济生活的主导力量。西方商人和顾问形成了一个新的半殖民化的精英阶层。一个羽翼渐丰的平民中产阶级开始在曼谷这个新的民族国家的首都形成。

乡村景观和社会的转变

19世纪20年代造访暹罗的欧洲人认为湄南河三角洲大部分地区还是一片"荒野"。在灌木丛林的平原上栖息着野象，在靠近海岸和河流附近的沼泽里，到处都遍布着芦苇，里面满是鳄鱼。人们只能在靠近大河的岸边居住。甚至沿着湄南河的河口经过曼谷，向上到达三角洲的上游，两岸大部分地区看上去都"荒无人烟"，树木茂密（见图4-1）。

图 4 - 1　在开荒之前。正如亨利·穆奥（Henri Mouhot）在
1858 年所画，湄南河两岸仍然是丛林密布

在阿瑜陀耶时期，只有从三角洲中心的猜纳向南到湄南河河口之间的
洪泛平原的狭窄走廊地区，才能广泛种植水稻。在这里，农民们在每
年的季风洪水期种植浮稻。即使是到 19 世纪初期，经济扩张和加大
对中国的稻米出口之后，水稻种植仍然主要集中在这片地区。在 1850
年前后，四分之三的三角洲土地仍然未被开垦，湄南河三角洲地区
（或"中部平原"）的人口大概只有 50 万人左右。

在接下来的一个世纪，平均每年有 7000 户家庭搬入三角洲地区，
增加了 20 万莱（约合 32000 公顷）耕地。到 1950 年，从三角洲头向
南到海岸盐滩 250 千米的三角区域，修建了纵横交错的河道，几乎每
一寸土地都在耕种。

三角洲地区的景观从 19 世纪初就开始变化，当时华人移民带来
了种植蔬菜、胡椒、甘蔗和其他作物的专门技术。从 19 世纪 10 年代

起，更多的泰人开始摆脱传统的束缚，来到这一农业垦荒区。起初，他们主要种植糖蔗，但到19世纪70年代，蔗糖出口受到严重冲击，因为欧洲的甜菜糖以及荷兰在爪哇殖民地的甘蔗生产效益更高。从那时起，稻米就成为主要的作物和出口产品。亚洲殖民地城市和种植园人口的增长，使得对食物的需求激增。运费更加便宜的西方轮船在运送这种大宗作物的时候更为高效经济。在19世纪60年代，暹罗年均稻米出口量约为10万吨，到20世纪初就已增长到这一数字的5倍。

早期的垦荒者沿着三角洲东部和西部边缘地带，以及19世纪20年代和30年代作为高速公路横跨三角洲的运河不断扩张。从19世纪60年代开始，国王把修建运河作为创造土地所有权的一种方式，以满足数量不断增长的王族成员。国王兴修了许多新的河道，并将两岸的土地分发下去，大部分分给了皇亲国戚。大贵族家庭也如法炮制。汶纳家族修建了一条向西的主河道，其他几个大家族也投资了一些小项目。19世纪90年代，与王族关系紧密的沙尼翁（Sanitwong）家族启动了其中规模最大的工程，开挖河道排干了王都东北部的兰实（Rangsit）地区150万莱面积的积水。国王也来分一杯羹。在这些运河工程中，两岸的土地被分成每块1500—3000莱不等的大块土地，通常由隶属贵族的劳动力来耕种。人们从各处，主要是呵叻高原迁来，在这些新的稻田里当佃户和工人。

政府通过了一部土地法，基于地籍测量和地契，授予全部产权。兰实工程中的土地价格由1892年的每莱5铢飙升至1904年的37.5铢。一些王族亲属请求推出更多此类运河计划。朱拉隆功的一个同父异母的兄弟指出，"目前，在所有的泰族贵族能够投资的商业项目中，很难找到什么能比交易土地更有前途；而在各种土地类型中，没有哪一种比出租用地更有利可图"。①

但是这种向地主所有制发展的趋势在世纪之交时突然崩溃了。甘蔗适合大规模集中种植，但是水稻则更适合小农耕种。迁入运河流域

---

① D. B. Johnston, "Rural society and the rice economy in Thailand, 1860 – 1930", PhD thesis, Yale University, 1975, p. 81.

的人习惯了获得土地产权的方式，不适应地主所有制。许多新地主缺少管理土地的经验。到 19 世纪 90 年代，在兰实地区，"几乎每一块土地都有纠纷"。① 社区组织了当地的硬汉，将前来征收租税的人拒之村外。作为回应，地主们雇佣"配备枪支、刀和其他武器"的队伍，将定居的农人赶出土地。② 兰实工程开发办公室也不得不荷枪实弹以自保。

国王决定阻止土地贵族的发展。在 19 世纪 70 年代，朱拉隆功开始打击大贵族家庭的其他权力基础，他授意官员们将新运河工程的土地分配给农民家庭，并收回大地主没有耕种的土地。他拒绝了新的运河工程项目。首先是其他贵族家庭的计划；接着在 1900 年后，那些王族成员的计划也被否决。

农民的拓荒活动早已由运河一带向外扩张。从 19 世纪 80 年代起，随着越来越多的人从劳动力的束缚之中解脱出来，耕地扩张速度不断加快。政府不再尝试用颁发地契的方式扩展新土地。相反，官方发展出一个实用的制度，允许定居者圈占（jap jong）空置土地，只要他们将土地用于耕种，就能获得一个土地所有权的证书。

私人企业不再进行排干沼泽以进行耕种的工作。政府雇佣了荷兰人范德海德（van der Heide）来规划覆盖整个三角洲的大规模的排水和灌溉工程。他在 1902 年提出的计划因成本问题而被搁置，但是政府的灌溉厅启动了一些小型计划，经过数十年的努力，最终用棋盘格子一般纵横交错的河道覆盖了整个三角洲地区。农民定居者们跟着工程师，在半个世纪的时间里开垦了 1000 万莱（160 万公顷）的稻田。

第一个阶段的扩张局限在湄南河三角洲。当通往呵叻、清迈和孔敬的铁路分别于 1900 年、1921 年和 1933 年建成之后，出口的需求又刺激了火车站一带的圈地活动，每年新增 18 万莱稻田。与曼谷周围一样，一些土地被地主们获得。在北部山谷地区，旧的地方统治家族抢夺土地，以作为他们失去财政收入和森林控制权的补偿。一些人还

---

① F. H. Giles in 1898, quoted in Johnston, "Rural society", p. 125.

② Joachim Grassi in 1892, quoted in Johnston, "Rural society", p. 123.

通过放出横冲直撞的大象，或者散布巫鬼的谣言，将农民从自己的土地上赶走。一些人修建灌溉系统，将新土地变成可耕地。在南部和东北部的新建火车站附近，那些旧统治家族、村长和少数成功的商人与包税人，用类似的策略获得了大量土地。

但是，大部分土地扩张是由从劳动力束缚之中挣脱出来的农民定居者们完成的。在清迈以北，他们重新移居到 18 世纪时被荒弃的地区；在东北部，他们沿着栖河—蒙河（Chi-Mun river）水系扩展；在南部，他们开垦了山区和马来半岛东海岸之间广阔的低地地区。到 1937 年，只有四分之一的中部平原的土地还在地主手里，其余都被小农们占有了。在北部，地主的土地份额是五分之一；在东北部，地主的份额已微不足道了。

开荒催生了一种小地主精英，但是它最主要的作用是将暹罗的新国家公民变成了小农。

小农社会

不断地拓荒不仅仅改变了景观样貌，也改变了社会地理环境。过去，大多数人聚居在一个勐（城邦）附近。现在，他们遍布各地，村庄沿着两岸都有成片稻田的水路不断出现。人们也不断搬来搬去。在拓荒初期，人们来自四面八方。一个村庄可能首先由来自山地的移民建立起来，之后是一群来自高地平原地区的人，之后马来半岛南部沿海地区的人也加入进来。为了安全起见，住户往往结伴迁移，一般都是关系相近的亲戚。一些家庭会在一代人的时间内搬迁多次。僧伽的活动也发生了改变，以应对这种新的社会地理环境：一些僧人离开了城市中的佛寺，在乡村地区云游，只是在每年雨季的时候才在一个固定的地方守夏。随着村庄越来越固定和富裕，村民们便修建佛寺并请这些云游的僧人前来居住。

虽然大多数村庄都是新建的，但这并不意味着他们缺乏文化传统或独特的文化。事实上，乡村文化的力量来自其通过公社合作摆脱困境的能力。大多数村庄都有一个守护神祇，往往是其先祖，通常以村子中央立起的柱子、石块或大树为代表。鬼神崇拜仪式鼓励合作，统一意见，并提升社群的团结和独立性。正如早期进入乡村腹地的旅行者们发现的那样，村民们在可能是来自官府的人接近村子时的第一反应就是逃往深山老林，以逃避被拉去服徭役。

在垦荒地区建起的村子还有一定的经济独立性。农民们使用简单的工具劳动，这些工具都是他们自己用木头制造的，地方铁匠也提供一点帮助。从商贩那里购买的耕牛是唯一的重要投资。大多数农民都采用直接撒种而不是插秧的方式，并选择能在每年洪水期快速生长的品种。他们几乎不会使用肥料。通过这种耕种方式，每莱的产量非常低。但是，由于亚热带的气候条件，河流淤泥的自然肥力和丰富的土地，在湄南河三角洲地区稻米的人均产量要高于亚洲其他地区，包括精耕细作的日本。

自然环境还提供其他食物（鱼、蔬菜、水果），用于制造工具和建房的原材料，用于治疗的草药，以及家用燃料。季节性的季风水稻种植与狩猎和采集这些物品的制度互补并存。生产是建立在家庭单位基础上的，并有交换劳动的传统，特别是在收获和建房之时。这种大型共同劳动活动也成为欢庆的借口，同时也是青年男女谈情说爱的好机会。

男人和女人一起在田地里劳作，包括犁地（见图4-2）。在农闲时节，村民们会带着剩余产品和特产到邻近村庄，或者跨越山地、平原和海岸的生态边界去进行交易。这些小商贩中很多都是女性。大多数载着稻米沿着水路去交易的船主也同样是女性。在19世纪，女性奴隶比男性奴隶价格更高，因为"女人作为一个劳力的价值明显高于男人"。①

生产系统非常适于自力更生。1906年，丹隆在访问遥远的东北部

---

① H. S. Hallett, *A Thousand Miles on an Elephant in the Shan States*, Bangkok：White Lotus, 2000 [1890], p. 131.

Femmes de la race laotienne, vivant près de Petchabury. — Dessin de E. Bocourt d'après une photographie.

图 4 - 2 劳动中的女人。被迫迁至碧武里（佛丕）的老挝人后裔。
根据照片绘画，很可能出自约翰·汤姆森（John Thomson）
之手，他于 1865—1866 年到访过这一地区时惊叹："这里村民的食物都是自己做的，几乎不用购买任何东西……没有奴隶，也没有主人……没有人积攒财产，但是你不能说他贫穷，因为他们快乐而满足地养活着自己。"① 在1930—1931年，哈佛大学的经济学家卡尔·齐默尔曼（Carle Zimmerman）对暹罗的农业进行了首次定量调查。他发现，每一个地方的农民都首先为满足自己家庭的需要而生产，只出售剩余的部分。根据当地人的说法，人们只有见到当季的收成之后，才会卖出上一季的剩余产品。粮食安全是重中之重。在紧邻主要城镇和铁路枢纽地区，农业经济"接近自给自足的状态"。②

与此同时，这些小农家庭还与国际大米市场联系起来，尽管二者相距甚远。整个三角洲地区都没有重要的公路。河流和运河是仅有的高速通道。国际大米需求是由小商贩传达到乡村之中的，绝大多数是华人，他们划着船沿着水路收购剩余的作物，并安排驳船将其运到下游。碾米厂出现在曼谷附近的湄南河两岸、火车站和水路交通的枢纽处。

到20世纪初，稻米成为主要的出口作物，也是政府税收的主要来源（间接地③）。政府、碾米厂主和商人们都有兴趣推动开荒，由此增加稻米的产量。但是他们的努力是有限的。政府在20世纪第一个十年设立了新的土地税，之后的20年里，从农民那里征收的土地税和人头税成为收入的重要部分。但是农民们逐渐学会了如何逃避这些土地税，他们以收成不好为由吁请免税，并成功赢得了当地公务员的同情。暹罗并没能复制殖民地的土地收入管理制度，它强迫农民同时增产和增收。在1929年的大萧条时期，政府收到了潮水般的申请免税的请愿书。政府降低了土地税，之后再也没能完全恢复，最终于

---

① Chatthip Nartsupha, *The Thai Village Economy in the Past*, tr. Chris Baker and Pasuk Phongpaichit, Chiang Mai: Silkworm Books, 1999, pp. 69 – 70.

② Carle C. Zimmerman, *Siam: Rural Economic Survey, 1930 – 31*, Bangkok: White Lotus, 1999 [1931], p. 52.

③ ［政府主要的税收来自鸦片、酿酒和赌博，消费者均为城市中的华人］，他们大多数受雇于碾米厂、码头和其他与大米和柚木出口有关的企业。

1938 年彻底取消了土地税和人头税。

尽管提出"进步"的豪言壮语，政府在促进农业发展上几乎没做任何事情。在 20 世纪初，一些精英阶层指出暹罗的公民绝大多数是农民，因此国家的进步要以农业的发展为中心。1907 年，朱拉隆功国王的一个儿子迪洛纳帕拉（Dilok Nabarath）在德国获得了博士学位，他研究的是暹罗的农业。"这很奇怪"，他在著作开头写道，"暹罗居然没有农业方面的专著，尽管它一直以来都是一个农业国"。他总结道，"直到最近，农业人口几乎很难获得政府的支持"，即使有也只在很有限的范围内。① 他提倡对农民进行教育，建立运输网，建立农村信贷机构，加强农业技术研究。1911 年，前财政部部长帕耶希素里亚努瓦（Phraya Suriyanuwat）编著了泰国第一部经济学论著《财富学》（Sapphasat），其中也呼吁："暹罗的进步更多依靠水稻种植。暹罗发展得快与慢，取决于农民能够获得收益的多少。"②

但是，在 20 世纪初，政府对农业的重视程度较低，它排在为了国防而修建铁路、建造宏伟的皇家建筑和其他国家建设项目之后。迪洛纳帕拉也因其对发展农业的狂热而被其他王子视为"愚笨至极"；他在 1913 年自杀了。瓦栖拉兀国王生气地回应了《财富学》中关于暹罗的农民因贫穷而应受帮助的观点："我可以证明，在穷人或需要帮助的人上，没有哪个国家会比暹罗更少。"③ 他查禁了《财富学》一书及其他经济学研究，以避免这种观点传播开来。

政府还很少给予那些有兴趣推动增产的米商们帮助。1930—1931 年的调查中，齐默尔曼惊讶地发现很少有人使用信贷。农民们只在特殊情况或遇到灾害的时候才会借钱，而不会在平常农耕时借钱。大多数借款都来自邻居。只有在商业化程度较高的地区，华人店主和稻米

① Prince Dilok Nabarath, *Siam's Rural Economy under King Chulalongkorn*, tr. W. E. J. Tips, Bangkok: White Lotus, 2000 [1907], pp. xv, 169.

② Phraya Suriyanuwat, *Sapphasat*（Economics）, Bangkok: Rongphim Pikhanet, 1975 [1911], p. 73.

③ W. F. Vella, *Chaiyo! King Vajiravudh and the Development of Thai Nationalism*, Honolulu: University Press of Hawaii, 1978, p. 170.

第四章　农民、商人与公务员（19 世纪 70 年代—20 世纪 30 年代）

商人才会提供更大额度的贷款。当大萧条袭来，政府害怕坏账会导致丧失抵押品赎回权、无地可耕和社会混乱。但是农民缺乏地契使这种情况得以避免。标志所有权的地契在技术上是不可转让的。土地只在社群内部轻易地交易，但是对于一个外人，在面临当地的反对时，他得不到任何有关土地所有权在法律上的保障。商人可能会通过抵押放贷，但是却发现在对方拒不付款时很难取消抵押品的赎回权。在 1929 年的大萧条及其他经济低迷时期，农民遭遇艰难时世，但是不会失去他们的土地。相反，商人和碾米厂主经常会破产。

商人们不得不引诱小农家庭进入消费品如腌猪肉、鱼干、布匹和家居用品的市场。但是村民们的需求很少。直到第二次世界大战之时，即使在介入稻米出口市场程度很高的地区，许多家庭仍然自己织布，至少在特殊场合使用。许多地方交易继续在不定期的市场中以以物易物的方式进行。诸如牛车和金属工具等物品由村子里的兼职专家制造。在当地民间故事中，[华人商人和店主总是因牟取暴利而成为人们怨恨的焦点，]但也同时承认彼此是相互依赖的。这种不满绝不会演变成暴力，即使是在大萧条和第二次世界大战市场紧缩时期。

因此，耕种着大片稻田的小农会被卷入市场经济之中，但是非常缓慢和不彻底。渐渐地，由于交通的改善，更多的地方与市场的联系变得更加紧密，更多的家庭对市场做出了更大的承诺。从 20 世纪 30 年代开始，插秧开始在很多地区取代撒种方式，每莱的产量得到了提高，家庭有了更多的剩余产品可以出售。稻米的出口量在第二次世界大战前夕达到顶峰，约有 150 万吨，是 20 世纪初的 3 倍。

一些大地主无法解决佃户的要求和应对市场波动，他们的地产被分解了。尽管如此，在 20 世纪 20 年代，在老运河区域，仍然有 127 个地主，人均拥有的土地量有 3000 莱，包括萨尼翁家族、王室和其他一些贵族家族。但在这些有限的地主土地之外，是一个小农社会，每个家庭拥有 25—40 莱土地，他们可以靠自己的劳动力经营这些土地，种植稻米以供家庭消费，剩余产品则用于出售。

殖民主义时代的港口城市

　　到第一次世界大战前，曼谷及其内陆地区的大片稻田和柚木林已经融入了一个由殖民列强，主要是英国主导的亚洲经济之中。曼谷出口的商品中有四分之三是大米，而这些大米有四分之三是由英国或德国货船运到英国在香港和新加坡的港口去的。

　　在19世纪中叶到访曼谷的人会惊讶地发现，城市面貌还如此像乡村。"一望无垠的稻田"几乎延伸到王宫的墙边；"遮天蔽日的密林"紧邻着熙熙攘攘的三聘市场；整个城市似乎是"一个点缀着房屋、佛塔和宫殿的树林"。①

　　1856年，就在《鲍林条约》签订几个月之后，英国拥有的婆罗洲公司就在曼谷开店。然而，殖民贸易发展缓慢。起初，婆罗洲公司除了从尖竹汶出口胡椒外，几乎没有其他的业务。1858年，一家美国公司成立了蒸汽动力的碾米厂，1862年，一家英国公司成立了蒸汽动力的制糖厂。不断增长的贸易导致流通货币短缺，因此政府允许使用墨西哥银元，并从1860年开始铸造银铢。十年之后，更多的公司接踵而至，多数是殖民地印度或爪哇的公司的分支机构。到1880年，已经有了12家碾米厂，到1925年，这个数字扩大到84家。随着舢板船淡出舞台，英国和德国的轮船公司控制了航运业。在19世纪80年代，英国木材公司进入兰那，并开始利用湄南河水系漂流运输原木。1889年，婆罗洲公司加入柚木的业务，在之后的10年时间内，英国人拥有的锯木厂密集地出现在王都的北部边缘地区。

　　1890年，沃灵顿·史密斯（H. Warrington Smyth）抵达曼谷，期望能够找到此前到访过的旅行者所描述的那个优雅的城市：

　　　　但是我读到过的那个曼谷在哪里，那个有镶金的宫殿和金碧

---

① Farrington, *Early Missionaries*, pp. 34, 37.

辉煌的寺庙使人灵魂愉悦的东方的威尼斯？横在我们面前的不过是个东方的鹿特丹；泥泞的河岸，泊船码头，丑陋的碾米厂冒着黑烟，破败的房屋建在歪歪斜斜的木桩上，两边是堤坝和沟渠，有十几艘蒸汽船，挤满了成排的本地米船，还有一排排高桅帆船，最后是最气派的，甚至比丑陋的碾米厂烟囱还高的英国轮船，以及挪威和瑞典的三桅帆船等船只。①

当柚木和大米企业在19世纪80年代成立之后，西方银行家、管理机构、零售商和各种服务行业都蜂拥而至，为这里日益壮大的洋人社区提供服务，并满足由宫廷引领的对西方产品的需求。正如史密斯所说：

> 在以网球、板球、晚宴和俱乐部生活为中心的活动中，［曼谷］和其他同类城市并无二致，只是更加国际化。一张桌子上可能坐着丹麦人、德国人、意大利人、荷兰人、比利时人、美国人或英国人……②

这种国际化程度反映了这样的事实：暹罗逐渐成为殖民经济的一部分，但是并不是由某个单一势力主导的殖民主体。这个事实限制了西方商业的扩张。在柚木产业上，政府允许西方公司去主导，但是划定了一个允许伐木的区域，限制扩张的范围。西方锡矿开采公司也从马来亚涌入暹罗南部，但是政府拒绝将新的铁路网延伸到西海岸，那里锡矿储量最为丰富，于是大多数殖民地的锡矿公司都集中在马来亚了。橡胶业同样从马来亚向北扩展到暹罗南部，但是政府并不情愿提供西方种植园主希望的大片土地特许权。铁路承建商聚集到暹罗政府前，带着修建雄心勃勃的区域交通网络的计划，这个计划承载了法国和英国的商业与帝国梦想，但是暹罗政府一直闪烁其词，之后又根据

---

① Smyth, *Five Years*, I, p. 9.
② Smyth, *Five Years*, I, p. 15.

自身的战略考量修建了自己的铁路系统。帝国主义的冒险家想要仿造苏伊士运河或巴拿马运河修建一个贯穿半岛的运河，也被婉拒了。

到1914年，西方在暹罗的投资总额估计为6500万美元，不及在印度支那的一半，是在马来亚的三分之一，是在荷属东印度的十分之一。

尽管这种殖民经济是温和的，但是它仍然破坏了华人商业大家族的座山们。他们传统的收入来源在19世纪晚期相继消失。舢板帆船贸易在1855年之后就急剧下降。大多数包税人都被官僚机构的征收者取代。剩下的鸦片、酒和赌博的包税人之间的竞争加剧，导致利润微薄，灾难性的损失也如家常便饭。1906年，政府也开始取消这些包税人。

宫廷的向西看也以其他方式削弱着座山。精英阶层从西方进口商和商店里购买能标识身份地位的衣服和饰品，不再依赖大座山从中国带来的价值连城的物品。政府雇佣西方顾问，不再需要具有普通话能力的华人了。

一些大座山家族做出及时反应，涉足蓬勃发展的大米贸易、木材、航运和其他企业。丘迪伽普格纳家族成立了一个现代化的碾米厂，向欧洲出口优质大米。另外两个大座山家族也在碾米业的先驱行列中。其他家族购置土地，建造商铺，经营市场，并随着越来越多的移民涌入华人的居住区，从上涨的房价中获益。皮孙亚布家族获得了优惠，取得开凿城市南部沙吞运河的特许权，将沿岸的地块开发成带有殖民地风格的豪宅，这些建筑得到了欧洲人和本地精英阶层的青睐。

在19世纪90年代，一些旧座山大家庭联合组建了银行和船运公司。一方面，他们都在寻求新的机会以取代包税人行业；另一方面，他们是受不断上升的中国民族主义的驱使，想要和欧洲人一较高下。但是，他们缺乏这些新兴企业所需的专业知识，也无法提供足够的资金应对接踵而至的与欧洲公司的价格战。此外，1904—1908年遭遇连年的粮食歉收，这意味着数年内只有很少的大米能够出口，碾米厂无利可图。为他们提供资金的银行破产。雄心勃勃的船运业也债务累累，不得不在中国转卖。许多大家族都衰落了，包括曾经最早经营的华人碾米厂的披汕布（Phisanbut）家族和在此次危机前拥有40%大米贸易份额的皮孙亚布家族。

一些人脉广泛的家族向国王寻求帮助。王室财产局具有一个独特的优势，就是通过税金来积累资本。它成立了暹罗汇商银行（Siam Commercial Bank），具有足够的雄厚实力度过这场危机。它同时向贵族和座山企业家提供贷款。有几个座山家族靠这些贷款又延续了一段时间，但随后便失去了几代人辛苦积攒下来的财产，包括碾米厂、排屋和兰实地区的稻田。当他们在规定期限内无法偿还贷款时，这些财产就被王室财产局或其下的暹罗汇商银行没收了。

这次危机之后，没有一位19世纪曼谷座山王朝的人物能幸存下来，成为20世纪的领军企业家。这些危机也波及商业金字塔的底层，正如一位曼谷诗人乃布（Nai But）在诗中所写：

> 观瞧三聘街净洁，商铺林立齐并肩。
> 财源广进心花放，破产关张暗神伤。
> 禁令张贴门板上，印度守卫立于旁。
> 可怜主人财散尽，罚没充公无所凭。①

大米贸易和早期制造业

当大座山家族日薄西山之时，一个新的商业社区在19世纪末20世纪初发展起来，主要是在1850年后来到暹罗的华人移民中间。

由于中国南方的贫穷和社会动荡，每年涌入暹罗的华人移民数量都稳步上升。到19世纪80年代，有轮船定期往返曼谷和中国南方港

---

① 乃布的生平不详，只知道他写了不少这样的诗，大部分与曼谷有关。根据内部文献，《三聘街尼拉》（*Nirat chom Sampheng*）写于1912—1921年。见 Somthat Thewet, *Krungthep nai nirat*（Bangkok in Verse），Bangkok：Ruangsin, 1978, p. 44。

口城市，也经常有贫穷而绝望的人跃跃欲试，展开冒险之旅。在1882—1910年，有100万华人移民暹罗，其中有37万人长期居留。在这种井喷之后，曼谷人口中几乎有一半是华人，其中约有五分之三是潮州人，之后是客家人和海南人。

尽管西方公司主导了第一阶段的大米贸易，但这种主导并不长久。之前的舢板帆船贸易商人和包税人发现购置机器并雇佣一个苏格兰或德国工程师来操作它并非难事。在一些座山试水之后，更多新近的移民紧随其后。其中最成功的一位是阿功丁（Akorn Teng，即张丁），他于1842年来到暹罗，先是做苦力，开了一家店，后来通过一段不错的婚姻摇身一变，成为一个北方中等级别的包税人。从19世纪80年代开始，他投资了5家碾米厂、1家锯木厂和1家船坞。20世纪初，他的儿子继续投资银行、船运公司和橡胶种植园，并被视为商界的领军人物之一。到1912年，有50家碾米厂是华人所有，到1925年，84家碾米厂中只有1家是西方人所有。

阿功丁及其他华人企业家之所以能够在与欧洲人的竞争中占据上风，是因为他们与从农民手里购买稻米的内陆华商网络有直接联系，也因为他们能够更好地管理作为劳动力的华人苦力，还因为他们在该地区周围的市场中建立了交易网络。实际上，对于一些人，如成功的黄利（Wanglee）家族来说，曼谷仅仅是地区网络的一部分而已。到1870年，这个潮州人家族已经发展出一个以广东为基地，连接香港、新加坡、曼谷和西贡的沿海贸易网络。该家族的一个儿子陈慈黉（Tan Chi Huang）1871年到达曼谷，与一个旧座山波萨亚侬家族（Posyanon）结亲，成立了一家带有现代化机器的碾米厂，并通过家族的网络将大米出口到各个地区。在接下来的几年里，他的生意扩展到4家碾米厂，以及布匹进口、保险、船运和房地产开发行业。

一些新企业家通过不断扩张的大米贸易陡然而富，但其财富也会在国际经济极不稳定的时期因需求和汇率的波动而突然一落千丈。阿功丁的家族加入了座山注定失败的银行业和船运业，他在1904—1908年的危机中遭受重创，尽管保住了部分资产，最终还是在第一次世界大战后价格波动导致的类似危机中彻底破产。

但是那些在这些波动中幸存下来的人则变得更为强大。一些人幸存下来得益于他们是强大的区域商业网络的一分子。其他一些低级别的大米商人趁座山公司崩溃之机崛起，通过建立集成化企业和互助合作的网络，成功地化解了国际市场的波动。

黉利家族以其广泛的区域网络，成为最成功的代表。从第一次世界大战时期开始，它通过组建自己的银行来处理汇兑和汇款，以及通过建立自己的保险代理机构等方式，来应对国际市场的波动。新一拨碾米厂主纷纷采用同样的模式。马棠政（Ma Tong Jeng）在19世纪末到达暹罗做苦力。他担任一名德国工程师的助手，制造和维修碾米机器，在积累了技术和资本之后，于1917年开办了当时最大的一家碾米厂。他的儿子马·汶拉恭（Ma Bulakun，马立群）在20世纪20年代又创办了一家大型碾米厂，还创办了一家银行、一家保险公司和一家船运公司，并在香港和新加坡建立了一个公司网络。蓝三（Lam-sam）家族在20世纪20年代由木材生意转向大米贸易，采用了同样的综合模式。在大萧条之后，"五大"家族（黉利、蓝三、汶拉恭、布拉素、炎素力）控制了半数以上的大米贸易。这些大家族通过互相通婚加强联系，跨越了不同方言群体的边界。他们还成立了碾米厂协会以控制价格。

到20世纪20年代，无论西方人还是华人，都一致认为曼谷现在已发展得足够巨大，可以支持本地制造火柴、钉子、肥皂、烟花、成药、烟草、石油、纺织、纸张、砖、鞋、家具和服务业（如电力、水和运输）。少数早期成功的企业家来自旧座山家族的后代，他们接受了良好的教育，并对新官僚精英的消费模式有直观了解。乃汶洛（Nai Boonrawd）成为最早一批进入宫廷学校学习的学生，之后在阿功丁的碾米厂和一家殖民地木材公司工作，随后自立门户，经营自己的木材交易业务。在一次欧洲之行之后，他尝试了进口汽车、经营渡船、创办航空的业务，最终他决定开办啤酒厂，并在1933年正式投产。汶洛的一个远方表亲乃叻（Nai Lert）最初在一家西方公司里做职员，后来开始从事进口缝纫机和汽车业务。之后，他开始巴士服务，并把利润投入到土地开发上。其他的新企业家出身环境相同，都来自新移民的大米商人家庭。芒功·桑先（Mangkorn Samsen）在成为椰油和糖制造商之前，曾经是个碾米厂主。格松·呼达恭（Koson Huntrakun）在建立最早的一家制冰厂之前，曾经管理一个市场。

为了满足港口、碾米厂、工厂和新的公共设施的对工人的需求，曼谷需要大量的劳动人口。到 20 世纪 10 年代，仅碾米厂就雇用了 10000—20000 人，而所有的"苦力"劳动力总数接近 100000 人，约占曼谷全市人口的四分之一。尽管随着劳役制度的废除和像铁路企业这样的政府企业的出现，泰人工人越来越多，［但绝大多数工人仍是华人。工人的工作和生活条件很差。许多人靠吸食鸦片来麻醉自己，尽管他们在来到暹罗之前从未碰过它。］偶尔有工人为改善条件而进行抗议。1888 年，码头工人罢工使港口瘫痪。1889 年和 1892 年，碾米厂工人举行罢工。政府派军队武力驱散了罢工者，并将领导者驱逐出境。1897 年，政府通过了一项法律，对"红字"秘密社团进行登记，政府相信他们与劳工组织有关，并在 1905 年组建了一支特殊的警察部队，他们以在华人工人阶级社区暴力执法而臭名昭著。1910 年，城市中的华人工人继续举行大规模的罢工，部分原因是为了抗议华人被纳入泰人的人头税系统导致的税额增加。

随着过去半个世纪移民的不断积累，曼谷的华人社区在两次世界大战的战间期不断壮大并变得复杂。久而久之，一些人选择融入泰国社会。此前，华人在法律上是有区别的：他们不必服徭役，三年一征人头税，并要求留辫子。但是 1905 年徭役制结束了，三年一征的人头税也于 1909 年废除了。1911 年中国的辛亥革命之后，辫子被视为愚昧落后的象征，多数华人都剪掉了它。在衣着上采用西式的服装，这是一种中性风格，既不是泰式的也不是中式的。诗人乃布留意到 20 世纪早期的三聘街：

杰（*Jek*）人①泰人挤满街，摩肩接踵难避行。

细眼观瞧难分辨，谁是泰人谁是杰。

现代社会杂混居，华人去辫浑似泰。

古怪之事何其多，更名易族堪称奇。②

但是另一些人保留了自己的中国人身份。随着女性移民不断增多（到20世纪20年代约占五分之一），更多华人男性选择与华人女性结婚。许多经商家庭把自己的儿子送回中国接受教育，为了让他们接受文化熏陶，更是为了让他们掌握中文的读写能力。在暹罗及周边地区，中文是商业语言，尤其是在文书方面。即使在1913年后，他们被迫改用泰式的姓，不少人仍在泰姓当中有意保留自己的中文姓氏（*sae*）。③

从20世纪初开始，商人群体开始建立一些基础机构，以支持城市生活和商业。1877年，广东人建立了一个基于方言群体的社团，20世纪初，其他方言群体也纷纷效仿。1908年，泰国中华总商会（Chinese Chamber of Commerce）成立，很快就成为华人商业的官方喉舌。第一所中文学校在20世纪初成立，到1933年时已增加到271所。1905年，第一份中文报纸出版。从20世纪10年代起，医院、殡葬协会以及其他自助社团相继出现。商业领袖是其主要资助者和领导者。

一方面是宫廷对西方事物的迷恋，另一方面是曼谷华人日益富裕、独立和有组织，改变了传统的庇护关系。一位统治精英在1916年对这些变化评论道：

---

① "杰"（*Jek*）一词意为"在泰国的中国人"。随着排华情绪的不断增长，这个词主要被用在不肯泰化的华人身上，带有轻蔑的意味，接近"中国佬"（Chink）。

② 译自：Somthat, *Krungthep nai nirat*, is adapted from that by Kasian Tejapira in "Pigtail：a pre-history of Chineseness in Siam", *Sojourn*7, Vol. 1, 1992, p. 110.

③ 最简单的方式，是在自己的姓氏后加上 *trakun*，这个词在泰文中的意思近似于姓氏，例如 Huntrakun 等。有些人将自己姓氏的意义译成泰语，还有些人将自己的名字译成泰语，再加上 *wanit* 或 *phanit* 等有商业之意的词尾，例如 Sophonphanit。

在过去，中国人……经常拜访王子和贵族们，或高级官员，并且和泰人关系很亲密……现在他们变了……他们认为没有必要去拜访或取悦任何人。他们来追求大生意，在碾米厂和贸易公司投资成千或上百万铢，无须再去攀附任何人。①

国家资本的社会

从 20 世纪初开始，曼谷及其社会被作为民族国家的首都这一新角色重塑。在新的中央集权结构下，税收进入设在首都的政府部门中，权力则在向外流。受薪公务员的数量由 1890 年的 12000 人增长到 1919 年的 80000 人。1916 年公务员学校与其他院校一起被合并到朱拉隆功大学，这所大学成为通往高级官僚机构的主要途径。新政府机构建在旧城中心的边缘地区。新常备军部队驻扎在更远的地方。靠近这些办公楼和营地的地区逐渐发展成为中级官员的居住区，和一个大型的附属商业和服务社区。

官僚机构的高级公务员是这个新行政之都的精英。其核心是王族和贵族家庭成员，他们在朱拉隆功的劝说之下，接受了公务员的职业。事实上，公务员工资成为供养金字塔式急剧扩张的王族人口的解决之道。这一时期，高级公务员的工资足以养活全家人，同时靠职务之便获利的旧习惯仍挥之不去。地方统治者和大家族还敦促自己的孩子进入新式学校和学院学习，以示他们对新民族国家的忠诚。

几个大座山家庭爬上这个新的成功阶梯，从而逃脱了衰落的厄运。一些人将儿子送到英属新加坡或槟榔屿的英语学校中，一些人进入新的教会学校，其他人则靠花钱托关系为自己的孩子争取一个进入专为贵族出身的子弟建立的学校里读书的位置。一位銮阿派瓦尼（Luang Aphaiwanit）家族的后人成为王宫学校里唯一的平民，他后来和美国传教士学习。他的英语能力为他赢得了一个在婆罗洲公司的职

---

① Seksan Prasertkun, "The transformation of the Thai state and economic change (1855 - 1945)", PhD thesis, Cornell University, 1989, pp. 276 - 277.

位，之后他又为新建立的警察署担任翻译。他晋升成为警署高层，贾迪格瓦尼（Chatikavanich）家族的后代，则在现代官僚机构和专业领域中成就了辉煌的职业生涯。

在传统官僚机构中，招聘和晋升依赖个人的庇护关系。这种模式在改革后的官僚机构中依然存在。下级公务员依附部里面的大人物，能够晋升的人需要足够聪明，专门为大人物服务，而且政治手腕拿捏到位。爵衔和品级仍然代表等级。王族成员名字前仍冠以特殊的王爵，以表明他与国王的等级距离。所有文员级别以上的公务员都有一个爵衔和品级（如昭帕耶、帕耶等），模仿阿瑜陀耶时期的爵品。1913 年颁布的一项条例规定，每个人都需要有一个姓。王族成员可以在名字中保留"纳功帖"（na Krungthep，意为出身王都，后来改为 na Ayutthaya，即出身阿瑜陀耶）的后缀，类似于欧洲贵族爵衔中某地之勋爵的形式。地方统治者可以申请获得类似的表明他们出身地的样式（如纳拉廊、纳宋卡、纳清迈等）。其他大贵族家庭，包括获得封爵的华人包税人，则将现在或之前家庭拥有的传统爵衔编入他们的姓之中。瓦栖拉兀国王也对给其他大贵族家庭的申请者创造优雅的梵文化的姓兴致勃勃。这些爵衔和特殊的姓表明了新官僚机构的等级结构，这同过去国王向贵族授予作为等级标志的槟榔盒的做法异曲同工。

除了这些权贵家族，曼谷也开始孕育由小官僚、教师、律师、经理人，以及其他在民族国家政府和商业经济中工作的人员组成的中产阶级。极少数人能够从农民移动上来。这些新兴的平民中产阶级大多是从地方省会的小官场和市场社会中发展而来的。

还有少数人靠当买办出人头地，他们是帮助欧洲公司与其地方客户或合作伙伴联络沟通的代理人。最早的一批代理人来自殖民地港口城市，他们已经具备了英语能力。后来，来自曼谷本地家庭的成员也得到了所需的教育。汕·威察集瓦（Saeng Vejjajiva）来自一个在东部海湾从事舢板帆船贸易的家庭。当蒸汽船将舢板船淘汰出商业领域之后，家里将汕送入一家教会学校，在那里他被一家欧洲领先的公司宝隆洋行（East Asiatic）雇用。

其他人的上升之路是通过王室家庭与西方人合作创建的公司实现的。天喜·沙拉信（Thian Hee Sarasin，即黄天喜）是一个 19 世纪初移民来的传统中医药世家的孩子。他天资聪颖，得到一位大贵族和美国传教士的资助，他们送他到纽约学习医学。回国之后，他受雇向军队引介卫生和医疗服务。他晋升到很高的职位，同时在多家王室投资的公司里担任董事。他的儿子们都在商界和政界工作。

其他人在不断扩张的官僚机构中找到一席之地。有三个平民后来在政坛呼风唤雨，很好地说明了这种模式。比里·帕侬荣（Pridi Ban-omyong）来自阿瑜陀耶一个中泰混血家庭。他的家庭同样与地方贵族关系紧密，但是比里家仍以经商为主，他的父亲通过占据曼谷北边兰实工程中的几块土地来涉足大米经济（但并不成功）。比里进入阿瑜陀耶和曼谷的寺庙学校，之后通过一位有影响力的叔叔，进入久负盛名的玫瑰园学校和司法部下属的司法学校学习。他是个才华横溢的学生，获得了司法部的奖学金到法国留学，博士毕业之后回国，在司法学校任教，并在法律起草部门工作。威集·瓦塔干（Wichit Watha-kan）早年的职业生涯也很相似。他出生于乌泰塔尼一个小商贩家庭，祖先来自中国，但是现在基本都泰化了。他在当地的寺庙学校学习，之后在一位出家的远房亲戚的帮助下，他进入曼谷的玛哈泰寺学校学习，在那里，他的成绩优异，进而被任命为教师。他自学了英语和法语，在外交部谋得文书的职位，由于在外交服务考试中成绩突出，他被派驻到巴黎的公使馆工作。在军队中也有相似的情况。贝·披汶颂堪（Plaek Phibunsongkhram）的家庭在曼谷北边拥有一个果园。他进入寺庙学校学习，通过家庭方面的关系被步兵学校录取。他从那里进入陆军军官学校，以第一名的成绩毕业，并赢得奖学金赴法国军事学院深造。

其他平民也接受了同样的现代教育，但是之后就选择了其他的新职业。古腊·赛巴立（Kulap Saipradit）来自一个铁路职员家庭。他在寺庙学校和步兵学校学习，之后被著名的帖希琳学校（Thepsirin School）录取。他进入行政机构，但是却发现如果没有适当的家庭关系，他很难得到晋升机会。他转而去从事英语教学和翻译工作，之后作为一名新闻记者和富有创造力的作家而扬名天下。

这些新人家庭背景复杂——有来自城市的，也有来自乡村的；有华人，也有泰人；有商人，也有公务员。他们都受惠于外国人和政府提供的新式教育的机会。他们倾向于认同自己是新社会的一分子，通过自己的天赋和教育取得进步，而不是看他们的出身。他们进入精英学校学习，在政府部门工作，与那些特权贵族待在一起，有时会敏锐地意识到等级地位的差别。他们数量不多，但却是城市社会中一个强有力的新元素。

20世纪初期的曼谷

作为新的中央政府的首都和大米与柚木出口的门户，曼谷聚集了国内最多的城市人口。曼谷1850年可能只有100000人，到20世纪10年代已达约360000人，是第二大城市人口的12倍。① 曼谷也由一个水上城市向陆上城市转变。19世纪50年代，大多数人仍然临水而居或在水上活动，几乎所有的交通都是水路，因为陆路通常泥泞不堪，难以通行。1857年，曼谷修建了第一条公路，但到1890年，公路仍然只有14千米长。然而，到了1900年，一个飞速扩张的公路网已经成型，公路两旁是宫殿与官僚的豪宅，以及华人商人的商铺。

同一时期，城市人的衣着也发生了变化。在19世纪初，华人经常穿着裤子和开胸衫，而大部分泰人及其他人则只围着筒裙或水布，一些女人上身还加上一块宽松的束胸布。早期的欧洲使节震惊地发现，即使是王族也是如此穿着，但也坦承这样"半野蛮"穿着的人却很聪明，这让他们吃惊。精英阶层对洋人这种将衣着和文明联系起来的态度作出回应。蒙固规定人们进宫时必须穿上衣，以显得更加"文明"。到五世王时期，宫廷中无论男女全身都要穿上衣服，多数是量

---

① 早期人数的估算是由坡潘·威亚侬（Porphant Ouyyanont）总结的，有部分臆测成分。宫廷在1909—1910年第一次人口普查时，对城市区域的快速变化感到头疼。

身定制的。新的官僚经常要和欧洲顾问一起工作，他们的衣着深受殖民地样式的棉布衬衫和裤子的影响。那些洋人公司的雇员也一样。这些精英的风格很快被其他城市社会阶层的人所接受。男性劳动者依然赤裸上阵，但是其他人在公共场合已经开始穿着上装，如定制的衬衫或夹克了（见图 4−3）。到 20 世纪初，在暹罗城市之中，人们都已经衣冠楚楚了。

图 4−3　19 世纪末街边赌博的照片。女孩们仍然留着短发。
衣服仍然是宽松地包裹着的，未经剪裁

曼谷已经由一个相当传统的"要塞与港口"变成了一个民族国家的首都，和蓬勃发展的大米和柚木出口贸易的中心。城市的景观同时反映了这截然不同的两面。

曼谷城市的西部和北部区域是这个以国王为中心的民族国家的政府总部所在。从 19 世纪 80 年代起，中央财政收入不断增长，新的公路开始修建，从传统的皇家中心区域叻达纳哥信岛通往城北和城西。这些公路的两旁是不断扩张了的王族成员的宫殿，和那些主导新官僚机构的大贵族家庭的官邸。在城东北角的兜律区（Dusit），王室家族在这里建造了一个现代宫殿群，其中既有传统的柚木建筑，也有欧式的郊外别墅。在宫殿群周围分布着规模扩张了的官僚机构的办公楼、常备军的驻防营地、佛寺和学校。

城市的商业区集中在南部的河边。河两岸临街都是殖民贸易的产物：西方的使馆、东方旅馆（Oriental Hotel）、碾米厂、货栈，以及西方公司的办公室，如宝隆洋行、路易斯·李奥诺文斯公司（Louis Leonowens）和婆罗洲公司的办公室。在河滨以东是挽叻区（Bangrak），是欧洲人主要的聚居区，以新马路为中心，这里建于 19 世纪 60 年代，供西方人居住、散步和驾驶马车。这里有"外国公使馆、大多数银行和西方商人的办公室"①。这里还有商场、药房、跑马场、卖牛羊肉与欧洲蔬菜的挽叻市场和曼谷联队俱乐部（Bangkok United Club），这里是"在曼谷的外国人进行社交活动的中心"②。

华人富商沿着河滨建造的个性鲜明的住宅同样引人注目，通常几栋房子都建在一起，可以让不同的家庭住在一起，往往在一边有一个磨坊或货栈，另一边有一个中式神庙。更显眼的是碾米厂，它带有巨大的仓库和高耸的烟囱，冒着燃烧稻壳之后产生的黑烟。早期的碾米厂是建在郊区的，但是到第一次世界大战前，它们已在城中心的湄南河西岸遍地开花了，它们的烟囱与佛寺中的佛塔和王宫的尖顶比肩，共同主宰了城中心的天际线。

从河两岸向外延伸是扩大了定居点的华人社区，福建人更喜欢西岸的吞武里，而潮州人更青睐东岸。他们早期开发的三聘街市场向南和向东扩张，成为街道纵横交错、有各式特产的市场，商店都是特点

---

① Arnold Wright and Oliver T. Breakspear, *Twentieth Century Impressions of Siam*：*Its History*，*People*，*Commerce*，*Industries and Resources*，London：Lloyd's Greater Britain Publishing Company，1908，p. 244.

② J. Antonio, *Guide to Bangkok and Siam*，Bangkok：Siam Observer Press，1904，p. 24.

鲜明的两层楼店屋，二楼用来居住，一楼用来经营。这片区域不仅有中式神庙，还有佛教寺庙，因为华人社区不仅保持传统的原籍信仰，也接受了泰国的文化。

访问曼谷的人都赞叹它的国际性："街上的人群熙熙攘攘，有暹罗人、中国人、马来人、泰米尔人、孟加拉人、马德拉斯人、帕坦人……缅甸人、锡兰人、爪哇人、柬埔寨人、安南人、老挝人、掸人和孟人。"[①] 但是根据1883年进行的第一次内容翔实可靠的曼谷城市人口普查，仅暹罗人和华人就占到总人口的97%，其他人口则微不足道。根据这次人口调查统计，华人占曼谷总人口的四分之一，距离很多到访者估计的一半还有很大差距。原因可能是这次人口调查把郊区的农业人口也包括在内，也有部分原因是存在大量的"路津"（*lukjin*，即华人后裔），还有许多马来、老挝和高棉的战俘奴隶的后代，现在都自认为"泰"人。职业差别也很明显。华人主宰了商业（有五分之三的商人是华人），商业也主宰了华人（有五分之三的华人家庭经商）。大多数曼谷的暹罗人口从事农业或普通劳动，或被指定服徭役。暹罗人完全把持了公务员职位，但这同样也是引入新的国籍概念之后导致的族群简化的结果，在20世纪第一个十年税务部门的中下级公务员中，实际上包括"种族不同、语言各异的人。有泰人、华人、日本人、欧洲人、印度人、僧伽罗人、马来人、马来华人和那些印欧混血"。[②]

性别角色因社会地位的不同而迥然有别。男性在城市的所有精英文化中都占据主导地位。传统官僚机构，受到尚武精神影响，是男性的天下，这一原则也被改头换面带入现代。直到20世纪10年代之前，来到暹罗的华人移民几乎清一色是男性，一个典型的企业家庭是一个纯粹的父权制家庭。同样，在早期拍摄的商业照片中，西方商界领袖中也很难觅得一个女性的身影。

无论在官僚制还是华商家庭中，女性都被当成夯实家业和对外交

---

① Wright and Breakspear, *Twentieth Century Impressions*, p. 244.

② Sathirakoses (Phraya Anuman Rajadhon), *Looking Back: Book Two*, Bangkok: Chula-longkorn University Press, 1996 [1967], p. 77.

际的工具。她们需要为家族传宗接代，还要帮助家族为与庇护人和合作者的关系牵线搭桥。华人家庭的家长往往妻妾成群，既在暹罗，也在他们的中国的故乡原籍地，或许还在他们前去贸易的其他港口地区。

在这种父权制结构之下，女性却并非毫无权力。在王宫里，一些女性担当相当重要的角色，包括看管王库。朱拉隆功在信件中就表明，他是多么重视他最宠爱的王后绍瓦帕（Saowapha）的意见，他在第二次访问欧洲的时候还指定绍瓦帕代为摄政。克立·巴莫（Kukrit Pramoj）在其最著名的历史小说《四朝代》（*Si phaendin*，1950 年出版）中，把一位女性作为家庭和故事情节的核心。法律规定，结婚时送给新娘的金钱和不动产都归她一人所有，一些妻子用这笔资金投资自己的生意。在华人家庭中，女性们与牌友打扑克和麻将时往往能撮合联姻，巩固商业关系。此外，一夫多妻制有时候也未必能保证有延续香火的男丁。而霍乱暴发时（热季也被称作"霍乱季节"），那些可能尚未产生抗体的初来乍到的华人尤其脆弱。一些华人家长也会将一部分财产留给女儿，一方面尊重当地的泰人风俗，另一方面是因为儿子们可能会搬到家族区域商业网络的其他地方去，而女儿们则可能会留在原地。在 19 世纪一个大座山家庭中，家族财产都是由女性继承的。一些华人女家长成为房地产开发商和当铺老板。

但是在劳动人口中，女性的角色就大不相同了。她们全都参与劳动。她们主宰了大街小巷和运河市场，以至于政府任命女性来担任市场监管员。她们在郊区种植水稻和蔬菜。她们也在工厂和公共设施建设中工作。正如史密斯所指出的，"暹罗女人身上的精力和能力如此出众……使她们成为这个国家的工人和商人"。[①]

由男性精英主导，结合一种女性劳动文化，为繁荣的性产业提供了条件。在码头和三聘市场一带住着大批单身男性移民，也坐落着许多妓院和茶馆。政府将这些服务也纳入包税人的收税范围。在 19 世

---

① Smyth, *Five Years*, I, p. 26.

纪末，有不少日本女性被引进补充本地的性服务行业。过去曾经从私人奴隶中挑选女性的世家子弟，也开始去找职业妓女们寻欢作乐。随着高等教育、官僚体制和职业人士的不断扩展，曼谷集中了大量的男性，出现许多新的性交易技术。20世纪初，街头卖淫十分猖獗。"不管你身在曼谷何处"，一位新闻记者写道，"你都无法避开这些女人"。① 1908年，政府出台了一项法令严控妓院，作为其对公共卫生日益关注的一部分。但非法性交易的发展远远超过了受监管的部分。新出现的电影院成为新的接客场所。到20世纪20年代，曼谷的色情娱乐业既有高级俱乐部，也有一般的站街表演。在早期的泰国有声电影《误入歧途》（*Long thang*，1932年）中，一个男人遗弃了自己的妻子，沉湎于曼谷的花花世界，直到贫穷迫使他回归家庭和道德。一位观察家警告道，"曼谷将会变得像巴黎一样"。②

结论

劳动力的解放与殖民地企业的经济整合，加速了经济、社会和地理景观的变化。

从19世纪中期到20世纪初，暹罗变成了一个以小农为主体的国家。湄南河三角洲从"荒无人烟"变成了稻田万顷。不自由的劳动力成为开荒小农的主力。尽管拓荒出来的土地养活了大多数人口，推动了国家经济发展，但它也将农民拉入乡村，远离国家的政治生活。

在19世纪下半叶，曼谷由传统的"要塞与港口"城市转变成一个殖民地商业的中心港口和民族国家的首都，催生了新的社会力量。服务性官僚机构的大家族，以及经营舢板帆船贸易并充当包税人的大座山家族，转变为保皇主义的民族国家新官僚制下的精英阶层。一批

---

① Scot Barmé, *Woman*, *Man*, *Bangkok*: *Love*, *Sex and Popular Culture in Thailand*, Lanham: Rowman and Littlefield, 2002, p. 81.

② A women's newspaper, *Satri Sap*, in 1922, quoted in Barmé, *Woman*, *Man*, *Bangkok*, p. 166.

来自中国的新创业精英在 19 世纪末出现，并在 20 世纪初巩固了地位。这些家庭往往是区域商业网络的一部分。他们与自己的故乡仍保持联系，特别是在教育方面。他们不断从中国带来他们的妻子。他们的商业不再依赖王室的恩宠，他们也不被宫廷与暹罗精英的爵衔和庇护所束缚。随着财富和人数的不断增长，他们建立了一个全新的社区和基础服务机构，包括协会、学校和福利团体等。

劳动力的解放和城市经济的转型催生了一个新的工人阶级。随着新式教育、官僚制和现代商业的发展，一个规模小但是重要的平民中产阶级开始形成。其成员多是来自地方城镇泰华融合的社会。他们远离旧宫廷的传统，自觉地成为新城市生活和文化的先锋。

在 20 世纪最初的十年里，这些新兴的城市社会力量向民族和民族国家的专制观念发出了挑战。

第 五 章

民族主义（20 世纪 10 年代—
20 世纪 40 年代）

在执政后期，朱拉隆功及其支持者一再强调，建立一个强势国家（strong state）以及专制集权的治理方式是合理的，符合使暹罗进步并成为一个世界上的重要国家的需求。这一构想标志着现代泰国政治中两个反复出现的愿景之一的开始。同样的理念，经过调整适应国际和本土语境的变化后，在未来几十年里将会再度出现。朱拉隆功时代还为这个主题创造了关键词汇，尤其是团结一致（samakkhi）的概念，并树立高度阳刚、黩武的形象，朱拉隆功的骑马雕像和丹隆将泰国历史描述为一系列战争的著作都体现了这一点。

20 世纪初，在由殖民地贸易和民族国家自身创造出来的新城市社会中，形成了一种相反的愿景。传统的庇护关系被市场中的契约取代。通过反思自己作为独立的商人和专业人士的身份，以及通过抓住日益增长的机会，将暹罗与正经历动荡变化的外部世界进行比较，人们形成了关于人类社会的新观念。20 世纪初，暹罗的新一代男女接受了民族、国家和进步的观念，并重塑了它们。他们挑战了将民族定义为那些忠于国王的人的说法。他们要求"进步"能够惠及更多人，他们将民族国家的目标重新定义为每一位民族成员的福祉。

1932 年，君主专制政体在一场革命中被推翻，革命者们深受这些观念的鼓舞，他们的武装力量来自朱拉隆功改革后的常备军。但是，因为暹罗存在大量华人的身份问题，重新定义民族的尝试变得复杂起来；而调整民族国家目标的努力，也因为暹罗逐步卷入一场全球范围的民族主义冲突而变得困难起来。

挑战专制主义

尽管朱拉隆功本人反对任何限制王权的行为，但是他在 1910 年去世前不久告诉大臣们："我嘱托我的儿子瓦栖拉兀……等他继位之后，他将给臣民一个议会和宪法。"①

瓦栖拉兀从 12 岁到 22 岁都在英国接受教育。他热爱文艺，喜欢文学、历史，尤其是戏剧。他翻译了莎士比亚和吉尔伯特与沙利文的作品，建造了一个剧院，创作了 180 出戏剧和无数散文。他是一个同性恋者，先是将男宠召入宫中陪伴左右，后来让他担任官职。他延续了朱拉隆功对王室排场的热情，举行了奢华的加冕礼，并在海滨建造了三座舒适的宫殿。他也继承了对军事的热情，一手组建了野虎团（Sua pa），作为皇家卫队以及展示对王权效忠的工具。他为此债台高筑，迫使部长勉强同意他提高外国贷款，以防止破产诉讼。他的行为令很多保守的朝臣深感失望。他在位期间至少发生过两次未遂的军事政变，还有一次可能是来自宫廷的政变。

瓦栖拉兀拒绝了他的父亲关于议会和宪法的建议。他在登基之时指出，"对欧洲有益的事情很可能对我们是有害的"。② 他任命的第一期部长中包括 10 位王族亲属，只有 1 位例外。但很多人后来被贵族和受宠信的平民取代，这激怒了宫廷中的保守派。

瓦栖拉兀觉察到一些贵族意欲推翻前任国王的极端王权集权。他还觉察到其他处于这些特权圈子之外的人也在批评专制主义（见下文）。他向官僚发表演讲，并为媒体提供文章，表述他对民族和民族主义的看法。他的理论是，在社会中聚集到一起的人选出一位国王，

① Scot Barmé, *Luang Wichit Wathakan and the Creation of a Thai Identity*, Singapore：Institute of Southeast Asian Studies, 1993, p. 21.

② Vella, *Chaiyo*, p. 66.

以解决彼此的分歧。自那以后，国王的权力便是绝对和不容挑战的了。为了保持稳定，王位在一个世系中传承。一个国家就像一个肌体一样，各个部分都有一定的作用。国王是大脑，其他部分不应质疑大脑的指令，而是服从它。

> 我们同舟共济。每个人的职责都是帮忙划桨。如果我们不划船，一直坐在那里袖手旁观，就只是徒增船的负重。每个人必须下定决心去划船，并且不要与舵手争辩。[1]

民族主义和保皇主义是一脉相承的："向国王效忠等同于热爱民族，因为国王是民族的代表。"普通民众的职责就是团结、服从、感恩甚至自我牺牲："当我们的国家面临危险时，任何一个不准备为国家牺牲生命的人，都不再是一个泰人。"[2] 他敦促暹罗人团结一致，保卫"民族、宗教和国王"。这句口号是改编自英语中的"上帝、国王和国家"，二者的区别在于，前者的三个部分实际上是一回事，不像后者那样是不同的。国王是一个佛教国家的政治化身，也是民族和宗教的保护者。该口号将极其传统的王权概念用关于民族的现代语言重新包装。1917 年，一面新的三色国旗被设计出来，作为派往欧洲与盟军并肩作战的泰国队伍的旗帜。瓦栖拉兀指出，蓝色、白色和红色不仅与其他盟国的国旗颜色相匹配，而且还代表了其民族主义三位一体的要素：白色代表佛教，蓝色代表君主，红色代表随时准备为保家卫国而牺牲的泰国人民的鲜血。

创建公共领域

这种被动接受的职责对于想要通过个人努力实现更美好生活的男

---

[1] Vajiravudh, *Pramuan bot phraratchaniphon* (Collected Writings), Bangkok, 1955, pp. 97 – 99.

[2] Chanida Phromphayak Puaksom, *Kanmueang nai prawatisat thongchat Thai* (Politics in the History of the Thai Flag), Bangkok: Sinlapa Watthanatham, 2003, p. 84.

男女女来说，缺乏吸引力。暹罗之外的世界急遽变化。第一次世界大战之后，许多在世纪之末之时与却克里家族过从甚密的王朝国家都湮没或衰微了。更多的泰人有机会观察其他社会，并与暹罗进行对比。到国外旅行的人数虽少，但也在不断增加。其他人则通过曼谷城中的西方社区进行观察。识字的人越来越多，形成了一个越来越庞大的书籍和杂志的读者群体。报纸被从新加坡和槟城引进。从19世纪80年代起，西方小说和传奇文学的翻译作品开始流行。电影院也扩充了渠道，让人们不用借助文字便能窥得其他文化和生活方式。第一部商业电影在泰国于1897年上映，到1910年时，电影已能定期放映，并流行起来。

本土的报纸杂志从19世纪90年代开始发展壮大。第一份杂志只发行了几百份。1901—1906年，天宛的杂志的印刷量已达一千份。20世纪20年代中期，流行杂志的发行量可达5000份。到1927年，已有127家印刷厂和14家出版社。书店里"摆满了各式各样新奇的新出版物"。① 20世纪20年代初，开始出现泰国人原创的短篇小说；之后到20年代末之时，先锋小说如潮水般涌现。1927年，泰国第一部完整的商业默片诞生，在放映的前4天，观影人数就达到了12000人。

作家和观众一直乐此不疲的主题是，人们如何创造自己的生活，以及关于专制社会的腐败和不公正。

一些作家对历史产生了热情，但是对保皇主义者声称的只有国王才是历史的原动力的观点发出了挑战。一些大贵族家庭编纂了自己的历史。K. S. R. 古腊曾经做过一段时间的家谱编纂者。一些僧侣撰写自己宗教上的自传。还有一些新兴企业家，如乃汉洛和格松·呼达恭等，记录下自己的商业成功。有时，这些作品公然挑战了王室对创造历史的垄断权。一部军事史的作者指出，过去国王之所以能够保卫国家只是"因为与国王同属一个国家的平民百姓热爱自己的国家"。一

---

① *Si Krung*, 1928, quoted in Matthew Copeland, "Contested nationalism and the 1932 overthrow of the absolute monarchy in Siam", PhD thesis, Australian National University, 1993, p. 61.

位作者汇编了所有曼谷王朝的部长的历史，表明"若没有这些大臣们的帮助，国王将无法提供保护和带来进步"。① 这些作品都向人们展示了他们是如何为国家的"进步"贡献自己的力量的。

许多故事都在表达人的天赋不在于出身。一部早期的长篇小说，古腊·赛巴立的《男子汉》（*Luk phu chai*，1928 年），讲述了一个木匠的儿子如何凭借自己的才能成为著名法官的故事。古腊在随后的小说《生活的战争》（*Songkhram chiwit*，1932 年）中，对财富和特权的不平等大加挞伐："暹罗并不鼓励人相信机遇。暹罗只会诅咒那些做错事的人。"② 第一部畅销小说是阿卡丹庚（Akat Damkoeng）的《生活的戏剧》（*Lakhon haeng chiwit*，1929 年），书中引入了一个之后被反复使用的主题，即一个新人远赴海外冒险，获得了一个批评暹罗的视角，并致力于社会的变革。

无论男性还是女性作家都在关注一夫多妻制，并视其为一种对女性的不公平，从世界的视角来看，这是一种暹罗处于落后状态的标志，并助长了卖淫的风气。散文家和作家描绘了一个理想化的社会，在那里选贤任能，女性通过教育、一夫一妻制、浪漫的爱情和互相满足的性生活，可以实现更多的性别平等。女性精英们开始反抗，掀起了反对蒙固王时期颁布的法律的运动，该法律规定高等级萨迪纳家庭有权决定女儿的婚姻伴侣。1923 年的一部先锋的默片《素宛小姐》（*Nangsao suwan*）涉及跨越阶层障碍的婚姻问题。在《实事中的罗曼司》（*Romaen son rueang jing*）中，著名的女性小说作家多迈索（Dokmaisot）描绘了女主角是如何放弃传统的被动的女性角色，将一个自我放纵和旧派的男人变成一个好丈夫和理想公民的。

古腊·赛巴立使得人文主义或对人的信仰（*manutsayatham*）这一术语流行起来，它概括了新兴平民作家和读者的感触。

新闻业也在这种社会环境中发展起来。从 19 世纪 90 年代开始，

---

① Attachak, *Kan plian plaeng*, pp. 273, 275.

② Siburapha [Kulap's pen-name], *Songkhram chiwit* (The War of Life), Bangkok：Suphapburut, 1949, p. 245.

新的媒体行业就掀起了一场反对国王关于民族和民族主义的观点的讨论。1917年，一份出版物首次自称为"政治报刊"。1922年出现了第一份时政日报。

其中一些报纸批评了瓦栖拉兀的挥霍无度和独断专行。瓦栖拉兀用文字进行还击，并在1912年买下一家报纸《印泰报》（*Phim Thai*）作为自己的喉舌。他辩称，接受过海外教育的"现代人"或"专业人员"都变成了"半泰"人和"哗众取宠"之人，因此引入西方观念（特别是民主）将毫无用处。1916年，国王退出了公共辩论，选择了压制。1917年，他起草了一部严厉的新闻法，但是慑于外国的反应，转而利用安全法关闭了多家报纸。1923年，他最终通过了一部严格的新闻法，并以诽谤、煽动叛乱和藐视君主的罪名起诉了大量曼谷的媒体人。8家印刷厂被查封，17份报纸被关闭。但是就在此时，公共领域已经完全建立起来了。

拒绝专制主义

整个20世纪20年代，报业人逾越了个人批评的界限，以各种理由对专制主义和宫廷关于民族主义的阐释进行更广泛的反对。

首先，他们抓住了关于进步和文明的话语。他们将进步重新界定为一种状态，"人类可以拥有一个更好的快乐的生活……这是他们自身努力的结果"。他们将文明重新界定为"行为高尚……为国家的进步做出贡献"的人。[①]

新出现的政治新闻记者问道，如果这种民族进步是民族国家的发展目标，为何暹罗不但和欧洲相比显得贫穷，甚至不如一个亚洲国家日本。一些人将其归结为暹罗的统治者和被统治者之间严格的分层，它使得少数特权阶层"在人民的后背上犁地"（见图5-1）。精英们不愿意发展教育，特别是对女性和穷人的教育，因为他们相信"教育

---

① Attachak，*Kan plian plaeng*，pp.250，252.

会造成动荡"，他们想要保护"占人口不到百分之一数量的人"① 的经济利益。一个开放社会应从所有社会成员的才智中受益，但是专制主义却将暹罗置于一个少数的、根据出身而不是才华选出来的人的统治之下："王族中既有聪明人也有蠢人……人们越来越意识到出身并不能代表人的优秀。"② 根据古腊·赛巴立的说法：

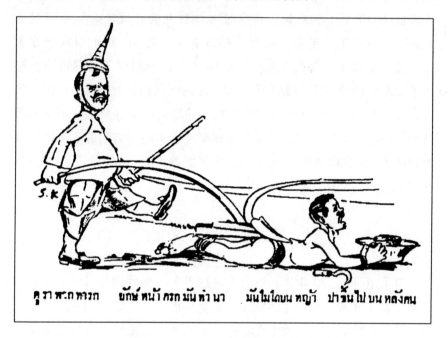

图 5-1　在人民的后背上犁地。选自《京都报》（*Si Krung*）的
　　　　漫画，1931 年 8 月 4 日。配图说明意为："表情冷酷的
　　　　巨人不在土地上犁地，而是在人民的后背上。"

　　如果我们放任不管，这些大人物（*phu yai*）就会不停地犯错误，而有正确的智慧和能力的小人物（*phu noi*）却没有发言权。最终这将导致国家的崩溃。或者至少，我们无法像周边邻国一样取得进步。③

---

① Copeland，"Contested nationalism"，pp. 189，191.

② Nakharin，*Kanpatiwat Sayam*，p. 83.

③ Nakharin，*Kanpatiwat Sayam*，p. 80.

其次，专制主义滋生腐败和效率低下。漫画成为这一时期报刊的突出栏目，它们描绘着贵族和官僚们往自己的口袋里塞满钱，或卷着装有搜刮来的钱的袋子逃跑。宫廷是"一个巨大的水蛭，从地方省区吸血，把国家财富的主要生产者留在荒林之中"。① 一位中级军官认为："国民收入被用来养活许多根本不劳动的人。不仅如此，国家的衰败和行政上的低效率是因为许多无能的人把持着高位。"②

最后，专制主义使得外国利益凌驾于国家利益之上。王族精英对洋人的东西着迷。它助长了对外国商品挥霍无度的消费，损害了本国经济。专制政府接受了不平等条约，允许外国人支配经济。

皇家民族主义主张只有国王才能够引领民族进步。新一代人的观点则针锋相对。有人这样总结："君主专制制度是导致不公的根源。只要国王还掌握着绝对的权力，这些问题就毫无解决办法。"③

在这个总体框架内，新兴城市社会内的特定群体有一个特定的议程。商人们想要利用民族国家推动国内资本主义的发展。他们指责专制政体缔结不平等条约，使得外国商品充斥市场，其结果就是泰人"在自己家里成为外国人的奴隶"。④ 他们希望政府能设置关税，并提供廉价的资本，这样"暹罗将会拥有更多成熟的工业，泰人和华人劳力将有工可做，暹罗的生产将能够满足自己的消费，而无须依赖进口"。⑤

平民出身的官僚们希望能够通过绩效获得晋升。但他们却发现无论是任命、晋升，还是工资都取决于出身、关系和对王权的效忠。他们迫切要求竞争考核、标准化的工资凭借资历与绩效晋升。一言以蔽之，就是要求秉持律法和理性原则（*lak wicha*）。瓦栖拉兀回复道，暹罗的官僚制是基于服务国王的原则（*lak ratchakan*）。直到 1928 年，官僚制的规则和惯例才被正式立法。

城市中的劳动力也使用民族主义的语言表达自己的要求。在

---

① Copeland, "Contested nationalism", p. 64.

② Chaiyan, *Rise and Fall*, p. 156.

③ Chaiyan, *Rise and Fall*, p. 156.

④ Copeland, "Contested nationalism", p. 65.

⑤ Nakharin, *Kanpatiwat Sayam*, p. 94.

1922—1923 年，有轨电车工人为了争取更高的工资而举行了罢工。工人领袖将罢工描述为对电车公司的外国拥有者和贵族股东的沉重一击，"劳工们正试图使残酷的雇主明白泰人不是奴隶，泰民族必须获得自由"。[①]

或许最重要的持异议的中心是在最近创建的常备军的新人中。1912 年，政府破获了一个少数下级军官推翻君主专制政体的图谋。有三千人可能牵涉其中。领导者通过强调专制权力的滥用，如阿谀奉承、奢靡铺张和任意征收土地等来争取支持。他们不喜欢瓦栖拉兀的野虎团，也被国王下令公开鞭打军官的行为激怒。他们抱怨"决心努力工作的人往往没有机会展示自己的能力，因为大人物不支持他们"。他们相信暹罗若要进步，需要进行一场政府的变革，就像日本的明治那样。他们的方案包括制定一部宪法，但是在其他方面却含混不清。他们不倾向于建立代议制政府，他们相信"我们暹罗的人民仍然对文明知之甚少，还十分无知"。他们提议将"民族、宗教和国王"的口号变成"民族、宗教和人民"。有 23 人被判处 20 年监禁。他们中间只有 2 个人不是平民出身，其中级别最高的两人接受的是医疗培训。[②]

瓦栖拉兀于 1925 年去世。他的继任者拉玛七世巴查提勃（Prajadhipok）将瓦栖拉兀的宠臣替换掉，并宣布自己的政府正在考虑对税收、经济政策、官僚机构和政府架构进行改革，以便"立即采取一些措施来赢得人民的信任"。[③] 媒体变得乐观起来。但实际上，巴查提勃专注于缓解宫廷内部的分歧，寻找"某种形式的担保……防止自己成为一个不明智的国王"。[④] 他成立了一个国家最高委员会（Supreme

---

① Copeland, "Contested nationalism", p. 74.

② Chaloemkiat Phianuan, *Prachathippatai baep Thai: khwamkhit thang kanmueang khong thahan Thai 2519 – 2529（Thai StyleDemocracy: Political Thought of the ThaiMilitary, 1976 – 1986）*, Bangkok: Thammasat University, Thai Khadi Institute, 1990, pp. 20 – 21; Kullada, *Thai Absolutism*, p. 168.

③ Benjamin A. Batson, *The End of the Absolute Monarchy in Siam*, Singapore: Oxford University Press, 1984, p. 30.

④ Benjamin A. Batson, *Siam's Political Future: Documents from the End of the Absolute Monarchy*, Ithaca: Cornell University Data Paper 96, 1974, p. 15.

Council of State），安插了 5 位最资深的王族成员。他成立了一个枢密院，任命了 40 位王族成员或贵族官员。一位曼谷的记者回应道："我认为这些人将会起草有利于上层阶级的法律，因为所有委员会的成员都来自上层阶级。"[①]

巴查提勃之后考虑制定宪法和设立总理的可能性。尽管构想中的宪法仍然无条件地维护王权，这一提议仍然遭到宫廷和外国顾问的强烈反对。丹隆此时担任皇家高级顾问，他觉得"国王的权威和声望会在人民的眼中降低"。[②] 尽管公众的批评不断增加，这位君主仍坚持其家长式的治国理念。1931 年，巴查提勃告诉一家美国报纸："国王是他的臣民的父亲……对待他们更像是对待孩子。臣民服从国王是出于对他的爱，而不是恐惧。"[③]

重新定义"泰"

丹隆这些历史学家口中谈论的是民族，但是之后写下来的却是关于国王。新一代城市知识分子让泰民族在历史上占有了一席之地。

1928 年，一位中级官员昆威集玛达（Khun Wichitmatra）出版了《泰人的根基》（*Lak Thai*）一书。他的材料主要来自汉学家拉古伯里（Terrien de Lacouperie）和牧师杜德（W. C. Dodd），后者曾走访过中国南部地区，并提到那里有数量众多的使用傣泰语言的人。在《泰族》（*The Tai Race*，1923 年）一书中，杜德写道，泰族在公元前 200 年之前起源于中国的北方，通过七次"大迁徙"逐步南迁，他们在云南的南诏国被推翻之后来到了暹罗。昆威集玛达将它塑造成一种新的历史叙事，其核心是泰作为一个民族，而不仅仅是丹隆在其著作中所划定的王朝。他把杜德的所谓迁徙过程又向古代扩展，声称泰人一定

---

① Nakharin, *Kanpatiwat Sayam*, p. 104.

② Batson, *Siam's Political Future*, p. 38.

③ *New York Times*, 27 April 1931.

来自阿尔泰山，因为"那里也是蒙古人的诞生地"。① 他又将这段历史推延至当前，并附上一幅与法属印度支那签订条约后出现的标有"丧失的领土"的地图，地图中包含整个柬埔寨和老挝。他的目标是使泰人"成为世界上一个重要的种族"。②

銮威集瓦塔干 1927 年从法国回国之后，很快成为一名高产的作家、报纸撰稿人和早期的电台主持人。他重新加工了昆威集玛达的故事，并编入其百科全书式的著作《世界历史》（*Prawatisat sakhon*，1929 年）。威集提出，所有历史的主题都是关于一个民族如何发展成为国家，并将泰族历史与其他民族的故事并置起来。威集还将泰族的特征概括为一个尚武的民族，以国家的斧头形的国土形状为象征。銮威集瓦塔干的《世界历史》成为第一本非小说类的畅销书。昆威集玛达的《泰人的根基》获得了王家学院颁发的奖项。

其他作家想要把泰语重塑成一个"泰国性的基本要素"和"民族生活与传统的源泉"。他们批评越来越多地使用英语词汇的现象；政府创造新词时"钟爱梵语化"；宫廷在人名前冠以冗长的爵衔，"拖慢了民族发展的速度"；以及宫廷专用的基于高棉语的皇语词汇。这些外来语"威胁到独立性"，而且不适于"暹罗的自由的人民"。这些批评者希望能简化语言，特别是要丢弃大量区分社会地位的代词，它们是"民族分裂的根源"和"违反民主原则"的。1929 年刊登在报纸上的一篇由九部分组成的文章，标题就是"泰民族的生存取决于泰语"。③

平民民族主义者将民族的含义由国界以内向王权效忠的人民，变为一个有共同民族起源、有悠久而独特的历史和使用共同语言的共同体。

---

① 拉古伯里、杜德、昆威集玛达等人关于泰族起源的理论，如阿尔泰山起源说、南诏是由泰族人建立的、泰族受汉人压迫而七次南迁等说法都缺乏事实依据，后来中国学者陈吕范、谢远章、邹启宇等人对其进行了有理有据的批驳，获得了泰国学界的广泛认可和接受，泰国教育部也已将相关说法从教科书中删去。——译者注

② KhunWichitmatra, *Lak Thai*（Origins of the Thai），Bangkok：Hanghunsuan, 1928, pp. 6，9 – 10，345.

③ Copeland，"Contested nationalism"，pp. 209 – 215.

民族主义风潮下的华裔

民族和民族主义话语的兴起，使暹罗华裔人口的地位变得复杂起来。

在一个新的民族世界里，归属与认同，就像边界一样，变得更精确了。1909 年，中国通过了一项法律，授予那些父亲是中国人的人以中国国籍。1913 年，暹罗通过一项法律，授予那些父亲是泰人或那些在国境内出生的人暹罗国籍。后者为华人移民后裔"变成泰人"开辟了道路。但是中国的法律意味着在泰国的华人可以要求双重国籍，因此治外法权问题又增加了一个维度。

这很重要，因为民族具有新的政治含义。1908 年，中国领袖孙中山访问曼谷，为推翻中华帝国和建立新的中国民族国家而筹款。他得到了热情的支持。孙中山的国民党向曼谷羽翼未丰的华人报刊提供资助，作为回报，报刊宣传他的民族主义和革命思想。政府对住在暹罗的华人卷入中国政治深感忧虑，更担心共和与革命的思想会激发人们变革暹罗的渴望。他们的担心是有道理的。在这段时间里，未来暹罗1932 年革命的领导者比里·帕侬荣，在当地市场里听到一个国民党宣传员的讲话后，第一次获得了政治信念。1912 年的军官密谋（如前文所述）正是在孙中山 1911 年推翻清王朝之后四个月发生的。

在 19 世纪末的移民潮后，"新"华人形成了庞大的人口规模，他们作为资本和劳动力对曼谷经济的统治，使宫廷的担忧与日俱增。1910 年 6 月，华人罢工使曼谷的商业瘫痪了三天，瓦栖拉兀警告道："我们必须当心。他们的影响是巨大的。"[①] 华人移民在 20 世纪 20 年代又一次大量涌入，达到了历史最高水平，使暹罗人口在两次世界大战的间隔期内又增加了 50 万"新"华人。

宫廷对华人的态度也受到亲西方态度的影响。自 19 世纪 20 年代重返暹罗之后，西方人（尤其是英国人）就将华人视为贸易和文化主

---

① Seksan，"Transformation of the Thai state"，p. 276.

导的竞争对手。在 19 世纪末帝国主义高涨的时代，西方人醉心于将中国描绘成一个没落的文明。一心想达到文明的暹罗精英阶层，也紧跟这种趋势。瓦栖拉兀借用 20 世纪初在欧洲贵族中盛行的反犹太主义，将华人冠以"东方的犹太人"。在 1913 年以此为题目的小册子中，他指责华人拒绝被暹罗社会同化，在政治上不忠诚，期望获得不当特权，将财富视为神明，是经济上的寄生虫，"像那些吸血鬼一样，不停地吸干不幸受害者的生命之血"。①

在其他著作中，瓦栖拉兀将那些定居下来并"成为泰人"的华人（如那些获封爵的座山和市场中的菜农），和那些只想在暹罗短期居留的华人（如那些苦力们）进行了区分。政府的政策遵循这种基于阶层的划分。闹事的劳动力会被关进监狱并驱逐出境，而商人则安然无恙。国民党虽然和其他政治组织一样是非法的，但却十分活跃，特别是在重要的商人中间。中华总商会出面作掩护。其中一些领导人处于治外法权的保护之下。萧佛成（Siew Hut Seng）同时担任国民党和中华商会的领导人，他生于暹罗，但是通过他的父亲接受英国保护，他父亲是一位从马六甲来的福建人，在暹罗成为一个成功的碾米厂主。到 1928 年，国民党在暹罗估计有 20000 名成员。

1924 年，暹罗的国民党分支内部出现了一个激进派，这也反映了在中国的国民党中不断崛起的共产主义派别。一方面，它由在暹罗一个独立的城市知识分子阶层发展起来，许多活动家都是华文学校的教师和在曼谷的华文报刊的记者。1927 年，蒋介石在上海对国民党中的共产党员实行清洗，许多活动家到包括暹罗在内的东南亚地区避难。同年，巴查提勃国王将华人列入他执政之初时确定的九个"暹罗的问题"之一。他注意到中国移民数量的激增。他抱怨道，在暹罗的华人"决意保持中国人身份"，而且"新的和危险的思想都来自中国"。②

---

① Asvabahu [pen name of Rama VI]，*Phuak yio haeng burapha thit lae mueang Thai jong tu-en toet*（The Jews of the Orient and Wake up Siam），Bangkok：Foundation in Memory of King Rama VI，1985 [1913]，p. 81.

② Batson，*End of the Absolute Monarchy*，p. 40.

1928 年 5 月，一支日本军队在中国山东半岛的济南与国民党部队发生冲突，打死打伤 5000 人，这激起了华人高涨的民族主义情绪。曼谷华人领袖们组织了一场抵制日货的活动，迅速使日本对暹罗的出口减少了一半。政府开始采取行动，限制革命思想向更广泛的人群传播。在共产党员散发号召暹罗的工人和农民起义的宣传册之后，政府开始逮捕共产党员。政府查禁了孙中山关于共和的著作，它是由一个华人后裔商人译成泰语的。但是政府仍然避免激怒商界。政府拒绝镇压抵制日货的活动，当中华总商会向他们表示抗议之后，政府也未真正动用力量限制移民。

这种华人民族主义和泰人民族主义相伴相生，令政府不安。一方面，许多在暹罗落地生根的华人也参与了暹罗日益增长的民族主义。他们愤怒地回应瓦栖拉兀试图煽动人们对"华人血统的公民同胞"的仇恨的做法。他们支持暹罗宣扬民族主义的媒体。他们在自己的中文名字前附上泰文的姓，并成立暹华协会（*Samoson Jin Sayam*），以强调他们对泰民族主义的认同。在 20 世纪 30 年代初，他们把希望寄托在暹罗的政治变革上。

但另一方面，一些泰民族主义理论家开始构想一个以华人为敌人的泰人群体。他们指控外国商人，既包括华人也包括殖民地的人，是在"吸吮泰人的鲜血和骨髓"。他们称华人移民的洪流使得"泰人劳力在自己家里都无法找到工作"。[1] 他们要求实行进口管制、限制移民，为工业提供国家基金和帮助泰人找到工作的计划。有一家报纸称自己是《纯泰人》（*Thai Tae*）。

1932 年革命

1927 年 2 月 5 日，有 7 个人在巴黎举行会议，在接下来的 5 天时间里，他们密谋在暹罗发动一场革命。他们中有三名军校学生（包括

---

[1] Copeland，"Contested nationalism"，p. 179.

贝·披汶颂堪）、一名学习法律的学生（比里·帕侬荣）、一名理科学生、一名伦敦的律师和一名暹罗驻巴黎的副使。他们自称"民党"（*Khana ratsadon* 或英文 People's Party），用泰文词 *ratsadon*（黎民百姓）来表示"人民"，这是当时曼谷媒体最喜欢使用的与"统治者"意义相对的词。

这个知识分子团体的领袖是才华横溢的法律系学生比里·帕侬荣，当时只有 27 岁（见图 5-2）。通过对法国法律传统的学习，他

图 5-2　在巴黎的革命者们。摄于 1927 年。左起四人分别是宽·阿派旺（后来担任过总理）、比里·帕侬荣、帖·阿派旺和銮威集瓦塔干

看到将国王置于宪法的法律约束之下的重要性。通过对政治经济学的学习，他接受了战后欧洲盛行的观念，即国家是能实现经济增长和更多平等的有力工具。在这次巴黎会议上，该团体制定了两个目标：第一，把君主专制制度变为君主立宪制度；第二，利用国家政权实现经济和社会的进步，通过一个六点计划实施，这是对曼谷媒体在过去十年时间里一直讨论的内容的归纳总结：真正的独立、公共安全、经济规划、平等权利（王权也不例外）、人人享有自由和普及教育。

这七个人秘密招募在欧洲留学的学生，在几年后回国又继续在暹罗招募成员。他们最重要的招募成果是转化了一批高级军官，他们大多数是平民家庭出身，先前曾在欧洲军事学院（尤其是德国）留学。这些军官的领袖帕耶帕凤蓬帕裕哈塞纳（Phraya Phahon Phonphayu-hasena）解释道，他之所以加入是因为"产生一种感觉，即在当时的政府中，高级官员和王子们总是凭一时心血来潮做事，根本不在乎小人物"。[1]

在 20 世纪 20 年代末，媒体的焦点从批评专制主义的缺陷转向如何取代它的建议。越来越多的文章向读者解释宪法的意义和议会制的好处。还有几篇文章提倡共和政治。地下的共产主义组织向人们分发关于革命的小册子。随着 1929 年世界陷入经济大萧条，对专制政府的批评达到了顶峰。一些企业吁请政府进行经济援助，巴查提勃不无讽刺地回应，他们是否希望"政府像苏维埃俄国那样制订一个五年计划"。[2] 1927 年，他的政府已将教授经济学作为一种刑事犯罪了。

政府为了平衡预算，裁撤更多的公务员、削减教育支出和提高工薪阶层的税收。调查发现一些部门有腐败现象，但是处罚却仅限于下级官员。政府拒绝放弃金本位制，有批评家指出金本位制抬高了泰铢的价值，影响了暹罗大米的出口——进一步证明了暹罗附属于外国人

---

[1] D. A. Wilson, *Politics in Thailand*, Ithaca: Cornell University Press, 1962, p. 173.

[2] Nakharin Mektrairat, *Khwam khit khwam ru lae amnat kanmueang nai kan patiwat Sayam* 2475 (Thought, Knowledge, and Political Power in the 1932 Siamese Revolution), Bangkok: Fa dieo kan, 2003, p. 326.

的地位。巴查提勃在 1932 年 2 月对军官们说道：

> 金融战争让人束手无策。即使是专家，也争论不休直至声嘶力竭……我从未经历过这样的困难，因此，即使犯下一些错误，我也希望能得到暹罗官员和人民的谅解。①

不满情绪蔓延到高层官僚。政府的反应是起草一个反布尔什维克的法案，但是之后又修改了它，用来对付更广泛的持不同政见者。罪名严重的人被处以死刑。更多的报刊被关闭。一些记者遭到恐吓或暴力威胁。移民法被用于驱逐大量批评者。

到 1932 年初，政府收到如潮的来自农民和商人的请愿书，要求推行新的经济政策；媒体和杂志上充斥着探讨国家进步和衰退原因的文章；咖啡馆里散布着政变的传言。一位担任大臣的王族亲属建议，国王应该借鉴墨索里尼的法西斯主义教育计划，以重建对专制主义的支持，但是巴查提勃劝告道，"现在那些学童的父亲喜欢恶言国王，这已经成为一种习惯了"，其结果是"国王过去曾有的声望和信誉，我认为现在已经无法恢复了"。②

到 1932 年 6 月，民党已经有大约 100 位成员了，来自军队的成员刚好过半。1932 年 6 月 24 日早晨，这个小政变团体仅用 3 个小时就抓获了皇家侍卫队的指挥官，逮捕了 40 多位王室成员及其侍从，并宣布君主专制制度已被推翻。对专制主义广泛的怨恨确保了政变的成功。人们争相加入民党的队伍。商人和劳工组织对这一事件表示欢迎。来自各省的支持的消息也蜂拥而至。反对的声音微乎其微。只发生了一起小规模的交火，且未造成死亡。比里发表了一份宣言，声称基于经济民族主义、社会正义、人文主义和法治的理由，革命是正义合理的：

> 国王依然拥有凌驾于法律之上的权力。他任命王族亲友和毫

---

① Batson, *End of the Absolute Monarchy*, p. 205.

② Nakharin, *Khwam khit*, p. 222.

无功绩或知识的谄媚逢迎之人担任重要职务，不倾听人民的呼声。他允许公务员利用职权徇私舞弊，在政府建设和采购中收受贿赂……他擢升那些拥有王族血统（*phuak jao*）的人，赋予他们比普通人更多的特权。他的统治毫无原则可言……凌驾于法律之上的国王的政府根本无法解决问题，带来复苏……国王的政府将人民视作奴隶和牲畜，并没有把他们当成人类看待。①

由王子们组成的内阁被解散了。约有 100 位王族成员和保皇派人士被从军队和官僚高层中清除出去。6 月 27 日，民党颁布了一部宪法，开篇写道"国家的最高权力属于人民"，它规定政府由议会和一个"人民委员会"组成。

表面上政权交接得非常轻松，但实际上异常凶险。6 月 24 日夜里，国王和他的随从讨论"是同意民党的要求还是进行反抗"。② 随从中的军人想要调集内地的军队包围曼谷。国王否决了所有可能导致流血的行动，并决定与民党合作。但是保皇派也建立了一个组织企图重夺控制权。他们散布谣言，说革命是一个"共产主义"阴谋。他们拜访了西方国家的公使馆，请求外国势力干预这个"共产主义"威胁。前警察局长资助人力车夫进行罢工，在首都制造混乱。

民党成员在他们的办公楼前设下路障，随身携带武器，小心翼翼地行动。他们为比里的宣言中煽动性的措辞向国王道歉。他们同意了国王的建议，这部宪法只是临时的，国王应参与制定一部永久性的宪法。他们允许 25 位高级官员进入由 70 人组成的临时议会，并邀请 8 位高级官员组建第一届政府。在政府领导人的人选上，他们选择了帕耶玛诺巴功尼提塔达〔Phraya Manopakon（Mano）Nithithada〕，他曾是枢密院中少有的非王族成员之一，他的妻子曾经做过王后的侍女。

---

① Pridi Banomyong, *Pridi by Pridi：SelectedWritings on Life，Politics，and Economy*, tr. Chris Baker and Pasuk Phongpaichit, ChiangMai：Silkworm Books, 2000, p.70.

② Thamrongsak Petchloetanan, 2475 *lae 1 pi lang kan patiwat* (1932 and One Year after the Revolution), Bangkok：Institute of Asian Studies, Chulalongkorn University, 2000, p.80, quoting the memoirs of Chaophraya Mahithon.

"永久"宪法似乎赋予国王更多的权力，它于1932年12月10日颁布实施，是作为一份来自宫廷的礼物。

表面上一切风平浪静，但在这背后是新旧秩序长达3年的长期斗争。这场斗争围绕着两个相关的问题展开：国王的财产和国王的宪法权力。

曼谷的媒体宣称"我们每一位王室成员的个人财产都比暹罗的资本存量多"。① 它敦促政府剥夺王室和其他贵族家庭的土地，并利用这些财富去拯救低迷的经济。政府并未采纳这种建议，而是针对不动产和遗产税出台了一项法案。与此同时，比里起草了一份《经济计划大纲》，他最主要的建议是在自愿的前提下实现所有土地的国有化。

这些举措吓坏了王室家庭。巴查提勃写信给一个亲戚道："我气坏了，真想给他们（民党）点颜色瞧瞧，我只是担心王子们会被整肃处决……我们正绞尽脑汁，筹划各种不同的行动计划。"② 国王发表了一篇长篇大论，回应比里的《经济计划大纲》，他将比里与斯大林相提并论。在起草"永久"宪法的时候，国王坚持要求君主有权任命半数议会议员，并对立法有否决权，但是比里成功地拒绝了这些要求。国王于是要求玛诺巴功和其他政府中的高级官员与政变集团分道扬镳。玛诺巴功劝说内阁否决比里的计划，并派军队恐吓议会，同样要求他们否决计划。当议会拒绝服从时，玛诺巴功以计划"带有共产主义倾向……违背暹罗人的传统"为由解散了议会。③ 比里急匆匆地流亡海外，他的支持者们也被赶出内阁。两名保皇派将军被提拔到高级职位，民党中的少壮派军官则被下放到各地方省府。一个反共产主义的法案迅速获得通过，该法案将所有"建立在全部或部分废除私有财产"之上的理论都定义为共产主义。

但是玛诺巴功的胜利是短暂的。一个月后，在1933年6月，民党中的少壮派军官发动了另一场政变，解散了玛诺巴功的政府，将一

---

① Thamrongsak，2475 *lae* 1 *pi lang*，p. 227.

② Suphot Jaengreo，*Khadi yuet phraratchasap Phrabat Somdet Phrapokklao*（The case about appropriating the assets of King Prajadhipok），*Sinlapa Watthanatham* 23，8，June 2002，p. 68.

③ Vichitvong Na Pombhejara，*Pridi Banomyong and the Making of Thailand's Modern History*，Bangkok，1979，p. 78.

些更倾向保皇主义的人清洗出军队。他们再次选择高级官员进入一个新内阁，但是挑选的时候更加谨慎了。他们将流亡的比里接回国。保皇派再次散播谣言，说动荡的局势将会导致外国干涉。10 月，一群保皇派发动了武装反叛，他们不少人都是几个月前被民党从军队中清洗出来的人，叛乱的领导人波汶拉德王子（Boworadet）是巴查提勃的表弟，也曾在 1932 年革命前那届政府中担任国防部部长。叛乱集团的目标是带领 9 支内地的驻军包围曼谷，但是只有 3 支部队赶往曼谷的北郊，其他人都搪塞推诿。曼谷的驻军坚决拥护民党。商人和各组织机构纷纷解囊捐助和提供志愿服务，帮助防守。

双方都不希望兵戎相见，大部分的炮火都是在虚张声势。民党搬出无线电广播，散发传单，斥责波汶拉德的部队是"叛军"和"匪徒"。作为回复，围攻一方利用飞机空投传单，指责民党软禁国王。经过一番炮击交火之后，围攻军撤退至呵叻。几天后，叛军领导人纷纷逃走，大部分逃到了西贡。有 23 人丧生。民党逮捕了那些掉队的人，最终监禁了 230 人。两名退役的高级军官受到审判并被处决。一位王子被判处无期徒刑。在接下来的两年里，又发生了两次未遂的军事政变。在第一次政变后，两名王族成员和另外 13 人都被投入监狱。

当波汶拉德叛乱开始的时候，国王乘船躲到南部去了。他并没有给予公开的支持，而只是在事后呼吁大赦。民党相信他不但参与了谋划，而且还资助了他们。后来推出的回忆录表明事实的确如此。经过长期的谈判，国王同意返回曼谷，但 3 个月后就以到欧洲治病为由离开了曼谷。在国外期间，他拒绝在政府通过的法案上签字，其中的一项法案，他相信将会把王室财产局的控制权移交给政府，使得国王也要交遗产税，而且新的刑法也减少了国王的特权。作为请求他回国的条件，他要求对宪法进行大改，加强国王的权力，包括立法否决权。1935 年 3 月，国王仍在欧洲的时候，宣布了自己退位的决定。政府决定让巴查提勃的一个侄子，当时只有 10 岁，还在瑞士上学的阿南塔·玛希敦（Ananda Mahidol）王子成为合法继承人。在之后的 16 年里，泰国的在位君主一直身在国外。

进步与合法性

波汶拉德叛乱的失败结束了公开斗争的时期。民党现在必须证明后专制时代的制度能够满足一个处于变化之中的社会的愿望。

在 20 世纪 30 年代，民党分化成两个派别，大致分为由比里·帕侬荣领导的文官派和由贝·披汶颂堪（披汶）领导的军官派。对于从保皇派手中夺取的国家的作用和目标，两个派别的分歧严重。

比里的思想受到带有欧洲社会主义色彩的法国自由主义传统的影响。国家的作用是提供一个框架，在此框架下个体可以"发挥出他们最大的能力"。这需要建立法治、司法制度、经济支持，以及教育和医疗系统。比里吸引了一部分商人、工人领袖和内地的政治家的支持，他们对一个更自由的国家有很高的期待。相比之下，披汶及其军官派倾向于认为国家是大众意志的一种表达，有责任通过教育、立法和文化管理去改造个体。尽管存在这种差异，出于对保皇派反革命的共同恐惧，两个派别之间的合作直到第二次世界大战前还相当不错。

对比里一派来说，国家有责任去实现的"进步"包括经济进步。在大萧条的背景下，商人、企业家和农民们都在向新政府寻求帮助。世界各国政府都被迫实行经济干预来应对大萧条。在之后几年时间里，7 个完整的经济计划被起草出来并提交给新政府，媒体还刊登了一些其他建议。

比里于 1933 年提交的《经济计划大纲》有两个主要的建议。首先，政府收购所有人的土地，将通过实行更先进的技术提高产量，同时所有的农民都成为领取工资的公务员。其次，国家将开始投资工业和商业企业以替代进口，资金来自税收和新成立的国家银行贷款。这些措施将会满足暹罗经济"进步"的愿望，并帮助大众摆脱贫困。它们还会破坏王室家庭和一些贵族盟友的经济基础，它们是上一代人通过政治权力获得土地，利用税收进行资本投资逐步建立起来的。

经过 1933 年的政治危机，这个计划悄无声息地被人遗忘了。在

第五章 民族主义（20世纪10年代—20世纪40年代）

巴查提勃1935年退位之后，王室财产被分别划入巴查提勃的私人财产和皇家资产管理局，后者被财政部收回。但是，通过征税的方式来控制、收购或消耗贵族资产的建议被束之高阁。到20世纪30年代中期，经济部长们提出一些计划，通过组建合作社和促进新就业来源等方案，来帮助农民们度过经济萧条。但是，缺少实施这些计划的政治意愿和行政机构。

比里一派则专注于其他形式的进步。比里完成了一个现代法典的编写工作，这个项目从20世纪初就已启动，但是被不断延迟。新法典去除了贵族特权的法律基础，不再认可一夫多妻制的合法性，取消了择偶需经父母同意的要求。民党政府增加了在教育上的投入，1931—1939年，小学生的数量由70万人增加到170万人。比里还带头创建了第二所大学，名为道德与政治科学大学（University of Moral and Political Sciences），即法政大学（Thammasat），旨在为后专制时代培养新型的官僚。政府还扩大了地方政府规模，增加了修路、医院和发电等方面的开支。

1935年，比里前往伦敦为降低暹罗的外国贷款利率而进行谈判，并就19世纪中期签订的一系列限制暹罗的财政自治、赋予西方国家治外法权的条约重新进行谈判协商。所有这些条约都在1937—1938年进行了修订，之后，暹罗提高了关税以保护本土工业。

比里的文官派向其新定义的"进步"迈出了一小步。但是它希望通过国民议会实现新政体的合法化尝试并未达到预期效果。根据1932年颁布的"永久"宪法，一半议员通过选举产生，另一半则来自任命。内阁理论上向这个议会负责，但是经常被通过任命产生的那一半议员左右。1933年初，一个保皇派团体试图成立一个政党，但是国王拒绝了这一请求，并试图取缔包括民党在内的所有政党。后来，议员们为允许政党活动而提交了一些法案，但是都被政府拒绝了，政府担心他们会帮助保皇派卷土重来。1932年政变前夕，民党的领导人们在一起宣誓要团结一致，从那时起到1941年，共有9次领导人更迭，尽管民党内部存在派系斗争，但每次都是通过闭门讨论内部协商解决的。

许多曾经热情支持 1932 年革命的团体都开始失望了。一些商人被任命为议员，并获得了组建商会的权利，但是却未能说服政府向国内的企业家提供更为坚实的支持。华人社区的领袖对泰族民族主义的迹象感到忧虑，如限制华文学校的法规。劳工领袖获准成立第一批劳工协会，但当他们支持在碾米厂进行罢工时，这些领袖们被逮捕，协会也被禁止。那些 1932 年革命发生时，曾帮助营造良好政治氛围的持不同政见的记者们的境遇也好不到哪里去。在 1932 年 6 月至 12 月间，有 10 家报纸被政府勒令关闭，1933 年和 1934 年，又有更多报馆被关闭，而与此同时，政府则出资支持那些对民党友好的报纸。1933年，来自 12 个府的约 2000 名僧侣请愿要求进行僧伽改革，但是该运动的领导者被指控叛乱并被强制还俗。在波汶拉德叛乱之后，政府通过了一个维护宪法的法案，根据该法案，可疑的异议者可以不经审判就被关进监狱或流放至地方各府。

比里希望使国家和宪法成为公众忠诚的新焦点。他通过广播发表讲话，呼吁人们热爱国家并维护宪法，因为它"使我们所有人融合成为一个整体"。[1] 1933 年下半年成立了一个宪法协会。僧侣和教师们被招募来向人们解释宪法的重要性。宪法的微缩模型被分发到各府，并在新设立的宪法日（12 月 10 日）供奉起来，如同在重要佛日供奉佛像一般。宪法日不断升格，成为每年的法定假日，届时举行庆祝游行、艺术比赛、舞蹈和由内政部主办的暹罗小姐选美比赛，以寻找"我们民族美好的代表"。[2] 1939 年，宪法纪念碑竣工。它显然是曼谷城市中最大的纪念碑，其设计带有泰国传统的符号，坐落在朱拉隆功的"御行路"的中央。

军人集团的崛起

控制武装的年轻军官们逐渐在民党中占据主导地位。最初的革命、

---

① Pridi, *Pridi by Pridi*, p. 188.

② Barmé, *Man*, *Woman*, *Bangkok*, p. 234.

第五章　民族主义（20 世纪 10 年代—20 世纪 40 年代）

1933 年 6 月第二次政变和镇压波汶拉德叛乱的成功，都取决于少数指挥首都军队的军官的能力。波汶拉德叛乱之后，国防部长认为"维持和平"已经成为"最重要的问题"，因此"只为国家而生"的军人必须成为政治的中心。[1] 尽管财政紧缩，军队却要求增加投入，确保 1933—1937 年 26% 的国家预算，同时军事人员的数量也翻了一番。

在这个少壮派军人集团里，披汶成为领袖并在 1934 年初担任国防部长。他指出，暹罗拥有 4 个基本的政治机构，即君主制、议会、官僚机构和军队，其中只有军队是"持久永恒"的。相比之下，议会可能会"因各种事件和原因被废除"。[2] 军队建立了自己的广播电台，播放披汶的口号："国家是房子，军队是篱笆。"披汶明言，没有军队，暹罗将会"被从世界上抹去"。他命国防部摄制了一部电影《泰军之血》（*Luat thahan Thai*，1935 年），在影片中暹罗遭到不明外国势力的进攻，男女主角抛开儿女情长，全力保家卫国。

披汶及其集团被其他在强大的军事化的民族主义基础上崛起的国家所吸引。1933 年，披汶联系日本公使馆，为西方列强干涉暹罗的事件寻求日方的援助。在之后的几年里，这种联系发展成为更广泛的共鸣和合作。1935 年，一个日暹协会成立，披汶集团中的一些人加入其中。1934 年，他建立青年团（Yuwachon）组织，这是一个军事化的青年运动，模仿英国和美国的军官培训方式。在他派属下一位有一半德国血统、受过德国训练的军官研究德国纳粹党的崛起之道后，青年团变得越来越像希特勒青年团（Hitler Youth）了。

1938 年 12 月，披汶接任总理一职。从 1935 年起，他至少三次成为暗杀的目标，其中一次的目标是要杀掉所有内阁成员。根据一位王宫内部人士所言，其中一次尝试"计划天衣无缝……非常接近成功"。[3] 在成为总理后一个月，披汶宣称发现了一个重大的复辟阴谋。

---

[1] Copeland, "Contested nationalism", p. 232.

[2] J. A. Stowe, *Siam Becomes Thailand: A Story of Intrigue*, Honolulu: University of Hawaii Press, 1991, p. 84.

[3] MC Subha Svasti Wongsanit Svasti, 1 *sattawat Supphasawat* (Subha Svasti Centenary), Bangkok: Amarin, 2000, p. 511.

他下令逮捕了 70 个人，包括民党中年迈的保守派和主要的保皇派。经过一个特殊法庭的审判之后，15 人被判处死刑，2 人被流放，还有另外 3 人（其中包括高级王室成员兰实王子）被判处死刑，但被赦免，与另外 19 人囚禁在一起。冗长的法庭审理过程被印刷传播，以谴责保皇派的阴谋诡计。政府成功地起诉了巴查提勃，他将 420 万泰铢从王室财产中转移到他在海外的私人账户中。这导致前任国王的一处王宫被查封，他的画像被禁止公开展示，宫务部解散。许多残余的保皇党被迫远走他国。

披汶任命自己为陆军司令、国防部长、内政部长和（后来的）外交部长。其余内阁成员都被军方人员占据，军费预算上升到国家总预算的 33%。当一群地方议员（主要来自东北地区）强烈抗议军费预算的增长和其他军事强化的措施时，披汶解散了议会。当这些反对者在随后的选举中返回，并威胁要否决预算案时，他就绕过议会，利用法令进行统治。1940 年，就在按规定所有议员都要通过选举产生之际，他强行通过了一项修正案，把那些经由任命产生的议员的任期延长了十年（到 1953 年）。

披汶授予自己陆军元帅军衔，这在此前只有国王才能拥有。1942年初，他开始公开称呼自己为"领袖"（*than phu nam*），并在每天的报纸上打出"信领袖，国得救"等口号。他命令每家每户都要张贴他的照片。他通过了一系列专制法律，包括一部新闻法和一个紧急法令，几乎可以不受限制地任意逮捕人。批评者认为，披汶是在效仿墨索里尼，他把自己当成一个总统甚至是国王的角色。披汶解释道："这场运动是为了证明我们整个民族，可以行动一致，像一个人一样。"[1]

形塑后君主专制时期的文化

披汶和銮威集瓦塔干动用国家权力，开始着手为后专制时期的暹

---

[1]　Kobkua Suwannathat—Pian, *Thailand's Durable Premier：Phibun through Three Decades, 1932 – 1957*, Kuala Lumpur：Oxford University Press, 1995, p. 83.

罗创造一种新文化。

如前所述，威集是20世纪20年代新人的典范代表，他们都是通过个人天分和受教育的机会，由籍籍无名的平民成长起来的。他在驻外的外交部门任职，并从一种国际视角来观察暹罗。他于20世纪20年代末回到暹罗，很快就成为一个知名的作家和新广播媒体中的演说家，并狂热地鼓吹民族主义。

他还是一个传统主义者，视君主为泰民族的一个基本组成部分。他在巴黎的时候就熟知比里的组织，但是并未被召入早期的民党，这很可能是因为当时他对保皇主义的同情之心。1932—1933年，他为一个反对革命的保皇主义政党做宣传员，但是后来却逐渐转变了立场。他在波汶拉德叛乱期间，作为政治宣传员在民党的宣传准备活动中大展身手。从1934年开始，他成为披汶的坚定盟友。他对流行文化独具慧眼，他在政府担任高官，再加上有披汶在背后的支持，使他有机会去塑造历史上新版本的暹罗国家。

威集被任命为新成立的艺术厅厅长，这个部门是为了帮助塑造后君主专制时期的大众文化而建立的。当七世王退位之后，艺术厅从王宫接收了大量音乐家、艺术工匠和表演艺术家，并由他们组建了一个新的国家剧团。威集利用传统的历史主题为剧团创作剧本，但戏剧形式更多是西方式的，而非皇家传统式的。这些戏剧使一种新式的国际性歌曲（*phleng sakhon*）普及开来，它把传统的演唱元素融入西方流行歌曲的样式之中。

威集相信"人类革命"，相信人们具有改变自己和世界的潜力。他写了一些提高自我修养的手册，如《大脑，思想的力量》（*Brain, The Power of Thought*）和《决心的力量》（*The Power of Determination*）[1]等，目的是引导人们走向现代和成功。他把素可泰时期理想化为暹罗文明的典范时期，但其原因并不是像瓦栖拉兀认为的那样是因其王权形式，而是因为它完美地表达了泰人热爱自由的性格。自由至

---

[1]　其泰文名直译过来是《工作方法与创造未来》。——译者注

关重要，因为它给了所有人为民族贡献聪明才智的机会。在威集版本中，素可泰在艺术和语言上极富创造性，在物质生活上也富有成效，因为人们有充分的自由进行生产。由此产生的遗迹、碑铭和文学作品都证明"我们的祖先已经为我们创造了一个高水平的文化"。① 根据威集的说法，在素可泰的高峰之后，暹罗的文明在阿瑜陀耶时期衰落了，因为接受了高棉的文化习俗，如奴隶制和神王信仰。

在威集看来，历史是由伟大的个人成就组成的。他在 20 世纪 20 年代返回暹罗之后创作的第一部作品是一篇名为《伟人》（*Mahaburut*，1928 年）的散文，简述了拿破仑、俾斯麦、迪斯雷利、格莱斯顿、大久保利通（明治维新时期）和墨索里尼等人的传记。四年后，他写了另一部对墨索里尼的溢美之作。这些人物之所以被奉为英雄，是因为他们服务于民族。"人会本能地热爱自己的同伴、朋友、家人和同胞"，威集写道，因此"根据自然规律，将人类划分成不同民族是正确的"。人的职责是"坚守民族的重要性；时刻想着民族，不为任何个人或部门利益而努力；维护民族；整合同化使其统一"。② 威集在创作的剧本中将纳黎萱王和达信王作为保卫暹罗免受邻国宿敌缅甸侵略的伟人。但是这种英雄主义并非国王独有。在他创作于 20 世纪 30 年代的最受欢迎的戏剧《素攀之血》（*Luat Suphan*，1936 年）中，英雄的女主角是一个年轻的平民女子，她唤醒其他百姓一同对抗缅甸人的入侵。泰族是一个战斗的民族，也包括女性。威集的另一部戏剧《塔朗之战》（*Suk Thalang*）歌颂了一对保卫普吉反抗缅甸的姐妹。一位意大利雕塑家科拉多·费罗奇（Corrado Feroci），曾接受墨索里尼所欣赏的宏伟的古典主义的训练，现在他为威集的艺术厅工作，并在宪法纪念碑上表现了类似的思想（见图 5-3）；还有陶素拉纳里（Thao Suranari）的雕像，她是 1828 年保卫呵叻抗击老挝的传奇

---

① Saichon Sattayanurak, *Chat Thai lae khwam pen Thai doi Luang Wichit Wathakan* (Thai Nation and Thai-ness according to LuangWichitWathakan), Bangkok: Sinlapa Watthanatham, 2002, p. 137.

② Saichon, *Chat Thai*, pp. 40, 54.

女性；以及另一个表现1767年英勇无畏地对抗缅甸人的邦拉占村民的雕像。

图5-3　自由与战斗的民族。由科拉多·费罗奇主持完成的浮雕画，安置于宪法纪念碑（1939年）的基座下。这是首次在官方的造像中出现的平民形象，但是浮雕的主体还是士兵

　　威集又进一步阐述了泰族的民族性格是富有建设性和审美、细腻、尚武的。凭借这种武威，泰人成为素万纳普，即黄金半岛上的霸主。由于其先进的文明，"暹罗成为黄金半岛的核心，正如雅典是希

腊的核心一样"，因此其他种族"前来定居……进入暹罗的边界以内"。① 在他1937年的剧作《罗阇玛努》（*Ratchamanu*）中，一位纳黎萱时期的军队指挥官宣称高棉人是"和我们一样的泰人"，但因为某种原因分化了；"我们所有在黄金半岛上的人都是一样的……［但是］暹罗的泰人是兄长"。② 《兴威公主》（*Chaoying Saenwi*）将掸人和泰人的共同民族性表现得淋漓尽致。1938年的《玛哈苔薇》（*Mahadevi*）虚构了一个16世纪的兰那王后帮助自己的国家与暹罗统一的故事。

对威集来说，泰人正如《国籍法》中规定的那样，是那些生于暹罗的人，因此在种族上是多种多样的。但是在他创作的歌曲，如《泰族之血》（*Luat Thai*）中，他们又神秘地并入"同一支血脉，决不能被分成几条支流"。③ 在这个时期重新填词的国歌包含着相同的情绪："泰国凝聚着泰族世系的血肉。"

威集对大众不大感兴趣。他相信他们依然贫穷，是因为他们太"懒惰"，以致无法实现自己的"人类革命"。他说宪法保证社会的公正，不需要任何大众的参与。只有拥有受过良好教育的大众的国家才能胜任民主。政党就像"国家的大脑"。他引用亚里士多德的论断，"有些人生来就注定应该服从别人，另有些人生来就注定应该统治别人"。④

由于他选择了戏剧、歌曲、电影和广播这类形式，传播的接受人群不需要太高的文化水平，也因为他的作品被不断扩大的教育系统吸纳进课程，威集的影响是广泛的、深刻的和持久的。

充满民族主义冲突的世界

1937年7月，日本军队在入侵中国东北6年之后，开始向北京进

---

① Saichon，*Chat Thai*，pp. 63，122.
② Barmé，*Luang Wichit*，p. 125.
③ Saichon，*Chat Thai*，p. 49.
④ Saichon，*Chat Thai*，pp. 78，81，82.

第五章　民族主义（20世纪10年代—20世纪40年代）

军。1938年4月，希特勒发动德奥合并，进军奥地利。从这时开始，暹罗涌现的民族主义，无论是比里的自由主义式、披汶的军国主义式，还是华裔对中国祖籍地的情感，都与世界范围内的民族主义冲突联系在了一起。

日本对中国的侵略在暹罗华人中间激起了另一波民族主义情绪，各组织和报纸再度群情激昂。国民党的对立派别、在暹罗的共产党和其他华人组织合作销售战时债券，向国民党军队运送大米和其他物资，派遣2000名志愿者与他们并肩作战，并重新组织了一次抵制日货的活动。进口了日本商品的商人受到胁迫，不得不进行捐助。有61位商人因未答应要求而被杀。

迄今为止，民党仍小心翼翼地应对中国和本地的华人。它曾对华文学校进行了一些限制，但当华人商会抱怨之后又取消了限制。1936年，它欢迎了国民党的一个友好的代表团。威集在其1937年的关于达信王的剧作中插入了一首表达"中泰一家亲"的歌曲。但是1937年抵制日货的活动再次引起政府的注意，政府意识到华人控制暹罗商业活动的强大力量，以及暹罗经济易受外部政治问题的影响。政府也担心若发生民族主义冲突的战争，暹罗的华人会站在哪一边，暹罗很有可能被拖入中日战争之中，成为日本的敌人。一些著名商人在抵制运动中被杀，还有一些人遭到歹徒袭击，这重新唤起人们对华人秘密社团的担忧。

1938年7月，威集瓦塔干发表演讲，重提瓦栖拉兀关于暹罗华人和欧洲犹太人之间的比较。他补充道，犹太人没有祖国，然而"华人不能和他们相提并论；他们来这里工作，却把钱寄回他们的国家；所以我们可以说，华人比犹太人更恶劣"。[1]他创作了另一部戏剧《南诏》（*Nanchao*，1939年），描述中国人将泰人赶出他们之前的家园。

政府将入境费用提高了一倍，并关闭了两家从事汇款回中国的银行。它大力打击"红字"、商人和参与抵制日货并为中国筹款的政治

---

[1]　Eiji Murashima, *Kanmueang Jin Sayam*（Siam Chinese Politics），Bangkok：Chinese Studies Centre, Chulalongkorn University, 1996, p. 168.

149

活动家。数以百计的人被逮捕和驱逐出境。几乎所有华文报纸都被关闭，只有一家幸存。对华文学校的限制也加大了，除了两所学校之外，其余都被迫关闭。

政府还启动了一项计划，为了创造"一个泰人的泰国经济"。这一方面是为了准备应对可能爆发的战争，另一方面也是试图通过国有企业与西方和华人的公司竞争，还为了向占人口绝大多数的"泰人"农民进行援助。20世纪30年代中期，国防部开始创办公司，以使暹罗在战略产业，如石油供应和纺织品上能更加独立自主。由于民族主义战争不断加剧的前景，这种战时风格的经济不断壮大。1938年，当华人抵制日本贸易之时，政府成立了泰国大米公司。经济部长解释道，"这个国家最重要的产品完全掌握在外国人的手中"是非常危险的，矛头指向了来自中国的华人商人。披汶补充道，"大米是人民的支柱……但是人民很贫穷，因为他们遭受中间商的盘剥"。① 泰国大米公司租用现有的碾米厂，并最终控制了70%—80%的大米贸易。政府还成立了一系列金字塔式的公司，从首都向地方市场分配进口商品和其他消费品。

1939年，政府对烟草和食盐实行垄断；为泰国公民专门保留了一些职业和企业，包括驾驶出租车、屠宰猪、打鱼、种植橡胶和销售汽油等；向外国人征收4铢的登记费；用征收店铺税、布告牌税、收入所得税，以及提高鸦片和赌场的税率等方式将税负转移到商业上。1941年，政府起草了一个国家工业计划，根据该计划，国防部涉足更多具有重要战略意义的行业，如采矿、制革、制糖、航运、烟草、橡胶、盐、渔业，以及扑克牌制造工厂②。其中大部分工厂都是从已有的私人企业（通常是华人的企业）中强征来的。

从20世纪30年代中期开始，政府设立了2个委员会，以考虑如何解决最近二三十年到来的数量庞大的华人的国籍问题。少数第一代

① Nakharin, *Khwam khit*, pp. 346, 358.
② 原文在此处有一个"（!）"，作者表示这是一种幽默表达，传递对国防部涉足扑克牌厂的惊讶。——译者注

移民申请泰国国籍，但是当时还没有国籍转换的机制。1939年4月政府通过了一项法律，只要他们通过说泰语、改换泰式姓名、送子女去泰式学校学习等方式，证明他们不再效忠中国，而是忠于泰国，就可以改换成泰国国籍。第一年只有104人通过了严格的审查，但是他们都是重要的人士。几乎所有人都是富有的商人、矿主和实业家。他们改换国籍为政府提供了一批"泰国的"企业家，有助于新型国营企业的扩展。马·汶拉恭（他实际上是从在中国香港获得的英国国籍换成泰国国籍的）负责政府的大米贸易公司。已故国民党政要萧佛成的女婿威腊·欧萨塔侬（Wilat Osathanon），和来自最大的大米贸易家族的朱林·蓝三（Julin Lamsam），帮助管理政府的批发和零售网络。在泰民族主义和战争的掩护下，平民政治的兴起和华裔后代企业的崛起小心翼翼地关联在一起。

大泰人帝国与新泰国

1932年后不久，民党内部分军官派提出计划，要求收还在20世纪第一个十年签订的条约中被划给其他国家的"丧失的领土"。1935年，曼谷驻巴黎特使谈论起"暹罗的阿尔萨斯—洛林"。[①] 在1935—1936年，国防部出版了一系列地图，勾画了昆威集玛达关于泰人迁移的故事，显示想象中的从南诏时代一直到曼谷时期的泰人王国的疆界。其中一幅地图展示了"完整"的暹罗的范围，以及七块"失去"的领土，分别给了缅甸和在18世纪末到1909年间的殖民列强。

在德奥合并之后，一位军事教官称缅甸人、越南人、高棉人和马来人都是"源自泰人血统"，应该和暹罗统一。1939年，法国远东学院（Ecole Française d'Extrême-Orient）向威集瓦塔干提供了一张地图，上面标有使用傣泰语言的人分布在东南亚和中国南部地区。他不禁惊呼："如果我们可以收复失去的领土，我们就会成为一个大国……不

---

① C. F. Goscha，*Thailand and the Southeast Asian Networks of the Vietnamese Revolution，1855–1954*，London：Curzon，1999，p. 116.

久，我们就会成为一个拥有约 900 万平方千米领土和不少于 4000 万人口的国家。"① 他开始发起要求归还 "丧失的领土" 的运动，尤其是在柬埔寨和老挝的部分。他前往湄公河的边界地区，将老挝人心目中的神圣中心之一的塔帕侬寺的佛塔又抬高了 30 米，这样从湄公河东岸的法属老挝就可以看得更清楚。

政府将印有 "丧失的领土" 的地图向学校分发。军队广播鼓吹模仿希特勒建立一个大泰帝国（*maha anajak Thai*）。报纸文章和街头示威游行使得领土收复主义更加深入人心。威集推断道："当目前的战争结束之后，世界上将不会再有小国；所有小国都会被并入大国。所以只有两条路供我们选择，要么成为一个强国，要么被其他某个强国吞并。"② 披汶表示赞同："如果不想成为渣滓，你必须成为一个强国。"③

1939 年，政府推出了 7 个称作 "叻塔尼永"（*ratthaniyom*）的法令文件，英文经常译作 "文化训令"（cultural mandates），但最好把它翻译为 "国家法令"（state edicts）。在接下来的 4 年时间里，这个系列的法令增加到 12 个，并通过其他条例和规定强化。一方面，这些法令想要增强暹罗的实力，因为在全球性战争的背景下，暹罗无法独善其身。但另一方面更主要的是，它们表明披汶政府相信强大的国家具有自上而下重塑民族及其文化的能力。

这些措施的第一个主题，就是将暹罗与其保皇主义的过去彻底割裂。第一个法令发布于 1939 年 6 月 24 日，将国家的名字由暹罗（Siam）改为泰国（Thailand），其理由是 "我们都是泰族人，但是……暹罗这个名字并不符合我们的种族"。④ 之后的一个法令废除了自君主专制时期开始使用的爵衔。1938 年，1932 年革命的周年纪念日（6

---

① Saichon, *Chat Thai*, p. 31.

② Saichon, *Chat Thai*, p. 31.

③ Kongsakon Kawinrawikun, "Kansang rangkai phonlamueang Thai nai samai Jomphon Po Phibunsongkhram pho so 2481 – 2487"（Constructing the Bodies of Thai Citizens in the Era of Field Marshal P. Phibunsongkhram, 1938 –1944）, MA thesis, Thammasat University, 2002, p. 24.

④ Kobkua, *Thailand's Durable Premier*, p. 113.

月24日）被指定为国庆日，随后又成为每年的首要假日，举行阅兵和文化表演。1942年，披汶通过了《僧伽法》，取消了王室主导的法宗派的特权地位，将由国王任命僧王的权力转交给僧伽内阁。

这些措施的第二个主题是"使泰国人民成为真正的泰国人"。披汶解释道："我们必须牢记我们中有许多新泰人。现在我们有泰国（Thailand）了，我们要让纯粹的泰人与新泰人融合到一起，并肩携手为同一个民族而工作。"[①] 这意味着对华人和其他非泰人恩威并施，既施加压力又提供帮助，让他们说泰语，并按照泰族共同体一员的方式行事。一个法令规定向国家符号，如国旗和国歌表示尊重。每个人都要求学习和使用中部地区的泰语方言。为了"易读易写"，政府成立了一个专门的委员会负责改革语言，使用简化的字母，直接按照语音拼写，忽略性别和地位差别的特殊的代词，以及标准的问候语 sawatdi 和其他常见的用法。1942年成立了一个国家文化委员会，负责定义和传播泰国文化。

第三个主题是统一。人们不再被描述为"泰北人""泰东北人"等，而是从此以后只简单地统称为"泰人"（chao Thai）。另一个委员会还审查了流行歌曲，去掉了诸如"老挝""尧"（掸）等其他非泰族的描述语。

国家法令的第四个主题是进步。政府呼吁泰国人用各种方式促进经济发展，如自力更生和购买泰国商品。对着装、在公共场合的行为举止和社会生活的标准都有规定，以消除外界认为泰国不文明的理由。政府为了推广"现代"服饰，还组织了选美比赛（见图5-4）。政府还呼吁泰国人注意在公共场所的行为礼仪，如有序排队和禁止涂鸦等。一些西方习惯受到提倡，如使用叉子和勺子、戴礼帽和出门前亲吻自己的妻子等。有一个法令还为人们制定了一份时间表，将一天时间划分为工作、用餐、休闲和睡眠几段。

由于进步依赖于人口的数量和健康，披汶希望将人口提升至4000万，

---

① Saichon, *Chat Thai*, p. 135.

图 5-4　下午装小姐。下午和特殊场合着装比赛的优胜者。可能
摄于 1941—1942 年，是披汶的现代化运动的一部分

并使人们更加强壮和健康。1938 年，一个国家营养项目被启动。负责的
医生写道："在革命时期，人们的食物和饮食也应该有一场革命。"① 人们

---

① Dr Yong Chutima, quoted in Davisakdi Puaksom, "Modern medicine in Thailand: germ, body, and the medicalized state", unpublished paper, 2003.

被鼓励多吃蛋白质。运动被纳入学校课程，更多的资金被投入到医疗和卫生领域。法令还规定对公众进行营养教育。政府设立了一个母亲节，号召尊重母亲并鼓励孕育新的人口。1942年政府成立了公共卫生部。

最后一个主题是国家安全。第二个法令定义了叛国和反国家活动。所有内容都通过一档乃曼（Nai Man）和乃空（Nai Khong）对话的广播节目向公众宣传，这两个人的名字连起来就是安全（*mankhong*）之意。在宣传的口号中，还有一句"帽冠引领国家步入强国"。

正像披汶解释的那样，整个计划的启动是因为"政府被迫去改革和重建社会的各个方面，特别是在文化方面，它在这里代表着成长与美好、秩序、进步与统一和民族的道德"。①1944年，政府根据日本的武士道精神制定了一个国家英勇行为十四点准则，威集等人曾在一段时间内对武士道公开表示赞赏。法令开头就说道"泰人热爱自己的民族胜过自己的生命"，接着继续定义泰人是英勇、信仰佛教、勤奋、热爱和平、自力更生、渴望进步和忠于自己的领袖的群体。

第二次世界大战

披汶集团在20世纪30年代与日本建立起紧密的联系，但是其政府的主要目标是通过平衡与同盟国和轴心国阵营的关系，避免使泰国卷入大国间的战争。然而，在巴黎沦陷和日军入侵印度支那后，披汶却趁机于1941年1月派军队越过边境，占领了部分法属柬埔寨的领土。与法国的军事冲突结果并不明朗，但是披汶政府却宣布取得了胜利，举行游行，并建造了一座胜利纪念碑（带有更多费罗奇创作的英雄雕像）。日本介入调停，迫使法国将两块领土割让给泰国（见图5-5）。披汶此时对日本感激不尽。当他得知日本军队想要登陆泰国去进攻在马来亚和缅甸的英国军队时，他敦促内阁答应要求，为了

---

① Kobkua, *Thailand's Durable Premier*, p. 102.

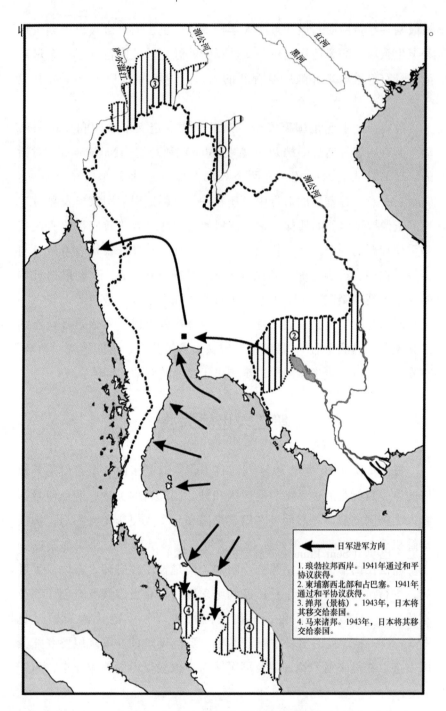

图 5-5　第二次世界大战时期的泰国

政府最初同意允许其安全过境，之后又于 1942 年 1 月宣布向英国和美国宣战。披汶告诉内阁："我们不应让他们（日本）独自打造亚洲……他们会感激我们……简言之，对于泰国来说，是时间和赢家一同宣战了。"① 5 月，在日本的认可下，一支泰国军队向北进军，夺取了缅甸掸邦的领土。

在披汶的想象中，泰国是日本清除亚洲的西方殖民主义的伙伴。当时升任外交部长的威集梦想着"将我们的国家打造成为亚洲南部的文化中心"。② 但现实是，日本只是把泰国当成一个被占领的国家，日本军队蔑视泰国人是劣等人种，日本政府大肆掠夺泰国经济为其提供战略物资。到 1943 年中期，泰国的领导人觉察到日本在战争中开始渐渐落入下风，他们开始疏远日本。为了加强摇摇欲坠的关系，日本首相访问了曼谷，并正式确认泰国对 4 个马来土邦和 2 个掸邦的控制权。但是披汶决然拒绝参加 1943 年 11 月在东京举行的大东亚会议，并派人带着口信通过中国与同盟国联系。他对他的一位军事指挥官说："你认为哪一方会输掉这场战争？哪一方就是我们的敌人。"③ 泰国政府开始为盟军提供情报，并制订抵抗日本的计划。

这场战争加大了民党内部成员之间的裂痕，军人们推崇轴心国的军事化国家，而许多文官都曾在法国或英国接受过教育，他们都同情同盟国。当日本入侵之后，文官领袖比里被踢出内阁，担任摄政王。他开始组织一个抵抗组织，在 1943 年中期通过中国与盟军联系。与此同时，在美国和英国的泰国留学生和其他泰国人也成立了抵抗组织，并为盟军提供服务。在美国的组织是由驻美大使、王族里的小辈社尼·巴莫（Seni Pramoj）领导的。到 1944 年初，这些不同的抵抗网络被连接起来，统称为"自由泰"（Seri Thai）。人员和装备被空投到泰国，以便组织抵抗运动。比里的秘密组织和披汶政府都悄悄地给

---

① E. B. Reynolds, *Thailand and Japan's Southern Advance*, 1940 - 1945, New York: St Martin's Press, p. 110.

② Reynolds, *Thailand and Japan's Southern Advance*, p. 140.

③ J. B. Haseman, *The Thai Resistance Movement during World War II*, Chiang Mai: Silkworm Books, 2002, p. 49.

予援助。

1944 年 7 月，比里一派成功地将披汶赶下台，以增加泰国与同盟国协商的机会，避免被当成敌人对待。自由泰想要发动一场反抗日本的起义，以表现诚意，但是同盟国阻止了所有的行动，直到战争结束之时，也只有少数破坏行动顺利实施。英国在战后想要惩罚并支配泰国，特别是为了确保泰国对被摧毁的殖民地区的大米供应。然而，美国反对任何形式的殖民影响的回归，并明言泰国将被视为"一个被敌人占领的国家"。为了强化这种美国的支持，比里邀请社尼·巴莫从美国回国担任总理，并牵头进行和平谈判。最终，英国对以大米支付的赔偿金表示满意，而美国则坚持要求泰国的边界恢复到战前的位置。

结论

20 世纪初的新公共领域的缔造者们发现了暹罗利用民族国家的第二个愿景。有鉴于此，五世王时期的宫廷改革者们认为，需要一个强大的、独裁的国家，以使暹罗得以生存，并在世界上拥有重要地位，而平民民族主义者据理力争，认为民族国家的主要目标是民族里的人民的福祉。这意味着通过农业和工业的发展，以及传统精英与殖民者的剥削状态的结束，经济进步将造福更多民族成员。它还意味着更多的公共服务，包括教育、卫生和通信。最重要的是，这意味着新的机构、法治，特别是宪法作为工具来限制或阻止旧的政权形式并创造新的政权形式。

这一愿景有意识地与强势国家的阳刚形象间离开来。新闻记者一针见血地指出，一夫多妻制是旧秩序的缩影。这个时代的小说和故事中充满了巾帼英雄。1932 年宪法赋予女性和男性平等的投票权。甚至连威集也围绕着女英雄而创作了几部戏剧，将女性从泰国历史中请出，为她们树立丰碑，尽管这些女性形象更像战士。

但这第二种愿景被证明是非常脆弱的。1932 年革命的主导者是一群民族国家的拥趸，他们对民族国家自上而下影响社会和经济转型的能力抱以极大的信心。他们对大众面对保皇派的反革命活动时是否会奋起保卫他们持怀疑态度。随着当代法西斯的影响日益加剧，披汶的军人派别心目中的理想构想是，一位强有力的军人领袖带领一个统一有序的社会步入现代化，并不断扩张，以便在这个民族主义冲突的世界中求得生存。他们创造了一个经过修正的、更为强大的强势国家的传统的版本，只是将君主排除在外。

到1945年，泰国的经济已被战时日本的需求拖垮；曼谷遭受盟军4000多次轰炸，导致60%的人口被疏散；而作为亚洲"进步"典范的日本被击败了；泰国的领导人为了能在和平谈判中保持独立地位，争相否认此前与日本的合作。强势国家的理想至少暂时受到质疑了。披汶的不少创新都被废弃，如关于着装与社会举止、语言改革和武士道式规定的法令。甚至连国名也在1945年9月时暂时改回暹罗（三年时间，但是仅仅在外语中使用）。

但是仍有许多披汶和威集的创新得以延续，因为它们在新城市社会中得到了广泛认可。威集发明了"泰人"，其并不仅仅指某一个国家的公民，他们还是一群有历史和"民族性格"的人。他为新城市里的泰人提供了如何成为现代世界的公民的指导。他帮助新官僚们将自己想象成一个父亲式的精英，帮助落后和被动的农民们"减轻痛苦和增加福利"。

披汶和威集建构的他们自己的民族版本，是建立在朱拉隆功、丹隆和瓦栖拉兀奠定的基础之上，而不是将他们推倒新建。他们继续构想泰族是一个带有勇武气质的种族，遭受坏邻居和霸权力量的威胁，在一个强有力的领袖的领导下渡过难关，并致力于追求进步。他们把国王置于宪法之下，但是从未认真威胁过要走向共和制。他们继续将广大人民视为政治的旁观者，在面对宫廷政变和阴谋之时毫无作为。

这些仍然是一种在农民占绝大多数的社会的首都的政治。保皇派、军人政党和聚集在比里身边的商人和专业人员构成了精英群体，相互争夺在新的民族国家中央机构中的影响力。但是第二次世界大战改变了两件事情，终结了这个政治时代。其一，它创造了一种政府参与程度更高的战时经济，其波动影响到更多的人口。战后的经济危机使大众困苦不堪，也给大众带来了政治动员。其二，这场战争使泰国深陷涉及日本、中国和西方国家，尤其是美国的复杂的国际政治之中。这种变化是长久的。战争的结果是出现两个相互竞争的跨国阵营，在国家的经济和政治发展上，分别遵循共产主义和资本主义的原则。定义泰族人和控制泰人国家的斗争，现在必须被置于这种冷战情境中。

第 六 章

美国时代与发展（20 世纪 40 年代—20 世纪 60 年代）

第二次世界大战之后，美国成为新的外国保护人，其渗入程度之深是暹罗在殖民时代从未经历过的。当时英国注意力都放在自己的殖民地中，只是染指暹罗外围的利益，而美国则紧抓着暹罗，作为其阻止共产主义在亚洲扩张的盟友和基地。为了使泰国能够胜任这个角色，美国帮助泰国恢复并强化了军人的统治，军人势力曾在第二次世界大战结束时元气大伤。为了巩固泰国在冷战中的"自由世界"阵营中的地位，美国大力促进泰国的"发展"，即主要通过私人资本主义促进经济增长。为确保"国家安全"，美国投入大量资金，推动民族国家的机制更深入地进入社会。

在这个政权下，出现了一个由掌权的将军、高级官僚和新兴企业集团的负责人组成的新精英阶层。随着发展观念的深化和民主约束的失效，企业可以肆意剥削人力资源和自然资源。乡村再次发生变化，农民们开荒已进入过去曾经森林密布的高原地区，小农与市场经济的联系也更加紧密。在这样的背景下，旧的泰国社会秩序逐渐在历史中销声匿迹了。

从战争到内战

第二次世界大战之后是一段经济混乱、政治动荡的时期。披汶在1944 年底的失势使得比里重新成为人们瞩目的焦点。他重新回到创建民主的轨道上来，规划宪政，监督通过 1946 年宪法，最终建立了一个完全经由选举产生的立法机关。在他的支持下，原民党中剩余的文官派和更多最近加入自由泰抵抗组织的人士组建起政党。他开始在军队中清除披汶的军国主义分子，并通过法律限制军人参政。他意识到，由于国家主导的工业化的发展，城市中的劳动力变得非常重要，他支持立法保护劳工权益。他还支持周边邻国反殖民的斗争。在比里的眼里，泰国可以在创建一个全新的后殖民的、民主的东南亚的过程中，发挥代理人和典范的特殊作用。

但是其他社会力量并不赞同。军方在过去几十年建立起来的势力并不会轻而易举地退场。1942 年入侵掸邦的军队回国后，心中充满了对其撤军时未予支持和未收回领土的愤懑之情。将军们带着厌恶和嫉妒的情绪，看着新商人和政治家们相互勾结，从 1932 年建立起来的政治体制中攫取利益。

保皇派同样卷土重来。颇具讽刺意味的是，正是比里这个 1932 年的反保皇派思想家，为他们的回归铺平了道路。从 1942 年起，比里被明升暗降为摄政王，他与一些王室成员建立了良好的关系，特别是巴查提勃的遗孀兰派潘妮（Rambhai Bharni）。作为自由泰的核心人物，他与一些在英国加入自由泰组织的王族成员过从甚密。从 1944 年开始，他将保皇派人士招回国内，可能是为了利用他们制衡披汶和军人势力。他特赦了 61 名政治犯，其中多数是被披汶关押的保皇派，并为已经去世的巴查提勃恢复了被披汶剥夺的王号。1945 年 9 月，他邀请社尼·巴莫从美国回国出任总理，并在 12 月鼓励阿南塔·玛希敦国王暂时回国，庆祝其 20 岁生日。一些流亡的保皇派也在同一时间回国，另外一些隐忍多年的保皇派人士也纷纷现身。有人指出他们仍然"担惊受怕……因为他们觉得他们的财产可能会被没收"，另外"他们中的极端分子仍然寄希望于恢复君主专制制度，以恢复他们自己失去的特权"。[①] 社尼·巴莫及其带有实业家气质的弟弟克立·巴莫

---

① 1947 年 6 月 20 日的一份备忘录，摘自 Subha Svasti, *1 sattawat*, pp. 514，533。

一起组建了民主党（Democrat Party），在议会中对抗比里。正如社尼指出的那样，尽管比里有亲保皇派的倾向，但"我们从未排除比里是共产主义者的怀疑"。[①]

在精英阶层中，军人集团、保皇派和亲比里的自由主义者对新民族国家控制权的争夺愈演愈烈，这种竞争受到由战争和经济混乱催生的城市力量的影响而扩大了。自1938年以来，日本军队在泰国的"借贷"破坏了泰国的金融体系，引发的通货膨胀超过了1000%。许多公务员的工资并未随之调整，他们中有人靠腐败牟利，有人则铤而走险，以身试法。由于贸易中断，日用商品供应短缺。战时自由泰抵抗运动和共产主义者们在工人中成立了政治组织，通过街头示威和工会组织，投身到高涨的群众政治之中。1945年，来自碾米厂、码头、水泥厂、炼油厂和木料厂的工人们举行了罢工。泰国工人联合会（The Association of United Workers of Thailand）于1947年成立，两年后即拥有6万名会员。由于盟军留下大量武器，以及解除日本占领军的武装，泰国国内到处都散落着武器，"在泰国购买武器和买啤酒一样容易"。[②]

各个精英领导层都尝试操纵这些新兴的群众政治。比里一派支持劳工组织，使用政府资金资助大规模的示威活动。军人集团与新兴的银行家合作，雇用共产主义知识分子创办报纸，抨击他们的对手。这段混乱时期在1946年6月6日，年轻的国王阿南塔·玛希敦被发现身上中枪死在寝宫之时达到高潮。此案从未得到一个合理的解释。保皇派政治家，特别是克立和社尼·巴莫试图将此事归咎于比里。三名宫廷侍卫被逮捕并最终被处决，其中一人与比里有关。负责调查的警察总监是巴莫兄弟的姐夫，他后来被发现贿赂证人，为了将矛头指向比里。阿南塔·玛希敦的弟弟继承了王位，他就是普密蓬·阿杜德（Bhumibol Adulyadej）国王，他之后返回瑞士去完成其学业。

---

① Seni's memoir in J. K. Ray, *Portraits of Thai Politics*, New Delhi: Orient Longman, 1972, p. 171.

② Tran van Giau, quoted in Goscha, *Thailand and the Southeast Asian Networks*, p. 186.

1947 年 11 月 8 日，陆军军人发动政变夺取了政权。披汶是名义上的领导，但政变主要是由参加过 1942 年掸邦战役的退伍军人，特别是远征军的总指挥屏·春哈旺（Phin Choonhavan）将军和他的助手兼女婿炮·希亚侬（Phao Siyanon）策划的，还有控制首都的部队和坦克的沙立·他那叻（Sarit Thanarat）上校的协助。屏宣称比里的自由泰武装正准备发动共和叛乱。政变集团宣布，他们的行动是"为了维护军人的荣誉"，为了查清宫廷中的"暗杀阴谋"，以及建立一个"尊重民族、宗教和国王原则"的政府，这是有意识地恢复瓦栖拉兀的皇家民族主义的程式。① 英国大使报告，政变是"一场由王室支持的右翼运动"。② 摄政王（兰实王子）在 24 小时内认同了政变。两周之后，国王从瑞士发来的谕令中提到，"那些参与此次行动的人并非为了谋求一己私利，目标只是为了加强新政府的管理，促进国家的繁荣"。③

在之后的 5 年时间里，政变集团和比里的支持者们明争暗斗。政变之后，比里和少数几位亲信侥幸逃到海外。政变集团清洗了军队中的自由泰成员，并替换了国有企业和银行中追随比里的董事。1948年，一些来自东北部的比里的支持者被逮捕，并被指控密谋叛乱，但是随后获释。1949 年 2 月，比里回到曼谷，试图凭借自由泰残余的武装夺取政权。沙立再次显示了城防军的重要性，他炮击了占领大王宫的比里军队（因此，这次事件也被称作"大王宫叛乱"）。比里再次逃脱，这一回彻底失势。一个月后，3 名拥护比里的议员和 1 名相关人员在被警察拘留期间被枪杀。一个月后，另一名拥护比里的议员也在向警察自首的时候遭到枪击。1951 年 6 月，一些海军中残余的比里的支持者企图发动政变，在披汶出席一艘美国捐赠的船只的交接仪式时劫持了他（即"曼哈顿号叛乱"）。披汶的副官下令轰炸海军的旗舰，将其炸沉至湄南河底。披汶就在船上，不得不游泳上岸才最终获

---

① ThakChaloemtiarana, *Thailand：The Politics of Despotic Paternalism*, Bangkok：Social Science Association of Thailand, Thai Khadi Institute, Thammasat University, 1979, p. 31.

② Kobkua, *Thailand's Durable Premier*, p. 23.

③ Kobkua, *Thailand's Durable Premier*, p. 39.

救，这一事实说明实权现在已掌握在沙立和炮的手中，而不是这位虚有其名的领袖。他们开始肢解海军。比里派别最终败给了枪炮。

1947 年政变之后，保皇派的民主党主导了内阁，而军方高层则在背后掌控实权。但是，除反对比里和政治自由化之外，保皇派和军方没有任何共识。保皇派希望能恢复某些旧的政治和社会秩序。披汶则自视为一个新的现代国家的管理者。在四年时间里，双方一直在任命和职位问题上钩心斗角。当政府拒绝了炮担任警察总监的要求时，炮就向身为民主党人的内政部长发出挑战，要求进行决斗。1951 年，民主党准备推出一部新宪法，它极大地增加了国王的实权：国王任命参议院议员，直接控制武装力量，有权否决立法，可以解职任何部长，可以发布法令并修改宪法。军方请求仍在欧洲求学的年轻的国王做出一些让步。当这些请求遭到拒绝之后，他们采取了另一种措施。1951 年 11 月 26 日，就在国王即将返回泰国当政之际，他们发动了另一场政变（即无声政变或称无线电政变），将民主党人推到一边，废除了这部宪法。他们启用了一部 1932 年宪法的修改版本，建立了一个新内阁，25 位内阁成员中有 19 人来自军方。摄政王拒绝批准新宪法，但是他的意愿已无足轻重。随后的选举和任命产生了一个由军人主导的新议会。保皇派人士在执政联盟中的地位降格成为少数席位。军人在接下来二十多年时间里主宰了政府。

发动无声政变（Silent Coup）最主要的理由是，共产主义者已经渗透进议会和内阁之中。这种表述指向一个重大的变化。争夺泰国国家政权的地方性斗争，正在被纳入全球范围内的意识形态斗争之中。

美国援助、反共主义与军人独裁

在 1945—1946 年的和平谈判中，美国成为暹罗的保护者，阻止了英国任何扩张殖民影响的意图。起初，美国想把泰国作为重建日本经济的区域性计划的一部分。随着 1947—1948 年周边国家掀起了轰轰烈烈的左翼反殖民主义运动，1949 年在共产主义革命中"损失"

了中国，1950 年美军进驻韩国，美国对泰国的兴趣稳步增长，将其作为盟友和进行冷战的基地，以遏制共产主义在亚洲的传播。

1947 年政变之后，披汶向美国要求提供武器和美元以加强军队。但是美国依旧把披汶视为一个战时的敌人。然而，在接下来的两年里，美国越来越需要朋友，而披汶及其盟友不遗余力地反共反华，以寻求美国的赞助。1949 年 9 月，随着毛泽东在中国取得革命胜利，美国向"像泰国"这样的亚洲盟友们提供 7500 万美元的资金支持，并批准向泰国支付日本在战时购买物资时欠给泰国的 4370 万英镑。1950 年 3 月，在美国的强烈要求下，披汶政府正式承认法国在越南的傀儡、反对共产主义的保大帝政权，并因此获得 1500 万美元的基金。1950 年 7 月，泰国成为第一个向朝鲜战争中的美国提供军事人员和物资的亚洲国家。披汶告诉议会，"只需派出少量部队以示友好，我们就能获得大量回报"。① 一个月后，美国又提供了 1000 万美元的经济援助，世界银行提供了 2500 万美元贷款，武器供应也开始到位。

美国仍然担心披汶政府的反共举措敷衍了事，并一再敦促他加大内部压制力度。美国甚至试图制造证据证明采取激烈行动的必要性。美国大使馆相信《共产党宣言》并未被译成泰文，于是为一位美国语言学家威廉·格德尼（William Gedney），以及一位正在崛起的马克思主义诗人和知识分子集·普米萨（Jit Phumisak）提供了一笔资金，来弥补这一缺陷；但是这个项目一直未能完成。

军人统治者并不太担心泰国的左翼力量。披汶在 1949 年告诉议会，"现在在泰国没有共产主义的动乱"。② 美国从冷战的意识形态角度看待亚洲，而披汶和其他泰国领导人更关心他们与庞大的邻居中国长期以来错综复杂的关系，以及在泰国存在的大量华人社区。披汶不愿意做出任何可能导致中国报复的行为。但是他越来越重视美国的支持，并认为可以利用机会来镇压其他敌人，如比里残党和在当地华人

---

① D. Fineman, *A Special Relationship: The United States and Military Government in Thailand, 1947 – 1956*, Honolulu: University of Hawaii Press, 1997, p. 117.

② Fineman, *Special Relationship*, p. 89.

社区的反对者。

中国 1949 年的统一在泰国华人中引发了另一波民族主义情绪。使用中文姓名重新成为时尚。华文学校的入学人数飙升至 17.5 万人，是披汶在 20 世纪 30 年代末实行严格限制政策之前人数的十倍。向中国的汇款也增加了。与此同时，国民党和共产党之间的冲突也不时在曼谷街头爆发。和 20 世纪 30 年代末时一样，这种中国民族主义的激增和混乱迫使政府采取控制措施。由于披汶政府认为共产主义在很大程度上是个华人问题，打击共产主义和压制华人是相互关联的。

从 1950 年底开始，泰国政府开始骚扰媒体，驱逐参与政治活动的华人，解散劳工组织，并利用军队和僧伽进行反共宣传。1952 年 11 月 10 日，在美国的强大压力下，泰国政府开始果断地对本地的左翼力量展开行动。它以涉嫌谋划政变为名，逮捕了一小群残余的左翼人士和比里的支持者。它打击参加和平运动的人士，这是一个在斯德哥尔摩发起的反对核武器的运动，北京方面利用这一运动敦促国际社会对美国在中国和韩国的军事行动施压。该运动在泰国本土的分支不仅包括一些共产党员，还包括独立的左翼人士，例如作家古腊·赛巴立。有超过 1000 人被逮捕，其中多数是华人，他们被驱逐出境，此外被拘捕的还有政府的各种敌人，如法政大学的学生激进分子和比里的妻子及儿子。

一个新的反共产主义法在一天内匆匆三读通过，它将所有异议都纳入共产主义举动之中。37 名泰国公民被投入监狱，包括古腊和其他新闻报业人、左翼劳工联盟主席，以及泰国共产党（The Communist Party of Thailand，CPT）的几位成员。主要的左派报纸和书店都被关闭。1952 年 12 月，另一位重要的亲比里的议员和其他 4 人被炮的警察下属勒死，尸体焚烧之后被埋掉。1953 年 3 月，一位左派报纸出版人在度蜜月期间被人枪杀。1954 年，另一位亲比里的议员被人勒死，尸体被绑在水泥柱上抛入湄南河中。炮向警察灌输一句格言："阳光底下没有泰国警察做不到的事情。"

泰国政府再次严格限制华文学校，导致入学率下降了三分之二。

政府还将外国人的入境税提高了 100 倍，达到 400 铢；限制汇款；重新制定了为泰国国民保留工作和职业的法律；修改《国籍法》，加大入籍难度；禁止中国戏曲在曼谷表演。

美国现在被泰国政府的诚意打动。1953 年 7 月，美国国家安全委员会提出将泰国发展成为一个"反共产主义的堡垒"，以便"将美国的影响，以及当地对它的接受，扩大至整个东南亚地区"。[1] 当 1954 年法国在印度支那失败之后，美国建立了东南亚条约组织（SEATO），并承诺保卫泰国。美国开始在泰国东北地区修建战略公路，将港口和机场升级为军事用途，并启动了针对农民和公务员的心理战计划。

泰国已经成为一个军人统治下的美国的附庸国。但其结果是泰国执政团内部，即军队和警察之间的分歧严重。

从 1951 年 1 月开始，美国先后向泰国运送了 28 批武器物资，足以装备 9 个营的部队。到 1953 年，美国军事援助总额相当于泰国军事预算的两倍半。由于可以支配这些援助，沙立·他那叻可以加强对军队的控制。他将所有曼谷的驻军都编入他之前的部队，即陆军第一军第一师，任命忠于自己的下属。1954 年，他成为陆军司令。

与此同时，美国中央情报局也开始武装警察部队。他们的一系列尝试从一次失败的秘密行动开始，1950—1951 年，他们资助了一次从泰北山区到中国南部的反革命远征行动。中情局和警察总监炮建立了密切联系，随后又向他提供坦克、装甲车、飞机、直升机、快艇，并由 200 名中情局顾问帮助训练。警察实际上成了一支与军队匹敌的队伍。沙立和炮很快就陷入了竞争。他们的兵力不相上下：48000 名警察对 45000 名军人。他们争先恐后地去接管由比里集团开发的利润丰厚的垄断企业和商业赞助。他们都在 1954 年访问美国，回国时分别带着 2500 万美元（沙立）和 3700 万美元（炮）援助的承诺。他们竞相控制鸦片贸易，1950 年几乎因争夺鸦片作物而兵戎相见。他们在政治权力更迭中钩心斗角。1955 年，炮请求美国支持他发动推翻披汶的

---

① Fineman，*Special Relationship*，p. 173.

政变，但是遭到拒绝。披汶在一番调停争端之后安然无恙，美国开始越来越多地支持他了。

披汶回到了1932年政变集团的使命上，即建立一个民族国家，使之成为人民福祉的维护者和他们忠诚的对象。但是这个工程不再通过旨在改变人们的言行举止的法令，而是通过国家采用传统的政治形式来实现。政府成为佛教的公共资助者。它修缮了5535座佛寺，并新建了一些佛寺。披汶到地方视察的时候专程拜访了一些重要佛寺，并向它们奉献钱财和佛像。政府还赞助舞剧剧团，并从披迈、阿瑜陀耶和清盛开始，对主要的历史遗迹进行修缮工作。1948年成立了一个国家文化委员会（National Culture Council），它在1952年时转为一个部级单位。威集瓦塔干以"权利与荣耀"为主题创作了一系列戏剧，颂扬素可泰的兰甘亨和其他泰国历史上的著名人物。他已悄然放弃泰人帝国的梦想。威集写道："如果我们能够在人民心中树立民族主义，就像共产主义者让人们像信仰宗教一样信仰共产主义，我们就无须担心国家会被共产主义夺走。"①

披汶希望能限制保皇派的扩张。他禁止国王离开首都到地方巡幸。宫廷方面对政府公然将权力伸向文化领域大为不满，这在之前该领域都是王室的专属。1957年，披汶监管纪念佛教诞生2500周年的盛大庆典，国王以患病为由避不参加。

1955年，披汶宣布他将"恢复民主"，以对抗沙立和炮日渐壮大的经济和军事实力。他解除了党禁，放松了新闻审查制度，承诺释放政治犯，取消了许多对华人的限制，允许可以进行公共演说的"海德公园"存在，通过了一项使工会合法化的劳工法，并将1957年进行选举提上议事日程。面对来自宫廷的反对，他还是通过了一项法律，对可拥有土地实行50莱的上限。他还（不太成功地）发动了一场取缔鸦片的运动，要求部长们放弃参与商业事务。按照他在战争时期的外交模式，他重新开始与中国建立联系，试图在美国的保护之下争取

①　Saichon, *Chat Thai*, p. 151.

一定的独立性。他秘密派代表前往北京会见毛泽东，并同意"在将来实现关系正常化"。对中国的贸易和旅游的限制放松，一些左翼人士和曼谷的华人社团领袖都去访问北京。

美国起初对披汶推进民主表示欢迎。但是美国需要泰国成为其附庸，这和它对泰国民主的支持是自相矛盾的。当新闻管制放松下来，曼谷的报纸就对美国在泰国日益强大的影响表示强烈不满，并热情支持中国的复兴。左翼政党再度活跃起来。临近 1957 年选举之际，代表炮—披汶（此时结成联盟）和沙立的党派与报纸都投机取巧地迎合反美亲华的民众情绪。美国摄制的电影《国王与我》（*The King and I*）更激起媒体的如潮抨击。① 炮和披汶在 1957 年的选举投票中胜出，但是沙立指责他们在选举中舞弊，并暗示美国是共犯。1957 年 9 月 18 日，第一军再次展现其战略重要性，沙立发动政变，迫使炮和披汶流亡海外。美国担心自己在泰国长达十年的投资会前功尽弃，他们很久之前就将沙立视为一个腐败、酗酒的放浪之徒。在 1957 年竞选活动期间，沙立的媒体是最激烈的反美者。政变期间，他的军队差点进攻美国中情局的办公室，因为他们与其竞争对手炮关系密切。

但是沙立也需要美国的持续支持，以维持对军队的控制。他抛出一枚橄榄枝，任命坡·沙拉信（Pote Sarasin）为总理，他在美国接受教育，是前驻美大使和现任东南亚条约组织的秘书长。12 月的大选产生的议会中有许多左翼人士，这让沙立极为头疼，即使进行了大量贿赂，也很难控制他们。1958 年初，沙立前往美国接受治疗，并与美国总统艾森豪威尔举行了磋商。1958 年 10 月 20 日，沙立发动了第二次政变，宣布实施戒严，解散议会，废止宪法，取缔政党，逮捕了数百名政治家、报业人、知识分子和活动家。美国对此深表满意，并提供了 2000 万美元的经济援助。美国国务院声称这并不是一场政变，而

---

① 一部基于安娜·李奥诺文斯不严谨的回忆录拍摄的电影，将她视为 19 世纪 60 年代蒙固王孩子们的导师，这是一个典型的美国流行文化下的东方主义。好莱坞在国王和家庭教师之间插入一段浪漫爱情和其他故事，而这些在回忆录中都没有出现。

是"当前统治集团为巩固执政地位而进行的一次有序尝试"。[1] 沙立则称之为一场"革命"。

沙立现在统一了所有的武装力量。警察部队的编制和武器都被取缔，统一纳入陆军之中。沙立在陆军第一师的老部下都升任军队高层和进入内阁。之后美国的援助都是经由军队渠道提供的。

沙立在1958年巩固政权和压制左派与自由派异议的举措，使美国将泰国变成基地更加充满信心。1960年老挝爆发内战，使得泰国在美国眼中成为前线国家。1962年，美国为了保卫泰国免受共产主义的攻击，将第七舰队驻防在泰国湾内，并向泰国派遣了1万名士兵。这些部队不久后就被调走了，但又于1964年被调回，并且人数不断增加，到1969年，驻泰的美国陆军和空军人数已达到45000人。1964年12月，美国对北越实行第一次空袭的战机就是从泰国起飞的。1965—1968年，有四分之三空袭北越和老挝的炸弹都是由从泰国东部的七个美军基地起飞的飞机携带的。从1960年开始，泰国士兵就被美国秘密雇佣，进入老挝作战。1967年，约有11000名泰国士兵进入南越，和美军并肩作战。

从1962年开始，美国又在边境巡逻警察（Border Patrol Police）和镇压泰国境内的叛乱上投入大笔资金。美国的军事援助在20世纪60年代翻了两番，在1972年达到峰值1.23亿美元。经济援助也水涨船高，峰值达到同样的水平，大多数流向了警察和军事项目。在美国的支持和国家权力的保障下，泰国军事预算增长得更快了，从20世纪50年代的每年约2000万美元增长到20世纪70年代初的每年约2.5亿美元。美元巩固了泰国的军事化政权。

美国在曼谷新建了一个雄伟气派的新使馆，并派一位在第二次世界大战期间功勋卓著的战士、绰号"粗野的比尔"的多诺万（Donovan）担任大使。在美国将东南亚条约组织总部设在曼谷之后，一些联合国机构、国际组织和美国的基金会也随之而来。曼谷的洋人人口

---

[1] Fineman, *Special Relationship*, p. 257.

迅速增长。和殖民时代不同，那时的洋人来自各个国家，现在则基本上都是美国人。曼谷被选作美国大兵休闲娱乐的旅游地，到1967年，已有45000人前来旅游（见图6-1）。曼谷新建的佛丕路成了一条"美国路"，沿街到处都是酒吧、夜总会、妓院和按摩院。类似的娱乐场所围绕着美军空军基地也如雨后春笋般涌现出来。性产业并不是新鲜事，但如此张扬招摇却是前所未有的。

图6-1　前来休闲娱乐的美军跳上芭提雅的海滩，
投入"夏威夷"装扮的少女怀抱

在曼谷的妓女数量估计多达30万人。内政部部长巴博·乍鲁沙天（Praphat Charusathian）将军甚至还希望有更多的妓女，因为她们可以吸引游客，促进经济增长。直到20世纪50年代末，泰国还没有形成有组织的旅游产业，只有871间旅游标准客房，每年只有4万名外国游客。1959年才成立了一个管理旅游的官方机构，作为经济发展计划的一部分。20世纪60年代初期，为了容纳喷气式飞机，廊曼（Don Mueang）机场兴修了新跑道。到1970年，赴泰游客的总量迅速增长到60多万人，旅游业已成为泰国第五大外汇收入来源。最主要的游客群体是美国人。20世纪60年代中期，各式酒店拔地而起，增加了7000多间客房。

曼谷的城市面貌、风格和品位都焕然一新。新的城郊集聚着学校、商店、电影院和为西方人服务的俱乐部。泰国的精英家庭也被这个地段吸引，因为住在这里被认为社会地位高，财产价值也在迅速上升。外国产品，尤其是美国品牌可以彰显社会地位。美国时代重新定义了什么是现代和梦寐以求，尤其是针对城市中产阶级而言。

发展与资本

美国着手在泰国推行自由市场经济，以巩固泰国在美国的冷战阵营中的位置。

杜鲁门总统在1947年的就职演说中提出了"发展"（development）一词。沙立将其理解为美国全球战略的关键概念，以及作为民族国家权力的一个新的和强有力的理由，即"进步"（progress）一词在美国时代的翻译。沙立政府将发展的泰文新词 phatthana 编入口号之中："我们在这个革命时代的重要任务就是发展，它包括经济发展、教育发展、行政发展和其他一切发展。"沙立推广相关标语，例如："工作就是金钱，金钱就是工作，二者带来幸福。"①

沙立在他发动第一次政变后接待了一个世界银行的代表团。其报告被改造成为泰国的第一个五年发展计划，从1961年开始实施。该计划谴责了自20世纪30年代后期开始实行的由国家主导的发展政策，并宣称："因此，公共发展计划的关键在于鼓励私营经济的增长。"②

美国帮助建立了一个新的官僚机构以促进经济发展，包括国家经

---

① Surachart Bamrungsuk, *United States Foreign Policy and Thai Military Rule，1947－1977*，Bangkok：Editions Duang Kamol，1988，p. 114.

② Thak，*Thailand*，p. 229.

济发展委员会、预算署、投资促进办公室和一个重组的中央银行。美国专程派顾问来帮助运作。沙立取消了披汶的劳工法，从一开始就彻底禁绝工人的政治活动。但是美国顾问们建议采取更为巧妙的方法。沙立政府出台了许多管理城市劳工的新法规，并建立一个专门的劳工机构来管理他们。

首批进入这些新技术部门工作的公务员，大多是在旧世界接受的教育。但是美国开始培养新一代技术专家，他们都认同美式的观点。一些高级公务员被送到美国接受培训。从 1951 年到 1985 年，约有 1500 人在富布莱特或其他基金资助下赴美留学。在美国接受高等教育的人数由 20 世纪 50 年代的几百人，上升到 20 世纪 80 年代初的 7000 人。

早期的经济计划有 3 个目标：加强对泰国自然资源的开发，以促进经济增长；转移一部分盈余去进行城市经济投资；促进外国投资，以获取技术。来泰投资的美国公司获准持有 100% 的所有权，而其他外国投资者则只能持有少量股份。美国公司从 20 世纪 50 年代末开始进入泰国投资，但是美国的投资规模并不高，主要局限在矿业和石油公司，还有少数如可口可乐的消费品企业，以及与印度支那战争直接相关的项目。对大多数美国资本来说，泰国太过遥远，充满了未知和风险。这种资本友好型发展战略的主要受益者，是从 20 世纪 30 年代就开始崛起的泰华企业集团。

新商业集团在第二次世界大战之前就已初露锋芒。"五大"大米商人建立了综合贸易业务，少数已在泰国定居多年的华人家庭冒险进入了制造业领域。这些集团与 1932 年后新兴的政客们建立了关系，以确保他们能够在战争及战后的动荡岁月中存活下来并发展壮大。

资本积累的过程从战争年代就开始加速了。许多企业在战争经济中损失惨重，但是也有少数人获利惊人。一些华人企业家拒绝与侵略中国的日本人合作，但也有人受利益驱使而与他们合作，并感激披汶放松排华的限制政策。日军直接通过中华总商会来确保战时供应。一些公司因此获利丰厚。例如少数废金属经销商的店屋兴旺起来，因为战时金属非常稀缺。战后，其中一家［蓬巴帕（Phonprapha）］开始进口并组装日本汽车；另一家［萨哈威利亚（Sahaviriya）］成为泰国最大的钢铁制造商；还有一家［阿萨达通（Asdathon）］发展成为制造榨蔗糖机器的专家，并成为一家重要的制糖厂。1945年，一位著名的商人在街头被人枪杀，很可能是因为他在战时大发横财而招致他人怨恨。

欧洲公司被迫撤离，这为他们提供了另一个机会，尤其是银行业。秦·索蓬帕尼（Chin Sophonpanich，陈弼臣）是一个往来于泰国曼谷和中国之间的店屋商人。在1944—1945年，他入股了一个财团，突然获得了一大笔资金，进行一系列风险投资，如黄金交易、酿酒、电影院、火柴制造和银行业。他帮助建立了货币兑换和汇款体系，取代了离开的欧洲银行的业务。1944年，秦的集团建立了盘谷银行（Bangkok Bank），是在停战后建立的七家银行之一。

在战后的无序状态下，经济发展的速度放缓了，但是随后又随着1950—1952年泛亚洲的朝鲜战争的爆发，以及美国对泰国持续增长的经济援助而加速了。新银行成为新兴商业阶层的核心。在1949年中国革命之后，他们主要的汇款业务减少了，开始重新关注国内经济。整个20世纪50年代，他们在外府建立起分支网络，将农民和地方商人的储蓄收集起来。他们将收益直接用于投资新的商业机会上，还向相关的家庭提供贷款。他们还在亚洲范围内发展了业务网络，收集贸易信息。和其他企业家一起，他们与1947年之后掌权的将军们建立起密切的关系，因此能够受到政治保护并接近有利可图的商机。在通过将军获得政府注资使其度过了一次清偿危机后，盘古银行迅猛发展。蓬巴帕家族的汽车进口业务在政府购买了其客车，并要求所有出租车都必须是尼桑牌汽车之后蒸蒸日上。德察派汶（Techaphaibun）家族廉价收购了政府的国营酿酒厂，由此建立起一个酒业帝国。

在美国主导的"发展"时代，银行业家族及其合伙人从一系列新机遇中获得了最大份额的利润。发展农产品出口和推动农民向山地拓荒种植经济作物的政策（见后文），为作物加工和出口创造了新的机会。从事大米贸易的黉利家族成为最大的山地作物出口商之一。杰拉瓦侬（Chiaravanon）家族在战前开始引进中国的种子，建立磨粉厂，用新作物生产动物饲料，然后发展综合养鸡业，并成为泰国最大的商业帝国——正大集团（Charoen Pokphand，CP）。

到 20 世纪 60 年代，日益增长的城市经济的需求，以及政府推出的以国内制造替代进口的政策，为制造业创造了一系列新机遇。那些曾经从事进口业务的家族现在邀请他们的外国合作伙伴投资地方工厂，以克服进口壁垒。1962 年，蓬巴帕家族说服尼桑公司在泰国建立汽车装配厂，两年后雅马哈摩托车公司也如法炮制。之前做废旧金属经销商的萨哈威利亚家族开始生产钉子和铁丝网，到 20 世纪 60 年代末扩展到生产建筑钢材，之后选择了一个日本合作伙伴，生产更为复杂的商品。1960 年，在战争期间开始进口日本商品的丘瓦塔纳（Chokewatana）家族说服了日本的狮王集团，加入牙膏和洗涤剂的生产，并在 20 世纪 60 年代为其萨哈帕日用消费品帝国增加了其他类似的项目。

对服务业的需求很快也随之而来。吉拉提瓦（Chirathiwat）家族是 20 世纪 40 年代末开始的泰国现代零售业的先驱，但是其事业真正腾飞是在 1968 年开办世隆中心（Silom Central）百货公司之后，以迎合美国援助时代人们对西方商品的新热情。安普（Omphut）家族早些时候经营酒坊和进口洋酒代理，后来投资一系列的按摩室、电影院、酒店和餐厅，以满足美国游客和当地顾客对娱乐的新需求。该家族后来又进军零售业（商城集团）和银行业（亚洲银行）。

这些崛起的企业家族中，有几个（如蓝三和黉利家族）早在 19 世纪后期繁荣的大米、木材和区域贸易中就已根深叶茂了。但是大多数人都是在两次世界大战的战间期，为了躲避中国恶化的经济和政治危机而移民来泰的，身上只带着人们熟知的"一枕一席"而已。1949 年中国革命之后，返回中国大陆的路线被关闭了，各个家族只好全力以赴在泰国打造家庭和生意的未来。他们通过自己家人的辛勤劳动，大量储蓄，以用于业务方面的再投资，他们注重子女教育，发展家族关系网，并利用政治关系，逐渐兴旺发达起来。

约有 30 个家族集团通过享有获取资本和政治恩庇的特权而统治了这个时代。他们发展成为多元化经营的大型企业集团，业务涉及房地产、酒店、医院、金融、保险及其他产业，以便自己的儿子（有时是女儿）有自己的事业。这些家族中的佼佼者在同姓的宗亲会和慈善基金会中都发挥着重要的作用。他们相互通婚结亲，打破了传统的宗族和方言的界限。他们在彼此的产业中投资，共享利润也共担风险。有 13 家银行地位最为重要，它们共同游说政府禁止成立新银行，并排挤外国银行。它们连续 20 年（20 世纪 60—70 年代）的年均存款增长率都达到 20%，四家最大的银行增长速度最快，每家银行都有数百家子公司，许多都在董事会为掌权的军官提供了位子。在这些商业精英之下分布着大量经营小商铺的家族企业，他们也都有相近的出身和飞黄腾达的愿望。

1966 年，美国学者弗雷德·里格斯（Fred Riggs）形容这些新泰华商业精英是"贱民企业家"（pariah entrepreneurs），[①] 他们因为种族出身而被非难为社会地位低下，在政治上附庸官僚和将军们。事实上，情况要复杂得多，也远比这个断言更有弹性。在法律上，能够纳入民族国家框架内的标准已固定下来。在泰国出生的孩子（即第二代）有资格获得泰国国籍，他们的子女（第三代）可以获得所有公民权利，包括投票权、进入议会和在军队服役。而一些 19 世纪或更早就在泰国落地生根的卓越的华人家族，现在已经彻底归化，进入"传统的"精英阶层了。他们与王室相关家族联姻，还涌现出一批最杰出的文职和军事官员、专业人士、教育工作者和技术专家。他们有时还充当华人社区中新成员的中间人。例如沙拉信家族，它在第二次世界大战之后成为最著名的官僚家族之一。即便如此，坡·沙拉信仍然担当一位最引人注目的新企业家加伦·希利瓦塔纳帕迪（Charoen Siriwattanapakdi）的赞助人，他出身卑微，但后来成为酒业大亨。坡在加伦的生意上投资，为他担保贷款，并帮助他获得与其不断增长的财富

---

① F. W. Riggs, *Thailand: The Modernization of a Bureaucratic Polity*, Honolulu: East-West Center Press, 1966.

相衬的社会地位。同样，阿南·班雅拉春（Anand Panyarachun）也是来自一个19世纪末移民过来、与一个著名的孟族家庭联姻的福建人大家族，他按部就班地赴欧洲留学，后进入外交部门开始工作，但之后加入一个大企业集团，成为一个联络政府和大企业之间关系的重要人物。

新商业精英家族通过金钱和政治关系的力量，克服了一切困难。对于广大新近移民来说，国籍问题更为棘手。尽管返回中国的道路在1949年关闭，他们仍以为只是暂时如此，但希望慢慢破灭。华人家庭自然而然地对自己的文化充满自豪，并依恋自己熟知的语言和风俗习惯。1969年一本反映在曼谷的泰国华人生活的小说中的主人公说道："我们应该保留中国人的特征，不管在哪里我们都能找到自我。"[①] 日常的商业语言仍是中文，特别是在大量的商铺家族企业中仍然使用中文，尤其是潮州方言。

国家坚持要求华人移民融入国家，特别是通过使用泰语和表现政治忠诚等方式，它根植于统一的、想象的"泰文化"的意识形态。从短期来看，推迟授予完全的公民权利，不时公开攻击华人，有助于官僚和军官们从华人身上讹诈费用，并抵制华人参与政治的压力。1949年后，"中国"又与"共产主义"密切关联，这又为压榨华人增加了一个理由，这也是美国保护人所怂恿的。但是这种情况是暂时的。由于在两次世界大战间的大量移民，华人及其后裔在城市人口中占主导地位。政府推动以城市为重心的经济发展造就了华人们的富裕。最终，华人的人口和金钱将会对政治产生冲击。

高原开荒

佛历二五零四年（1961年），李村长击鼓召开大会。

男女老少齐动员，到李村长家里来开会。

---

① 这话是大家长曾璇有所说，在这部1969年的小说中捕捉到这种种族观念的变化。见牡丹《南风吹梦》或译《泰国来信》（*Letters from Thailand*, tr. Susan Kepner Bangkok: Silkworm Books, 2002）。

美国时代与发展（20 世纪 40 年代—20 世纪 60 年代）

李村长有啥要跟村民讲，要把大伙招到一块儿来？

"上头他们吩咐说，让咱农民又养鸭来又养豕（sukon）。"

希大爷晃着脑袋问："豕那东西是个啥？"

李村长立马起身答："豕就是那普通的小狗呀！"

　　在这首广为流传的歌曲《李村长》的歌词中，让人捧腹的地方就在 "sukon" 一词上，它的意思是 "猪"，但它是一个花哨的梵语词，主要出现在官方报告和字典中。这首歌讽刺了 20 世纪 60 年代对于 "发展" 的热情，来自遥远的城市文化中的公务员们开始告诉村民们该做什么。

　　在第二次世界大战之后，泰国乡村的景观和社会开始发生第二次转变。经过一个世纪的开荒，湄南河三角洲及其他小块稻田的土地已被开垦殆尽了。此外，由于有了更好的食物、没有战争和对一些传染病的防控，到 20 世纪 50 年代，泰国人口以每年 3% 的速度激增。在这些压力下，人们开荒离开了河流和沿海地区，向高地平原转进。

　　大多数远离江河流域的地区仍然密林丛生。疟疾等疾病仍然威胁着定居者。第二次世界大战期间，被日本人征役在西部森林修建 "死亡铁路" 的人，大多数死于热病。在高山的山坡上居住着克伦、赫蒙（苗）、瑶、目舍（拉祜）、阿卡等山地民族。更多人陆续到来，特别是为了逃避中国南部的战乱。从第二次世界大战开始，这些地区就与国际毒品交易相联系，山地社群从鸦片种植中牟利。木材商人也为了珍贵的木材砍伐森林。

　　在高地和洪泛区之间是大片起伏的丘陵平原。最大的区域是东北部的呵叻高原，几乎占全国领土的三分之一。其他地区则在河流水系的边缘地带。从 20 世纪 50 年代开始出现了三个变化，促使开荒由低地地区向高地的森林地区拓展。第一，"消除疟疾计划" 将疟疾死亡率由 1949 年的每 10 万人 206 例降到 1987 年的每 10 万人 2 例。第二，美国赞助修建高速公路，作为其在印度支那战役的组成部分，第一条公路是 1955—1957 年修建的连接曼谷和泰东北部的 "米德拉帕"（友谊）高速公路。第三，新的发展战略迫切需要大量泰国的自然资源。为了水力发电和灌溉，泰国修建了水坝。矿山和农业综合企业获得了政府的推广补贴。对伐木的限制也被取消，以供应生产火柴、纸张、建筑和其他行业。

在湄南河三角洲，开荒者的开路工具是挖掘运河的锄头；而在高地地区，则是伐木者的锯。为了修建公路、水坝，开矿、建造美军空军基地或仅仅为了获取木材，成片树木被伐倒。不少受雇于这些计划的工人在周边定居下来，并清理出更多的土地用于农耕。在十年左右的时间里，许多地方都经历了三次定居热潮。第一批到来的是木材商人和早期的开荒者，他们进行轮作耕种，之后随着伐木队离开。紧接而来的是低地地区的农民，有时候他们会随着季节的变化，往返于他们在低地地区的农田和高地的田块之间。第三拨到来的是无地的穷人，他们由于河谷地区的人口激增被迫离开。他们往往是被新型农业企业家用小型卡车运到该地，企业家为他们租借拖拉机用于犁地，提供信贷资金种植作物，然后将产品带走。这些企业家们回过头来为出口代理商，以及在高地地区的新兴城市里涌现的农产品加工企业，如制糖厂、烤烟厂、榨油厂、橡胶包装厂、饲料加工厂和罐头厂等服务。

在这些强大力量的冲击下，开荒运动像一场风暴一样席卷了高地地区。在 40 年时间里，泰国的耕地面积增长了 3 倍。增加的绝大部分耕地都在高地地区。约有一半种植稻米，另一半则种植各种经济作物。糖蔗种植园再次在湄南河三角洲边缘地势较高的地区出现；在伸向南部半岛的山区的山坡上种植着橡胶树和油棕榈树；菠萝种植区一点点蚕食着西部的森林；在中部平原和呵叻高原之间的陡坡上建起了畜牧场；烟草种植区也出现在北部山谷地区。

但是一些地区很快就被证明不适于种植这些作物。土地最初的肥力快速流失，降雨极不稳定。大量树木被砍伐之后，造成了山坡的土壤侵蚀和土壤水分流失。地下的盐碱沉积物也因为抽取地下水进行灌溉而被抽到地面。在大片地区，只有玉米和木薯能够在这种恶劣的条件下存活。半数扩张的高地经济作物种植区都被这两种作物占据了。它们被卖给饲料加工厂和其他淀粉生产厂家。一个在高地地区开荒的典型的农民拥有25莱土地，在地势低洼处种植雨水灌溉的水稻，在坡地种植玉米或木薯。20世纪50年代和70年代，每年都出现7万个这样的农庄，占据了新增加的200万莱耕地。

这些农庄所在地之前都是森林，在第二次世界大战时期还覆盖着三分之二的国土面积，但仅过了30年就只剩三分之一了。政府默许了这种破坏，因为这些新作物的出口推动了国民经济的扩张。当泰国共产主义者20世纪60年代中期在丛林进行武装斗争之时，政府甚至鼓励清除更多的森林，让他们无处可藏。政府修建了通往森林的军用道路，并沿途安置了一些开荒者，还放火焚烧了叛军基地周围地区。政府还向木材商人发放特许权，但要求他们在砍伐森林之后再植树造林。到1986年，这些特许权已覆盖了全国一半的地区。在20世纪70年代中期，泰国的森林以每年近60万莱的速度消失。

起初，这种开荒的行为未受到政府的控制。决定土地所有权和解决争端凭借的是武力，而非法律。但是到20世纪60年代，泰国政府开始担心共产主义武装基地的扩大，怀疑这种无法无天的状况不仅会促进反政府武装活动，还会鼓励当地居民社区支持他们。在美国援助基金的支持下，泰国政府机构也进驻高地地区。首批到达的是前来平叛的特别警察和军队。紧随其后的是学校，之后是一系列办公机构，负责分发援助基金，试图赢得农民们的"民心和思想倾向"。他们为乡村修建公路、挖井、通电，并提供灾难救援。

在这些高地条件下发展的社会与平原地区迥然有别。平原地区有大片的稻田，人们在满足生存的口粮之余，将剩余产品出售，逐渐融入市场经济之中。虽然一些新高地村庄的居民彼此都是亲戚，但大多数村庄都是来自四面八方的人聚在一起。在高地拓荒的初期阶段，许多人从旧的稻产区迁来，主要是进入泰东北地区。后来，不少泰东北人又向南迁，到南部半岛沿海盆地去开发新土地。一些人为了应对恶劣的环境而建立了公共机构，但绝大多数人并没有这样做。

新高地农民们很少能够自力更生。如经济作物的种植，他们需要购买种子、肥料和农药，在整地和收获时可能还需要租用相应的设备。许多人种植蔬菜、生产糖或养殖家禽，并需要加入农产品公司的合同农业计划，他们只需付出劳力，几乎不需要其他投入。那些种植烟草、橡胶或油棕榈树的人，往往不得不将作物卖给当地唯一的收购商。种植玉米和木薯的农民则可以得到本地商人的预付金，按规定价格将产品卖给他。只有少数家庭拥有能够维持生计的足够的稻田，而降雨不定意味着生活永远无法得到保障。高地家庭只得到市场去出售自己的产品，再购买他们的主粮。地方经济依赖大量来自外部的投入、信贷和政府的扶助，以及对外出售经济作物获取的资金。

在高地地区形成了特殊的地方精英阶层，他们掌控着流入和流出的资源。这些人包括农产品商人，他们通常还是放贷者，很可能有华裔血统，与地方城镇及以外地区有联系。地方精英可能还包括木材商，他们和附近的锯木厂，以及连接当地与外部世界的运输卡车和汽车的车主关系密切。地方精英还包括地方警察头目、军队长官和政务专员，他们掌握政府权力，发放政府的资助。甘南（kamnan）一职，即一组村庄的首领，成为这些商场和官场网络的核心，对这个职位的争夺异常激烈。这个地方的精英阶层绝大多数是男性，通过酒席相互结交。通过官商勾结，他们可以从非法商业和渎职舞弊中获得更多的利益：非法伐木不受监管，随意出具所有权文件出让公共土地，走私活动畅通无阻。

大多数居民迁来时一贫如洗，现在仍无变化。1962—1963年进行的第一次全国统计调查发现，东北地区超过四分之三的乡村家庭生活在贫困线以下。到1988年，比例有所下降，但也仍有半数左右。很少有人拥有完整的土地所有权。政府没有将土地所有权制度扩展到高地地区，因此大多数人只有一张占有证明。1964年，政府决定保留40%的国土森林覆盖率，并划出保护区域禁止移民开发。政府在划定保护区域的同时，划定区域内的森林却被快速破坏，人们大量迁居。到1974年，有五六百万人居住在官方划定的"保护林"区内，他们被视为"侵占者"，没有任何获得地契的资格。到 20 世纪 90 年代，这些人口的数量增长到 1000 万—1200 万，占整个农村人口的三分之一强。

农民进入市场

发展同样改变了传统的农耕社会。1945 年以后，各种国际机构都希望能够提高泰国大米生产的盈余部分，以帮助解决当下饱受战争蹂躏的亚洲国家的粮食问题，同时准备应对未来持续增长的亚洲人口。在国际专家和赞助机构的帮助下，范德海德在 1902 年提出的规划整个湄南河三角洲的水利计划得以恢复和改进。位于三角洲顶端的猜纳大坝于 1957 年建成，在接下来十年时间里，又在上游支流上修建了两座水坝。这些水坝降低了季节性洪水或水资源短缺的风险。河流和挖掘的运河网络将水坝的水更均衡地分流到整个三角洲地带。

这项重大的工程项目起初是令人失望的。但是 20 世纪 60 年代在菲律宾进行的水稻种植技术研究引发了"绿色革命"，加上水资源得到保障，给水稻种植带来了重大变化。20 世纪 60 年代，适于泰国环境的新品种水稻种子被研发并推广开来。化肥和杀虫剂的使用迅速增加。在中国开发的称作"铁牛"的两轮拖拉机也被引进生产，很快就取代了那些四个蹄子的耕牛。水坝保证了长期的供水，新种子能够更快地成熟，铁牛缩短了整地的时间。在条件较好地区，尤其是在湄南河三角洲的上部和两侧，现在每年可以种植两季或三季稻米。

在较小范围内，一些政府的水利项目给已有的稻田带来了同样的益处。"湄登项目"为清迈河谷提供了同样稳定的水源保障。湄南河上游支流上的水坝为容易发生季节性洪水的地区提供了更安全的水源供应。东北部的蒙河—栖河水系上的堰坝提高了水的利用率。在半岛海滨的水稻种植区也修建了一些小型的水利工程。

通过这些创新，中部平原地区每莱稻米产量在 30 年内翻了一番。大米出口量再次飙升，使泰国成为世界上最大的大米出口国。人们都从中受益。中部地区低于贫困线的家庭比例在 1962—1963 年是五分之二，仅过了 13 年就下降到八分之一。

在 20 世纪 70 年代中期，一位日本人类学家回访一个三角洲北部的村庄，他在十年前曾对其进行过研究。那时它刚刚经过开荒建起来，只有采用互助劳作和传统技术的小农农场。他对这几年来发生的变化大为惊讶。公牛已经消失了，取而代之的是小型拖拉机。互助劳作已经瓦解，转而由职业的代理人统一调度组织劳动团队。传统的水稻品种被新的绿色革命的种子所取代，由化肥和化学制品提供养分。最重要的是，人类学家注意到人们在心理上的变化。十年前还向他描述祭祀稻谷女神地方仪式的村民们，现在却说"稻谷女神也无法和化肥相比"。①

这位人类学家和其他一些人都忧心忡忡，害怕这种迅速发展的商业化，加上人口激增给土地带来的压力，将会使农业社会分崩离析。在其他国家，绿色革命更有利于那些大农场主们，很多人预测在泰国也会出现类似结果。但是湄南河三角洲的经验却略有不同。

湄南河三角洲的小农户要获得新技术并没有壁垒和限制。由于土地承受人口重压，农庄规模变得更小了，从之前的平均 25 莱减少到 19 莱左右。但是小农们可以通过投资更有效率的技术，或者进入不断增长的土地租赁市场来加以弥补。为了寻找新的机会，一些家庭又开始在三角洲一带迁移流动，此时不再只是为了获取土地，还要考虑投入、水源和市场。小农们并未消失。事实上，他们的数量显著增加了。但是他们现在已更明确地转变为以市场为导向的农民了，用购买的技术、雇佣的劳动力和租种的土地来补充他们家庭的知识和劳动力资源。

少数创业的农民投身市场，成为大片土地的持有者。而与此同时，一些传统的贵族地主则趁着土地价格上扬，将手中持有的土地清仓出售。土地集中的状况并未大幅增加，绝大多数土地仍由其所有者

---

① Takashi Tomosugi, *A Structural Analysis of Thai Economic History: A Case Study of a Northern Chao Phraya Delta Village*, Tokyo: Institute of Developing Economies, 1980, pp. 43 - 44.

耕种，这种情况几乎没有变化。

在社会基础上，没有土地或仅有少数土地的家庭数量缓慢增长。到20世纪70年代，在中部平原和北部山区约有五分之一的家庭是无地家庭，另外约有十分之一是少地家庭。许多家庭，特别在北部地区，靠当佃农为生。剩下的人主要从事雇佣劳动。

最大的变化是，小农家庭现在比过去更多地介入和依赖商业市场。他们租用拖拉机来平整或翻犁土地，以便更好地利用灌溉用水。他们购买高产种子、化肥和化学药品。他们还投资购买铁牛和水泵。一些人从种植稻米转向种植水果、蔬菜和其他高价值的作物。许多人现在种植各种高产的稻米品种，只是为了出口，该品种并不适合本地人的口味。更多的家庭从市场购买自己的主食。编织及其他手工业家庭作坊几乎绝迹，商店和集市的数量不断增加。为了推动农村信贷，1966年政府成立了一家农业银行，即农业与农业合作社银行（BAAC），到1979年每年的贷款额达到190亿泰铢。1975年，政府强制要求商业银行至少将5%的贷款直接用于农业。

小农们与政府的合作也越来越多。和高地一样，学校、警察和地方行政机构已深入农村。但不同的是，政府开设了土地办公室，开始发放完整的地契。水在之前完全是自然的馈赠，但是正如人们所说，"如今水也有了主人"。农民们常常要和官员协商，争取获得他们的用水份额。

和高地一样，农村也出现了一个精英阶层，负责处理村民与乡村之外的商人和官员之间的关系。正如一首流行歌曲讽刺的那样，少数人似乎垄断了大量新的商业机会：

> 要说到富有，在整个素攀城，没人比得上我。
> 要称大富翁，我就是大富翁，慷慨大方。
> 就算是昆昌①，也比不上我，我家所有的牛，

---

① 泰国古典文学长篇叙事诗《昆昌与昆平》中的主人公之一，是素攀地区首屈一指的大富翁。——译者注

> 每一头都镶上了金牙。我还有碾米厂、建材厂、
>
> 陶器厂、手电厂，还有制冰厂、浊酒厂、
>
> 棕榈酒厂，还新建了铸铁厂和赌场，
>
> 有大也有小，还有许多殡仪馆。
>
> 但说到警察局，我绝不会靠近。[①]

这首歌的主人公是一位女性，这在三角洲地区非常常见，那里的商贩和驳船主通常都是女性。但一般来说，在农村社会中，女性的地位在过去的一个世纪里有所下降。在徭役制废除之后和农业开荒定居扩大之后，男性成为农业劳动的主力。随着与（男性）商人和（男性）官员接触日益频繁，男性取代了女性在贸易中的角色。由女性专家主持的地方神灵崇拜仪式逐渐衰微，让位于只有男性僧侣主持的佛教仪式。

几乎在所有地方，群体交换劳动的做法都逐渐消失了。村民们可能仍然密切合作管理灌溉、节庆和地方佛寺活动，但是他们越来越多地以个体身份与国家和市场打交道。

乡村与城市

发展时代推动了从乡村向城市的迁移。一个多世纪以来，开荒运动吸引着人们远离城市。大多数在殖民主义时代迅速兴起的碾米厂、锯木厂、码头和其他行业工作的工人都来自华人移民。由于新土地的自然产量高，还可以不断扩张，加上农业雇工的工资较高，人们没有什么动力进城去务工。

从20世纪20年代开始，由于糟糕的天时和国际大米贸易周期性的萧条，一些村民被推向城市。1949年，来自中国的移民实际上已经停止了。在之后的20年时间里，一方面是城市经济的飞速发展，另

---

① "Setthi mueang Suphan"（Suphanburi Millionaire），sung by Phumphuang Duangjan on the album *Chut jup kon jak*（Kiss Before Leaving）.

第六章 美国时代与发展（20世纪40年代—20世纪60年代）

一方面是日益增长的人口压力与湄南河三角洲的土地资源枯竭，城市与乡村之间的工资差距被拉大了。越来越多的农村人口被吸引到城市工作。道路建设和新的公车服务使得这种移动更加容易。在20世纪60年代，曼谷人口从180万激增到300万。城市的发展不仅创造了工厂的工作岗位，还创造了司机、家庭佣人、商店和餐馆的服务员以及建筑工人等职业。美军的到来以及越南战争后泰国被作为"休闲娱乐"的胜地，刺激了泰国性产业的发展。从20世纪70年代初开始，劳务承包商将工人带到海外工作，特别是中东地区。

一种复杂的迁移模式建立起来，并持续了几十年。年轻人离开村庄去完成自己的学业，去赚点钱，或者只是为了去游玩一番，增加人生阅历。一些人只在城里待几年，但其他人则会一直留在城里，或到退休后再回到乡村。同时，还有许多短期的迁移。大多数农业活动都依赖季风降雨，因此只能持续半年。一些人在另外半年的农闲时节会到其他地方找些活干。其他人则在播种和收割时来回往返。到20世纪70年代末，有150万人在这种季节性流动中往返于乡村和城市之间。起初，因为距离较近，也因为土地的危机，大多数移民来自中部平原。到20世纪70年代，东北人也开始加入这种流动中，特别是季节性的流动。在移民潮中，女性和男性的比例基本持平。

这种由乡村向城市的迁移反映在一种称作田园民谣（*luk thung*，直译为"田园之子"）的歌曲中，它兴起于20世纪60、70年代。这种音乐根植于中部地区的民歌风格，那里是大多数移民的来源地。但是，这种音乐的兴起却得益于20世纪60年代全国广播网络的发展，公路的修建方便了演出团体到各个乡村进行巡回路演，此外还有录音带的发展。为了获得成功，歌手们必须有一个真实的乡村背景。女歌星蒲蓬·端詹（Phumphuang Duangjan）就曾经当过一个蔗糖种植园的童工。男歌星沙炎·桑亚（Sayan Sanya）曾经是一个种植水稻的农民。

我只读到小学四年级，我从密林丛生的
素攀府隆舍利县走出，我是歌手沙炎·桑亚
是个乡下的孩子，要用我的歌声闯荡世界。

　　这首歌传达了歌手离开乡村奔向城市时既兴奋又悲伤的心情。许
多歌曲都描述了在城市中的新生活，如做卡车司机、服务员、公交售
票员、工厂工人和性工作者。他们哀叹迫使他们迁移的庄稼歉收、自
然灾害和普遍的贫困生活。他们警告其他移民，城里人会看不起他
们，称他们为"散发臭味的穷人"。他们提醒来到城里的女孩们，要
提防城里好色的男人。有几首歌曲强调，在城市栖身只是暂时的人生
阶段，歌手打算尽快回到乡村。演唱歌曲《我不会忘记东北》的歌手
向自己留在家乡的女友解释道：

我不得不离开，尽管我无时无刻不想念你
如果我存够了钱，我就会向你求婚。
我很穷，所以才不得不离开你
到曼谷去挣钱。
请等待我，等我存够钱。

　　田园民谣歌曲也充满活力，表现出体验城市生活的兴奋感。但歌
曲的内容却强调艰辛不易，和与乡村保持联系的渴望。许多歌曲都回
到了怀念乡村宁静时光、家庭的温暖和留守的男友或女友的主题上。
蒲蓬这样唱道：

爸爸妈妈，请救救我，不然这回我将会死掉。
我的青春和美丽已毁于一旦，因为一个城市骗子的花言
巧语。
爸爸妈妈，帮我回家吧。

萨迪纳的终结

1932 年后，旧的大贵族家庭精英并未被摧毁，但是其作用和重要性已经发生了变化。16 年来，作为旧秩序礼仪核心的国王没有住在暹罗。许多王族成员被从军队和文职官员高层清退。从阿瑜陀耶时期开始使用的爵衔和官品在 1932 年停用，并在 1941 年彻底禁止（尽管有些人，如披汶和威集等，将拥有的爵衔转变成自己的姓名）。现在，官僚机构中的人士使用的名字只能表示他们自身及其家庭，而不再使用国王授予他们的爵衔和官职。在对新公务员的教育中，特别是在法政大学，强调要为国家服务，而不是为了君主。第二次世界大战造成的大通胀，使得公务员的工资大幅贬值，也使得公务员的整体声望大不如前。但这种转变远未完成。对公务员的称呼仍使用传统的"*kha ratchakan*"，意即国王的仆人。

曾经是旧精英阶层基石的大家族，性质也发生了变化。朱拉隆功是最后一位实行并赞成一夫多妻制的国王。瓦栖拉兀在其统治的最后时期只有一位妻子和一个女儿。巴查提勃只有一位妻子，即兰派潘妮王后，并没有子嗣。1935 年颁布的法典只承认一个婚姻伴侣。许多精英阶层的男士仍然实行事实上的一夫多妻，但越来越多的是通过频繁离婚再结新欢的方式，或给每个妻子单独的住所。许多精英家庭的孩子拒绝家庭为自己挑选婚姻伴侣。大家族们已无法通过一夫多妻的婚姻关系网建立自己的影响力。一旦大家族失去了这种能力，他们的特权又受制于高层，他们就开始土崩瓦解了。克立·巴莫家喻户晓的小说《四朝代》（1950 年）追溯了一个虚构的贵族家庭的分裂，年青一代的家庭成员选择了不同的职业，拥有对立的政治观念，选择了多样的婚姻伴侣（既有洋人，也有华人）。他们的房屋在 1944 年的轰炸中被炸毁，象征着这个家族最终衰落的命运。

国家不再充当旧精英的财政支持和资本积累的工具。给众多王族成员的津贴也在 1932 年停止发放。其他大家族成员也失去了挂名的闲职。王室的地产和投资，大部分都是在五世王时期积累下来的，由王室财产局负责管理，它颇像一个基金会。其他大贵族家庭只得依靠他们在过去半个世纪积累起来的地产和其他资产。尤其是城市中的地产不断升值，支撑着很多家庭。但是其他资产却在贬值，因为时代发生了变化，以及战争时期的大通胀。曾经支撑了大家族的一夫多妻制文化，现在却分崩离析，资产也通过继承而被瓜分。一部流行的回忆录描述了兰派潘妮王后与这位共享继承权的作者，是如何瓜分巴查提勃的私人财产的，她们通过抽签获得土地地契，然后瓜分了素可泰王宫里所有能移动的物品，许多物品立即被拍卖给华人古董商，或于日后因缺乏照看而被盗走。[①]

对旧家庭的后代来说，教育是一种更可靠的支持。朱拉隆功曾鼓励他的亲属和其他贵族投资教育，这样他们的儿子就可以为国家的进步贡献力量。送儿子出国留学（最好是去欧洲）的文化，在精英阶层深深扎下了根。在 1945 年之后，许多王室家族和大贵族家庭的后人都成为专业人才、教育家、技术专家和艺术家，成就了辉煌的事业。

一小部分带有王族或贵族血统的人出于信念而加入民党，在 1932 年后开始了其政治生涯，特别是万外塔亚功（Wan Waithayakon），他成为一名外交使节和实际上的外交部长。即使在第二次世界大战结束之后，许多流亡的王族成员纷纷回国，也很少有人能够在政治上声名显赫。社尼·巴莫和克立·巴莫两兄弟是为数不多的例外。战后君主制的复兴（参见下章）很大程度上集中于直系王族中。能够表明王室成员的个人爵衔（帕翁昭、蒙昭、蒙拉查翁、蒙銮）仍在使用，并彰显其社会威望。但是推动社会和政治前进的动力现在已经变成新的军官、商人和技术专家。

结论

事实证明，第二次世界大战成为两个时代的分水岭。对君主专制

---

① Mani Siriworasan, *Chiwit muean fan* (Life Like a Dream), Bangkok: Kwanphim, 1999.

的回忆已经褪色，大贵族家族解体，旧殖民列强撤出。20世纪20年代和30年代自由的民族主义思想先是被战争时期军国主义的民族主义推到一边，之后被战后狂热的反共产主义运动粉碎。

第二次世界大战结束后，美国吸收泰国为在亚洲进行冷战的同盟和基地。殖民主义时期的"进步"观念，在地方上被解读为培养一种新的民族主义国家公民，现在被"发展"的观念取代，它更明确地聚焦于通过私人企业推动的经济发展。"发展"释放了城市社会的潜能，它由在过去的一个世纪来自中国南部的移民，特别是在两次世界大战的战间期大量涌入的华人移民构成。企业家族抓住了战争时期旧殖民经济崩溃的机会，之后在美国资助时代大量流入的资金、意识形态的承诺、官僚机构的基础设施建设和政治联系的帮助下蓬勃发展。从20世纪50年代末开始，泰国的经济以平均每年7%的速度持续增长，是发展中国家中增长速度最快的国家之一。

这种增长来自对自然资源和人力资源更集中的开发利用。另一个大规模的农业开荒完成了自然景观由大片森林向密集的农业开发区的转变。小农们更坚定地进入市场，接受更多的政府指导和资助。不断增长的人口迫使一部分人离开乡村，进入新殖民主义不断扩张的城市中的工厂和服务机构中工作。

在美国时代，泰国成为一个西方学术研究的对象。由于避免了殖民主义的统治，泰国此前没有受到充分的重视。美国学者将泰国描绘成一个被动的、家长制传统的社会。社会学家们发现泰国是一个"结构松散"（loosely structured）的社会，这意味着它缺乏可以动员集体行动的机构和传统。人类学家们解释道，上座部佛教将人们的思想集中在为了来生的功德中，而不是为了现世。里格斯指出，"官僚政体"（bureaucratic polity）意味着缺乏民主政治，结果在很大程度上导致了华人商人不得不依赖官僚的庇护。历史学家们重提丹隆的故事，即通过阿瑜陀耶上溯至素可泰"黄金时代"的单一和主导的君主制传统。但也有反对者，他们研究了边远地区的多元文化、对抗和反叛的小传统以及军国主义的崛起。但是，美国学者中的主流仍然保证，现有的军人独裁政权是泰国历史、社会、文化的自然结果，不大可能遭遇挑战，因为它栖息在一个不善反抗的被动社会中，并得到国王的合法化授权。

然而，泰国介入冷战的意识形态对抗的后果十分复杂。美国在泰国支持独裁统治，但是在本国，它体现的是自由主义和共和主义的理想，越来越多的泰国人到美国学习时都体验过它，或者从美国的文学、歌曲和电影中吸收了它。反对新殖民主义、军人独裁统治和快速的资本主义剥削的人，也希望向内追寻受美国影响之前的泰国历史，向外看美国的冷战对手，以期获得灵感。各种相互冲突的新思想都在一个群体中集中出现，他们就是新一代的学生们。

第 七 章

意识形态（20世纪40年代—20世纪70年代）

发展的时代让更多人更坚定地投身于国家市场经济之中。"国家安全"的时代使更多人更坚定地与民族国家同呼吸、共命运。在新的资金和技术的武装下，民族国家将其权力深入社会之中，更深入乡村和山地之中。对民族国家的控制权和指挥权的争夺，现在开始影响人们的生活，更多的国家公民开始对政治产生兴趣。

在20世纪50年代末，美国将军人、商业人士和保皇主义者聚集在一个强大的联盟里，这三股力量自1932年起就争执不休。他们共同恢复并美化了一种独裁强国的愿景，要求团结一致，以实现发展并抵御外部敌人——在这个时期是指共产主义。但是这个联盟的力量因将军们滥用职权和他们对美国政策的唯命是从而遭到削弱。反抗资本主义严酷剥削的力量开始增长。反对美国主导泰国政治的抗议也开始出现。泰国共产党发动了游击战，获得了老知识分子、年轻的活动家和遭受剥削的农民的支持。学生成为各种思想的传播渠道，通过他们，激进主义、自由主义、民族主义、佛教和其他各类话语，都将反对的焦点对准军国主义、独裁专制和无节制的资本主义。

军人政权

沙立·他那叻是冷战时期靠美国在世界范围内的资助而飞黄腾达的一个典型的军事强人（见图7-1）。他来自东北部一个普通家庭，

图 7-1　沙立到夜丰颂府的山村视察，摄于 1962 年

他整个教育和工作生涯都是在军队之中。他自己出任总理、武装部队总司令、陆军司令、警察总监和国家发展部部长①。他信奉守纪律、团结和强有力的领导等军人操守——如断然处决纵火犯和其他不法之徒。

沙立的崛起使军队重整旗鼓，反对自1932年开始的宪法计划。他认为，宪法之所以失效，是因为它是西方的舶来品，不适合泰国的情况。他称军人执政是合理的，因为军人不需要去迎合大众："我们带着诚实正直和专业知识工作，公正严明地执法判决，不受任何私人党派的影响，也不会为了赢得将来的选举而表现个人英雄主义。"② 他把自己塑造成为一个"坡坤"（*pho khun*，可意译为君父），这是传说中素可泰时期国王统治模式下的家长式的统治者。他辩称这是一种"泰式民主"（Thai-style democracy），符合泰国的传统。他以"共产主义"威胁为由镇压所有的反对者。当他于1963年去世时（因酗酒导致肝硬化），他在第一军的下属接任他的位置，如同军队中的晋升一般。他侬·吉滴卡宗（Thanom Kittikhachon）继任总理兼国防部长，巴博·乍鲁沙天任副总理兼内政部长。

将军们专注于瓜分大量美元流入带来的战利品，以及由此增加的政府预算和商业利润。他们纷纷成立公司，尤其是建筑、保险和进口公司，向政府机关提供商品和服务。他们参与自然资源的开发，特别是为了修建水坝和公路而大肆砍伐森林，在最疯狂时，为了清除泰共游击队的基地，甚至不惜将整片森林夷为平地。他们分配了由新修公路开辟出的土地；当沙立去世时，他的房地产面积超过了2.2万莱。他们在购买武器时中饱私囊。他们利用美军进驻泰国来渔利：一个空军少将经营一家旅行社，负责为美国大兵们制定休闲娱乐的项目；一个空军将军经营一家运输公司，运送军队货物。他们继续庇护大企业

---

① 该部成立于1963年，主管国家经济发展相关的事务，如电力、公路、土地、合作社等，以推行国家的经济发展计划。1971年该部被取消，下属各部门被划到其他部中。——译者注

② Thak，*Thailand*，p. 157.

家族，以换取股份和董事的职位。沙立是 22 家公司的董事，而巴博则多达 44 家。

军官领袖们俨然变成了统治阶层，他们有自己独特的着装和礼仪，吹嘘自己的纯洁性，并要求广泛的特权。将军们接管了国有企业的高管职位，以及体育和社会组织里的名誉职位。出于他们的大男子主义和贪污腐败的需要，他们重新将旧式的男性特权和利用政治力量牟取私利的习惯合法化。沙立像个国王一般不断占有女人，特别对选美皇后情有独钟。沙立死后，他的财产据估计多达 28 亿泰铢。几乎所有财产都是他在担任总理期间积累的，其总量约占那一时期资本预算总额的 30% 左右。政府最终将其中 6.04 亿作为非法所得查收。有超过 50 名妻子及其子女出来要求获得剩下的财产。记者们饶有兴致地在报纸上展示她们的数量、她们的照片和她们的人生故事。他的继任者在 1973 年垮台，同样有 6 亿泰铢的非法所得资产被没收。这些统治阶层的行为带坏了社会的风气：选美比赛层出不穷；性产业蓬勃发展；腐败行为不断增加。波·因塔拉巴利（Poh Intharapalit）和其他作者创作了广受欢迎的系列小说，讲述了胆大妄为的强盗头子与超级英雄式的罪犯克星的故事。

军人统治在社会其他层面上重造了"强人"。在外府地区，市场经济不断发展，同时又缺乏强有力的行政管理或法制，这种人物在 20 世纪初应运而生。从 20 世纪 50 年代开始，这些硬汉（nakleng）或恩主（pho liang）的地位变得更为重要。他们从不断扩大的经济作物贸易、木材交易、承接政府建设合同和地方垄断行业，如酒类分销特许权等业务中赚钱。特别是在美军基地附近，他们铤而走险，通过毒品交易、开设赌场、组织卖淫、贩卖军火和走私等业务大发横财。新一拨到地方上任的官员经常发现，他们必须和这些人物合作，不能忤逆他们。作为回报，将军们会让这些官员成为当地木材、建筑和其他行业的合作伙伴。偶尔，沙立及其继任者发誓要消灭这些地方寡头，但实际上只是针对那些不肯合作的人。

民族国家的扩展

在"国家安全"的名义下，美国的援助和不断增长的税收，使得官僚机构迅速扩张。文职官员的数量激增，出现了许多新的"发展"部门。出于资助者美国了解泰国的需要，泰国政府增加了对收集各种数据的投入。

这些新活动都是在旧殖民主义风格的中央集权体系下，由内政部下属的府尹和地方官员完成的。新的政府官员们在外府城镇中迅速占据主导。他们的规模和独特的、标准化的风格既标志着政府权力的集中统一，也标志着它与地方文化的差异。地方官员的制服也强调了相同的特征。许多新行政区划的设立，使政府更加深入农村地区。一些府级地区，尤其是农业开荒扩展出的高地地区，过去一直是由当地的黑帮，而不是政府管理的。1959年，沙立派军队进攻并控制了春武里府，逮捕了数百名武装分子和当地的黑帮老大。

政府对普通公民的生活影响越来越大，特别是在外府远离中心的地区，过去政府在那里几乎没有存在感。政府向他们提供更多的公共产品，包括卫生服务、种子与化肥、避孕工具、水利灌溉设施、家庭用水和全天候公路等。政府对公民施加了更多的限制，如对森林和其他自然资源的使用权。个人身份证和房屋登记文件越来越重要，它们是人们到公务机关办理各种事务时所需的基本公民身份文件。

来自美国的资金不断增加，使得泰国政府有能力进行一些在朱拉隆功改革时构想的，但在当时未能完全实现的国家规划项目。小学教育现在已由区镇扩展到乡村和山区。新的带有独特的标准化风格的学校建筑，矗立在村庄的房屋中间显得格外突出，就像政府大楼在城镇中一样。要在里面学习，学生们需穿上制服，制服同样需要独特的样式，并且是统一标准的。小学教育首先关注的是泰语的教学，对大多数中部地区之外的孩子们来说，泰语和他们本地说的语言是有差别的。其他主要科目是历史和社会学科，它们意味着向学生们灌输民族、宗教和国王的国家意识形态。学校的教材鼓励孩子们"购买泰国产品；热爱泰国并身为泰国人而自豪；按照泰国人的方式生活，说泰语，并尊重泰国文化"。①

佛教与不断扩大的政府事务的联系越来越紧密。用地方文字写成的体现当地传统的佛寺经文，都被中央政府发布的文件更新替换。特别是在东北部，由于贫困和毗邻印度支那，该地区被认为是最容易被共产主义渗透的地区，政府再次致力于招募当地村民出家为僧。1964年，由一位陆军上校任厅长的宗教事务厅推出了"传法使计划"（*thammathut*），向遥远的东北地区派遣僧侣弘法。他们被告知除了宣扬佛教之外，还要组织村民们参与发展计划，向他们解释法律并阻止共产主义。当地著名的僧侣也被吸收进入法宗派。

这些计划进一步尝试去实现朱拉隆功时期的使"泰族"能够"统一"起来的雄心壮志。特别是，他们试图把"统一"强加给那些泰国境内在语言、宗教和文化传统上都与想象中的国家标准不同的部分地区。自从首次划定国界获得这些多元区域时开始，这些差异就一直存在，当政府进一步深入推进之时，差异就变得更为明显了。对政府宣传的反抗通常都打着捍卫地方认同和实践的旗号。政府将这种抵抗视为一种对"国家安全"的特殊威胁，因为这些偏远地区的社群在历史和文化上都是跨境的，边界是在 20 世纪初才确定的，而且他们经常进入已经被共产主义反政府武装控制的地区。有三个地区至关重要。

泰东北部或被称作"伊善"（Isan）的地区拥有泰国三分之一的人口。大多数人讲老挝方言，而伊善地区南部的人说高棉语或归语。贫瘠的土壤、恶劣的气候以及其农业殖民的性质，意味着该地区的贫困人口远远超过其他地区。1932 年以来，该地区的政治领袖反对权力越来越集中在曼谷中央，并呼吁中央投入资源以改变本地区的落后状况。在 20 世纪 40 年代末，一些东北地区的领导人希望能在非殖民化进程中重划国界，将伊善地区和其他使用老挝语的地区联合起来。伴

---

① C. F. Keyes ed. , *Reshaping Local Worlds：Formal Education and Cultural Change in Rural Southeast Asia*, New Haven：Yale Southeast Asian Studies, 1991, p. 112.

第七章 意识形态（20 世纪 40 年代—20 世纪 70 年代）

随着历次军人政权的镇压行动，东北地区的领导人经常被监禁或杀害。1959 年，一位传统宗教的巫术师希拉·翁信（Sila Wongsin）在呵叻建立了一个独立的村庄"王国"。军队攻入村庄，希拉也被公开处决。两位前议员成立了一个"东北党"（Northeastern Party），以社会主义为纲领，要求获得更多的地方发展资金。沙立指控这些领导人鼓吹共产主义和分裂主义。空·詹达翁（Khrong Chandawong）是一位农民出身的教师，因其社会主义和自力更生的思想而获得了大量的拥趸，他被判入狱 5 年，之后在他的家乡沙功那空（Sakon Nakhon）被公开处决（见图 7-2）。

在最南端的四个府，绝大多数人信仰伊斯兰教，说一种马来语方言。自 20 世纪 30 年代以来，披汶政府一直试图在这里强制推行泰语和泰式服饰，并关闭了当地的社区学校和伊斯兰法庭。当地宗教领袖们受到当代伊斯兰世界反殖民运动的鼓舞，领导反抗运动。有些人向马来亚的英国殖民者寻求帮助。一些人则希望建立联邦政府机构，允许他们在泰国境内保留独特的区域文化。其中最杰出的领导人是哈吉素隆·多米纳（Haji Sulong Tomina），他在 1948 年被指控叛国，引发了北大年（Pattani）、惹拉（Yala）和那拉提瓦（Narathiwat）的叛乱，该叛乱在 6 个月的时间里造成数百人丧生。哈吉素隆被关进监狱，后来可能被炮下属的警察暗杀于 1954 年。当地教师们通过建立"波诺"（pondok），即伊斯兰经文学校进行反抗，这些学校只教授当地方言和伊斯兰教法，而社区领袖们，如哈吉素隆的儿子等人则被选为议员，在议会中提出穆斯林们的要求。和对东北部地区一样，沙立指责他们策划分离主义叛乱，并将领导人投进监狱。在获释之后，他们和其他许多人都逃到了马来西亚。当地组建起支持伊斯兰教和社会主义的地下组织。北大年在 1900 年之前的三个多世纪里一直是一个穆斯林苏丹国的中心，1968 年，一位在南亚接受教育的前当地贵族在这里领导了一场分离运动，致力于创建一个独立的伊斯兰国家。

北部山区居住着大约 25 万山地居民，大多数在丛林间进行轮作式农垦。20 世纪 40 年代以后，一些村庄开始种植鸦片以销往海外。

图7-2 1961年5月31日，在沙功那空府一个机场，在沙立的
授命下，空·詹达翁与通攀·素提玛被执行枪决

1959年，泰国政府制订了停止鸦片种植和限制轮垦农户的计划，吸收
山地居民"去维护国家边境地区安全"，并通过其他方式让他们"为
国家的发展贡献力量"。[1] 教师们被派往山区，为了将他们教育成为说

① N. Tapp, *Sovereignty and Rebellion：The White Hmong of Northern Thailand*，Singapore：
Oxford University Press，1989，p. 37.

泰语的忠诚公民，僧侣们也通过一个"弘法计划"（*thammajarik*）被派往山区，以图让他们皈依佛教。但与此同时，当地流传着一个关于未来的"赫蒙国王"救世主的思想，传说他将给人们带来繁荣和正义。1967—1968年，赫蒙人在北部四府发动了全面的叛乱。军队用凝固汽油弹轰炸了山地居民的村庄。

在更多的预算和更先进的通信手段之下，这个军人统治的民族国家相信，它可以实现想象中的统一，即在整个国界范围之内，一个由说泰语的、忠诚、追求发展的佛教徒农民组成的同质化的国家。许多地方的族群只是最近才附属于曼谷的中心地带，甚至刚刚接受中央政府的控制，他们觉得自己属于一个与泰国政府想象中不同的世界。他们被迫开始重新审视和强调自己截然不同的身份认同。

君主制的复苏

沙立和美国共同复兴了自1932年以来就被部分压制的君主制。将军们和他们的美国赞助者们都相信，君主制可以作为国家团结的焦点和一股稳定的力量，同时还容易控制。从1957年披汶被赶下台之后，这一进程就开始了。但是，复兴的根基是在20世纪40年代末奠定的。

1945年12月，前保皇派部长、现任高级宫廷顾问之一的塔尼尼瓦王子（Dhani Nivat）发表了一个关于暹罗王权的演讲，年轻的阿南塔·玛希敦国王及其家人聆听了演讲。塔尼建构了一个素可泰时期的选择国王的模式，当选的国王都是遵循十王道之人，"合法性来自国王的正义德行"。[1] 他强调君主是人民和佛教的保护者。这标志着五世王时期提出并延续至七世王时期的国王作为国家化身的观念已经过时，曼谷王朝建立之初的流行理论又死灰复燃。

塔尼还批评宪法是"一个纯粹的外国概念"，在泰国传统中没有位置，因为国王与生俱来的道德和智慧才是法律真正的源泉。他总结

---

[1] Prince Dhani Nivat, "The old Siamese conception of the monarchy", *Journal of the Siam Society*, 36, 2, 1947, p. 95.

道："我们国家在曼谷王朝前 150 年（1782—1932 年）的繁荣和独立，要归因于我们的国王们的智慧和治国有方。我看不出若没有明君，我们如何能够维持这种状态。"另一位归国的保皇派断言："每一位人民代表都是由某些群体选举出来的，事实上他们并不能代表全体人民，只有国王才能。"①

塔尼指出，按照传统，君主"永远处于公众的视线之中，在文学中、在经文中，以及其他任何一种宣传渠道中"。他和另一位高级保皇派（也是摄政王）兰实王子策划了一个新的皇家仪式，以展现君主的庄严气势，进一步扩展了丹隆的让国王更多地在公众前露面的计划。阿南塔·玛希敦从海外短暂回国的头几天，他的行程塞满了各种仪式表演。其余时间则充满了与各种团体的会面，包括接待高级官员，参观军营，会晤穆斯林和华人领袖，在广播中发表讲话，以及深入农村看望民众。这次短暂的访问是一种新版本的君主制的序曲，虽然沉浸在仪式感中，但又带有民粹主义色彩，与 1932 年以前的追求现代化、西方化和与民众保持距离的模式截然不同。

当阿南塔·玛希敦在 1946 年离奇死亡之后，王位传给了他的弟弟普密蓬·阿杜德，他返回瑞士继续完成学业。他于 1950 年 3—5 月短暂返回泰国，也参加了一系列仪式，包括他的加冕礼和婚礼。但是当普密蓬在 1951 年永久返回泰国后，王权复兴的脚步却暂时放慢下来。披汶阻止了保皇派政客试图通过宪法恢复王权的企图，并在 20 世纪 50 年代限制了国王在公共事务中的职责，规定国王只能参加确立君主制基本特殊性的仪式。除此之外，国王只能涉足绘画、帆船、摄影和爵士乐等私人爱好。

这一切都随着沙立 1957 年的政变而发生了改变。据最初的报道，国王和美国人一样，认为沙立是"腐败而粗俗的"。② 但是沙立属于

① Prince Dhani and Phraya Siwisanwaja, quoted in Somkiat Wanthana, "The politics of modern Thai historiography", PhD thesis, Monash University, 1986, pp. 325, 326.

② According to the British ambassador, quoted in Kobkua Suwannathat-Pian, *Kings, Country and Constitutions: Thailand's Political Development, 1932 – 2000*, London: RoutledgeCurzon, 2003, p. 155.

后成长起来的一代军人，没有参与1932年的革命。在20世纪50年代中期，他默不作声地远离了披汶与王权的对抗。沙立在1957年和1958年发动政变前夕，都去拜见了国王。在1957年政变当天，国王任命沙立为"京畿护卫军长"，沙立展示了这一谕令，将其作为政变的合法性依据。第二天，沙立进宫面见国王，国王发布了一份通告，对他表示支持和鼓励。在1958年政变之后，沙立公开宣称，"在这场革命中，国家机构必须做出某些改变，但是只有一个机构是革命委员会永远不允许改变的，那就是以国王为元首的政体"。[1]

由于国王的反对，沙立取消了披汶颁布的土地法，并将国庆日从1932年革命那天变更为国王的生日。这表明他相信权力是从国王开始自上而下辐射的，而不是自下而上来自人民："统治者正是大家族的家长，他必须将所有臣民都当作自己的子孙来对待。"[2] 后来担任沙立的外交部长的塔纳·科曼（Thanat Khoman）解释道：

> 我们过去政治不稳定的根本原因，在于突然在我们的土壤上移植了外国的机构……如果我们观察我们国家的历史，可以清楚地发现，这个国家在一个至高权威的领导下可以运转得更好，更加繁荣，它并非一个暴君权威，而是一个统一的权威，国家所有成员都团结在它的周围。[3]

沙立推动国王发挥更大的作用。1955年，披汶同意国王到东北部去视察，该视察吸引了大量前来拜见的人群。从1958年开始，这样的视察成为一项常规活动，并拓展到全国所有地区。他还前往海外进行国事访问，宣传泰国是一个传统的但正在通往"自由世界"的现代化国家。国王出席的基于王权的仪式也越来越公开，范围越来越广。他在首都曼谷的佛寺中恢复了敬献僧衣的风俗，之后扩展到外府佛寺之中。他还恢复

---

[1]　Thak, *Thailand*, p. 150.

[2]　Kobkua, *Kings, Country and Constitutions*, p. 12.

[3]　Thak, *Thailand*, p. 156.

了绚丽夺目、宏伟壮观的皇家游船巡游仪式。他在外府视察之时，还向佛寺和公务员们赠送佛像和佛牌。后来，他还任命皇家代表到更多的佛寺去敬献僧衣和佛像。美国支持印制了大量国王的画像，向全国分发。

1962 年，沙立修订了《僧伽法》，推翻了披汶在 1944 年进行的僧伽改革，基本退回到朱拉隆功在 1902 年时的僧伽组织管理，恢复了蒙固创建的法宗派的特权地位。沙立指控一位主张实行更加民主化的僧伽制度的大宗派僧人帕丕蒙昙（Phra Phimontham）是共产主义分子，强制他还俗并将他关进监狱。教育部长由宾·玛拉恭（Pin Malakun）担任，他是一位王族成员和狂热的保皇派分子，刚从战后流亡归来。教科书被重新修订，强调国王是国家的中心。

国王极为关心农村的发展。国王在 1951 年访问欧洲回国之后，塔尼王子专门安排帕耶阿努曼拉查东（Phya Anuman Rajadhon）为他讲授泰国文化。阿努曼拉查东曾经是一名税务官员，也是一名出色的业余学者，他收集民间故事，撰文详细解说乡村地区每年定期举行的农耕活动和仪式，还研究乡村日常生活中鬼神崇拜与佛教的融合。在城市高速发展和乡村发生巨变的时代背景下，阿努曼拉查东想象着一种"自给自足"的乡村生活，它只是在表面上变得现代了一些。

> 对所有人来说，最重要的事情是对幸福、快乐和舒适的追求。仅就农民而言，只要他们没有走上邪路，如沉迷赌博等，他们的快乐就不会减少分毫，因为他们的需求很少。他们的幸福源自周围的环境，即自然。当他们吃用不愁时就会感到幸福……我讲述的农民生活是一种简单的、安稳的生活，不冒险也不进取，不富裕也不强大。不管事情如何变化，他们一切如故。[①]

在 1960 年前后，国王在曼谷的王宫内划出一些土地修建了一个养鱼塘、一个试验农场和奶牛场。他在华欣的海滨行宫附近规划了一个灌溉

[①] Phya Anuman Rajadhon, *Essays on Thai Folklore*, Bangkok：Thai Inter-religious Commission for Development and Sathirakoses Nagapradipa Foundation, 1988, p. 406.

项目，并对通过灌溉改造小型农业非常热心。他向水利灌溉厅寻求技术支持，并在去外府视察期间确定并推广项目。国王在20世纪60年代到北部视察之时，针对山地居民开发了另一个项目，即推动种植新作物以取代鸦片种植（见图7-3）。王后则推动了山地居民的手工艺品制作。

国王在巡视百姓期间自己拍摄的家庭录像在电视这个新媒体中播放。负责放送的宾·玛拉恭也意识到这些材料的潜在价值，很快国王走访乡村的电影就定期播放了。从帕耶阿努曼拉查东的民间文学到宾·玛拉恭的电视专题节目，普密蓬的形象逐渐变成一个父亲般的活跃的国王，他像对待自己的孩子一般关怀这些默默无闻的农民。

国王和各种社会组织建立起新的馈赠关系。在20世纪50年代后期，国王多次带头呼吁进行赈灾救济，包括一次重大的霍乱疫情。在随后几年，国王也开始接受捐款，用于资助农村项目和其他慈善机构。给皇家慈善机构捐款很快就成为一种做功德的途径，特别是那些事业蒸蒸日上的商人们，热衷于将他们的新财富转化成为社会的广泛认可。国王已经恢复授予皇家勋章，主要是颁给公务员们。现在，他把勋章划分成不同等级，将获奖范围扩展到慈善捐赠者和其他做出突出贡献的人。同样，那些能够在婚礼和葬礼上接受王室资助的人群范围也扩大了，包括更广泛的精英阶层。国王出席的典礼、仪式和觐见活动的数量由20世纪50年代中期的每年约100次，上升到沙立时期的每年400次，到20世纪70年代初达到了每年600次。王室家族特别重视他们与军队、高级官僚和僧团长老之间的关系。但是他们也寻找机会与商界和不断增加的专业中产阶级人士交流。

尽管国王的乡村计划符合沙立政府的发展主题，但他特别关注小农和边境地区的人们，他们被各种"发展"实践所践踏和愚弄，也未从中获利。尽管将军们和美国支持了王权的复兴，但结果却多少有点出乎这些赞助者们的意料。美国化的浪潮将君主制变成国家和传统的另一种象征；将军们及其亲信的腐败为君主制创造了一个机会，使其能够宣扬复兴现代化的道德领导形式；经济的飞速发展造成的严峻后果，给了国王一个弱势群体保护者的角色。

图 7 - 3　推动发展的国王（图中戴着眼镜）在 20 世纪
　　　　70 年代访问村庄，讨论替代鸦片种植和水利工程

在 1957—1958 年沙立治下，由美国资助建立的军队、宫廷和商人的联盟让各方都受益。美国保证了基地的安全；君主制得到复兴；将军们享受了权力和利益；商业繁荣发展。但是这些收获并非没有代价，而且还催生了新的社会力量。

左翼运动

在第二次世界大战之前，在暹罗的共产主义运动只限于华人群体（主要在曼谷）和越南人群体（主要在东北部）中，他们将暹罗作为海外流亡的基地，推动其祖国的革命活动。在 20 世纪 30 年代成立了一个党支部，但只有少数泰人加入。政府在围捕和驱逐激进分子方面卓有成效，并不认为他们能构成威胁。

在 20 世纪 40 年代，左翼力量渐渐壮大。有许多第二代华裔被华文学校，特别是新民学校的老师发展参与左翼运动。他们不仅支持在中国的革命，而且在泰国也变得越发激进。1938 年因抗日活动被捕的人士，和因波汶拉德叛乱失败而被捕的保皇派人士数年被关押在同一所监狱中。在这所"监狱大学"中，左翼人士教贵族们政治策略，作为回报，贵族们指导他们泰国的语言和文化。

泰国共产党于 1942 年 12 月重建，奉行驱逐"日本强盗"和推进民主的政策。在第二次世界大战期间，共产党员们在航运、铁路、码头、木材加工厂和碾米厂的工人中组织"福利协会"。一些组织还暗中从事干扰和破坏活动。1944 年，泰国共产党组织了一支志愿军领导不断高涨的抗日运动，配合同时进行的自由泰运动，并在战争结束前与日军爆发了小规模的冲突。卡贤·特加皮让（Kasian Tejapira）指出，通过这些活动，在"文化政治想象的维度……一个激进反日的中国民族主义者可能会变成一个激进反日的泰国民族主义者"。[①] 到战争结束之时，泰国的共产主义运动已开始致力于推翻当地的政治秩

---

① Kasian Tejapira, *Commodifying Marxism：The Formation of Modern Thai Radical Culture, 1927－1958*, Kyoto：Kyoto University Press, 2001, p. 52.

序了。

战后头两年，泰国共产党可以公开活动。凭借他们与自由泰建立的联系，以及俄国在和平谈判中的影响，左翼运动在 1946 年 10 月成功地废除了《反共产主义法》。泰国共产党放弃了发动起义，转而主张通过议会和工会开展工作。来自素叻他尼府（Surat Thani）的议员巴色·萨顺通（Prasoet Sapsunthon）推动了反共法案的废除，他加入共产党并公开宣布他的政治信仰。在战后经济崩溃的背景下，泰国共产党帮助成立了工人联盟，并在 1945 年和 1947 年协调组织了两次大规模的碾米厂工人罢工，1947 年 4 月组建了泰国工人联合会（Association of United Workers of Thailand），又在 1946 年和 1947 年五一劳动节组织最大规模的群众集会。党报《大众》（Mahachon）从 1942 年开始断断续续在地下秘密流通，从 1944 年开始每周一期公开发行。1945 年 10 月还出现了一份用中文出版的共产主义报纸《全民报》。

一些早期前往中国参加革命的党员返回泰国，其中有一位在基督教中学接受教育的华人与掸人混血乌冬·希素万（Udom Srisuwan），成为《大众》重要的专栏作家和党的主要理论家。一些来自外府的天资聪颖的学生，既有华人后裔也有泰人，来到首都曼谷接受高等教育，他们都被左翼思想所吸引。集·普米萨是一个来自巴真武里府的税务员之子，1950 年进入朱拉隆功大学学习，不久后就写了一篇马克思主义的批判佛教的文章。1953 年在法政大学成立了一个学生委员会，其中一些成员在 1957 年沙立政变之后加入了泰国共产党。

在 20 世纪 20 年代形成的新平民中产阶级中，一些人在这个时期被左翼思想所吸引。素帕·希利玛诺（Supha Sirimanonda）在 20 世纪 20 年代后期在支持民族主义的报业人中崭露头角，在之后 15 年时间里，不时担当比里·帕侬荣的助手，并借出国旅行之机获取左翼文献。他通过自学成为一名社会主义者，在 1951 年出版了最早的一部泰文马克思主义分析作品。报业人兼作家古腊·赛巴立曾在其 20 世纪 20 年代末的小说中抨击了贵族阶层，他在 20 世纪 30 年代末访问过日本，战争期间在法政大学获得法学学位，并开始翻译欧洲的社会主义著作。1948—1949 年在澳大利亚度过两年后，他发表了一系列关于泰国社会阶级分化的短篇小说。《帮一把手》中阐释了马克思主义的劳动价值论："是谁建造的这一切？是金钱还是干这事的工人？"①一些思想左倾的知识分子却对泰国共产党敬而远之。1949 年，素帕和古腊与几位比里的追随者合作创办了《文学评论》（*Aksonsan*）杂志，这本杂志"不会牵着人民的鼻子走"。②但是其他人就彻底转变了。阿萨尼·蓬拉占（Atsani Pholajan）来自一个贵族家庭，在法政大学获得法学学位之后成为一名公务员，为《大众》创作诗歌和故事，并于 1950 年加入泰国共产党。

从 1947 年开始，泰国共产党受到那些从中国回泰的人的影响，开始采用毛泽东的以农村为基地的革命路线。1950 年，乌冬·希素万在其著作《作为半殖民地的泰国》（*Thailand：A Semi-Colony*）中系统地提出这一思想，这部著作用马克思主义框架重写了泰国历史，认为 1932 年的革命是失败的，因为它缺乏人民群众的支持，并总结泰国是一个"半封建、半殖民地"国家，与革命之前的中国类似。它认为革命必须像中国一样，由一个工人和农民带头组成的广泛联盟来进行。

在左翼人士中，有一些人试图在社会正义这个公共平台上搭建一座连接佛教和马克思主义的桥梁。许多活动家都被佛教思想家佛使比丘（Buddhadasa）的思想吸引，佛使比丘远离官方的僧伽组织，在位于素呐他尼府森林之中的禅寺"解脱自在园"（Wat Suan Mokh）中修行，他从 20 世纪 40 年代开始出版各种小册子，主张对基本的佛教经文作一种更民主和入世的解读。古腊·赛巴立加入了解脱自在园，在佛使比丘的杂志中发表文章，并在曼谷的左翼媒体上总结佛使比丘的思想。萨玛·布拉瓦（Samak Burawat）是一位在伦敦接受教育的地质学家，曾经翻译过斯大林的著作，还在一所佛学院讲授过哲学，他也

---

①　Siburapha［Kulap Saipradit］, *Behind the Painting and Other Stories*, tr. and ed. D. Smyth, Singapore：Oxford University Press, 1990, p. 170.

②　Somsak Jeamteerasakul, "The communist movement in Thailand", PhD thesis, Monash University, 1993, p. 278.

加入了解脱自在园，并撰文对佛使比丘的佛教思想和马克思主义进行比较。比里曾考虑在阿瑜陀耶设立一个解脱自在园的分部，后来他在中国流亡期间，写了一系列混合着佛教和马克思主义思想的文章，以《社会的无常》（*The Impermanence of Society*）为名发表在曼谷的报纸上。一位比里的追随者从北京归来后，创建了希阿利亚梅德莱党（Sri Arya Mettraya），这个名字是对未来佛陀的称谓，他将在未来引领人们进入一个乌托邦式的时代，隐喻着与马克思主义的终极目标相似。

游击队

在 1948 年底，由于受到中国革命运动的鼓舞，泰国共产党决心通过组织农民进行一场毛主义式的革命。党干部开始在农村，特别是东北地区的农村开展工作，他们曾经在那里建立过抗日的基层组织。党代表大会从 1952 年 2 月开始在曼谷秘密召开，大会确定了党的战略，即"动员成千上万的大众，到农村去"。[①] 但也有一些反对者，如巴色·萨顺通。然而，政府在 1952 年 11 月大肆压制和平运动，逮捕了部分泰共的活动家和一批早期入党的东北部和南部的农村党员。许多幸免的党员逃到北京，参加马列主义研究所的培训。泰国共产党的活动中断了 5 年时间。在北京，巴色·萨顺通指出农村战略是错误的，党应该通过选举争取政权。他被开除出党，在 1957 年政变之后开始为沙立服务。

其他受训人员在 20 世纪 50 年代末从北京回国。1961 年召开的第三次党代表大会确定了农村战略（"农村包围城市"），进行武装斗争，将中央党部迁出城市。包括思想家乌冬·希素万和诗人兼历史学家集·普米萨在内的许多人，都进入东北部的山林之中。

泰国共产党收获了广泛的支持，不仅包括对军政府的独裁统治感到越来越痛苦和失望的城市知识分子，还包括反对市场经济的农民，

[①] "An internal history of the Communist Party of Thailand", tr. Chris Baker, *Journal of Contemporary Asia*, 33, 4, 2003, p. 524.

以及边远地区反对通过进驻官僚机构和要求统一语言与文化来强制推行民族国家的人们。泰国共产党在东北的普潘山地区建立了第一个基地，不久前空·詹达翁就是在那里被处决的。他的女儿成为一名主要的党干部。第二个基地在南部的山区建立起来，并与远在南端的穆斯林分离主义和马来西亚的共产主义反政府武装建立联系。第三个主要地区设在北部，在这里他们得到了许多山地居民的支持，如赫蒙人、瑶人、拉瓦人等。

武装斗争迅速在这个农民社会扩张开来，农民的生活不断被有强大外国势力支持的教师、官僚、警官和进行原始积累的资本家们侵扰。1965年8月7日，边境巡逻警察和一群游击队员在那空帕侬府（Nakhon Phanom）意外遭遇，正式开始了武装冲突（打响了"第一枪"或"开火日"）。游击队与政府军的交火次数由20世纪60年代末的约每天一次，到1977年达到顶峰的约每天三次。泰国军队将共产主义视为外国侵略。美国只是将泰国作为其在印度支那战争的基地，起初并未把地方上的反政府武装放在心上。政府军武装采取军事扫荡的方式，用炸弹和凝固汽油弹轰炸村庄，并有蓄意的暴行，如将抓获的游击队员活活烧死。他们几乎没有试图去了解毛泽东游击战争的原则，结果对泰共基地进行的几次重要的军事打击，如1972年对普欣隆卡山区和汤县的军事行动，都遭到了彻底的失败。政府试图派军队到村庄中驻防，或组织村里的武装力量，也经常以失败告终，因为士兵们自恃军人身份和手中有枪，在村子里横行霸道，抢劫、强奸，无恶不作。

到1969年，政府军认为在71个府中，有35个府是"有共产主义者出没的敏感区域"。到20世纪70年代中期，他们估计游击队武装人数达到8000人左右，有412个村庄完全处于泰国共产党的控制之下，有总人口达到400万的6000个村庄，都不同程度地受到泰国共产党的影响。

1967年，警察抓获了一些反对农村战略的泰国共产党成员，其中就包括巴色·萨顺通。美国在1964年成立了共产主义镇压行动指挥部（The Communist Suppression Operations Command），以配合政府军的剿共行动，其后更名为国内安全行动指挥部（Internal Security Operations Command，ISOC），帮助制定更有效的战略。该组织开始从乡村一级开展工作，组建乡村防御组织，并在"加速乡村发展计划"的名义下向乡村投钱，促进当地经济发展。但是军中高层拒绝广泛推行这一战略，该战略遭遇的每一次挫折都成为应该加强火力和增加暴力的理由。在1973—1978年，每年几乎有600万莱森林被毁，因为政府军企图阻止游击队在丛林中建立基地。即便如此，一位军事专家总结道："无法否认的现实是，叛乱分子和共产主义革命者……在稳步发展，差不多有十年时间都未能真正打击他们……他们在丛林和森林中的根据地基本上是安全的，政府的武装力量，无论警察还是军队，都很少敢冒风险深入进去。"[1] 据政府统计估算，截至1976年，自1965年以来总共发生3992次冲突，有2173名游击队员和2642名政府军士兵在交火中死亡。

学生

游击战只是反抗军人独裁及其美国支持的形式之一。在城市社会中还有其他形式的反抗。它们都受到全球范围内的冷战影响，将世界划分为左、右两级，并附有相应的词汇（共产主义、革命、自由世界等）。但是它们也带有民族主义、佛教和文化自卫，以及成熟的商人群体和城市中产阶级的愿望色彩。

泰国对"发展"的热情高涨，使得接受高等教育的人数迅速增长。大专学生的数量由1961年的18000人上升到1972年的100000人，同时出国留学，特别是到美国留学的人数也不断增长。能够接受高等教育的人已不局限在传统的精英阶层。许多人都是从外府到曼谷的高校来学习的。在短篇小说中，这一代人分享了他们的经验，主人

---

[1] Saiyud Kerdphol, *The Struggle for Thailand：Counter-Insurgency, 1965 – 1985*, Bangkok：S. Research Center, 1986, p. 226.

公往往是一个外府的小伙子或姑娘，通过教育摆脱了贫穷，但是仍然对其他不幸的人遭受剥削感到愤怒。在校园中任何公开的政治活动都被严厉压制。根据素拉·希瓦拉（Sulak Sivaraksa）所说，"到 1957年，已经没有什么知识分子了……大学已被军方完全控制了"。① 但从20 世纪 60 年代初开始，学生们开始在学生刊物中表达自己的不满。由素拉在 1963 年创办的《社会科学评论》（*Sangkhomsat Parithat*）期刊，倾向于将社会主义和入世佛教思想结合在一起。它的作者们，如素拉和素集·翁帖（Sujit Wongthet），批评了泰国的美国化，因为它赤裸裸的物质主义和对泰国文化的破坏。

到 20 世纪 60 年代末，这本期刊及其他刊物也开始刊登在海外留学的学生的文章，他们描述了轰轰烈烈的反对越战的运动，以及在美国和欧洲兴起的左翼思潮。20 世纪 70 年代初，泰国学生开始从欧洲和美国发现和翻译新左派著作。年轻的学者们对现代泰国社会进行政治经济分析，强调农民的贫穷和被剥削的状况、城市劳工的悲惨状况，以及传统社会秩序下社会不公的根源。战后时期作家的著作被重新发掘并再版，其中包括从沙立政变之后就一直滞留在中国的古腊·赛巴立，和在 1965 年加入泰共的农村武装并于一年后在普潘山被枪杀的集·普米萨。文学团体和讨论小组如雨后春笋般涌现。1972 年，法政大学的学生们印制了一个小册子《白色的危险》（*Phai khao*），抨击在泰国的美帝国主义。

不仅学生群体批评军事独裁的意愿越来越强烈。从 20 世纪 60 年代末开始，国王也开始公开对政治问题发表评论，并且往往专门针对新兴的学生激进活动。他高声质疑军队使用暴力，认为这将会把村民们赶进游击队中去。他批评军队企图将森林中的居民从那里赶走。他还意识到，农民们之所以愤怒，是因为他们希望生活能不被打扰。他指出，"外国的"共产主义者"煽动人们去认为，必须要为争取自由和经济解放而斗争。然而，这有一定的道理，因为泰国有很多人还很

---

① Sulak Sivaraksa, *When Loyalty Demands Dissent：Autobiography of an Engaged Buddhist*, Bangkok：Thai Inter-religious Commission for Development，1998，p. 80.

贫穷"。① 他开始隐晦地批评资本主义，认为它鼓励一种破坏佛教中的人道主义的价值观。他敦促学生们掀起一个反对独裁统治下猖獗的腐败行为的运动。与此同时，他提倡一种循序渐进的变革，反对越来越高涨的革命方式。他在私下对英国大使说，"学生们必须被控制起来"，学生的示威游行是"极端错误"的。②

1968 年，国王推动军政府去完成十年前承诺的宪法，并恢复议会选举。1968 年宪法照搬了之前的军人模式，议会由一个通过任命产生的参议院主导。尽管有章程的限制，但议员们比之前任何时候都更大胆，他们把议会变成了批评和质疑军人统治的论坛。他们否决了军政府的预算，要求对地方发展投入更多资金，并揭露腐败丑闻。总理他侬·吉滴卡宗似乎对这些妨碍将军权力和特权的行为极为震惊："在我漫长的政治生涯中，从未发生过像最近这段时间议员们给政府管理制造的如此大的麻烦。他们中的一些人甚至因我的私事而攻击我。"③ 1971 年 11 月，他侬对自己的政府发动了政变，废除宪法，并解散议会。

1968 年，学生开始试探性地游行示威，抗议越战、腐败和其他有关问题。1972 年，他们变得更加组织有序，也更加坚强有力。泰国共产党意识到学生力量的潜力，开始出版左翼文学作品，并发展学生领袖入党。但是左翼思想只是当时意识形态旋涡中的一个元素，还包括民主自由主义、佛教的正义观念以及反对美国和日本剥削的民族主义。许多学生激进分子都来自外府（特别是南部），是下层或中下层家庭中第一批来接受高等教育的学生，他们个个出类拔萃。提拉育·汶密（Thirayuth Boonmi）是一个陆军上士之子，在全国中学考试中获得第一名。赛汕·巴色恭（Seksan Prasertkun）是一个造渔船的工匠之子，是一名优秀的政治学专业的学生。

---

① Christine Gray, "Thailand: the soteriological state in the 1970s", PhD thesis, University of Chicago, 1986, p. 692 (in online edition, Vol. 2, pp. 120 - 1).

② Kobkua, *Kings*, *Country and Constitutions*, p. 161.

③ D. Morell, "Thailand: military checkmate", *Asian Survey*, 12, 2, 1972, p. 157.

　　1972 年 11 月，提拉育组织了一个为期 10 天的抵制日货的活动。1973 年 6 月，游行示威开始关注恢复宪法和民主的问题。将军们拒绝谈判，并逮捕了学生领袖。在内政部举行会议之后，他们决定"有 2% 的学生"需要"为了国家的生存而牺牲"。① 他们对公众宣称，这些学生受到了"共产主义者"的操纵。

　　媒体小心翼翼地支持学生们。1973 年 10 月 13 日，50 万人走上曼谷街头游行，要求制定宪法（见图 7 - 4），同时在主要的地方城镇也举行了类似的集会。将军们作出让步，释放了学生领袖，但是抗议现在已经一发而不可收拾。到了下午，游行人群向王宫进发，以避免军人的干扰，并吁请国王出面斡旋。

图 7 - 4　人民参与泰国政治运动。在 1973 年 10 月 14 日事件爆发前夕，
　　　　人们聚集在民主纪念碑前举行大规模示威游行。远景可以看到
　　　　发起抗议的法政大学的标志性的穹顶建筑

---

　　① Quoted in the script of the VCD, 14 *Tula bantuek prawattisat*, 14 October, 1973, (a historical record) by Charnvit Kasetsiri, tr. Ben Anderson.

学生领袖们从将军那里带回一个承诺，即政府将在一年内重新引入宪法，他们又获准觐见国王。但是，1973 年 10 月 14 日清晨对游行人群的驱散却恶化成为暴力事件。士兵们向人群开枪，造成 77 人死亡，857 人受伤。洒在曼谷街头的年轻人的鲜血，使得军政府仅剩的权威荡然无存，也促使国王和其他军人派系要求"三个暴君"（除了他侬和巴博，还有他侬的儿子纳隆，他娶了巴博的女儿）下台。

国王史无前例地任命了一位新总理（讪耶·探玛萨，是一位法官兼枢密院大臣），并将编写一部新宪法和重建议会提上日程。军人统治的最终崩溃将学生们载入史册，也使国王地位上升成为一个超越宪法的力量，以裁决一个使国家四分五裂的冲突。

激进分子

1973 年 10 月 14 日的一系列事件，开启了一个充满争论、冲突、试验和变革的非常时期。将军们倒台后不久，一方面是学生与其他激进势力复杂互动，另一方面有人希望推动更温和的议程，去创造一个后军人时代的国家和社会秩序。

接下来的一年，街头抗议几乎成了每天的家常便饭。他们继续对政府恢复宪政民主的进程施加压力。他们为使美国结束将泰国作为其军事基地而奔走呼号。他们还将议程扩大到社会和经济正义的问题。大学校园，特别是法政大学已经变成一个公开的辩论大厅。关于泰国历史、社会和文化的著作如雨后春笋般大量涌现。集·普米萨的著作被不断再版重印，受到人们的推崇，特别是他呼吁文学和艺术应该在政治方面发挥作用，以及他对泰国传统史学的挑战，他认为暹罗是一个封建社会，君主应被视为"大地主"。[1]泰国共产党推动学生运动转向左倾。

学生的抗议活动唤起了一些人的不满情绪，这些群体在过去二十

---

① Craig J. Reynolds, *Thai Radical Discourse: The Real Face of Thai Feudalism Today*, Ithaca: Southeast Asia Program, Cornell University, 1987.

年的"发展"中产生，却一直被压制。劳资纠纷和劳工对制度化压制的不满在 20 世纪 60 年代末有所增加，并在 1972 年一波罢工运动中集中爆发。1973 年和 1974 年经历的罢工（分别是 501 次和 357 次），比以往任何时候都多，多数是要求增加工资和改善工作条件。在 1974 年中期，当 6000 名在曼谷工业郊区的纺织工人为了反对工厂在市场低迷期试图解雇工人而发动罢工时，学生们帮忙组织罢工，成立了一个新的劳工运动的协调机构，向政府施压，要求进行劳工改革。政府做出了回应，提高了最低工资，仲裁罢工，通过了一个新的劳工法，使工会合法化并建立了纠纷调解机制。

从 1974 年初开始，在北部和中北部地区的农民们鼓动水稻价格上涨、控制租金并分配土地给无地农民。在 6 月，约有 2000 人前往曼谷集会。政府同样做出了积极回应，建立了价格支持计划，并出台了一个地租控制法案。但是它并没有一个机制去实现这些计划。地方办事处来自农民们的请愿书积压如山，里面详细描述了放贷者是如何骗走他们的土地的。农民们抱怨道，地方公务员站在当地地主和富有的精英一边。1974 年末，他们成立了泰国农民联合会（Peasants Federation of Thailand，PFT），并在几个月内在 41 个府设立了分支，有 150 万名会员。联合会的领导们走遍各地乡村，向农民们宣讲他们的权利。1974 年 11 月，在曼谷举行的一次泰国农民联合会的集会上，年轻的僧侣们出现在集会前排。其中一位僧侣解释道，"我们怜悯身为国家支柱的农民们……作为农民的孩子，我们不能在他们需要帮助时袖手旁观"。[①] 1975 年 5 月，学生、工人和农民宣布为争取社会正义而结成一个"三方联盟"，先从解决农民的问题开始。

改革者

学生们推翻了军人独裁统治，但在城市社会中出现了其他力量并

---

① Somboon Suksamran, *Buddhism and Politics in Thailand*, Singapore：Institute of Southeast Asian Studies, 1982, pp. 105 – 107.

制约着继任的政府。在之前的四分之一个世纪里，商人们变得更加富有、更加老练，也更加自信了。领先的企业集团不想再向将军们低头并与其分享利润了。他们寻求更大的权力来影响政策。一些数量虽少但有影响力的精英技术官僚，希望将资源从军事方面转向经济发展。许多商人和专业人士无论对军人独裁，还是对另一个极端的激进主义都深感恐惧。

克立·巴莫成为这个改革议程的代表。他是一个地位较低的王室家族成员，对传统的宫廷文化充满热情。他在牛津大学学习并完全西化，像一个 20 世纪初的英国宫廷贵族一般行事。但是他放弃了官僚生涯，进入银行业，之后又成为报业人。他进入新兴的商人群体中，并对人夸耀自己有华裔血统。他因生意需要而到过外府，声称自己了解农民们的疾苦。1974 年，他结束了其商人生涯，组建了社会行动党（Social Action Party），该党吸引了许多大企业商人加入其中。

他对传统的社会秩序恋恋不舍，并对动用国家权力自上而下地重组社会的尝试感到震惊。他也对佛使比丘的入世佛教暗含的平等观念感到震惊，并在电台上与这位思想家进行公开辩论。他将唐·卡米罗（Don Camillo）的故事改编成泰文，将传统的民间佛教与共产主义对立起来。他支持典型的三权分立（行政、立法、司法），以防止滥用职权，并视具有道德和宪法权力的君主制为反对独裁统治的最可靠的堡垒。他相信政府应该重新分配收入，消除贫困，这样才不会让共产主义乘虚而入，生根发芽。他和他的哥哥社尼都撰文将素可泰时代理想化，将其奉为一个在父亲般的国王治下的自由社会。克立代表一种结合了自由市场资本主义、精英民主、典范的君主制和家长式政府的政治思想。它吸引了很多商人和城市中产阶级，成为军人统治之外的一条发展道路。

1973 年末，国王精心挑选了国民大会的代表，从他们中选出国民议会，作为一个临时议会和制宪会议。宪法于 1974 年起草完成，以1946 年的比里的版本为蓝本，但是参议院和其他监察机构是任命产生的。在 1975 年的选举中，社会主义政党在东北部赢得了三分之一的席位，但是在其他地区非常少。军人们支持保守派政党，如泰国党（Chat Thai），但是也只能在背后默默支持。商人和专业人士各占据三分之一的议员席位。没有一个党派占据绝对多数，组建一个联合政府非常困难。由于克立个人的声望，他最终获得了成功，尽管他的政党只赢得了18个席位。

克立试图缓和对于社会变革的激进要求，并为旧社会精英和新商业精英创造空间，协商一个双方都能够接受的条件，摆脱冷战的两极化逻辑，以及将军们掠夺性的计划和激进主义者的革命野心。从1968—1969年开始，美国逐渐在越南战争中失势，开始准备结束军事行动。尼克松访问了北京，并承诺从越南撤出美军。起初，这增加了泰国的重要性，它成为保障美军撤军的基地。美军的部队和战机也从越南转移到泰国。泰国军队也参与了在老挝和柬埔寨的行动。但是泰国国内的反美情绪在不断增长。克立就美军撤军一事与美国展开会谈。他前往北京会见毛泽东，并与中国恢复了外交关系。他悄悄地停止了对学生们尝试建立劳工和农民组织的支持。他出台了一项计划，直接将发展基金分发给基层农民，作为一种缓解贫困和阻止共产主义传播的手段。

在羽翼未丰的民主政治中，这种中间路线获得了大量支持。但是它被一场右翼恐怖活动破坏了。

右翼分子

右翼势力从1974年末开始活动，经过两年时间逐渐形成气候。军队中的强硬派在冷战意识形态的影响和美国的支持下崛起，除了在军事上消灭共产主义游击武装外，他们不能接受其他任何解决方案。他们试图压制其他的政治解决的方案，甚至给支持这种策略的军官们贴上了共产主义者的标签。他们对一些思想的传播和组织的成立感到惴惴不安，他们在挑战军队理想中的可控的、有序的社会。特别是泰国农民联合会建立广泛的农民组织的能力，工人通过成功的罢工获得工资等方面的让步，僧侣参与民众运动为其增加合法性，以及学生们接受马克思主义的思想和话语。他们害怕城市中的抗议活动会和乡村的游击队武装以及印度支那的革命联系起来。他们发动运动希望美军能够继续留在泰国，或者把重要的武器交给他们。在 1975—1976 年，商界、宫廷和更广泛的城市中产阶级放弃了建立议会民主制的计划，对军事解决方案给予了默许或公开支持。

在 1974 年底，国内安全行动指挥部和内政部支持组建一个名为纳瓦蓬（Nawaphon）的组织，意为新力量或第九力量，这是一场旨在围绕着国家和君主制的象征来支持军队的宣传活动。该组织召集地方城镇的商界人士和公务员前来开会，问他们道：“你热爱国王吗？你热爱泰国吗？你讨厌共产主义吗？”到 1975 年底，纳瓦蓬宣称已有 100 万成员。两位国内安全行动指挥部的官员建立了“红色野牛”（Krathing daeng）组织，这是一个义务维持治安的运动，从 1975 年初开始招募高职学生和心怀不满的城市青年，用棍棒、枪支和手榴弹等驱散游行示威的人群。从 4 月到 8 月，有 17 名泰国农民联合会的领导人被谋杀（还有 3 人在更早前遇害），导致联合会组织崩溃。在克立政府悄然推出早先曾试图进行的劳资纠纷仲裁之后，罢工就遭到各种破坏，如炸弹、枪声、挥舞着铁链的黑帮，甚至还有人开着消防车冲进人群中。在 9 个月内，有 8100 名工人被解雇，多数是因为参与罢工，一些工人领袖被当作“共产主义分子”逮捕。

边境巡逻警察在 1971 年建立了乡村子虎团运动（The Village Scouts Movement），通过乡村组织和宣传来打击共产主义。它设立营地，村民们在这里接受民族主义教育，玩团队游戏，唱爱国主义歌曲，参加宣誓效忠的仪式，并将获得国王赏赐的围巾和胸针等奖品。1976 年初，该组织开始进入曼谷和其他城市地区活动。在此前的 4 月，西贡和金边都被共产党的军队攻陷，1975 年 12 月 2 日，老挝的君主制被废除，恐慌情绪在泰国的领导层和中产阶级中蔓延。在 1976 年，约有 200 万人，包括商人、公务员和社会名流的妻子们参加了乡村子虎团组织的集会。它已经成为“一个基于城市的运动，在经济

图7－5 1974年，哈拉工厂的女工拒绝接受工厂裁员，她们夺取工厂控制
权并计划以合作社的形式运行它。这张1975年6月的海报标题是
"哈拉工厂的工人需要帮助"，反映不断上升的右翼暴力事件

和政治上都得到了紧张的中产阶级和上层人士的支持"，它变得"越来越有法西斯的特征了"。①

从 1976 年初开始，军队的宣传机构和街头暴力都把矛头直接指向正艰难地尝试建立民主的人们。军人控制的报纸和电台指责议会是另一条通往共产主义胜利的道路。军队高层强迫克立解散议会，不能让一个社会主义政党进入执政联盟。一个反共产主义的法官他宁·盖威迁（Thanin Kraivixien）在其参与的电视节目中攻击道，"共产主义、学生激进活动和进步政治这三者是不可分割的"。② 在 1 月，一个加入纳瓦蓬的僧人帕吉滴乌笃（Phra Kittiwuttho）建议，政府应该辞职，为国家改革委员会（National Reform Council）让路，这实质上是一场由僧人提出的政变。1976 年 2 月，一位曾留学美国的大学讲师兼社会主义党党首被人枪杀。在 4 月大选期间，支持军队的泰国党提出的竞选口号是"右毁灭左"。有 30 个人被杀，一个左翼政党的办公室遭到燃烧弹袭击。克立在选举中落败，但是他的哥哥社尼作为民主党主席成为总理，遵循与之前类似的改革议程。军队及其政治盟友立即想方设法分裂社尼的政党。在 6 月，帕吉滴乌笃声称杀死共产主义者不是罪过："这是所有泰国人的职责……这就像我们为僧人施舍斋饭而杀一条鱼做咖喱汤。杀鱼当然是一种过失，但是当我们将它放在僧人的法钵中时，将获得更多的功德。"③ 在遭到质疑之后，他重申"杀死 5 万人，来确保 4200 万泰国人的幸福"是正当的。

军队精心策划，将所有主张进行政治或社会变革的人都塑造成"共产主义者""非泰人"和叛逆的"民族、宗教和国王的敌人"。那些试图走中间路线的人，如民主党政府、一些高级士兵和公务员们，都被谴责为"共产主义者"，并经常受到暴力威胁。

---

① K. A. Bowie, *Rituals of National Loyalty: An Anthropology of the State and the Village Scout Movement in Thailand*, New York: Columbia University Press, 1997, p. 283.

② D. Morell and Chai-Anan Samudavanija, *Political Conflict in Thailand: Reform, Reaction, Revolution*, Cambridge, Mass.: Oelgeschlager, Gunn and Hain, 1982, p. 236.

③ Somboon, *Buddhism and Politics*, p. 150.

　　最后只需要一个触发器。1976 年 8 月，在 1973 年 10 月 14 日之后流亡的"三暴君"之一的巴博返回泰国，但是遭到学生们的抗议，有两名学生还在红色野牛团的攻击下死亡，巴博又被迫离开。9 月 19日，前总理他侬回到泰国，披上黄袍，在波汶尼威寺剃度，该寺与宫廷的关系最为紧密。国王和王后都拜访了他。几天后，两名张贴海报抗议他侬归来的工人被人私刑吊死。一家右翼报纸刊登了一张学生将该事件改编成戏剧的照片，并声称其中扮演被吊死的工人的演员将自己化装成类似王储的模样。一家军队电台反复广播，号召人们杀死法政大学的学生。边境巡逻警察的部队被召入曼谷，一同前来的还有一些乡村子虎团和红色野牛的人。1976 年 10 月 6 日清晨，他们开始发射火箭弹、手枪和反坦克导弹，攻击法政大学（见图 7 - 6）。个别试图逃跑的学生被残忍地处决、强奸或活活烧死在大学外。根据官方给出的数字，有 43 名学生遇害，2 名警察身亡。当天有超过 3000 人被

图 7 - 6　1976 年 10 月 6 日，全副武装的军人侵入法政大学，
图为一位受伤的法政大学的学生

捕，之后又有约 5000 人被捕。当天晚上，一伙军人发动政变夺取了政权。电视节目主持人和反共产主义的法官他宁·盖威迁成为总理，他宣布宪政民主的回归还需要 12 年时间。左翼书籍被查禁和销毁，激进的报社被关闭，出版商被骚扰，政治集会也被取缔。

由于在此前 18 个月内暴力行为不断上升，一些学生、工人和农民活动家已经离开城市，投奔泰国共产党在丛林中的营地。现在，又有 3000 人加入进来，他们加入的原因各不相同，有的出于政治信念，有的出于自我保护。其他人则逃往国外。

出路

1976 年 10 月 6 日，军人及其盟友用子弹和炸弹平定了城市中的激进分子。但是可怕的法政大学屠杀给社会造成了巨大冲击，它标志着一个新的开始，同时也是恐怖时期的结束。

美国在印度支那战争中失败——不仅败给了当地的游击队，还败给了包括在国内和全世界的抗议者们。在 1975—1976 年，美军离开了泰国。作为临别礼物，美军给了泰国大量军事援助，又继续小笔拨款补贴了数年。但泰国军队现在只能靠自己了。通过控制国家政权，军方将之后六年的国防预算提高了 3 倍，但其预期中来自印度支那地区国家的报复却从未发生。但是，由于泰国有大量美援并被卷入意识形态战争，泰国军队军事实力猛增，军队腐败现象严重，内部派别林立，且各派都喜欢介入政治。在接下来的十年里，军队内各派系为权力争夺和政策走向而争斗不已。从 1977 年到 1980 年，又发生了 3 次政变，一次失败了（1977 年），另外两次的结果是将军连续成为总理。尽管军方一再在自己的宣传中保证，但是军队并没有政治稳定的基础。

从城市中的血腥镇压中逃离的学生们加入游击队，使游击队武装的人数不断增加，在 1979 年达到顶峰 10000 人。冲突的数量也在增加，在 1977 年到 1979 年，每年的死亡人数都超过 1000 人。但是，进入丛林的学生们并不情愿接受泰国共产党的纪律约束。赛汕·巴色恭就抱怨道，他们"不得不在丛林中再次为获得民主而斗争"。① 他们在经历了反抗军人权力和城市中产阶级的恐慌之后，也开始怀疑泰国共产党"农村包围城市"的毛主义策略是否能够在泰国取得成功。当他们了解到柬埔寨红色高棉的血腥杀戮后，进一步降低了以农村为基地的革命热情。此外，在 1978—1979 年，共产主义国家之间也陷入战争。越南入侵柬埔寨，中国也发动了对越南的自卫反击战。泰国共产党也分裂成亲中国和亲越南的两派。为泰共的丛林作战提供物资和补给的路线被破坏。在昆明的泰国人民之声广播电台也被关闭。

这种环境下，在 1974—1976 年遭遇失败的中间道路重新出现，这次该路线得到了文官和军官的一致支持。1976 年 10 月建立起来的令人窒息的反共政权在一年后被军队推翻，恢复宪政的时间表也缩短了。由江萨·差玛南（Kriangsak Chomanand）将军领导的新政府恢复了克立时期与中国关系正常化的政策，并讨价还价请中国放弃对泰国共产党的支持。在军队中，用军事打击结合政治手段对付地方游击队的策略很有影响力。炳·廷素拉暖（Prem Tinsulanond）将军在东北地区采用这种策略，并在 1979 年升任陆军司令兼国防部长，1980 年又出任总理。在美国国际开发署（USAID）的持续帮助下，大量资金被投入到农村发展计划，而军队清剿了剩余的泰共基地，并大赦反叛者。大多数学生在 1979 年至 1981 年离开了丛林。在失去之前的国际支援之后，大多数泰共武装部队在 1982—1983 年走出丛林，放下武器投降（见图 7-7）。剩余的泰共党员也在 1987 年准备召开代表大会之时被捕。人民战争结束了。

① Gawin Chutima, *The Rise and Fall of the Communist Party of Thailand* (1973 – 1987), University of Kent at Canterbury, Centre of South-East Asian Studies, Occasional Paper, No. 12, 1990, p. 31.

图7-7 1982年12月，一些泰国共产党的支持者在蕴朋县
举行的投降仪式上向政府军交出武器

结论

到20世纪40年代末，由旧贵族、官员、将军和新商人阶层等少数泰国政治精英们持有的对民族国家的渴望，分化成了两个阵营。一方主张通过法治、宪政框架和民主代表制来建立一个多元、自由、公平和平等的国家。另一方则坚持建立一个强大的父权制国家，在一个等级森严的社会秩序中，有责任保护、约束和教育公民。

在接下来的30年里，这种分化被世界范围内的冷战分营所吸纳和遮蔽。美国对泰国的扶持加速了资本主义经济的发展，加强了军人独裁，恢复了君主制的作用，并使国家政权的影响力深入社会之中。这种瓦解的结果，加上马克思主义意识形态的传播，形成了一个由知识分子、学生、农民、工人和边远地区乡民组成的反对资本主义、美帝国主义和军人独裁统治的反抗群体。

到20世纪70年代初，一些商人和技术专家开始寻求摆脱独裁统治和共产主义这两种极化的模式。克立代表了一种新的解决方案，即自由资本主义、有限民主和国家家长制，它由一位君主制下的道德领袖统领，摒弃美国的扶持和军人统治。这个愿景在 1975—1976 年两极的冲突中被压制，但是在人们被 1976 年的大屠杀震惊之后又重新出现，并指引了未来的路线。

尽管 1973 年的学生理想主义破灭（赛汕于 1981 年离开了丛林营地，同时宣布，"我是一个历史废墟"），但 1973—1976 年的激进分子们在之后几十年里继续产生深远的影响。在推翻独裁统治并参加游击战之后，他们既没有胜利，也没有被消灭，而是获准回到主流社会，并不断飞黄腾达，成为社会的精英。他们一路上不断打破常规，通过学术研究和创意艺术挑战美国学界对泰国的描述，并产出了许多歌曲、短篇小说、批判社会科学和其他文化形式的遗产，向更广泛的社会传播民主、社会公正和佛教悲悯的思想。在"为人生歌曲"（*phleng phua chiwit*）中，一些"卡拉万"（Caravan）和"甘玛春"（Kammachon）等乐队的歌曲，不断激励学生们走上街头游行，之后加入游击队营地，其中最著名的一首是卡拉万乐队的《人与水牛》（*Khon kapkhwai*）：

> 人与人像人一样在田间劳作；人与水牛像水牛一样在田间劳作。
> 人与水牛的意义深奥莫测，他们长久地深陷在农田之中，
> 他们长久地付出辛劳，只为获得些许幸福和满足。
> 走吧，我们一起走吧，背起耕犁去耕地。
> 我们忍受贫穷，变得忧郁，默默流泪。
> 我们内心痛苦，心焦如焚，但并不忧愁。
> 这首歌是关于死亡，关于人突然间不复为人。
> 资本家榨取劳力，划分阶级，农民阶级地位衰微，
> 他们践踏农民如草芥。其结果只有死亡。

第 八 章

全球化与大众社会
（20 世纪 70 年代以来）

　　亚洲的冷战随着美国撤出印度支那而有所缓和。美国继续向泰国提供军事援助，但双方关系已经渐行渐远。泰国在美国时代建立起来的自由市场经济的方向，随着社会主义在全球范围内的衰退而不断加强。经过美国离开后最初一段时间的经济和政治调整，泰国赶上了由日本和东亚"虎"经济体引领的亚洲的繁荣。贸易和金融相继自由化，加速了工业化和城市化的步伐，使泰国更紧密地融入全球经济之中。冷战的结束也使邻国从敌对地区变成经济腹地，即成为市场，以及人力和自然资源的来源地。在 20 世纪 80 年代末，中国经过 40 年的蛰伏，重新成为泰国经济中的主要因素，在世界上占据一席之地。

　　在 20 世纪最后 25 年里，经济转型的步伐加快了。经济和社会的天平决然地从农村倒向城市，从狭隘转向开放和全球化。农民在国家经济中的地位直线下降，在人口结构中的地位有一定的下降，在民族文化中的重要性则明显弱化。残破的农村成为社会中一个不断被边缘化的粗俗的部分，而社会的活力毫无疑问都来自城市。

　　曼谷依旧主导着城市化，到 2000 年，曼谷人口已经膨胀到 1000万，并获得"世界上最大的首位城市"的称号，人口是泰国第二大城市（呵叻）的 40 倍。商业繁荣起来了。中产阶级越来越壮大，也越发自信。成千上万的人被拉出乡村，或穿越国境，使得城市工人阶级迅速膨胀。教育水平的提高、交通的便捷和媒体的发展创造了一个新的大众社会，其显著的多样性削弱了国家的官方话语。

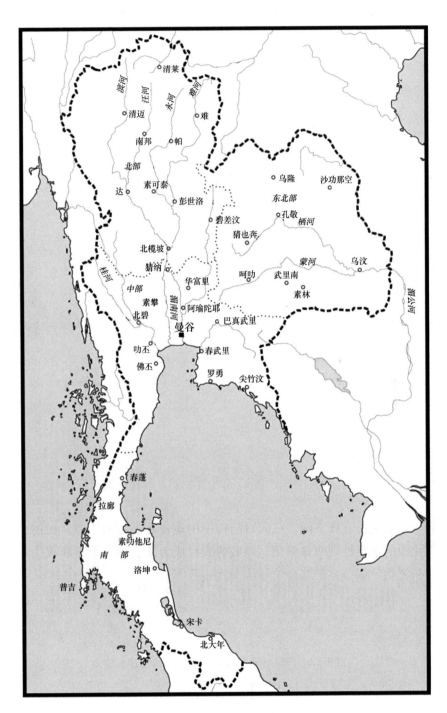

图 8-1 现代泰国

城市的繁荣

在20世纪最后25年，泰国经历了一个快速的人口结构转型。由于节育运动、经济不断繁荣以及为了教育和事业而推迟生育，出生率不断下降。年均人口增长率由20世纪50年代的3%下降到90年代的1%。20世纪60年代激增的人口在70年代和80年代加入就业大军。

在这25年里，城市经济在美国时代奠定的基础之上，经历了前所未有的高速发展。经济总量（GDP）增加了5倍，人均GDP增长了三倍（见图8-2）。约有四分之一的劳动人口离开了农业。曼谷从一个拥有300万人口的城市不断扩张，人口已超过这一数字的三倍。1975年，曼谷还只有2幢高层建筑，在众多商铺中鹤立鸡群。到20世纪90年代，一位梦想家已开始计划在曼谷的冲积泥地上建造世界上最高的建筑了。

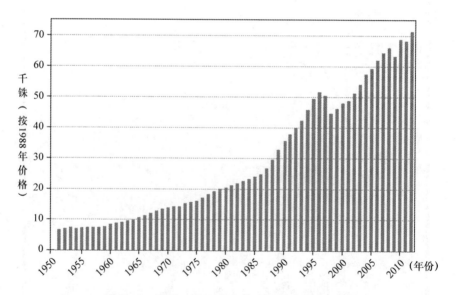

图8-2　1951—2012年人均实际国内生产总值

资料来源：国家经济与社会发展局。

第八章 全球化与大众社会（20世纪70年代以来）

城市的繁荣开始时很缓慢。1973—1976年间的政治激情使得商业活动中断。1976年10月之后，他宁总理希望政权的稳定能够带来外商投资的回归："我有种愿景。成千上万的美元、德国马克……全都飞进泰国。"① 可实际上，美元随着美军的离去而不断飞走。许多美国公司担心泰国会出现多米诺骨牌效应。此外，重新掌权的军人带有一种反商业色彩。军队的理论家们称，泰国不受监管和剥削的资本主义要对引发人们接受共产主义负责（参见下一章）。

尽管美元流失，日元却开始流入。日本投资者从20世纪60年代末开始进入泰国。在20世纪80年代，来自日本的外国投资几乎是来自美国的三倍。大部分投资是由日本贸易公司在关税跳跃（tariff-jumping）的企业中进行的，这些企业用进口零部件组装汽车和家用电器，在国内销售。一些投资则进入劳动密集型的制造业，特别是纺织业，同时满足本地市场和用于出口。到20世纪70年代初，许多曼谷商店里的"现代"商品都是日本的品牌，而不是美国的。一首讽刺诗是这样开头的：

> 清晨醒来头件事
> 抓起 White Lion 牙膏刷好牙
> 用 National 电水壶沏点茶
> 为顺发抹点 Tanjo 的发蜡
> 穿上 Torae Tetoron 面料的泰布
> 离开家门戴上 Seiko 表
> 用 Sanyo 收音机收听政府新闻广播
> 开上 Toyota 车去接女朋友。②

---

① M. K. Connors, *Democracy and National Identity in Thailand*, New York and London: Routledge Curzon, 2003, p. 91.

② By Sakda Jintanawijit, quoted in Kasian Tejapira, "The postmodernization of Thainess", in Shigeharu Tanabe and C. F. Keyes eds., *Cultural Crisis and Social Memory: Modernity and Identity in Thailand and Laos*, Honolulu: University of Hawai'i Press, 2002, p. 204.

这里流露着讽刺，但并无抗议之意。在 1972 年和 1975 年日本首相田中角荣访问泰国期间，都曾发生过学生反对日本经济势力的示威游行，但都遭到镇压。日本政府开始将投资集中在文化外交上。大多数日本企业都从泰国的大型企业集团中寻找合作伙伴，与他们建立密切联系，让他们负责泰国本地市场营销、联系政府和公共关系。

日本的合资企业进一步强化了泰国企业集团在国内的龙头地位。当民主政治在 20 世纪 70 年代末重新活跃起来，商界领袖纷纷加入或支持不同的政党，施压出台对自己有利的政策。1980 年，前盘谷银行总裁、时任负责制定经济政策的副总理汶初·洛迦纳沙田（Boonchu Rojanastian，华文名黄闻波）建议，政府和企业合作成立"泰国股份有限公司"（Thailand Inc.），这是模仿了一本关于日本成功的畅销书。汶初说道："我们应该像管理一个公司一样管理国家。"[①] 这种努力失败了。但是商界领袖们通过工业、商业和银行业的行业协会进行政策游说。1981 年，政府同意在这些实体和经济部长之间建立一个官方联络委员会。商业领袖们利用这一途径去减少繁文缛节，减少官僚主义的限制和把关的机会。商人们开始追求与其不断增长的财富相称的政治影响力。

汶初的计划是让泰国追随日本和东亚"虎"经济体，生产用于出口的工业制成品。从 20 世纪 70 年代中期开始，技术官僚将相同的战略写入五年计划中。但是，只要传统的农业出口和对国内制造业的有限保护模式能够继续带来经济增长，既得利益者们就会抵制变革。甚至当世界银行在 20 世纪 80 年代初要求泰国向这个方向进行"结构调整"以换取贷款之时，也基本没有什么实质性的改变。出口制造业扩大了，但十分缓慢。

20 世纪 80 年代初开始发生转变。随着美国补贴的减少，泰国的农业出口增长停滞，1980—1981 年爆发的第二次石油危机，提高了石油这个国家最大单一类进口产品的成本。政府最初的反应是采取一些

---

① Yos Santasombat，"Power and personality：an anthropological study of the Thai political elite"，PhD thesis，University of California，Berkeley，1985，p. 196.

措施来延缓石油危机的影响，同时大力推动旅游业和对蓬勃发展的中东地区的劳务输出，以赚取更多的外汇。但这只是杯水车薪。1983—1984年，泰国经济出现滑坡。债务人停止向银行还款。一家银行破产了，紧接着是另一家，一些金融公司不得不接受纾困。财政部无钱支付泰国的外国欠款。

具有改革意识的技术官僚和商业支持者抓住这一机会，使泰国向出口导向型制造业转型。1984年11月，泰铢贬值了14.7%。陆军司令在电视节目上要求扭转贬值的局面，但是技术官僚顶住了压力，从而获得了更大的影响力。商界领袖都支持改变政策。政府开始修改关税和税收体系，促进投资，以支持出口导向型制造业。

一个外部因素促成了转变。1985年8月，美国和日本举行会谈，以解决石油危机之后世界货币市场的混乱局面。根据美日双方达成的《广场协议》（Plaza Accords），日本允许日元对美元以及泰铢等与美元挂钩的货币升值。在之后4年时间里，泰铢对日元的价值减半，泰国向日本的出口价值变成原来的3倍。泰国摇身一变成为出口制造业的"亚洲典范"。

首批从中获益的是本土公司和合资企业。银行和金融公司热情地为它们提供金融服务，助其扩张。在1984—1989年，泰国的出口总额以平均每年24%的速度增长，以服装、玩具、箱包、人造花等劳动密集型企业生产的产品为主。

这种地方的繁荣很快就被反超。日本企业不得不"逃离升值的日元！"（这一时期的一则日本口号）。中国台湾、韩国和中国香港的公司也同样如此，它们的货币是在日元升值后被抬高的。从1988年开始，随着东亚的企业将出口导向型制造业转移到泰国等低成本的东南亚国家，泰国的外国投资开始加速。其中一些公司（尤其是中国台湾的公司）从事劳动密集型行业，但是越来越多的公司将泰国作为复杂的多国体系的一部分，制造技术型商品，例如集成电路、计算机零件、电子产品和汽车。到20世纪80年代末，电脑零配件生产厂商美蓓亚（Minebea）将其全球产量的60%转移到泰国，成为泰国最大的私营雇主。1991年，政府解除了对汽车工业的管制，鼓励日本及后来的美国公司增加投资。从 1990 年开始，这些技术型商品成为出口增长最快的部门。从 1993 年至 1996 年，每三天就有一家新的日本工厂在泰国开业。

旅游业也在同一时期发展起来。政府首次大力推动旅游业，以应对 20 世纪 80 年代初的经济不景气，之后随着机票价格的下降，潜在的旅游市场也在不断增加。在海滩和岛屿建起了度假村，迎接来自北方温带地区的度假者。泰国的宗教光环也吸引着亚洲的游客。在越南战争期间发展起来的性产业也被重新包装以满足游客的需求。每年到访的游客人数从 20 世纪 70 年代中期的几十万人增长到世纪之交的 1200 万人。

泰国很快就不再以农业经济为基础了。在 20 世纪 80 年代初期，农业仍然提供了泰国几乎一半的出口产品。十年后，这一份额就只剩十分之一强了。

龙腾时代

经济繁荣使得泰国的城市，尤其是曼谷在经济、社会和文化方面都变得更加重要。它使商人们变成一个更加富有、更有社交自信和更具政治影响力的精英阶层。它给那些华裔出身的商人、官僚和职业人士带来了全新的自信和自豪。

大部分经济繁荣带来的利润都进入老牌企业集团，这些企业继续多元化发展，寻找新的商业机会。但是金融自由化和经济的蓬勃发展使得其他人也能参与其中。一些新企业家开始从外府发迹。这一时期最成功的商人是他信·西那瓦（Thaksin Shinawatra，华文名丘达新），他来自清迈的一个老牌商业家族。他信通过从政府获得对新兴电信行业（移动电话、通信卫星）的特许权，以及利用股市上涨的机会而异军突起。从 20 世纪 80 年代末开始，在 5 年时间里，他的资产净值达到 20 多亿美元。其他新兴家族也通过电信、房地产、零售业和其他面向蓬勃发展的本土市场的行业崛起。

大企业集团在收入和经济重要性上的增长，给他们带来了新的社会和政治上的自信。1949年后基本没有新的华人移民，几乎所有的泰华家庭都至少进入第三代或更新一代。最显赫的家庭的子女通过与旧精英家庭的孩子一同接受教育，从而走上特权道路。从20世纪60年代起，大商业家族与旧贵族家族的联姻现象变得更容易为人接受。在欣欣向荣的20世纪90年代，他们之间的联姻更加频繁。零售业（尚泰集团）的吉拉提瓦家族的一个儿子娶了一位王族亲属。银行业的索蓬帕尼家族的儿子兼继承人与一位大官僚家庭的女儿结婚。来自旧贵族家庭的头面人物都在大公司的董事会中占据一席之地。新的商业媒体和时尚杂志美化了公司的成功。出版社推出企业集团创始人的传记以颂扬他们的成功，并激励人们去效仿。

大大小小的商业家族都将自己的孩子（通常是男性，但也有例外）送去接受高等教育，进入官僚机构或成为专业人士。许多进入不断壮大的技术官僚队伍的人都是这样的出身。贝·恩帕功（Puey Ungphakon，华文名黄培谦）就是一个先驱代表。他出身于一个从事鱼类批发的移民家庭，后赢得奖学金赴英国留学，并成为技术官僚而平步青云，1959年他在年仅43岁之时就成为泰国中央银行行长。他设立了泰国中央银行奖学金，使其他人也有机会沿着他的轨迹成长。许多来自富裕家庭的孩子都在美国接受教育，回国之后成为主力的技术官僚、大学教师和职业人士。传统上的泰人官僚和华人商人之间的界限变得模糊起来。

随着城市企业成为经济的驱动力，华裔知识分子要求承认华人在泰国历史中的作用，而早期的民族主义者（如銮威集瓦塔干）曾将他们都界定为"泰族人"。1986年，历史学家尼提·尤希翁（Nidhi Eoseewong）开始了一项关于达信王的研究，他讨论了"杰"（jek）这个对华人或华裔后代带有歧视性色彩的称呼，并阐明"杰"是多样性的一部分，这正是泰国文化的优势所在。尼提和禅威·格塞希利（Charnvit Kasetsiri）指出，阿瑜陀耶和曼谷王朝的创建者们很可能都带有一些中国血统，这表明华人在暹罗历史上具有长期而重要的作用。尼提描述了华人在曼谷王朝初期的贸易经济和"中产阶级"社会中的巨大作用，以强调泰国民族主义史学家在这个问题上掩盖了多少真相。诗人兼散文作家素集·翁帖在1987年出版的一本书中称自己是一个华人和老挝人的混血（*Jek pon Lao*），暗示这种混血才具有典型的真正的"泰人"血统。

中国在20世纪80年代重新向世界敞开国门，并在90年代崛起成为经济大国，这又进一步增强了泰国华裔的自豪感。许多华裔家庭回去寻访自己的故土，并与亲戚们恢复了联系。正大集团在中国经济开放初期成为最大的外国投资者之一，一些泰华公司也纷纷效仿。学习中文开始流行起来，既有民族自豪感的原因，也为了实际的商业活动。商会出版了一种泰汉双语的期刊，以促进汉语普通话技能。在20世纪80年代中期，泰国政府解除了一项关于禁止参加议员选举的候选人以华裔身份参选的禁令，随后，许多城市的候选人都大肆夸耀自己的姓氏（*sae*）和名字，以及自己的祖籍地。吉达拉·高南塔杰（Chitra Konuntakiat）通过向那些在过去几代里逐渐丧失了中国记忆的家庭解释中国的风俗、仪式和文化，一跃成为知名媒体人和畅销书作家。一些关于著名商业家族历史的书成为畅销书。2001年，一本名为《座山的人生传奇》的书汇编了众多大家族的历史，其封面配图上有一条红底背景的金龙，其副标题为"从一枕一席到泰国最大的企业"。[①]

在经济的鼎盛期，这种对于华裔出身的骄傲又扩展到大众文化之中。1994年的一部电视剧《龙腾暹罗》（*Lot Lai Mangkon*），讲述了一个在唐人街边发迹的聪明人，成长为大企业集团大亨的故事——这是根据一些商界大亨的真实历史改编的。该剧热播时万人空巷，专家们也纷纷分析其重要价值。政治学家卡贤·特加皮让感叹道："这真是场泰国娱乐文化中的'中产阶级革命'！"[②] 之后泰国又推出一系列电视剧，讲述其他华人移民的故事，内容涉及初代华人移民的生活，以

① Thanawat, *Tamnan chiwit jao sua*：55 *trakun phak* 2（Legendary Lives of the *jao sua*：55 Families, Part 2）, Bangkok：Nation, 2001.

② Kasian Tejapira, *Lae lot lai mangkon*（Looking Through the Pattern of the Dragon）, Bangkok：Khopfai, 1994, p. 16. 后文所引该剧主题曲歌词的英译为卡贤所译，出自同一本书。

及与在中国的亲戚取得联系的敏感话题。从《龙腾暹罗》开始，"龙"这个词就成为创业成功的华商的代称，其主题歌也成为他们非正式的颂歌：

> 离开故土远渡重洋，
> 乘一条小船漂泊远方
> 身无分文犹如乞丐……
> 在商界战场纵横驰骋……
> 夜以继日地奋斗不息……
> 龙已开始伸展双翼，
> 决心报偿此方土地的恩情。

　　1996 年，一位歌手为了强调中国性，穿上马褂，留着辫子，自称 Joey Boy，他的一首说唱歌曲《自己人》（Ka ki nang）大获成功。在 20 世纪 90 年代末，在早先会被人说成"太中式"的打扮，现在成为演员、歌手甚至泰国世界小姐选美冠军所追逐的时尚。对泰国认同的解构在几年之前还难以想象，而现在一位著名的商人称自己是"生于泰国的百分之百的广东人"①。

　　在披汶时代，政府开始"同化"华人移民，使之加入"泰"民族。在某种意义上说，这个计划大获成功。华人开始学习泰语，接受新的行为方式，认同自己是泰国国家的公民。但是与此同时，他们也帮助塑造了一种新的城市文化，它带有华人们传承下来的语言、品位和审美。他们仅将"泰"视作一个国籍，与过去那种将国籍、族源和文化混为一谈的做法区分开。

培养中产阶级

　　高等教育体系的设计旨在满足对官僚机构工作人员的扩张需求。

---

① Sawat Horrungruang in *The Nation*，7 April 2003.

在 20 世纪 60 年代，大卫·威尔逊（David Wilson）不无夸张地指出，接受高等教育的泰国人除了官僚体系中的人士之外，就只有少数媒体人了，他们是因为未能通过考试才沦落到这一行的。在美国的援助和支持下，高等教育开始扩张。第一批地方大学在 20 世纪 60 年代建立，位于首都的开放大学兰甘亨大学（Ramkhamhaeng University）在 20 世纪 70 年代建立，一批新的私立和公立高等院校从 20 世纪 80 年代中期开始陆续建立。在 1970 年之后的 30 年时间里，接受高等教育的人数增长了 20 倍，达到 340 万。官僚体制中职位的扩张速度在 20 世纪 80 年代开始放缓，因此大多数大学毕业生并没有成为公务员，而是成为专业人员、技术人才、管理人员和商业经济中的经理人。

企业的工资远高于公务员，并随着 20 世纪 80 年代的经济腾飞而加速增长。新财富的一个主要用途是使人们搬离旧城中心的商铺，迁居到新郊区的"村子"中。在 20 世纪 80 年代末，这种迁移引发了房地产业的繁荣，过去曾经是稻田、沼泽和果园的郊区，现在高楼林立。这种变化不仅体现在位置上，而且还表现在文化上——住房从城中相互紧邻的排屋变成了独门独户，而且家庭结构往往从之前几代同堂的大家庭转向核心家庭。新住宅项目的广告经常以在新地点的"新生活"为主题。

泰国人的消费模式受到了西方和日本的影响而发生转变。在美国时代，人们在曼谷窥见了西式的生活方式。大量泰国人赴海外留学。降低关税是 1984 年经济自由化的一部分，并在 1991—1992 年进一步深化，其降低了进口商品的成本。西方电影大受欢迎。国际新闻和有线电视通过卫星传递信号。为了满足新的需求，零售业也发生了变化。在美国时代流行起来的百货商场，被富丽堂皇的购物中心取代，它使得购物活动成为一种享受。

新兴中产阶级的性别模式十分复杂。因为在众多的工作家庭中，新的白领工人阶层中的女性也走上工作岗位。在 20 世纪 60 年代开始的高等教育扩张中，女性的参与度最初稍微滞后于男性，但随后就超过了他们。到 20 世纪 90 年代，大部分大学毕业生是女性。在劳动力总数中，男性和女性毕业生的数量大致相当。商业家庭往往让家里的女儿们学习有用的技能（会计、工商管理），并尽可能地继续深造，而她们的兄弟们则会更快地进入家族企业。结果到20世纪90年代，在专业技术职业中，女性的人数超过了男性。在许多新的业务领域，例如金融业，她们都占据了主导地位。到20世纪90年代末，所有中央银行的副行长均为女性，到2006年，塔莉莎·瓦塔纳吉（Tarisa Watanagase）成为第一位女性行长。在大泰华商业家族中，一些女性脱颖而出，因为她们有管理企业的背景，或仅仅是因为她们比自己的兄弟们更为优秀，涌现出大量新的女性商人楷模，例如都喜酒店的察娜·比亚韦（Chanat Piyaoui）和商城集团的素帕拉·安普（Supalak Omphut）。

然而，大多数家族企业仍然由男性掌舵。奇怪的是，娱乐业仍然由男性主导，电视剧中总是倾向于压制女性，将她们的形象塑造成附属男性的弱者，感性多于理性，容易酿成悲剧，尤其是那些野心勃勃的女人，往往都是这样的下场。与此同时，政治权力自下到上都保留着强烈的男性偏见。1995年，只有2%的村长是女性。在官僚机构中，女性占据了绝大多数较低的职位，能够晋升到高层的人少之又少，微不足道。女性议员的比例从未超过15%。因此，法律框架中带有强烈的父权倾向，改变十分缓慢，女性依旧是弱势群体，尤其体现在婚姻法中。男性仍旧可以娶小老婆，或去寻花问柳，同时又用另一种严格的标准要求女性。

劳工的艰难时世

20世纪80年代初的政策转变加快了城市化的步伐。对城市劳动力的需求增长。农业的多重危机（见后文）促使更多的人迁出乡村。从1985年至1995年，制造业劳动力的人数翻了一番，达到近500万人。在经济最繁荣的时期，六年中有五年，每年有一百万人从农业转向工业或服务业。仍有不少人还短期或中长期地往来于城市和乡村之间。但是逐渐地，越来越多的人选择永久搬到城市居住。城市移民广泛分布于中部各府，它们提供了大部分早期移民。从 20 世纪 80 年代中期开始，曼谷移民的主体来自最为贫穷的东北地区。曼谷的第二大语言是东北部的老挝方言。

在 1973—1976 年的政治运动达到高潮之际，工人们争取到了一部劳工法，使工会和工人联盟合法化。1976 年政变之后，他宁政府取消了这部法律，并向外国投资者保证，他们不必担心罢工的事情。这一政策在 20 世纪 70 年代末有所放松，但是劳工仍然受到一系列措施的控制。新立法允许建立工会，但其工作仅限于劳工问题，禁止从事政治活动。作为反共战略的一部分，军人们有意分化工人组织，拉拢工人领袖，结成庇护关系。政府建立了一个三方（工人—雇主—政府）体系，设定最低工资，调解劳资纠纷。管理工人的官僚机构采用分而治之的手段，有选择地资助一些人。当泰国要吸引外国公司前来投资建厂时，这种通过强制规训保证劳工俯首听命的方式就成为宣传的一大亮点。

随着对劳动力的需求日益增长，以及 20 世纪 80 年代民主气氛更为浓厚，工人组织的力量暂时加强了。1989—1990 年，工会赢得了《社会保障法》，工人们能够获得基本医疗和人寿保险。工人的最低工资提高了。国营企业的工会成功地抵制了私有化的提案。但是这些胜利是短暂的。1991 年的军事政变之后，军政府取缔了所有公共企业的工会，工会成员人数减半，不足制造业工人总数的 5%。一位反对该禁令的工人领袖突然失踪，下落不明。

政府对工人充满敌意的举动，也使得雇主肆无忌惮地规避劳工法。纺织、服装等劳动密集型产业在经济腾飞期率先发展起来。一部分工人在工厂里统一做工，但更多人是在家里或小作坊里按照分包合同做工。到 20 世纪 80 年代末，服装制造业估计用这种方法雇佣了 80 万人。珠宝、鞋、玩具以及许多食品工业也采用相似的模式。需要在工厂做工的行业，如纺织业，雇主采用分包合同或短期合同雇佣工人，这样他们就能够轻而易举地减少劳动力成本，钻劳动法的空子。1988 年对曼谷郊区一家工业区内工厂的调查发现，61% 的工人签订的是分包的雇佣合同。

科技型公司从20世纪80年代末开始引领工业增长，它们需要更为训练有素和稳定的劳动力。这些工厂的工作条件通常都比其他地方优越，其工作也很受青睐。但是其雇用条件仍有很多不确定性。这些公司在泰国设厂大多数是零件装配等劳动密集型工作，这要求工人具有敏锐的视力和良好的手工技能。公司更喜欢年轻的工人。很少有公司愿意雇用40岁以上的工人，有些公司甚至不超过30岁。除此之外，许多公司可以随心所欲地搬迁。电脑零配件生产厂商美蓓亚在20世纪90年代成为泰国最大的单一雇主，5年后其工人数量减少到原来的十分之一。许多电脑磁盘驱动器公司在20世纪90年代初从新加坡迁到泰国，使得该行业成为雇用人数最多的一个行业，但10年之后就搬到中国去了。

没有失业救济系统，通常也没有养老金计划，一些工人仍然与自己的村庄保持联系，那里是他们社会保障的主要形式。在1997年的金融危机（见后文）中，约有200万人，或八分之一非农业劳动力在几个月内被解雇。许多人都把乡村作为找到新工作之前的临时容身之所。但是绝大多数工人已经永久地城市化了，他们彻底失去了农村的根基。在这次危机中，他们为了养家糊口，不得不进入血汗工厂，沿街摆摊或做些打杂的零工。

由于正式的工会运动在立法、庇护制和官僚体制的控制下束手束脚，一个非正式的"工人俱乐部"运动在首都郊区的工人阶级中蔓延。他们在工作场所组织抗议活动，相互支持，并联合非政府组织和社会活动家们。在1993年5月开达玩具工厂发生大火，造成188人死亡、500人受伤之后，这场非正式运动迫使政府去改进法律法规，保障工人的健康和工作安全。

许多公司更青睐女工，不仅仅因为她们技术更好，还因为她们的工资更低。从20世纪80年代初开始，每5名新招募的制造业劳动力中就有3名是女工，到1995年，一半的工人都是女性。在10个最主要的出口工业中，有7个工业的女工数量都占到五分之四。除了工厂，女性还为其他蓬勃发展的城市经济提供了大量劳动力。她们为建筑工地搬砖，在百货商店售货，在街边卖米粉，在市场中兜售 T 恤衫，在酒店和酒吧接待游客们。到 20 世纪 90 年代中期，在移民大潮中离开乡村的女性超过了男性。泰国的人口出生率随着女性推迟结婚和生育而迅速下降。农村家庭的性质已发生变化。年轻夫妇往往将孩子留给他们在农村的父母照料，而他们则前往城市工作。在东北部的一些村庄中，"除了老人和小孩，已经没有什么人了"[1]。在 1997 年的一首歌曲《家》中讲述了这样一个故事：

> 噢，年幼的孩子呀，你受尽了苦难，吃不饱肚子。
> 年轻的新郎新娘都跑到曼谷去了。
> 只有老人和小孩子们被留在这里，
> 等待着他们回家，在生养自己的土地上劳作。[2]

口袋中的钱让职业女性在家庭和乡村社会中都获得了新的地位。节日在过去标志着农业历法中时节的转换，如今则成为年轻人从城市工作中返回村庄的机会，他们拜见父母，到寺庙做功德，展示他们的富有，看望自己的孩子，并维持他们与家庭和社区之间的长期关系。

随着劳动力市场在 20 世纪 90 年代吃紧，边界被心照不宣地开放，泰国开始接收来自周边国家的劳工移民。到 1994 年，估计有 40 万人越过边界，到泰国境内打工。3 年后，这一数字增长到 100 万—300 万人（没有人知道确切的数字），他们可能占到劳动力人口总数的 10%。这些人绝大多数来自缅甸，他们是为了逃离缅甸崩溃的经济和专制政权。少数人来自柬埔寨、老挝和中国。他们在渔业（一些渔港成为缅甸的飞地）、水果种植园、女佣家政，以及血汗工厂中工作。大量制衣业都迁往缅甸边境地区。泰国政府在 1995 年建立了一个许

---

① M. B. Mills, *Thai Women in the Global Labour Force*: *Consuming Desires*, *Contested Selves*, New Brunswick, NJ, and London: Rutgers University Press, 1999, p. 4.

② 《家》(*Ban*)，选自蓬希·康丕 (Phongsit Khamphi) 1997 年的同名专辑。

可证制度，以便使这些外来劳工的身份合法化，但政府在 1997 年金融危机期间又变得不太热情，试图驱逐他们，在 2000 年政府又重新引入许可证制度，对打工的地区和行业做出了限制。但只有少数人按计划登记。多数人都通过与雇主私下协商而留下来工作。他们几乎没有任何公民权利，也不受保护。他们的工资只有当地工资水平的 56%—60%。那些与雇主据理力争的人要冒着被殴打甚至杀害的危险。到 21 世纪初，他们已经成为一个半永久的下层劳工阶级，人数有 200 万—300 万人。

泰国第一批死于艾滋病病毒的人的记录出现在 20 世纪 80 年代中期，是在一个男同性恋社群中。到 20 世纪 80 年代末，艾滋病的感染率通过性产业的大量传播而迅速飙升，尤其是在北部，这使得泰国成为这个传染病的传播中心之一。到 20 世纪 90 年代中期，有 2% 的性行为频繁的人被认为携带了艾滋病病毒且抗体检测呈阳性，艾滋病已经成为导致死亡的最大元凶。泰国政府从 1990 年开始采取遏制政策，性产业为求自保也通力合作。到 20 世纪 90 年代中期，新感染率已开始下降，泰国也成为通过社区控制艾滋病传播的典范。但是艾滋病在性产业之外的人群中继续传播，特别是不洁身自好的男子向妻子传播，以及在性活跃的年轻人中间传播。到 21 世纪初叶，已有 60 万人感染了艾滋病。

乡村的衰败

20 世纪 70 年代，分析家们预测，在人口压力和市场力量的作用下，泰国的农民社会将会变成一个商业农民和无地劳动力的社会，特别是在中部等先进地区。但在 1980 年前后，泰国经济的重点从农业转移到了工业。1984 年，工业对国民生产总值的贡献超过了农业，在 1985 年对商品出口的贡献上，工业也超过了农业。到 2000 年，农业只占国民生产总值的 10%，占出口商品的 7%。当经济不再由农业驱动，政府的注意力和私人投资就转向了别处。正大农业综合企业集团转向了电信业，糖业公司转向投资酒店，碾米厂主们建起了曼谷的购物中心。

土地危机并未像预想的那样发生，因为人们都涌入了城市。仅在中部地区，农村劳动力在经济发展的黄金十年（1985—1995 年）由 350 万下降到 250 万。为了弥补劳动力的流失，农民们投资购买拖拉机、自动收割机和农药等农需品。由于城市需求日益增长，以及可以轻易地通过市场引进品种和技术，剩下的农民开始转向种植经济价值高的作物。一些人一年种三季稻米。一些人放弃了水稻，改种水果和蔬菜，以满足曼谷人的需求。一些人则种植小玉米等作物，用于制成罐头出口。在 20 世纪 90 年代，许多农民将他们的稻田改造成海水池塘养殖虎虾，尽管要冒着疾病和土地盐碱化的高风险，但两年的利润就相当于一辈子种稻米的所得。湄南河三角洲的水稻种植面积 150 年来第一次出现萎缩。

在其他自然条件优越、靠近蓬勃发展的城市市场的地区，也重复着同样的模式。在清迈山谷，为了将农产品出口到中国，农民们将稻田变成了荔枝和龙眼果园。在半岛东海岸的粮食产区，越来越多的农民转向养殖鱼和虾。在东北部的蒙河和栖河下游流域，那里的盐碱地被证明适合种植深受城市消费者和海外市场欢迎的茉莉香米。在这些地区，小农家庭农业幸存下来，但是变得更加商业化了。家庭中的年青一代离开家门去城市求学和工作，但是随着公路和公交服务的改善，以及企业将厂址迁至更靠近劳动力输出地的地区，许多人可以每天回家或每周末回家。种植经济价值高的作物和在城市中的收入，给农村社区带来了更多的资金，催生了新的地方商机，如商店、汽车维修、美容院和卡拉 OK、餐馆等。一些发达的乡村地区，已经带有一点城市郊区的感觉了。

在上述地区之外的农村，自然条件欠佳，距离城市较远，农民们要面临两个问题。第一，从 20 世纪 70 年代中期开始，农产品价格在全球范围内都在下降。如果以成袋大米的售出价格来计算，作为农村家庭最先购买的耐用品之一的二冲程摩托车，其价格在接下来的 30

年时间里涨了3—5倍。在更偏远和贫瘠的山地地区，很难通过多样化种植来对抗这种农产品价格下跌的趋势，比如水稻、玉米和木薯价格下跌时，无法改种其他作物。

许多农民背上了更沉重的债务。在1987年至2000年之间，政府的农村与农业合作社银行（BAAC）的债务总额增长了10倍（由250亿泰铢增长到2560亿泰铢）。政府试图通过作物多样化计划应对价格下降，但是收效甚微。一些计划失败是因为当地恶劣的条件；一些计划失败是因为工作人员的无能，例如政府进口种畜奶牛，结果发现都是不育的，被人称作"塑料牛"；还有些计划失败是因为政府部门向每一个人推荐同样的计划，结果造成市场供过于求。

一些农民面对变化无常的市场，试图从中抽身出来。地方社区创建了信贷俱乐部、大米银行、水牛银行和环保团体，以减少对外界的依赖。一位来自北柳府（Chachoengsao）的村长威汶·肯查冷（Wibun Khemchaloem）放弃了让他负债累累的稻米单一栽培，设计了一种小型混合农场，基本可以实现自给自足。他成为这一策略的一位公共倡导者。1994年，国王提出了一个类似的混合农场的模型版本，同时提出一个基于佛教的适足（*pho yu pho kin*）和自立（*phueng ton eng*）原则的"新理论"。

这个策略虽然鼓舞人心，但是很难实现。其他许多家庭则在维持生计和市场之间折中求得生存。他们坚守在自己的土地和乡村之中，尽管市场价格不佳，但他们仍然种植稻米，为满足其他需求还进行狩猎和采集，并参与非市场形式的物品交换。与此同时，他们让更多的年轻人到城市中去赚钱。到20世纪90年代中期，几乎三分之二的农户的现金收入来自农场以外的地方（东北地区是五分之四），其中43%来自工资收入。这些现金用于日常消费，用于投资维持越来越无利可图的农场，以及用于可能会使下一代脱离农业的教育。

第二个问题是，蓬勃发展的城市经济成为一个争夺土地、水和森林资源的竞争者，而这些都是许多小农们赖以为生的资源。

在曼谷附近，住宅区和工厂侵占着兰实地区的稻田，那里在一个世纪之前是开荒的前沿。在东部，一些在 20 世纪 50 年代最早向高地扩张的地区，已被东部沿海工业区占据。在北部，度假村项目在山谷坡地破土动工。土地还被用于修建新的高速公路和高尔夫球场（有超过 100 家是在经济最繁荣的十年里建造的），开发采石场以生产建筑材料，特别是修建大坝和电站，以满足不断增长的城市电力需求。耕地总面积在 20 世纪 90 年代减少了 2%。

在泰国共产党败退之后，林业厅开始重新控制枯竭的森林资源，这其中有一半是在 30 年内消失的。林业厅同意一些农业综合企业提出的建议，将林业衰退的地区以最低的租金长期出租，变成商业种植园以"重新造林"。许多企业利用这个机会种植大片树木，尤其是桉树，用于造纸工业。此举遭到临近村庄的反对，因为这会使他们无法再使用林业资源，而且桉树吸水能力强，使得当地的地下水位下降。社会活动人士发现，有政治关系的公司利用这些条款控制了原始森林地区。东北部的部分村民攻击了为种植桉树清理场地的推土机，毁坏了苗木苗圃，焚烧了林业厅的财产。

1989 年初，在南部发生的一场山体滑坡造成两个村庄被彻底掩埋。这一事件触动了政府，促使政府吊销了所有伐木许可证，并宣布关闭林区。但实际上，非法采伐仍在继续。特别是在泰缅边境，伐倒的木材被运到缅甸，又以缅甸木材为名运回泰国（有时仅仅在书面文件上走个过场），这样就可以宣称木材是合法进口的。在其他许多地方，度假村仍在已清空的林地上修建。从 1989 年至 1995 年，又有 700 万莱森林消失了。居住在森林里的村民们想出一个让林木"出家"的主意，他们用黄袍包住树木，使其像一位剃度出家的僧侣，希望能让它们逃脱被砍伐的命运。1995 年，北部的村庄联手"剃度"了 5000 万棵树，以庆祝国王登基 50 周年。

为了灌溉和水力发电而修建的水坝也剥夺了村民们在土地、森林和渔业上的权利。第一批水坝建在湄南河上游，它们淹没了大片深谷，其中多数是渺无人迹的森林。但是适于建大坝的地点很快就用尽了。到 20 世纪 80 年代中期，许多计划修建水坝的河流已被当地的村民用于发展渔业，而计划中的蓄洪区已经有大量居民定居。受该计划影响的村民们开始抗议。

水资源成为另一个争夺的焦点，特别是在湄南河三角洲地区。由于北方农业的扩张，能够流到三角洲北部大坝的以用于储存的水量越来越少。同时，曼谷的用水量与日俱增：从 1978 年的每天 50 万立方米增长到 2000 年的 750 万立方米。在 1993—1994 年，受厄尔尼诺气候影响，年降雨量减少，导致水坝蓄水量急剧下降。水利厅发布通告禁止在湄南河三角洲进行第二季种植。许多农民拒绝遵守，并与试图控制水门的公务人员发生冲突。官员们开始讨论"水危机"，认为需要对灌溉进行征税和监管，尤其是要保证首都曼谷的供水。

沿海水域是另一个争夺的焦点。从 20 世纪 60 年代起，由于新技术的大规模采用，以及海鲜出口的推动，海洋的捕鱼量从每年 40 万吨增长到每年 300 万吨。海洋渔业资源在 20 世纪 90 年代初开始急剧下降。政府为了保护小规模的渔民，在距离海岸 3 千米的海域设立隔离区，禁止使用拖网和推网作业，但是法律并未得到有效执行。在 20 世纪 90 年代初，沿海社区吁请当局加强执法力度，并不时封锁渔港以示抗议。

以美国时代提出的"发展"为基础的对自然资源的快速开发，使泰国在一代人的时间里由一个资源富饶的国家转变成一个资源稀缺的国家。虽然长期的经济繁荣使贫困人口稳步减少，但是贫富分化的状况也在 40 年间逐步恶化。这主要是来自城市和乡村之间的分化，特别是首都与外府地区，尤其是与北部山地、南部边境诸府和资源贫乏的东北部之间的差距。

乡村的抵抗

第一批非政府组织成立于 20 世纪 60 年代末。他们中的先驱是贝·恩帕功博士，他是一位杰出的技术官僚，但是却对社会正义充满兴趣，还有一位是素拉·希瓦拉，他是一位社会活动家和专栏作家，还是入世佛教的倡导者。在 1976 年的恐怖时期，他们二人都被迫逃往海外，其中贝再未返回泰国。从 20 世纪 70 年代末开始，一些 1973—1976 年的活动家加入非政府组织，将其作为另一条通往社会变革的道路，以避免 1976 年的那种政治极化和暴力。20 世纪 80 年代初，兴起了一个"发展"派僧人的运动，传播入世佛教思想，认为僧人应该为社会进步服务。

在 20 世纪 80 年代中期，一些在这个刚起步的非政府组织中的活动家指出，20 世纪 60 年代以来自上而下的发展政策，并未能改善大多数人的生活；相反，它带来了巨大的社会和情感撕裂。自上而下的发展要求村民变得更加现代、更有科学素养和更具市场理性。相比之下，活动家们认为发展应该根植于村民自己的知识，应该加强地方文化和保留乡村式的社会关系，因为这些关系在本质上比城市资本主义的社会体系更具人性，也更符合佛教的价值观。前天主教神父和大学讲师社利·蓬皮（Seri Phongphit）说道："让（人民）忠于自我；让他们成为自己发展的主体；归还他们的权力、他们的决定、他们的教育、他们的健康、他们的治理、他们的价值观、他们的自尊与（他们的）自信。"[1] 这种方法被称作"社区文化运动"，并成为许多非政府组织的指导原则。

在 20 世纪 80 年代中期，环境运动提供了另一个支持来源。1982 年，政府提议修建南宗（Nam Choan）大坝，它将淹没东南亚大陆地区现存的最大的一块林区，面积达 223 平方千米。抗议者来源广泛，有面临流离失所威胁的当地村民，有来自附近城镇的活动家，有泰国的非政府组织，有记者、学者、僧侣、歌手以及国际环保组织。抗议活动迫使政府推迟了该项目，并在 1988 年最终取消了它。这一经验催生了许多新的非政府组织，在当地的抗议活动、中产阶级中的同情者和国际环保运动之间架起了一座桥梁。

在 20 世纪 80 年代初的反共产主义运动期间，军队巡逻和治安网

---

① E. W. Gohlert, *Power and Culture: The Struggle against Poverty in Thailand*, Bangkok: White Lotus, 1991, p.143.

络被用于恐吓村民们，让他们保持沉默。少数反对这一体制的人被无声无息地"处理"了。但在之后的十年间，这种高压逐渐解除。一批新农村领导干部出现了。一些人，如克伦人领袖乔尼·奥多乔（Joni Odochao），曾与非政府组织合作过。一些村民爬上了教育的金字塔，回到家乡后成为当地的老师。一些人做过农民工，获得了一些城市经验。东北部的领袖班隆·卡尤塔（Bamrung Kayota）1973—1976年在曼谷当过农民工和工人领袖。

在20世纪90年代初，一些抗议者联合起来成立了新的组织。东北部的人们抗议政府失败的农业创新计划，该计划让他们负债累累。还有人抗议大规模的军队计划Kho Jo Ko将600万"寮屋居民"赶出1253处"森林"地区。这两个抗议群体联合起来，反对政府成立农业委员会的计划，该委员会将为农业综合企业而不是小农户发声，以影响政策的制定。经由这些事件，东北部人民成立了东北小规模农民议会（Small-scale Farmers of the Northeast）组织。同时，北部山地的森林原住民为抗议被迫搬迁，建立了北方农民网络（Northern Farmers Network）。

通过这些事件，人们想出新的抗议策略。为了反对军队的森林清理计划（Kho Jo Ko），农民们沿着友谊高速公路向曼谷游行，这条公路是30年前由美国资助修建的泰国第一条通往地方的现代化公路（见图8-3）。在游行队伍抵近中部地区之时，政府派部长们乘直升机到公路边与他们进行谈判，并达成一项协议。但这一计划最终被废弃。

在接下来的三年时间里，东北地区的团体又如法炮制，向一系列问题施压，包括农业债务、农作物价格下跌、森林使用权、对旧水坝项目的补偿以及取消新项目。北方农民网络在清迈河谷领导了一次类似的游行，主题是关于土地问题和山地居民的公民权利问题。1995年12月，一个新的联盟组织"穷人议会"（The Assembly of the Poor）成立。穷人议会是一个松散的地方抗议活动网络，没有领导人，只有一个组织框架，由一些非政府组织提供"顾问"。组织的名称是对繁荣

图 8-3　农民们走向政治。1992 年 6 月，在友谊高速公路上游行，
抗议森林清理计划中的土地安置方案

的城市作出的有意控诉。该议会将东北部的农民、北部要求国籍和土地权利的山地居民、南部受大型拖网渔船作业造成的渔业枯竭威胁的渔民社群，以及一部分城市劳工群体聚集到一起。1996 年，它将数千抗议者带到了城市，并与总理谈判达成一项协议，但由于政府在不久之后倒台，协议也随之失效。1997 年，穷人议会又召集 2 万多人举行了一个持续 99 天的抗议，并与政府谈判，迫使政府作出大量前所未有的让步，包括向因修建水坝而流离失所的村民赔偿 47 亿泰铢，承认"森林"中的居民可以继续在林中定居，审查几个悬而未决的大坝项目。但是政府在年底再次倒台，继任者撤销了大部分的让步。

　　穷人议会把日益高涨的乡村抗议运动推向顶峰。1997 年的经济危机更是雪上加霜。1998 年，由于泰铢贬值，农作物价格下跌而成本价格上涨；来自城市的汇款也减少了；许多打工者在农村家庭的支持下又返回乡下，至少作为待业之时的权宜之计。1998 年初，几个农村组织要求政府减免农村债务。此后两年，许多农民团体封锁主干道路或去曼谷游行，要求政府干预扶持农作物价格。穷人议会要求恢复对大坝项目的赔偿，打开巴蒙（Pak Mun）大坝的闸门，这个小型水电项目破坏了蒙河下游地区的生态和渔业。愤愤不平的渔民群体在政府大楼前半永久性地安营扎寨以示抗议。在北部，当政府坚持试图通过将更多林区划归国家公园，将里面的居民清除出去，山地村民便联合起来抗议（通常是暴力的）政府驱逐他们的企图。

地方团体变得越发勇敢，抗议一些大型基础设施项目，政府在计划时并未征求当地人的意见，在评估环境时也敷衍了事。抗议者未能阻止从缅甸经过西部森林的亚达纳天然气管道的建设，但是阻止了（至少暂时地）半岛东海岸的两座燃煤发电站的建设计划。在世界水坝委员会（World Commission on Dams）谴责巴蒙大坝之后，电力部门放弃了其他水电项目计划。一个待建的穿越泰南进入马来西亚的天然气管道项目，引发了三次抗议者和警察之间的暴力冲突。一些地方的村庄，抵制垃圾处理的选址方案。

总而言之，随着城市经济越来越吸引投资商和政府的关注，农业全面资本主义化的可能性也在降低。广大乡村依然是小农经济的天下，尽管他们与市场的联系已比以往任何时候都多。乡村对经济的贡献大幅下跌，但是生活在乡村的人口却减少得很慢，到世纪之交时还有将近一半的人口在乡村。这种半农民社会过于多变，过于分散，受历史影响太大，以至于在由城市利益阶层制定和主导的议会民主制中，无法给予他们与其人口数量相称的权力。但是从20世纪90年代初开始，农村团体能够利用媒体、学术和政策上的辩论，以及在国家高速公路和城市街头拓展新的政治空间。正如一位领导人所说："军人的权力在于他的枪，商人的权力在于他的钱……根据我们的经验，穷人的权力在于我们的脚。"[1]

---

① Wiraphon Sopha, quoted in Praphat Pintoptaeng, *Kan mueang bon thong thanon*: 99 *wan samatcha khon jon* (Politics on the Street: 99 Days of the Assembly of the Poor), Bangkok: Krirk University, 1998, p.150.

农民已不再是"国家的脊梁"，既不是国家财富的生产者，也不是想象中的国家秩序的被动支持者。在抗议活动此起彼伏的背景下，国家对农村的政策逐渐改变。在20世纪80年代末，国家停止对农业征税，并开始提供补贴。农作物扶持和价格保护计划最初只是短期的，且常常受到地理上的限制，但是后来逐渐推广开来并常态化。到2006年，四分之一的水稻作物享受补贴。这些计划的推广是选举政府的直接结果。各政党提出这些计划，因为它们很有市场，也因为它们在减少贫困线以下人口方面有切实的成效。

政府还增加投入修建连接村庄和市场的公路、兴修水利工程、扩大农业扶助计划以及促进社区发展。除了提高村民们的收入，这些计划还雇用了越来越多来自乡村的人，既有全职的，也有兼职的。政府还鼓励推广合同农业，种植水果、蔬菜、花卉、大豆和茉莉香米。一些农民和学者反对这些合同农业项目，认为这是一种剥削，但是一般的农民都表示欢迎，认为它们降低了风险，带来了资金，还解决了进入市场的问题。从20世纪80年代一个世界银行的项目开始，政府为土地持有者逐步发放地契，总面积达2000多万公顷，涵盖了除被划作保护林或国家公园的区域之外的大多数农业用地。

这些变化并没有改变农村社会，但是有助于维持小规模家庭农业的模式。农村家庭继续通过进城务工分享城市经济不断增长的财富，补充农业收入。根据21世纪头10年对一个偏远的东北农村进行的调查，年轻的家庭成员们外出到16个府去打工，甚至还有人远赴海外到老挝、马来西亚、中国台湾、中国香港、日本和荷兰等地去务工。此外，打工者寄回的汇款以及政府的投入，逐渐使当地的经济带有更多的城市特征。村民们开办了美容院、美发店、汽车租赁业务、拖拉机租用业务、大米加工厂、汽车维修店、杂货店和小餐馆。一些人还在政府机构工作。

与父母一辈相比，一个21世纪初的农村家庭的收入是他们那时的3倍。对生活的期冀也随着收入增长而水涨船高。农村家庭重视教育，因为它为他们的孩子提供了一个摆脱农业的机会。父母辈的视野很大程度上局限于村庄和地方，而新生代则前往曼谷和海外工作，并且每天通过电视和越来越普遍的互联网接触外面的世界。人们能够通过自己的双眼观察泰国巨大的不平等，不仅体现在城乡之间巨大的收入差距上，还体现在公共服务在数量和质量上的天差地远，以及不同社会阶层在地位、尊严和尊重上的巨大差异。在 21 世纪初，这种对不平等的不满情绪逐渐进入政治话语之中。一名 2010 年的示威者解释道："对我们来说，民主意味着公平……我们希望公平能体现在三个方面：法律、政治和教育。"① 这种担忧并不是因为不平等状况加剧（事实上它正开始缓慢地减轻），而是因为更多的人意识到这一点，并憎恶它。

对其父母一辈而言，政府是某种遥远的、可能带有一些恶意的事物，而对新一辈来说，情况要变得复杂得多。在农村经济中，政府现在作为一个资助人、雇主和银行家，地位非常突出。因此，人们日益期望政府能够担起责任向他们提供帮助，人们也越来越多地卷入政治之中，与从地方到国家的各级政府进行谈判。

收入的增长、愿望的提高、对不平等的不满的加剧和对政府期望的增长结合到一起，将在 21 世纪初改变泰国的政治。

大众社会的来临：出版物

在 20 世纪最后 25 年，出现了一个大众社会（mass society）。更多的人更深入地参与国家经济之中。通信缩小了社会空间。大众媒体的传播制造了一面镜子，映照社会，使人们能更好地认识自身。

1975 年，十分之九的就业人口都至少接受了初等教育，但是只有 6% 或刚刚超过 100 万人接受过中等或高等教育，这些教育主要是为了培养公务员。对于一个以农民为主的社会来说，这样就已足够，其他都是多此一举。

---

① Claudio Sopranzetti, *Red Journeys*：*Inside the Thai Red-Shirt Movement*，Bangkok：Silkworm Books，2012，p. 12.

但是，从 1985 年开始的工业繁荣，要求人们具有足够的在工厂工作的基本技能。为了应对这个局面，政府将国家预算中教育的比重由六分之一增加到四分之一，在更多农村地区的中学中增加班级，免除学费，提供免费午餐和学生制服，以减少家庭负担。在 20 世纪最后 25 年，接受了中等或高等教育的人数几乎翻了 10 倍，达到 1000 万人。

这一扩张为各种文字作品创造了读者群体。到 20 世纪 90 年代，即使是外府的一个小镇也至少有一家书店，在门口出售报纸杂志，而在店里则摆有成百上千琳琅满目的书籍。由于出版成本低，这些书籍和杂志的价格便宜，销路很广。

在小说和短篇小说方面，20 世纪 70 年代的社会现实主义延续到 80 年代，但带有一种阴郁的气氛，如查·勾吉迪（Chart Kobjitti）的小说《判决》（*Kham Phiphaksa*，1981 年）。更受欢迎的是针对快速增长的普通读者的消遣文学，著名的作家有探玛延迪（Tomayanti）和格莎娜·阿索信（Krisna Asokesin）。这些流行的家庭剧和历史演义用它们自己的方式，充当一面镜子，映射不断壮大的城市中产阶级，并形塑一种身份认同。在 20 世纪 90 年代，像布拉达·云（Prabda Yoon）这样的新锐作家的作品，更能引发在全球化时代成长起来的年轻读者们的共鸣。

杂志的出版引发了更大的热潮。在这里，最受欢迎的类型是"现实生活"类杂志，有些带有哗众取宠的名字，如《人生斗争》（*Chiwit Tong Su*），内容以犯罪、爱情、悬疑和人生悲剧等故事为主；还有一种让人心情愉悦的类型，例如《天作之合》（*Khu Sang Khu Som*），内容以成功、幸福和克服困难的故事为主。

报纸出版在 20 世纪 70 年代井喷式地复苏。仅在 1974 年就有 177 家日报取得了发行资格。一些报纸，如英文的《民族报》（*The Nation*）和泰文的《民主报》（*Prachathipatai*），独辟蹊径，致力于一种更为积极和有担当的新闻风格。1976 年审查制度重新实施，但仅过了一年就放松了。1977 年创立的《民意报》（*Matichon*）是一份"高质量"的泰文日报。1980年，它开始发行一种新闻评论周刊，逐渐发展成为兼具政治评论、短篇小说和娱乐专栏的综合性刊物，其他出版社纷纷效仿。在1985年之后的经济繁荣期，颂提·林通恭（Sondhi Limthongkun，即林明达）创办了商业日报《经理人报》（*Phujatkan*），把经济和政治新闻相结合，再次引发了其他一些出版社的效仿。1991年，媒体成功地迫使政府废除了他宁时期发布的第42号总理令，该法令使政府有权暂停出版物的出版或吊销报纸的执照。1991年，当将军们通过政变上台，并试图威胁实施审查时，一些报纸对此置若罔闻。到20世纪90年代，几乎三分之二的城市成年人都阅读日报，其中约半数读者阅读广受欢迎的《泰叻报》（*Thai Rath*），6%—7%的读者阅读高质量的《民意报》。少数地方首府城市，如清迈，还有本地报纸，通常是周刊。但是报纸基本上是全国性的，由曼谷发行，覆盖泰国大部分城市和五分之一的农村人口。

至于其他形式的出版物，全都笼罩在一种自助式或"怎么做"（how to）类的手册的阴影之中，它的内容包罗万象，涉及许多学科，尤其是关于商业成功、健康和社会行为等内容。它们为新的城市社会提供了正规教育和父母都无法给予的指导。最畅销的一批书籍都与文学作品，特别是与《孙子兵法》《包公传》和《三国演义》等中国作品有关。

日报、"现实生活"类杂志、充满戏剧性的小说以及指导类的手册都用各自不同的方式，分享着不断发展壮大的城市中产阶级的经验、恐惧和愿望。

大众社会的来临：交通与媒体

1959年，人类学家迈克尔·莫曼（Michael Moerman）骑了两天半的马，才抵达位于帕耀府（Phayao）的他所要研究的村庄。而1987年他回访的时候在路上只花了90分钟。有四件事物改变了泰国的村庄与外部世界的关系：柏油路、旅游大巴、电视机和日本的二冲程摩托车（见图 8 - 4）。

20 世纪 50 年代和 60 年代，美国帮助泰国修建了外府的高速公路，以到达其空军基地。泰国军队在 20 世纪 70 年代开始修筑支线公路，以便更好地接近被丛林游击队控制的地区，并加速启动农村发展项目，用美国的援助资金铺设乡村公路。从事建筑行业的地方政客在 20 世纪 80 年代和 90 年代又再接再厉，继续修建公路。到 1990 年前后，除了一些高原山地地区外，每个村子都通了柏油公路，每个府和多数地方中心城市都能通过通宵大巴抵达首都。

图 8 - 4　大众的流动。二冲程摩托车帮助泰国将
乡村和市场以及全国各地连接起来

第二次世界大战后，日本公司开始在泰国设厂组装摩托车，后逐渐转变为在当地生产。到 20 世纪 70 年代中期，摩托车的销量达到每年 5 万辆左右。随着经济的加速发展和打工者寄回村庄的钱越来越多，摩托车的销量节节攀升，到 1997 年金融危机之前达到了每年 200 万辆。其中大部分销往农村地区，到 20 世纪 90 年代中期，超过五分

之三的农村家庭都拥有一辆摩托车。由于价格便宜，又能在没有道路的地方行驶，摩托车彻底改变了农村的交通状况。它运送农民去他们的田地，运送家庭主妇去小区市场，运送孩子们去上学，运送人们去参加庙会。

到 1980 年，几乎在每一个城市家庭中都能见到一台电视机，但是只有三分之一的农村家庭拥有电视机。在之后的十年时间里，日本政府出资援助泰国农村的电气化，促进对耐用消费品的需求，而且电视台的信号也已经覆盖了全境。20 世纪 80 年代末，当农民工的汇款增长之后，电视机成为农村家庭购买的第一选择。到 20 世纪 90 年代中期，已经有超过 90% 的农村家庭拥有一台电视机了。

虽然政府放弃了控制印刷媒体的斗争，但它敏锐地意识到电子媒体，尤其是电视的力量，以及其深入乡村的能力。直到 20 世纪 90 年代，所有 4 家电视台和 400 多个广播电台都由武装部队或政府机构运营或授权。播出的内容受到严格控制。广播新闻是由官方机构连续发布的新闻稿。电视新闻以王室新闻开场，接着依次是军队新闻和政治新闻等。黄金时间预留给国产电视剧。此外，还制作一些专题节目，播放关于君主制、武装力量、标准版本的历史和官方对国家发展的观点的内容。

渐渐地，这种情况有所缓解，尽管只是部分缓解，但已足够让这些媒体成为一面映射社会的镜子。在 1990 年前后，电视台将王室新闻作为一个专门的节目独立出来，并放弃了播报新闻时严格的排序格式。更多的节目被转包出去，允许监察人（Watchdog）和国家集团（Nation Group）等公司引入更多独立的政治评论和辩论。国产电视剧的质量和人气都在提升，故事多是改编自流行的通俗小说，展现新中产阶级的形成历程。每天晚上都有约一半的城市成人观众守在电视机前观看，而报纸会为那些错过剧集的人连载脚本。虽然新中产阶级的故事分散在爱情故事、家庭剧、鬼故事和动作片等类型的影视剧中，但是很少有剧本是专门关注他们的。最受欢迎的主题包括：一个人在逆境中获得成功，一个家庭在获得新的繁荣的同时不失其道德指南针，以及与裙带关系的旧习气、暴力和腐败的抗争等。电视剧还是一种展示，共同分享大众对衣服的品位、家居设计的时尚、说话的方式和对社会行为典范的看法。

随着 20 世纪 90 年代农村观众的扩大和其收入的增加，电视节目也开始迎合他们的需求。在电视剧《勇猛的乃贺》（*Nai hoi thamin*）中第一次正面展现村民，他们不再只是喜剧性的调剂人物，来自城市的演员努力去接近东北部的农村口音。更多的时间播放的是综艺节目，其往往由从低级夜总会（卡费）招募的喜剧剧团主持，以迎合来自农村的进城务工人员。电台 DJ 们悄悄抛开官方对语言统一性的要求，用地方方言播放和介绍歌曲。

流行音乐形成了另一面社会镜子。"为人生歌曲"的卡拉万乐队在 20 世纪 80 年代初从丛林中回归。一个新乐队卡拉包（Carabao）涌现出来，将"为人生歌曲"这一流派继续发扬光大，同时保留了一些政治内容。1984 年，卡拉包的歌曲《泰国制造》（Made in Thailand）成为第一批红遍全国的热门歌曲之一，它取笑了那种对外国商品和品牌的狂热。中部地区风格的田园民谣反映了进城农民工们的悲伤和愿望，因而大受欢迎，从 20 世纪 60 年代开始到各地巡回演出。后来，通过录音磁带和电台广播，这种田园民谣传播到全国各地。

20 世纪 90 年代，田园民谣在电视上大行其道，田园民谣歌手也成为国家级的明星，还漂洋过海到东京和洛杉矶去慰问泰国的侨民。东北部的民歌类型毛兰（*mo lam*）也经过改良而传播开来，与之类似的还有泰柬边界地区的甘德楞（*kantreum*）。20 世纪 90 年代，格莱美（Grammy）等唱片公司开始组织这些田园民谣明星，以及西方和日本流行音乐的本土版本，并利用音乐、电视剧和商品广告等的协同效应，力图打造一种泰国的国家"明星文化"。

这种新的公共空间为社会背景平凡的男女们提供了成为受万人膜拜的英雄的机会。銮坡坤（Luang Por Koon）是一位来自呵叻乡村的苦行僧，他制作的佛牌作为保佑平安的护身符很受士兵们的欢迎，后来其扩展到更广阔的市场，成为保佑财富和好运的护身符。来自佛牌交易和朝圣者捐赠的收入每年高达数亿泰铢，都被用于修建学校和其他福利设施。公众人物、王室成员，特别是政客们都去拜见銮坡坤，尽管他称呼人的用词在现在看来是老式、粗俗和不礼貌的。蒲蓬·端詹是一个未受过教育的童工，后来成为红遍全国的田园民谣歌手。她于1991年在英年早逝，诗琳通公主（Sirindhorn）出席了她的葬礼，总理致悼词，她故乡的寺庙成为追思她的圣地。考塞·格莱希（Khaosai Galaxy）作为国际拳击冠军在19次比赛中16次击倒对手，后来成为一名演员和电视明星。另一位拳击手颂拉·堪兴（Somluck Kamsing）在1996年亚特兰大奥运会上获得了泰国历史上第一枚奥运金牌后，立刻就成为国家英雄。八年之后，举重运动员巴维娜·通素（Paveena Thongsuk）成为泰国第一位女子奥运冠军。2013年，拉查诺·因他侬（Ratchanok Intanon）成为羽毛球世界冠军。从20世纪90年代中期开始，电视台开始播放一种新型的俗喜剧，演员都曾在地方剧团参加过巡演，其中最著名的喜剧明星是曼·乔莫（Mum Jokmok）。

考塞、颂拉、巴维娜和曼都来自东北农村。宗教、音乐、体育和喜剧都扩展了社会镜像的阶级范畴，打破了自萨迪纳时代继承下来的旧的心理壁垒。

颂扬多样性

这种在出版印刷和电子媒体上的新公共空间的扩张，形成了一面镜子，能够反映迅速变化的社会，并分享品位、社会风气、愿望，甚至政治观点。它在很大程度上是一面全国性的镜子。几乎所有的媒体都来自曼谷，并且主要反映城市社会。因此，它具有强大的影响力，为外府人树立一个标准的奋斗目标。但是作为一面镜子，它也越来越多地映射出社会的多样性。

这一点在宗教领域表现得尤为明显。短期出家和到本地寺庙做功德等常见的佛教实践正在衰微。但是其他新形式的佛教实践开始时兴起来，这得益于先进的媒体和通信技术。包车进行拜佛之旅受到人们的青睐，人们纷纷前往著名僧人所在的寺庙敬香捐款，不管高僧是否仍在世。一些在世的僧人会通过广播讲话、录音带或只是在国内新闻中被专门报道，便可以得到全国信众的尊崇。这些方式在风格和信息上各有千秋，受众们可以自行选择。帕帕永·甘拉雅诺（Phra Phayom Kalyano）倡导以一种现代和理性的方式进行城市生活。高僧玛哈波（Luangta Mahabua）因其苦行实践和超凡神力而广为人知。銮坡坤念咒开光的护身符十分灵验，同时又直来直去，带有朴实的东北乡土特质。这些僧侣吸引了数量庞大的追随者，并且得到了数额巨大的善款捐献，这些善款都被用于慈善和福利项目上。

大众宗教活动从来没有像当局希望的那样受到控制，并且现在许多新的形式在社会变革下蓬勃发展。离开故土的人们需要更为个人化的宗教实践形式。许多人想办法应对生活中新的不确定，这些不确定不再是关于天气或者传染病，而是有关商业风险、婚姻前景、考试成绩和社会地位。佛牌因其保佑人们避免不幸的功能而更受欢迎。一些杂志开始宣传各种佛牌的起源、法力和迎请的价格。灵媒们为商业和个人问题提供咨询和建议。遁世求法和禅修冥想在那些自认洞明世事之人中间十分盛行。人们向神明祈求帮助，从商业决策到彩票号码的选择，无所不包，他们向神庙中的梵天神像求助，向华人圣祠里的慈悲女神观音①求助，向那些带有吉祥名字的僧人，如銮坡恩（Luang Pho Ngoen，字面意思是钱长老）求助，甚至有人向已故田园民谣歌星蒲蓬的魂灵求助。曼谷的拉玛五世骑马雕像成为祭拜祈福的中心，这种崇拜是在忧心经济和政治稳定的曼谷中产阶级中间开始的，后来扩大到社会各界和全国范围，甚至有人组织乘旅游大巴专程从外府赶到首都参拜。在泰国与中国有历史关联的佛教寺庙（例如阿瑜陀耶的帕南呈寺）吸引了城市富翁的捐助，其开始带有一些华人神庙的功能和氛围了。

一些僧人创立新的教派，吸引了不少追随者。菩提拉比丘（Phra

---

① 原文如此。观音是大乘佛教中的菩萨，在中国民间信仰中是慈悲和智慧的象征，常表现为女性形象。——译者注

Pothirak）提议在城市中也进行林居僧人那样的苦行实践。当加入他的"静无忧"（Santi Asoke，或音译善地阿索）运动的信众不断增加，并开始卷入政治之后，菩提拉在1989年被强制还俗，他的追随者们大多退居到能够自力更生的农村社区中。法身派（Dhammakai）始于一位僧人禅修冥想形式的推广普及，后来就市场化了，面向学生和年轻的职场人士，他们将其作为一种通往世俗和精神上的成功之路。它在首都郊区建造了迄今为止最大的现代佛教中心，并吸引了十万多人同时参加其大型活动。1998年，在有的信众宣称见到天空中有奇幻景象之后，它的领袖被指控使用了高压营销手段，并滥用通过该运动得到的大量资产。

虽然政府在2000年后再次尝试对僧伽组织进行改革，但是这些改革措施似乎都未切中肯綮。传统的宗教实践被一种"宗教市场"所取代，或者二者对调，强调超自然神力的帮助对世俗成功的重要性，是"市场和资本主义企业制造的神秘化、神灵化和魔法"①。

这种对多样性的崇尚也体现在新的泰国历史类作品中，它们越来越多地出现在期刊和口袋书等公共媒体中，而不是严肃的学术书籍中。《艺术与文化》（Sinlapa Watthanatham）杂志聚集了众多先锋学派，并不再谈论君主制的连续性和构成泰国官方历史版本主体的"泰族"概念。相反，它采用了民族国家的现代地理空间，然后描述了充斥过去的多种多样的族群、社会和文化的影响。该杂志的编辑素集·翁帖认为"泰人一直就在这里"，意思是说基于新的考古发现，尤其是在东北部的发现，现代泰国主体民族的"祖先"是很久以前就在此定居的人们，而不是像泰国历史标准版本中所说的，是来自北方的傣泰人。希萨·万利坡东（Srisak Vallibhotama）的研究为其提供了大量的支持，他重新追溯泰国历史，将其视为一个不断扩大的贸易网络的故事，它催生了更大的族群复杂性，进而要求有更广泛和更复杂的政治制度。这里几乎没有在标准历史解释中占据主导地位的国王和军队

---

① P. A. Jackson，"The enchanting spirit of Thai capitalism：the cult of Luang Por Khoon and the postmodernisation of Thai Buddhism"，*Southeast Asian Research*，7，1，1999，p. 49.

的位置。缇达·沙拉雅（Dhida Saraya）进一步推翻了民族的定义，认为"泰"是一种"文明"，其特征是具有悠久的小乘佛教传统。

这面社会镜子还展示了蕴含在民族的描述符号"泰"里面的多样性。在 20 世纪 80 年代出现的抗议活动中，抗议群体经常利用当地的身份认同作为支持来源。例如，在北部山地的克伦人，他们声称有权继续居住在森林中，理由是他们拥有植物和森林保护的特殊知识。在 20 世纪 90 年代初，地方大学的学者们出版了南部和东北部的文化百科全书，其中强调了这些在 19 世纪以后才完全纳入泰国中央政府统治版图的地区非常不同的地方传统。像希萨这样的知识分子会突出泰国境内人群来源的多样性（lak lai），有的是迁移过来的，也有被劫掠来的。旅游业推动重新发现或重塑地方认同。新一代族群史的研究者们从事研究的前提假设是：纯粹的傣泰文化只能在泰国境外的傣泰社群中见到了。

政府继续通过国家文化委员会和举办诸如 1994 年的"泰国文化推广年"这样的活动来宣传"泰国文化"。这些机构承认泰国文化在形成过程中受到许多文化的影响，但是依然坚持认为有一个连贯的统一的综合体。它由两部分构成，一方面是佛教、古典艺术和宫廷礼仪等高雅文化；另一方面是民间艺术和村社内亲密的社会关系。

这种对泰国文化的宫廷—乡村式的官方定义，已经与不断增长的城市居民，特别是那些首都居民的生活和环境越来越脱节。从美国时代开始，城市消费文化的语言（尤其是品牌名称）是英语。20 世纪 80 年代的市场自由化和全球通信革命，使得涌入泰国的外国商品和文化制品不断增加。日常生活中的人际关系，不管是在天铁或超大型购物中心这样的开放空间，还是在商业公司这样的小型世界，都与村社内如亲人般的和睦无间，或被泰国官方认为举止得体的贵族—官僚理想中的礼貌方式相去甚远。城市社会逐渐发展出自己的习俗，这些习俗没有受到多少所谓"泰人"行为准则的影响。年轻人从好莱坞、日本流行歌曲和欧洲足球中寻求娱乐。传统的文化表演越来越乏人问津，只能进入博物馆或改头换面专为游客们表演。

实际上，这面社会镜子有助于推翻单一的、统一的和刻板的"泰国文化"或"泰民族国家"的自负感。存留下来的是某种更随意、更依赖个人诠释的东西。一些保守人士依然把"泰国性"想象成旧等级社会的举止文明。新传统主义者则在不断消失的农村社会那种面对面的传统里去寻找"泰国性"。广告商为了吸引大众购买啤酒和能量饮料，也利用泰国性，赋予其新的特性，如泰拳的武术精神和暹罗历史传奇里的暴力情节。

内部边界

国家保留了一些微妙的内部边界。从美国的"发展"时代开始，泰国的统治者和城市中产阶级不断把泰国视为一个现代国家，与世界上的发达国家紧密联系在一起。那些不能或不愿紧跟现代化步伐的人，其国家成员的资格会遭遇挑战。城市显然比农村更现代。多数村民似乎拥护发展，并因此获得国家公民的资格，尽管可能只是二等公民。那些为保护地方的生活方式或文化而抵制中央发展政策的人，经常被指控是反国家和"非泰"（un-Thai）的。最危险的人是那些选择住在偏远地区，尤其是山地地区的人们。在 20 世纪 50 年代，国籍法进行了修改，其要斟酌处理在泰国境内出生的人的泰国国籍问题。表面上，这个修正案是为了处理难民社群的孩子问题，在接下来的半个世纪里，该地区的战争和经济失衡情况一直存在。这个自由裁量权被用来拒绝向山地居民的孩子授予完整的国籍。一些人只得到部分身份的证明文件。其他人则完全被授予国籍的官僚机构忽略。这给所有人都带来了不便。没有国籍反而给了社会歧视和政府侵犯正当的理由。森林覆盖率大幅下降，这主要是由军队、政府机构、专业伐木工和来自低地的定居者造成的，但却都被归咎于山地居民的轮垦和鸦片种植。这一"罪行"又反过来成为剥夺其土地和公民权利的正当理由。

另一个内部边界将最南端几个府中的马来穆斯林划分出来。尽管官方制定了宗教宽容政策，但国家仍然对这个拒绝在语言或宗教实践上归化的社群保持怀疑和不满。很少有来自该地区的人成为教师、官僚或军人。半心半意的发展投入使得该地区成为全国最为贫穷的地区之一。在教育方面缺乏对伊斯兰教和当地语言的真正的宽容，使得当地社区建立起自己的伊斯兰经文学校，年轻人前往南亚或中东去接受进一步教育。许多人到马来西亚工作，一些人遇到案件会到吉兰丹的法院去接受伊斯兰教法的审判裁决。这些外部的关系强化了泰国政府对该地区的偏见。这使得泰南地区的穆斯林更倾向于接受伊斯兰世界的变化潮流，尤其是在服饰和宗教实践上的正统趋势。

南部的分离主义运动自20世纪70年代之后就销声匿迹了。一群当地的马来裔穆斯林政客，包括哈吉素隆的儿子在内，利用选举民主成功当选了地方议员。其中一位还于2001年出任内政部长。民主、经济增长和军队的谨慎监管似乎已经解决了极端主义。

但是到21世纪初，泰国当局忧虑，东帝汶和亚齐的分离主义运动以及伊斯兰极端主义在世界范围内的发展，会使南部的动荡死灰复燃。2002年，监管南方的军队结构被调整，由警察来接管。警方收到情报报告分离主义运动有所抬头，为了将运动扼杀在摇篮里，警察不惜秘密逮捕和杀害可疑分子。他们的努力适得其反。2004年1月4日，那拉提瓦府的军械库遭到袭击，400支自动步枪被盗。在接下来的四年里，约有3000人在南部三府遇难，大多是遭到枪击或小型炸弹袭击。最大的受害者群体包括士兵和其他政府雇员，他们大多是佛教徒，但其他人都是穆斯林，可能是与政府合作的人。

尽管反恐专家预测，暴力行为将会在基地组织和其他穆斯林国际网络的协助下升级和蔓延，但冲突事件仍维持在较小规模，而且局限在北大年、惹拉和那拉提瓦三府，或附近的宋卡市。大规模的冲突事件还强调当地的象征意义。2004年4月28日，发生了造成107人死亡的事件，大部分发生在北大年的克鲁瑟清真寺内。那一天正是开启分离主义运动现代阶段的1948年起义的周年纪念。这个清真寺提醒着人们北大年过去曾是一个独立的王国。在当地制造了一系列爆炸和杀戮之后，参与者们聚集在清真寺内，似乎有意殉教。2004年10月，有 78 人在军车内因窒息而死，他们都是在那拉提瓦府德拜县参加示威游行后被捕的。

解释分离主义运动是困难的，因为它既没有运动宣言，也没有提出任何要求。要瓦解这一运动同样困难重重，因为它呈现出高度分散的细胞状结构，也没有明确的领导者。对分离运动潜在的同情，厌恶当局对德拜县和克鲁瑟清真寺事件的处理，以及单纯的恐惧，共同导致了安全部队很难获得当地社区的合作。在偏远的边境地区的特殊环境下，分离运动的政治意义变得异常复杂。叛乱组织、安全部队和地方政客都在争夺走私大米、油、毒品、酒和劳动力的利润。几乎每天都发生杀戮，它已成为一个脓疮，无法被简单地诊断、缓解或治愈。

保守派的疑问和恐惧

20 世纪 90 年代发生的翻天覆地的变化引起了一些人的不良反应，他们觉得变化太大、太快了。经济向外部力量大开门户。国际资本成为主导力量。曼谷成为一个国际化大都市。特别是在 1997 年金融危机的余波中，商人们成立了一些协会，要求制定一个更具防御性的经济政策。一些活动家试图启动一个"新民族主义"运动，要将这些组织联合起来。另一些人想象在全球化的冲击下，泰国会在更深层次上丧失文化认同。有一则广告描绘了一群泰国人被一个外国人教导如何展现著名的泰式微笑。面对快速的城市化，一些人对被认为是理想化的农村社会所固有的社区价值观的丧失感到遗憾。

更具体地说，他们忧心新财富的快速生产改变了社会秩序，而对那些财富的使用又改变了政治秩序。他们寻找解决之道。《1997 年宪法》设立了一个新的"独立机构"，旨在遏制政治腐败和贿选行为。20 世纪 90 年代末，透明国际（Transparency International）在曼谷设立了一个分支机构。警察腐败被学术研究和电视纪录片揭露出来。一些高级公务员通过公务员委员会（Civil Service Commission）施压，要求公务员在公共服务中有更严格的规范和行为准则。关注的范围也扩大到私人道德方面，特别是在城市化和全球化影响下的年轻人的衣着标准与性行为的改变。时尚的说泰语的新方式是使用许多外来语借词，扁平的音调，弱化辅音，这让一些人担心，这将造成语言这个国家认同的支柱被腐蚀。涉及僧人的丑闻也激起人们对佛教的类似的担忧。

这种态度在官僚机构的高层中尤为强烈，他们仍大都出身"旧贵族家庭"，他们担心自己的社会地位和官职会日渐衰微。但是这种观点同样在城市中产阶级的小官僚、白领和小商人中得到共鸣，他们自认是这个金钱价值越来越凌驾于原则之上的社会中的好公民。

大多数时候，这些运动和态度都呈涣散状态。只在 20 世纪 80 年代末和 90 年代初，占隆·西芒（Chamlong Srimuang）暂时将各方团结到一起，他以一种苦行者的形象作为对抗腐败的力量（参见下一章）。但是在 1992 年危机之后，占隆就淡出舞台了。许多人指望王宫可以成为领导。在每年的生日演说和其他声明中，国王经常提及反对腐败，并反复强调需要"好人"来管理国家。许多运动试图以"泰国性"的观念来支持一些保守性项目。为了应对这种压力，在 2002 年政府成立了文化部。它的第一个任务就是起草一份总体规划定义其作用，这一规划首先用多样性的词汇界定了"泰国性"（Thai-ness），但随后迅速转入更为积极的模式，希望将适宜的"泰国"标准的语言、衣着和个人行为强加于人。

结论

在 20 世纪最后 25 年这一代人的时间里，泰国社会以前所未有的速度变化着。在美国时代奠定的城市资本主义的基础之上，大企业家族不仅获得了大量财富，还拥有了较高的社会地位。新白领中产阶级接受了受西方影响的消费品位和个人主义的观念。资本主义吸引了更多的工人阶级进入城市。

国家的边界被不断增长的人员流动打破。贸易总额由 20 世纪 70 年代初占国民生产总值的 40%，增长到世纪之交的 120%。资本流动总额由 20 世纪 70 年代初的不足国民生产总值的 1%，增长到 90 年代超过这一数字的 10 倍。游客的数量从每年几千人增长到每年 1200 万人。从缅甸和其他周边邻国涌入大量劳工，也有泰国劳工离开泰国前往日本、中国台湾地区和中东地区打工。信息、图像和思想通过卫星、电视转播、电影和互联网进入泰国。经济更多地面对全球的力量，而社会也面临着全球的品位和观念的冲击。

与全球化同等重要的是大众社会的到来。直到 20 世纪 60 年代，思想和图像还只能通过少数渠道与人共享。社区仍相对封闭。政府主导着全国的信息网络。从 20 世纪 70 年代开始，情况急剧变化。柏油公路、旅游大巴和廉价摩托车都侵蚀着国家的空间。国家的大众媒体创造了一面社会镜子，社会可以从中照见自己。在这面镜子中，想象中的国家的统一性变得支离破碎。它映照出的镜像揭示了社会中民族构成的多样性、历史的复杂性、宗教实践的多元化和社会分化的程度。

全球化带来的繁荣和大众社会的出现，为挑战国家政治的家长制传统提供了舞台。

第 九 章

政治（20 世纪 70 年代以来）

　　从美国时代开始的经济和社会的巨变，在 20 世纪最后 25 年蔓延到政治领域。

　　1976 年后，高级官僚、宫廷和军队仍旧认为农村社会是被动顺服的，接受等级森严的、社会的和政治的秩序，需要防止共产主义和资本主义的影响。将军和官僚精英制订计划构建社会和谐，并自上而下指导"民主"。但是在经济和文化上，泰国正飞速发展，出现越来越多的城市而不是乡村；更有主导权的是企业家而不是官僚；人们相比过去的被动顺服也更加积极自信了。家长式的作风随着工业化、城市化和全球化的推进，以及大众社会的成长，被一扫而空。

　　20 世纪 80 年代，在议会体系内的商业政客以及议会之外的新"公民社会"，把军人推回军营，但是十分勉强、缓慢和不彻底。军方在 1991—1992 年试图阻止这一趋势的发展，结果成为一次关键的转折。此后，军队的作用急剧下降。政治空间扩大了。得益于全球化的力量和一部分大众社会中新生的自信，人们对泰国社会的深远变革产生了很高的期望。各政治力量优先考虑社会的福祉，国家似乎将在更广阔的政治空间中蓬勃发展。但是强大的独裁国家的传统仍根深蒂固。当大企业和以农村为基础的民粹主义试图推翻旧官僚支配的国家政权时，它引发了一场冲突，使军人重新回到前线，并使自由民主和经济增长都处于危险之中。

国家意识形态与国家认同

1976 年的暴力事件令人震惊。它极大地损害了官方自我塑造的和平、进步的国家形象。事后，一个在冷战时期建立的决策部门国家安全委员会（National Security Council）开始探索如何"在国家的人民中间培养团结精神……使人民能够万众一心"①。委员会的学术顾问们得出结论，旧的"民族、宗教和国王"三位一体的思想已无法再"刺激"社会了，社会在一代人的时间里已急遽变化。泰国需要一个"国家认同"以克服 20 世纪 70 年代的极化政治，还需要一个"国家意识形态"，抓住人们对进步的渴望，正如共产主义在近年来向很多人宣传的那样。

这一计划得出的新标准原则是"民族、宗教、君主，和以国王为元首的民主"。在实践上，它与之前的准则在两个方面有所不同。其一，君主作为国家忠诚的焦点，相比于另外两个旧三位一体中的组成部分，将发挥更为突出的作用。其二，民主被添加进来，他们认识到 1973—1976 年时期揭示的人们对自由、参与和自我表达的渴望，力量强大，难以压制。"国家意识形态"不是像印度尼西亚的"潘查希拉"（Pancasila）那样公开推广的，而是"国家领导人的一种工具……施加在大众身上，为了让他们向政府希望的方向转变"②。20 世纪 70 年代末，国家文化委员会（National Culture Commission）和国家认同办公室（National Identity Office，NIO）成立。为了实施这一计划，还推出了新杂志和广播节目。

通过研究，国家安全委员会发现，估计占人口总数 80% 的农民尊崇君主和宗教，对政治不感兴趣。它得出结论，他们只需要温饱的生活便可满足，并需要父亲般的官员去照顾他们。国家认同办公室在 1984 年出版了一本书，将泰国社会描画成一座金字塔，从素可泰时期

---

① Connors, *Democracy and National Identity*, p. 136.

② Connors, *Democracy and National Identity*, p. 140.

开始就几乎没发生过变化。居于顶端的是国王；其次是当"国王发现仅凭他一人已无法管理国家事务"时设置的官僚机构；在最下面的是广大农民，他们居住在不变的、和平的村庄中，"那里实行的是最纯粹的民主"。①

内政部开始着手进行"政治教育"，让人民为"民主"做好准备。内政部自己的调查研究得出的结论是，泰国人还未准备好迎接民主，因为教育程度低、缺乏道德规范或严肃性，或仅仅是因为"在性格上习惯听命于别人"。这些发现表明，通过教育项目来灌输国家意识形态和公民职责，而不是权利和自由意识是合理的。国家认同办公室将"泰式民主"界定为一个尊重人民的权利（未作解释）和意愿的好政府，因此可以抗衡共产主义，吸引民众。它将由"好人"们，而不是那些代议机构实现。

"以国王为元首的民主"的字样曾出现在此前的宪法中。现在它成为标准。历史被重新修订以反映君主与泰国民主进程之间的密切联系。1980年，一个巴查提勃国王的雕像在新议会大楼外落成。这一项目很早就已提出，但是直到1976年之后才获得资助。这个雕像以实体方式表达历史，在这种历史叙述中，是巴查提勃在1932年12月10日通过批准宪法引入了民主。在这个修正主义的版本中，民党的革命是一个仓促的错误，导致了法西斯军国主义和共产主义。雕像上刻有从巴查提勃1935年退位声明中选取的文字，他拒绝将权力移交给"任何个人、任何党派，尤其是那些想要垄断权力或不听取人民真正呼声的人"。君主制因此成为民主的源泉。

政治军人与"前民主"：1980—1988年

军方认为自己应承担起实现这种家长式的国家愿景及其政治前途的重担。

---

① National Identity Office, Office of the Prime Minister, *Thailand in the 1980s*, Bangkok: Muang Boran Publishing House, 1984, pp. 136 – 137.

第九章 政治（20世纪70年代以来）

1976年10月6日的政变使军人重掌大权。军人主导政治这一观念根深蒂固，40年来军方只有两次短暂的大权旁落。但是美国大规模援助之后又撤走所产生的影响，给泰国在很多方面都带来了不安。将军的数量迅速增加（超过1000人），在高层形成了激烈的竞争。从20世纪30年代到50年代，第一军通过其控制曼谷街区的能力而掌控政治，但是现在在武装部队中出现了多个权力中心。镇压叛乱使得地方部队和中央的新技术和战略部门（如国内安全行动指挥部）的规模和地位都得到提升。此外，政治斗争也使军队高度政治化，特别是在中级军官干部中间。在军队的刊物中，不同的派别在为何军队要和自己的人民作战，以及如何通过政治的手段对抗共产主义等问题上争执不休。

政治化的中级军官们掌控了影响力，因为他们直接控制着兵力和武器，这些对将军们争权夺利至关重要。"青年军官党"（*Khana thahan num* 或英语中称 Young Turks）是一个由约90名中级军官组成的团体，他们在20世纪70年代初走到一起，并在70年代末的政变政治中发挥了主导作用。他们中的大多数人接受过美国人的训练，并曾赴越南参战。他们不但强烈反对共产主义（一些人参与了10月6日的镇压活动），而且强烈反对资本主义。他们将农民视为"国家的生产者和脊梁"，认为共产主义之所以能够兴起，是因为"资本家榨取了太多利益……这些资本家正在摧毁国家和机构……摧毁一切，不仅仅是给人民带来痛苦"①。他们不信任议会，因为商人们可以操纵选举。他们相信军人有权力和责任掌控政权，以管理这些社会分裂。他们对1973年军队失势感到痛心疾首，将这归咎于商人与他侬和巴博等军官之间的腐败关系。由于他们掌控着曼谷驻军的指挥权，他们在1976年和1977年取得成功的政变中发挥了作用。

"民主战士"（*Thahan prachathippatai* 或英语中称 Democratic Soldiers）组织成员大多来自国内安全行动指挥部或总参谋部。他们曾参

---

① Prajak Sawangjit, quoted in Chai-Anan Samudavanija, *The Thai Young Turks*, Singapore: Institute of Southeast Asian Studies, 1982, p. 62.

与制定反共产主义的政治策略，并曾与泰共的叛逃者，如巴色·萨顺通等人合作。和青年军官党一样，他们相信共产主义的问题源于资本主义，因为"一些群体已经能够利用和建立垄断特权，它造成了社会不公和人们的贫困潦倒，为战争创造了条件"①。该组织的一位领导人差瓦立·永猜裕（Chavalit Yongchaiyudh）指出："更糟糕的是那些在农村社会根深蒂固的'影响'……如果他们对某人感到不满，那么他就大难临头了，可能会被杀。"②

青年军官党人敬重炳·廷素拉暖将军，认为他是一位"干净"的军人，并在1980年帮助他登上总理之位。但是炳并不依赖他们。他的崛起还仰仗于普密蓬国王，国王视炳为一个可以让君主放心的士兵。炳并不认同青年军官党狭隘的意识形态，而是深刻认识到商人是社会上一支强大的力量，需要对他们作出一定的妥协。1981年，他任命一名军人和一些青年军官党所反对的商人进入他的内阁。青年军官党在4月1日（因此也被称作"愚人节政变"）发动一场政变，炳逃过一劫，他在王室成员的陪同下逃到他在呵叻的旧驻军基地。面对国王对炳的支持，青年军官党只得举起白旗投降。其领导人被捕入狱，但很快就获释了，因为炳认为他们可能仍是一个有用的支持来源。1985年，他们又尝试发动了一场未遂政变，在此之后，组织的领导人都被革职处分，组织本身也分崩离析了。

相形之下，"民主战士"显得能屈能伸，炳还期望他们能帮忙出谋划策，对残余的共产主义发动"政治攻势"，并成功回归议会民主制。这一战略在1980—1982年通过两个名为66/2523号和60/2525号的命令发布。在军人领导下的国家政权将清除导致共产主义和异议产生的基础：

---

① Chavalit Yongchaiyudh, quoted in Chai-Anan Samudavanija, Kusuma Snitwongse, and Suchit Bunbongkarn, *From Armed Suppression to Political Offensive*, Bangkok：Chulalongkorn University, Institute of Security and International Studies, 1990, p. 211.

② Suchit Bunbongkarn, *The Military in Thai Politics*, *1981 – 86*, Singapore：Institute of Southeast Asian Studies, 1987, p. 69.

必须在每个层面上都消除社会不公，下至地方上至国家。官僚机构的腐败和渎职必须得到坚决预防和抑制。必须消除一切剥削，人民的生命和财产安全都要得到保障。①

这些将通过"减少经济集团的垄断权力"和更均衡地分配收入来实现。正如在国家意识形态的讨论中，这些政策强调了"民主"和"大众参与政治活动"，但是却并不支持社会大众拥有充分的代表权。共产主义的威胁仍然为军人统治提供了一个"神圣的"职责。

在炳的领导下，这种管理型民主（managed democracy）的战略从议会一直向下延伸到乡村。根据新宪法，议会由一个军人组成的任命制参议院控制。在这些人的帮助和宫廷的无声支持下，炳在总理职位上待了8年之久（1980—1988年）。那些重要的部长职位（国防部、内政部、财政部、外交部）都预留给军人和少数值得信赖的技术官僚。与此同时，议会得以恢复，从1979年开始进行选举，其他部长职位就分配给当选的议员们。一些将军们主动辞职去参选议员，在议会中支持炳。这种安排被人称作"半民主"（semi-democracy）或"前民主"（Premocracy）。

政府投入更多的资金用于提高农村生活水平，以消除共产主义传播的理由。第五个发展计划（1981—1986年）首次以"国家安全"为由，将更大的社会和经济平等作为发展目标。消除贫困计划确认了12652个最为贫困的村庄（60%在东北部地区），并向他们提供饮水、公路、学校、灌溉、电气化和土地改良等方面的帮助。差瓦立将军负责监管一个绿色东北（Isan khieo）的计划，通过它军队建造了小型灌溉工程和其他开发项目。但这些项目都未能阻止不平等现象日益严重的趋势。同样地，宣称要抑制资本的行动也收效甚微。第五个发展计划宣称要打破银行和行业垄断，但最终却不了了之。

军队建起了一个宣传和监督的网络，特别是在乡村地区。乡村子

---

① Chai-Anan et al. , *From Armed Suppression*, p.198.

虎团在短暂沉寂之后复苏。他们继续接受王室的资助，在 20 世纪 80 年代初，成员就达到了 300 万。1978 年，国内安全行动指挥部建立了泰国国防志愿者（Thai National Defence Volunteers），训练和武装了约 5 万名村民，让他们充当线人和警卫。红色野牛、乡村巡逻队和其他组织协同合作。军队电台每天早晚都通过竖立在每个村庄中心的大喇叭进行广播宣传。农村的活动分子都被悄无声息地处理掉了。一位国内安全行动指挥部的副主任后来解释，他们这几年来是如何工作的："我们有一个'猎杀部门'。这轻而易举。我们有一份共产主义领导人的名单，之后……砰！就完事了。然后我们就回家休息了。"[1]

卓越的君主

在炳的支持和国家认同办公室的努力下，国王在政体中的社会作用进一步扩大，主要体现在三个方面。第一，为了保持对农村的重视和他自己的利益，国王越来越关注提高农村生活水平的"皇家工程"。1980 年，政府开始将这些项目列入常规预算，作为农村发展整体战略的一部分。规划委员会还设立了一个专项办公室，灌溉厅的高级官员都被借调过来，在地方行宫建起了 6 个发展中心。活动的范围从早期强调灌溉和山地居民的项目，扩大到涵盖各种类型的农村项目。国王和其他王室成员参加这些活动的图片在电视新闻中占据显著的位置。

国王扶持小农去面对加速变化和日益增长的城市化。1991 年，他说道："我们并不想成为那些最发达的国家的一员……因为如果我们是一个高度发达的国家，只有一条路可走：倒退……如果我们用一种'穷人'式的方式管理，没有那么教条的理论，而是本着团结的精神，即相互包容，我们将会更加稳定。"[2] 1994 年，他公布了一项计划，以便使小农们能够通过一种混合和综合的有机农场，实现完全的独立自主、不依

---

① *Bangkok Post*，1 September 2002.

② *Royal Speech: Given to the Audience of Well-Wishers on the Occasion of the Royal Birthday Anniversary, Wednesday, 4 December* 1991，Bangkok: Amarin，1992，p. 19.

赖市场。诗丽吉王后（Sirikit）解释道："乡村地区的人们和所谓文明人的曼谷富人之间出现一些误解……我们试图填平这个沟壑。"[1] 1984 年，国家认同办公室将普密蓬称为"农民国王"和"发展国王"。

在 20 世纪 90 年代中期，国王还将注意力转向了城市问题，寻求解决地势低洼的曼谷的洪水问题的办法，确定新高速公路的位置，以疏解交通。但是，在电视和印刷品上，国王作为发展者的公共形象仍旧集中在农村，例如来自皇家项目受益者的感谢信。

第二，国王作为公共仪式的焦点，其规模超过了以往任何时期。1982 年为庆祝曼谷王朝建立 200 周年，王室举行了一场辉煌耀眼的皇家游船巡游。一年后，王室又庆祝了素可泰的国王传奇地创造了泰文字母 700 周年。紧接着，1987 年庆祝了国王的花甲大寿（60 岁生日）；接下来又庆祝了泰国在位时间最长的君主（1988 年）、世界上仍在世的在位时间最长的君主（1992 年）的生辰；举办了国王母亲的葬礼（1995 年）；庆祝国王在位五十周年（1996 年）、国王的第六轮甲子（72 岁生日，1999 年）、王后第六轮甲子（2004 年）、国王在位六十周年（2006 年）以及国王第七轮甲子（84 岁生日，2011 年）。君主还在国家认同办公室 1994 年策划的泰国文化推广年中大出风头。到 20 世纪 90 年代末，在叻达纳哥信岛上的曼谷老城区几乎一直都在举行皇家庆典。市政当局计划将该区域恢复到其 18 世纪后期时的布局，这表面上是为了促进旅游业，但也是为了从后来建造的与 1932 年革命有关联的建筑物，如法政大学收回一些神圣的空间。跪拜礼在宫廷重新流行起来。任何像王室在 20 世纪 20 年代可能面临的那种批评，都被冒犯君主罪的法律所禁止。

第三，君主制与正统佛教的关系更为紧密。皇家仪式日程中的主要活动都通过电视机深入千家万户。艺术厅重新对素可泰时期的《三界经》（*Traiphum Phra Ruang*）产生了兴趣，该文本解释了人们积攒的功德有差别，以此来为君主制和社会等级制提供合理性。在 1983 年举行

---

① D. D. Grey ed. , *The King of Thailand in World Focus*, Bangkok：FCCT, 1988, p. 119.

的一次会议上，讨论了该文本与当代生活、政府和"国家安全"的关联。国王对一位东北部实行严格的苦行和禅修的高僧曼菩利塔陀长老（Acharn Man Phurithatto）的弟子传人感兴趣。曼长老于 1949 年圆寂，他的弟子不久后声称他修成了阿罗汉果位。从 20 世纪 60 年代起，来自商业巨贾和高层官僚的信徒们开始供养他的弟子们。国王延请仍在世的弟子们前往曼谷，在王宫中为他们建造了一处僧舍，还亲自拜谒曼长老在沙功那空圆寂的寺庙，并主持了三位曼长老的弟子的葬礼。

1987 年，王宫方面为庆祝国王六十大寿而推出一部国王的自传，里面提到，从素可泰时期开始，泰国君主的统治"并不是来自任何神圣的权利，而是来自大臣们的拥护"，因此，"评判一位泰国国王的唯一标准，是他能够为国家带来多少好处和幸福"。[1] 国王在接受外国记者采访时重复了这一自发选举理论，说道："如果人民不需要我，他们可以丢弃我吧?"[2]

国王的生日演说和其他公共演讲吸引了越来越多的关注，变得更像是在布道。它们的主题经常回到团结一致和需要好人来统治国家上。有时，他对代议制民主和政党竞争导致的制度化的不团结表示不满："在这两派之间，一方只是讲话、讲话、讲话，另一方就是争论、争论、争论。"[3] 他的助手和朝臣往往更加直言不讳。一位宫廷秘书通诺·通雅（Tongnoi Tongyai）宣称泰国的宪法"在根基上是法国式的，在理想上是美国式的"。[4] 国家认同办公室也附和称宪法是"一个外来的概念"。[5]

1995 年，国王御笔亲著一部改编自传统的《本生经》（jataka）故事的作品。在故事中，摩诃旃纳卡王子失去了他的王国，但是之后又通

---

[1] Office of His Majesty's Principal Private Secretary, *A Memoir of His Majesty King Bhumibol Adulyadej of Thailand*, *to Commemorate the Sixtieth Royal Birthday Anniversary*, Bangkok, 1987, p. 7.

[2] Grey, *King of Thailand*, p. 54.

[3] *Matichon*, 27 August 1995.

[4] Tongnoi Tongyai, *Entering the Thai Heart*, Bangkok: Bangkok Post, 1983, p. 18.

[5] National Identity Office, *Thailand in the 1980s*, p. 139.

过展现他神奇的国王权力的考验失而复得。他的统治持续了上千年，之后他顿悟到财富毫无意义，便卸下王位当起了苦行僧。普密蓬改造了传统的版本，插入了一个关于坚忍主题的说教讲话，并推迟了摩诃旃纳卡退居苦行主义的时间，推迟到他通过教育和采用传统技术实现可持续发展，首次使人民摆脱了破坏性的贪欲之后。摩诃旃纳卡解释说这是必要的，因为每个人"从马夫到副王，尤其是朝臣们全都愚昧无知"。①

随着他的高级皇家顾问们纷纷去世（如塔尼于 1974 年去世），国王重新召集了一批人手，他们没有王族血统，但都是现代社会中的佼佼者。他们包括经历冷战时代的军人（最著名的就是炳）、持有与国王相同的关于发展和社会的观点的技术官僚、许多来自 19 世纪末泰—华大家族的商界领袖，以及精通宪法和立法的法学专家。

由于有着奉献农民的形象，以及不断在典礼中现身并升格为国家认同的核心，同时又健康长寿，国王的波罗密（超凡魅力，与生俱来的权威）稳步增长。由于在欧洲接受教育，他起初沿袭四世王到七世王的风格，成为一种西化现代主义的象征。但是在塔尼的敦促及随后他自己的觉悟下，他在面对变革的时候成为更加传统的象征。在沙立统治时期，面对共产主义，军方和商界一直在提倡这种传统主义，国王被塑造成一个由忠诚和安分守己的农民所组成的国家的家长式统治者的形象。但是随着共产主义的衰落，以及农民变得既弱小又暴躁，国王的这一形象已威力不再。新一代的朝臣和保皇派人士将君主奉为一个现代的法王（*thammaracha*）和一个与军队和商业的过度贪婪抗衡的道德典范。1996 年一本庆祝国王在位 50 周年的书《泰国的指路明灯》（*Thailand's Guiding Light*）将国王描述为一个"希望的灯塔……团结的象征……稳定的支柱"，努力消除"由相互勾结的肆无忌惮的私人投资者、政客和政府官员所代表的'贪婪的力量'"。② 君主制被改造成为新城市中产阶级

① King Bhumibol Adulyadej, *Rueang Phramahajanok/The Story of Mahajanaka*, Bangkok: Amarin, 1999, p. 141.

② *King Bhumibol Adulyadej: Thailand's Guiding Light*, Bangkok: Post Publishing, 1996, pp. 15–16, 97.

的希望。

2005 年，一位官僚兼政治家出版了一本书《王权》（*Phraratcha-amnat*），宣称"宪法无论如何不能凌驾于国王之上……国王的地位不能低于宪法"。[①] 该书认为 1932 年革命是失败的，"泰国人民并不相信民主理论"。他的证明基于这样一个事实，所有的宪法都必须由国王签署生效，而广大人民对于君主的敬爱也是一个证据。该书传播广泛，人们公开携带着它以作为一种政治声明。

2006 年 6 月 9 日是国王在位 60 周年纪念日，皇家庆典达到了一个前所未有的新高度。政府宣布进行长达一年的庆祝活动。世界上所有在世的君主都受到邀请，有 25 位君主亲自参加或派代表前来祝贺。紧接着 2007 年又举行了国王八十大寿的庆祝活动。身着黄色，即国王出生时的星期一所属颜色的衣服，成为一种公开表达忠诚的方式。不管是纪念书籍还是黄衫，君主制的象征力量已经成为新公共政治时代的一个因素。

政治商业

国家认同办公室的领导人理论家、政治军人和新保皇派人士都用各自不同的方式，臆想泰国政府会代表不知所措的农民的利益，限制商业的发展。现实却截然相反。当议会选举于 1979 年恢复，商业人士们迅速抓住这个机会。军方压制任何形式的农民或工人的政治组织，使得议会被商业人士牢牢掌控。商人占据议会席位的比例从 1979 年的三分之一升至 1988 年的三分之二。

三个政党统治了整个 20 世纪 80 年代：社会行动党、民主党和泰国党。每个政党的领导人都拥有旧等级制度的爵衔：分别是与王室沾亲带故的巴莫兄弟（克立与社尼）和差猜·春哈旺（Chatichai Choonhavan）将军。但是这些政党的财政支持和活力都来自曼谷的商业

---

① Pramuan Ruchanaseri, *Phraratcha-amnat* (Royal Powers), Bangkok: Manager Group, 2005, http: //power. manager. co. th.

团体。社会行动党吸引了"现代的"商业人士，他们通常与西方公司合作。泰国党集中在纺织工业和其他与日本的合资企业。民主党则侧重于农业。银行业在商业社会中依旧举足轻重，并未与任何政党结盟，但对所有政党都有无与伦比的影响力。

起初，曼谷的商业主导了这些政党，但在20世纪80年代，它就被地方商业所取代。90%的议员返回外府的选区。地方的商业人士随着地方经济的发展而阔绰起来，逐渐占据了议员席位，之后又控制了主要政党。

直到20世纪50年代，大多数外府城市都是地方行政中心，只有几千人口和小规模的商业。从20世纪60年代开始，它们已经发生变化。首先是通过不断增长的经济作物贸易；然后，在一些地方是通过美国建造军事基地的投入；之后，是通过政府对基础设施（公路、学校）的投资，以使地方与中央能够更紧密地结合；最后，是为了满足不断上升的运输、零售、服务和娱乐的需求。一些成功的地方企业家来自旧贵族和官僚家庭。更多人是来自第二代或第三代华人移民。法律法规对商业活动几乎没有限制。最丰厚的利润通常都来自介于合法和非法之间的领域（如木材业），或明显属于犯罪的领域（如走私、非法赌博），或需要官方合作的领域（如承包和土地开发）。由于这类生意往往能带来最高的利润，最著名的一批地方人士都参与其中。他们需要当地官员提供各种形式的帮助，如提供法律保障，确保竞争优势地位，以及协助消除官僚主义和法律障碍。他们会拿出一部分利润回报这些帮助，还会支持一些国家的监察和宣传活动。地方商人是乡村子虎团最主要的支持者。

不断崛起的地方商人不仅腰缠万贯，而且也越来越有实力。他们与村级的商贩、承包商和村长们建立了密切的联系，充当农作物等资源运出村庄的渠道，政府的赞助和宣传计划也交由他们完成。通过与地方官员的合作，他们建立起半官方的武装部队，执行军政府的控制政策。他们拿出一部分利润赞助当地的事务，如资助葬礼佛事、资助学校、帮助人们摆脱病痛等，弥补了政府在社会服务方面的不足。他们被越来越多的人称作势力（*itthiphon*）、黑暗势力（*itthiphon muet*）或教父（*jao pho*）。最后一个称呼最初是用来指称地方的神明，暗指可以凌驾于法律之上的超自然神通。它还是"godfather"一词的确切翻译，用在那部好莱坞电影的泰文版本中。一位警察总监说道："教父势力的结构就像个三角形。位于顶端的是势力庞大的人。居于左右两角的分别是受雇的枪手和支持教父的官员。"① 与官方的联系、暴力行为和缺乏法律约束，成为他们快速完成原始积累的基础，也是选举政治取得成功的基础。

在选举中，野心勃勃的新兴地方商人利用村级网络、现金、官方支持和政治分肥来进行地方项目资助、恐吓，有时候是欺诈（填塞选票），以获取选票。当地的选民选择他们也许是为了直接的回报（购买选票），也许是因为一个强大的、富有野心的代表更有可能从曼谷为当地带来好处。在历次选举中（1979 年、1983 年、1986 年、1988年），更多的议员是外府的商人。最著名的一位是班汉·西巴阿差（Banharn Silpa-archa），他是一位第二代华人，在素攀武里（Suphan-buri）的市场中长大。他通过垄断市政供水的氯气销售而赚得第一桶金。他将生意扩展到建筑承包，之后又进入地产交易、运输、加油站和其他地方产业。他于 1975 年首次当选议员，全力以赴为素攀争取到异乎寻常的巨额预算。他的生意也因此受益，感恩的市民们则一有机会就投票支持他。

外府的议员们能够将预算从中央带走，尽管不成体系，但预算仍更多地流向地方。他们的作用是使地方各府在政治上比几十年前行政规划时期更加贴近中央。与此同时，议会能使这些新议员们拥有更高的社会地位，获得更广泛的商业机会和更高层次的保护。1979 年和1983 年通过的法律强制他们加入政党，但在现实中这些政党不过是为了争夺进入内阁和参与政府决策的派系集团而已。由于军人和技术官僚垄断了主要的部门，商业政党只能竞争控制次要的部门，尤其是那

---

① *Thai Rath*，12 May 1990.

些有大量建设和采购资金预算的部门（教育部、交通部），或者那些有权力制定规则创造商机的部门（农业部、工业部）。议会成为商业交易，尤其是建筑合同的票据交换所。它的运作方式反映了这样一种商业逻辑，即候选人在选举中大肆投资，然后通过腐败或利用政治优势而膨胀的商业利润来寻求回笼。各政党是通过政党领袖定期出资来维持的。到20世纪90年代，在大选之前都先进入党员转会竞标的季节。偶尔还会出现分发金钱以影响特定的议会投票的情况。炳大约每年改组一次内阁，并要求每两年半举行一次选举，让各竞争派系都能够分享利益。这个制度被称作"金元政治"（money politics）。

反军队的商业：差猜内阁（1988—1991年）

在八年的前民主时期，商人和军队之间的关系恶化。在炳驯服了"政治军人"之后，老式的将军们重新脱颖而出。由于美国停止了援助，军队不得不依赖国家预算去获取合法资金和第二收入。军队预算占总预算的份额由1975年的17%增长到十年后的22%。随着对自己在议会中的地位越来越有信心，商业政治家们想要将这些资金用于推动经济增长。他们还对将军们在国有企业中挂名职务，以及他们对电子媒体的把持大为不满。媒体开始对军火交易中的腐败佣金和将军们利用其在国家机器中的特权地位牟取暴利提出质疑。

从1984年开始，议员们开始对军事预算的规模和不透明发起攻击。1985年和1987年，他们挫败了军方延长宪法条款以巩固军队的政治影响的企图。在1988年的选举中，媒体和各政党发动了一场要求炳将军退休，并让一位民选议员成为总理的运动。炳无奈地答应了请求，差猜·春哈旺接任总理。

差猜的政治职业生涯象征着过去一代人权力基础的变更。他最初是一名骑兵军官，率领曼谷的军队参加了1947年政变。1957年沙立掌权之后，他离开军队，成为一名外交官。他和其他同在拉查库巷组织（Ratchakhru group）中的同伴一起全身心投入商业之中，集中在金

融、纺织以及与日本的合资企业上。1975 年，他们组建了泰国党。差
猜在东北地区的呵叻建立了选举基地，在那里他与一群当地的商人结
盟。到 1988 年，泰国党已经成为最成功的政党，聚集了各府的商人
派系。

差猜内阁开始着手将权力从官僚转移到通过选举产生的议员手
中。国防部、内政部和财政部等核心部门都由民选的政治家，而不是
技术官僚或将军们管理。部长们将高级官僚从重要的官僚岗位和国有
企业董事会中除名，替换更为顺从的候选人，以震慑官场要更顺从民
选的政治领导。议会削减了军事预算，要求提高预算使用的透明度，
质询武器采购时的"违规行为"。旧的独裁的新闻法被废除。国民经
济和社会发展局（The National Economic and Social Development Board,
NESDB）在规划发展预算和重大项目，如东部沿海地区计划上的关键
作用也被取消。差猜建立了一个智囊团 ["彭世洛官邸"（Ban Phit-
sanulok)]，由他曾经做过社会活动家的儿子格莱萨（Kraisak）领导，
由年轻的学者们组成。该团体在提议政府制定政策时远离各部门的技
术官僚。差猜政府代表了军方 1976 年后指导性民主战略的终结，它
竭尽全力要将权力从官僚机构和军队转移到内阁和商人的手中。

"彭世洛官邸"的政策团队提出，政府应改变其区域政策，"变战
场为市场"，即不再将共产主义和前共产主义邻国视为敌人，并利用
该契机实行经济自由化。这个政策恢复了由克立在 1975 年开始实行
的，旨在消除冷战给该地区带来的分歧的尝试。它否定了军方对安全
的关注，而支持商业对利润的渴望。它挑战了军方制定外交政策的能
力，并威胁到军方对边境地区及其利润丰厚的交易的控制。

官僚机构，特别是军队方面，对于这些对他们的权力和特权的攻
击表现得怒不可遏。在 20 世纪 80 年代中期，一批隶属陆军军官学校
第五期学员的军官们开始主导各武装部队。他们对青年军官党或民主
战士在意识形态方面的关注不屑一顾，并表示要回归沙立的传统。他
们声称直接忠于国王，并公开质疑选举出的政治家。他们认为军人涉
足商业毫无问题，他们自己就通过建筑工程和其他企业赚得盆满钵

满。到 1989 年，陆军军官学校第五期毕业生群体已经全面控制军队的高级职位，并开始策划破坏差猜内阁。腐败问题给了他们一个把柄，为这一尝试建立更广泛的支持。

当选的部长们相比以往对预算分配有更大的权力。随着经济达到了两位数增长的井喷阶段，预算也大幅增加。国家启动了许多大型项目，升级国家越来越落后的基础设施，如公路、港口、电信、学校和其他设施。1990 年 12 月，那位为自己的家乡选区带来超额国家预算的最成功的议员班汉被任命为财政部长。一些议员开始指责这位更成功的同僚有渎职行为。

"金元政治"的兴起激起人们的不满，尤其是在新城市中产阶级中间。1985 年，占隆·西芒当选曼谷市市长，他是一位前青年军官党成员，推崇苦行主义，他承诺要肃清腐败。1988 年，他组建了正义力量党（Phalang Tham），要在议会中掀起同样的运动。在 1989—1990 年，媒体的注意力从军事预算的丑闻，转向基础设施项目的回扣事件。泰语中的"khorrapchan"（腐败）是来自英语的音译词，它成为每日新闻的一个重要主题。人们巧妙借用了"kin mueang"（"食邑"，是指传统上从官方分配到的薪酬）一词，差猜的政府被戏称作"自助餐内阁"（buffet Cabinet）。

媒体曝光的腐败现象削弱了城市中产阶级对政府的支持，并使差猜更易遭受"第五期"的攻击。1991 年 2 月 23 日，将军们武力控制了差猜，宣布发动政变。

1991—1992 年的政治危机

这次政变代表着一场复杂的过渡。一方面，这是一次向过去的倒退。军方正在保护其在国家中的特权地位及其自封的指导民主发展的角色。"第五期"的将军们为政变寻找合理借口，称这是为了阻止民选政府的腐败，并澄清数年前针对王室成员的阴谋的谣言。他们解散了议会，自行组建了一个国家维和委员会（National Peacekeeping

Council，NPKC），其泰文名称意为"为了维持国家的和平和秩序井然的委员会"。他们后来组建了一个政党，名为团结正义党（Sa-makkhitham）。该党名所用词汇重申了旧军人的意识形态，即自上而下创造团结和秩序。他们精心挑选了一批人组成委员会起草新宪法，恢复了军队通过参议院操纵议会的能力。高级官僚默默地支持政变，因为它清除了曾咄咄逼人地侵犯其权力的民选政客们。

另一方面，政变也表达了曼谷商界和城市中产阶级的愿望，即希望找到一个解决地方商业政客的"金元政治"的方法。"第五期"将军们建立了一个委员会，以腐败的罪名提审差猜及其同僚。他们还解散了议会，挑选了前外交官，后转为商人的阿南·班雅拉春出任总理。阿南组建了一个由顶尖主要技术官僚组成的内阁，由于不受议会审查，他们迅速通过了一系列自由经济改革。曼谷的商人和中产阶级起初都热情高涨。

但最终这两个议程是相互冲突的。和之前的独裁派系一脉相承，"第五期"的将军们希望管理国家就是希望利用它为个人牟取私利。这些将军们与炳的谨言慎行、几乎清心寡欲的风格形成了鲜明对比。他们早已通过商业富甲一方，喜欢炫耀自己的财富和权力。在一次同学聚会上，有人说道："现在除了月亮和星星，我们已经掌控了一切。"一位军政府成员与一位著名的前选美皇后的桃色新闻被互联网曝光，这或许是泰国互联网首次揭露此类事件。将军们接管了国防部，并恢复了被差猜政府阻挠的武器采购。他们还控制了交通部，批准授予正大集团一份铺设300万户电话线的巨额合同，并确认了另一份合同，允许新兴的企业家他信·西那瓦发射一颗卫星。军政府亲自挑选的总理阿南质疑电话合同定价过高，有腐败嫌疑，并存在着利益冲突（军政府的一位领导成员通过联姻与正大公司建立联系）。在外国政府和金融专家警告外国游客和投资者远离发生政变的国家之后，商人们对军政府的支持开始下滑。雪上加霜的是海湾战争的冲击导致经济增长速度放缓，股票市场指数也应声下跌。

在来自城市的支持减弱的大背景之下，军方宣布新宪法，这又激起 1973—1976 年时期的民主派团体的复兴。他们在民主促进委员会（Campaign for Popular Democracy，CPD）中合流，抗议宪法草案的"专制"条款，它表示"军队不能宣称他们得到国家的全力支持"。[1]但是，在 1991 年 12 月的生日演说中，国王建议道："没有什么不能改变……如果它不能顺利工作，它就可以修改。"[2] 之后抗议就逐渐退散了。但是，缓和只是暂时的。1992 年初，军政府取消了对几位差猜内阁部长的腐败诉讼，他们不久之后就加入了团结正义党转而支持军方。在 1992 年 3 月的大选中，团结正义党赢得了数量最多的席位，准备组建政府。在该党最初的总理候选人因涉嫌毒品贸易而被迫退选之后，军政府的领导人素金达·甲巴允（Suchinda Kraprayun）将军亲自走上前台，违背了自己曾公开作出的绝不觊觎总理职位的承诺。他的内阁是由军方人物和著名金元政治家共同组成的，其中由班汉来主管有利可图的交通部。军政府已经变质，由一个"金元政治"的打压者变成了其赞助者。

当民主促进委员会在 5 月重启示威活动时，城市中产阶级给予他们公开支持。反对腐败的曼谷市长占隆在 1990 年以压倒性的优势获得连任，他在抗议活动中成为领导人物。1992 年 5 月 17 日，约有 20 万人在曼谷参加了大规模的示威游行。媒体注意到有大量中产阶级也出现在示威人群中，称其为"手机暴民"（mobile phone mob），与 20 世纪 70 年代的学生示威活动形成对比。事实上，示威人群来自曼谷各个阶层，包括许多进城务工人员、工人和学生。类似的集会在曼谷以外的各府中心城市也有举行。

对此，军政府的国家维和委员会搬出用来对付共产主义叛乱的战略计划，从边境丛林地区调集全副武装的士兵。暴力镇压持续了三个晚上（见图 9 - 1）。士兵向人群开枪射击，建筑和公车被纵火焚烧，占隆被逮捕。素金达宣称示威是对民族、宗教和国王的一种攻击。他

---

① Gothom Arya, quoted in W. A. Callahan, *Imagining Democracy：Reading "The Events of May" in Thailand*, Singapore：ISEAS, 1998, p. 114.

② *Royal Speech. . . 4 December* 1991, p. 46.

说道："他们妄图摧毁政府系统，推翻君主立宪制，引入一个会用机关枪在街头扫射人民的政府。"① 国有电视台只播放被示威者破坏的财产的内容，但是 CNN 和 BBC 转播了军人施暴的镜头，这些镜头很快就被制成录像带在地方流传。媒体无视审查，发布了完整的报道。5 月 20 日晚，当事件正在走向一个血腥的高潮之时，国王将占隆和素金达召集到王宫，并通过电视直播，命令他们停止暴力。

图 9 - 1　黑色五月。1992 年 5 月 17 日晚，一名示威者
在拉查丹侬大道上遭到殴打

　　素金达政府辞职。宪法被修改。阿南被请回担任临时总理。重新举行选举后，一个新的民选内阁于 1992 年 9 月成立。

　　该事件对军队的地位和政治作用造成的破坏难以估量。1992 年 5

---

① Callahan, *Imagining Democracy*, p. 56.

月流血事件中的死亡人数最初估计达到数百人，后来减少到 40—60
人。一段时间内，身着军装的人在街头会遭到辱骂，在医院会被拒绝
治疗。阿南将国家维和委员会成员从军队中除名，并解除了许多军方
人物在国有企业和公共服务部门的挂名职务。他任命了一位发誓要防
止军人干政的新陆军司令，其继任者们也做出同样的宣誓。

军人的政治失势一直到 20 世纪 90 年代中期仍在持续。1995 年，
参议院有一半的席位任职期满，许多军人议员都被文职人员取代。将
军们的身影也从大多数董事会中消失。政府预算的军事份额从 1985
年的 22% 下降到 1996 年的 13%，再到 2006 年的 6%。非官方的收入
来源也被削减，因为武器购买、建筑工程和其他军事项目都要受到公
众的密切监督。一些低级别的军队人员则在闲暇时充当保安或提供安
保服务，特别是在娱乐行业中。大约 700 名将军（几乎占到总数的一
半）没有实质性的工作。很多人只能靠打高尔夫球消磨时间，一些人
则到国家体育协会去锻炼领导能力。

整个 20 世纪 90 年代，军方都在想方设法寻找一个能够停止这种
滑落的新角色。一份 1994 年的白皮书指出，日益增长的区域经济竞
争提高了与邻国发生冲突的可能性，使得军队在"保护国家经济利
益"[1] 上变得重要起来。其他文件也建议让军队在经济发展中发挥更
大的作用。一些部队甚至开放他们的设施去促进旅游业。20 世纪 90
年代末，军方要求在经济发展引发社会冲突时，军队能在维持治安中
发挥更大作用。

这些努力都未能打动新当选的政治家们。1997 年的金融危机导致
军队预算灾难性的下降。民主党领导的政府故意打破了国防部长应由
军人担任的惯例，并废除了给予军人相当多特殊权力的反共产主义
法。该届政府还任命素拉育·朱拉暖（Surayud Chulanont）将军为陆
军总司令，授权他对军队进行现代化改造，特别是裁减新兵和军官的
数量。

---

① *The Defence of Thailand*，*1994*，Bangkok：Ministry of Defence，1994，p. 26.

但是军方抵制了这次最严重的攻击，主要是通过拖延策略。现代化计划最终不了了之。将军军衔的授予数量仅仅略有下降。试图收回一部分军方在鼎盛时期获得的大片土地的努力也遭到断然拒绝。军方还控制着两个电视频道和数百个广播电台，能够利用这些媒体不断宣传军队对国家的重要性。武装部队也因其与君主制的密切关系在公众心目中树立了良好形象。在 21 世纪初的一次民意调查显示，军队是一个受人尊敬的机构，特别是与警察和政客相比。

最终，全球化为军队提供了他们梦寐以求的新角色。泰国边境出现了越来越多的非法移民，以及贩卖人口、毒品走私、非法交易、国际恐怖分子和军火交易等乱象。尤其是到 21 世纪初，每年有成千上万的非法移民和数以百万计的冰毒药片越过泰缅边境。维持这些边境地区的治安成为军队主要的官方职责，同时也是非官方的收入渠道。2001 年，为了阻止毒品通过泰缅边境大规模流入，军方开展了自反共运动以来规模最大的一次行动。几乎在同一时间，人们发现几位军官正是参与毒品交易利润洗钱的公司的董事。

军人统治时代似乎终于结束了。通过长达十年的远离政治，在边境地区找到新角色，军队开始赢得新的专业化的声誉，代表人物就是朱拉育将军等人。然而，军队的数量几乎没有减少，特别是在高层。它对传媒的把控毫发未损。而且，军方以"国家安全"为由自封的政治作用，已经内化成为军队文化的一部分。

改革对抗"金元政治"

军队势力从政治前线撤退，开辟出新的政治空间，商人和社会活动人士都希望填补它。1992 年由于担心投资者和游客逃离泰国，商人们相信全球化下的经济，已不能再寄望于那些落伍的将军们了。在1992 年危机期间，商业、工业和银行业这三个通常与公共政治保持距离的行业协会，公开呼吁回归议会制度。几位知名的曼谷商人宣布他们打算进入政坛。

与此同时，知识分子们认为1992年是一个"十字路口"〔猜阿南·萨姆塔瓦尼（Chai-Anan Samudavanija）〕或"时代的转捩点"（提拉育·汶密），有机会一举扫清半个世纪独裁统治的遗存。民主活动家们提倡进行全面的宪法改革，以改变国家和公民社会之间的权力平衡，从军队手中解放电子媒体，进行教育改革，强调技能和创造力的培养，而不是国家建设，并以民主分权取代内政部的权力集中的殖民主义式体系。

起初，议会似乎将成为实现这一"转折"的渠道。媒体将1992年9月恢复议会民主选举描述为支持军政府的"恶魔"与代表改革希望的"天使"之间的竞争。

在20世纪90年代，支离破碎的议会政党和派系大致分化成两派。一方是以民主党为首的1992年9月大选中的"天使"联盟。在1991—1992年危机中，民主党进行自我调整，反映商界人士和城市中产阶级的愿望。它招募银行家和技术官僚，他们确保该党能够驾驭现代的全球化经济。它还招募了一批年青一代的政治家，他们使该党具有一种都市现代性的形象，使其有别于其他地方性政党。它得到了曼谷和南部地区的支持，南部地区有很高比例的城市人口，他们分布在半岛南部的旧港口城镇中，经济以出口为导向，以橡胶、锡、渔业和旅游业为基础。民主党树立了自由主义的形象，承诺通过法律和相关机构推动经济的现代化，促进邻国（特别是缅甸）实现民主化，并试图完成政治的非军事化。民主党是1992年9月至2001年1月这十年里最为成功的政党，它一直领导着执政联盟，其间仅有28个月大权旁落。

另一方是之前支持差猜后于1992年转投团结正义党的政治家们。他们主要来自中部和东北部各府，这些地区的特点是农业经济和新近发展起来的地方城镇。他们的利益更加狭隘和商业化，特别关注国家预算向各府的分配情况。和差猜一样，他们视周边邻国是经济开发的机会，而不是需要解决的政治问题。为了挽救自己的政治命运，他们也不排斥与军方合作。

议会未能兑现 1992 年后的改革抱负。一定程度上，这是因为改革的压力很快就消失了。一旦政治稳定下来，不再对泰国的全球化经济构成威胁，大企业家们就失去了在政坛一展身手的激情，在持续的繁荣中赚钱已消耗了其所有的精力。同样地，一旦政治上似乎没有什么能对持续的城市繁荣构成威胁，支持改革的广大中产阶级也就失去了热情。此外，大多数议员（包括大部分民主党成员）仍旧返回农村选区，那里的选民对导致 1991—1992 年政治危机背后的争议无动于衷。

因此，从差猜 1988 年攻击官僚主义开始，一系列事件的最终结果是高级官僚与新政治家之间的妥协。民主党主席川·立派（Chuan Leekpai）在 1992 年底成为总理，他是一位来自南部小城的律师。他彬彬有礼，低调内敛，像一个典型的公务员，工作总是谨小慎微，恪守规则和法律。差猜时代那种对官僚权力的猛力抨击结束了。川没有成立决策智囊团，并将决策权主动交还给高级公务员。官僚制度的改革一直是雷声大雨点小。官僚和商人政治家之间有类似的权力和利益分享协议，存在于从中央到地方的各个级别之中。内阁回到 20 世纪 80 年代的模式，大约每年重组一次，以便让相互竞争的派别轮流担任部长职位。

在这种管理模式下，活动家们的改革议程被悄无声息地破坏了。宪法的修改只能做些边边角角的修补，媒体自由化的建议最终只落实为增加一个电视台（ITV），关于将权力下放地方的讨论被关闭，教育改革也被推迟了。

政治家和官员之间的妥协还导致了其他两个结果。其一，为了满足私人和公共利益，它加剧了自然资源的消耗。政府机构征用更多的土地和河流，建设大坝和其他基础设施。林业厅宣布开辟许多新的国家公园，否定了山地居民和住在"寮屋"的农民所拥有的土地权利。政客、官员和他们的追随者们利用自己的影响力获取土地，用于发展工业园区、纸浆用木种植园、砾石采石场、高尔夫球场、度假村和住宅开发。以上这些是当地弱势的居民赖以为生的资源，从而引发了他们的抗议。根据政府统计，1978 年发生了 48 起示威和抗议活动；1994 年，这一数字上升至 998 起，多数发生在农村地区，许多都与控制自然资源有关。

其二，1995—1997 年的内阁未能处理好日益全球化和脆弱的国家经济。这个问题在班汉这位"新的出类拔萃的精英代表"[①]任内变得明显起来，他在 1995 年成为总理，那时经济繁荣已经开始崩溃。班汉的注意力都放在政治派系的预算争夺上，对调整国家经济的必要性认识不足，以为它会像之前十年一样维持自己的繁荣。他任命了一位年轻的政治家担任财政部长，后又换成一位技术官僚，他们都对他唯命是从。他因为一场私人争吵而革去股票市场监管委员会主席的职务，又因为银行崩盘而折损了中央银行行长，而愿意出任且能胜任的继任人选又难产。1996 年，他的继任者差瓦立·永猜裕承诺建立一支"梦之队"来管理经济，但却未能找到他心仪的技术专家。在几个月内，他的财政部长、央行行长和财政部常务次长相继辞职，他只能被迫再次接受平庸的替代者。随着迫在眉睫的经济危机的迹象日益显现，学者们和商人们都敦促政府，宏观管理"是如此紧迫和充满技术性，不能交给政客们解决"，纷纷要求"去政治化"。

1992 年的流血事件并没有导致终结军人时代的改革，而是导致技术官僚与商人之间的妥协，它破坏了改革议程，容许以牺牲自然资源和地方社区的代价牟取暴利，并且忽视对国民经济的管理。

由于改革议题在议会举步维艰，以及社会问题层出不穷，在军人隐退后开放的体制外（nok rabop）的公共空间里，爆发了一场关于泰国社会未来的激烈争论。参与者大致分成两派。

一派是对全球化和经济增长充满信心的现代主义者。政治学者猜阿南·萨姆塔瓦尼相信传统精英们很快就会"被人忽略"。[②]1973 年

[①] Chai-Anan Samudavanija, "Old soldiers never die, they are just bypassed: the military, bureaucracy and globalization", in K. Hewison ed., *Political Change in Thailand*, London and New York: Routledge, 1997, p. 51.

[②] Chai-Anan, "Old soldiers never die", p. 57.

时的学生领袖提拉育·汶密后来成为一名"社会批评家"，他预测泰国现在将经历"权力和合法性从国家向社会的转移……从官僚向商人、技术官僚和中产阶级转移"。① 为了克服"金元政治"，阿内·劳探玛塔（Anek Laothamatas）认为农民必须与时俱进，让他们富裕起来，提高其受教育的水平，"他们就能变成城市居民和其他现代阶层那样的人了……只有这样的一个公民社会才能治理国家，真正控制和改革官僚机构"。②

另一派是地方主义或社群主义者，他们希望利用佛教伦理和农民社会的共享互助，去创造一个更加公正、和谐的社会。一群资深活动家成立了地方发展研究所（Local Development Institute），动员"社会能量"促进改革，提倡各级人士共同参与，起草教育和医疗改革的计划。迫于这一游说的压力，第八个发展计划（1997—2001 年）第一次经过协商制定，提出了"从强调经济增长转变为以人为本的发展"的重大转变。③

在 1994—1997 年，这些各式各样的要求改革的呼声共同催生了一部新宪法。1994 年，一位高级官员阿蒙·詹塔拉颂汶（Amon Chantharasombun）出版了《宪政主义》（*Constitutionalism*）一书，建议进行重大改革。阿蒙认为议会已经权力过大，并从高级官员那里削去太多权力，这样既不稳定，也缺乏效率，这从无休无止的内部争吵和可怜的立法记录中可见一斑。1995 年，巴威·瓦西（Prawase Wa-si）在说服班汉总理允许一个独立于议会的宪法起草大会（Constitution Drafting Assembly，CDA）准备新宪法章程中发挥了关键作用。宪法起草会议由阿南·班雅拉春这位前官员、商人领袖和国家维和委员

---

① Thirayuth Boonmi, *Sangkhom khemkhaeng* (Strong Society), Bangkok: Mingmit, 1993, p. 56.

② Anek Laothamatas, *Song nakhara prachathippatai*: *naew thang patirup kanmueang setthakit phua prachathippatai* (A Tale of Two Cities of Democracy: Directions for Reform in Politics and Economy for Democracy), Bangkok: Matichon, 1995, pp. 91 – 92.

③ Government of Thailand, *The Eighth National Economic and Social Development Plan* (*1997 – 2001*), Bangkok: NESDB, n. d.

会时期的总理领导，他已经成为一个改革的主要倡导者。宪法草案按照阿蒙的建议重组议会。选举程序重置，倾向于更为稳定的两党制。总理的地位得到加强。政府引入了选举委员会（Election Commission）、国家反腐败委员会（National Counter Corruption Commission）、宪法法院（Constitutional Court）和监察专员，以检查和制衡腐败和滥用权力的行为。为了提高曼谷在议会中的影响力，议会增加了 100 个议席，这些议席将通过全国性的政党投票产生。为了防止教育程度低的人进入议会，议员要求必须获得学士学位，这样一来 99% 的农村人口就被排除在外了。

非政府组织游说宪法条款改变权力平衡，一边是国家，另一边是个人或社区。因此，宪法草案中包含一个关于"泰国人民的权利和自由"的广泛目录，设立国家人权委员会（National Human Rights Commission），使电子媒体摆脱军方和政府的控制，并将权力民主下放给各地方政府。

1997 年金融危机

1997 年，一场金融危机彻底改变了这些关于泰国未来的争论的情境，它改变了人们对当下的看法。

到 20 世纪 90 年代初，泰国经济连续四年的两位数增长已经出现了一些问题。首都曼谷长期的交通堵塞表明基础设施建设的滞后。随着储备的闲散劳动力已被消化吸收，劳动力的实际工资开始上涨。技术人员和科学家供不应求，因为教育规划者未能预见到科技型产业的大量涌入。

20 世纪 80 年代末，世界银行敦促泰国将金融体系自由化，以便使下一阶段的经济更有效率和更容易吸引外资。改革派技术官僚也赞同这一理论。他们相信金融自由化将放松对现有企业集团的控制，使新企业家能为经济增长做出贡献。从 1989 年至 1993 年，政府允许泰铢自由兑换外币，取消了利率管制，股票市场更容易进入，并建立起一个离岸银行系统。这些改革恰逢发达经济体的低增长和高流动性阶段，使国际投资者对"新兴市场"充满热情。证券公司和离岸银行从日本和西方来到泰国。大量金钱潮水般涌入泰国。仅1990年，扣除外国直接投资后的私人资本流入量就超过了前十年的总和。从1988年到1996年，私营部门的外债增加了10倍。股市指数从自由化之前的400点左右，上涨到1994年1月的1753点的峰值。

泰国已经有了一个高投资率，并具备足够的储蓄率应对它。因为基础设施和工资上涨的压力，出口制造业的利润已经下降。因此，尽管一部分流入的资金被用在生产制造业，但许多资金被用于预计未来增长前景光明的项目，或进入投机市场，特别是房地产市场。到1995年，经济的裂痕已隐约可见。股市已经开始下滑，房地产市场已经与现实脱节，出口增长举步维艰。但是外国投资仍然源源不断地涌入，因为许多西方公司姗姗来迟，都想在世界银行命名的"东亚奇迹"中分一杯羹。改革派技术官僚沉醉于自己表面上的成功，并受到贪图廉价信贷的商人们的驱使，拒绝去控制经济泡沫。他们只对金融市场施行了无效的控制，并否认有任何实行浮动汇率的必要。

1996年底，外国资本开始撤出，国际投机者开始攻击泰铢。中央银行拿出5000亿泰铢来支撑金融机构，并动用几乎所有外汇储备来保卫泰铢。但是面对国际投机者的巨额资金，这些资金杯水车薪。政府不得不寻求国际货币基金组织（IMF）的帮助，国际货币基金组织筹集了172亿美元的贷款，其大多来自亚洲邻国。作为回报，它坚持要求泰国在1997年7月2日允许货币汇率浮动，实施增加税收和提高利率的紧缩计划，要求关闭实力薄弱的金融机构，并开始进行改革，使泰国经济进一步自由化，便于外国资本的进入。

这一揽子计划未能安抚外国投资者。大部分从泰国金融自由化以来流入的贷款和投资组合资金，在之后两年时间里逃离了这个国家。泰铢的价值暴跌到不足之前的一半（兑美元），之后又恢复到约三分之二。向外国贷款的泰国公司缺少流动资金，纷纷破产。为这些贷款提供中介服务的银行也受到冲击。债务人停止向银行还钱，消费者们也停止消费。超过 200 万人失去了工作。1998 年，经济萎缩了 11%——长达 40 年的"发展"时代戏剧性地落幕了，在这 40 年里，泰国经济的平均增长率达到 7%，且从未低于 4%。

在 1998 年中期，面对社会的困苦、商人的愤怒和国际社会的谴责，国际货币基金组织被迫放弃其紧缩计划。政府开始尝试一种凯恩斯主义的经济刺激计划（预算赤字、低利率），2001 年初新换届的政府继续强化该政策。2002 年，经济开始复苏。

但是经历了繁荣和泡沫破裂的萧条之后，泰国经济已经面目全非。自第二次世界大战以来，泰国的集团，尤其是那些以主要银行为中心的企业集团，一直是经济增长的核心力量。在这场危机中，少数企业集团彻底消失了，大多数集团在规模和重要性上都有所下降。大银行幸存了下来，但是被重新定位为消费业务银行，不再是关键商业网络的中心了。

外国资本在经济中的作用进一步加大。从危机上看，泰国政府对外国持有的银行、房地产和其他行业的限制均有所放宽。外国投资涌入收购破产公司，特别是制造业公司，并趁本土资本仍畏首畏尾之机，利用经济复苏所带来的新机会。得益于泰铢的贬值，出口比以往任何时候都更能推动经济发展，其中跨国公司是出口商品最主要的生产者。国际汽车制造商收购了破产的当地合作伙伴，并以出口为导向调整他们的商业策略，使得泰国在 21 世纪 00 年代中期成为世界第 11 大汽车出口国。欧洲的零售连锁企业在十年间开设了 150 家大型超市，占据了超过一半的日常零售量。

大多数幸存下来的泰国资本都集中在服务性行业，法律对这些行业仍然提供了一定的保护，免受外国投资冲击。后危机时代的许多商人领袖都是相对较新的面孔，他们的业务基础是服务业，例如移动通信业的他信·西那瓦、娱乐业的玛立侬（Maleenont）家族以及王权（King Power）免税零售公司。在这场萧条中获利最大的是加伦·希利瓦塔纳帕迪。他的财富主要来自政府特许的廉价酒业务。他没有受到外债的影响，因为他的大部分业务仍使用现金，外资银行不愿意贷款给他。他的现金流有保障，因为不断有消费者来购买他的廉价商品。他收购了大量他的破产同行们急于出售的土地，并摇身一变成为全国最大的种植园主和房地产开发商。

危机之后，泰国经济通过增加出口和投资资本的流动，进一步融入国际经济。跨国制造商主导了出口经济，而幸存的泰国资本家则集中在房地产业和服务业。

对危机的反应

危机的冲击激起广泛的要求变革的呼声，特别是要求对导致国家陷入这一灾难的政治体系进行变革。

1995—1996 年起草的宪法一开始遭到激烈的反对。许多政治家和官僚都认为这是对他们权力的一种攻击。警察总监、陆军将军、参议员、法官和村长们都跳出来反对。一些教父式的地方政客开始动员乡村子虎团来阻挠宪法。但是宪法草案的命运却因 1997 年经济陷入危机而峰回路转。曼谷的商人和中产阶级开始将危机归咎于政客的管理不善，并抓住机会利用宪法使政治适应全球化的经济的需要。白领们走上街头示威，要求通过宪法。宪法草案于 1997 年 9 月 27 日获得通过，同一天，政府与国际货币基金组织达成了协议。

在泰铢于 1997 年 7 月开始实行浮动汇率制后，经济下滑迅速恶化为经济危机，商人和城市中产阶级要求撤换当前由地方老板主导的差瓦立内阁。他们希望民主党及其技术官僚团队能够回归管理经济。一些人呼吁军队介入，但是将军们都按兵不动。1997 年 11 月，差瓦立辞职，改组的小党派帮助民主党未通过选举就重掌政权。

民主党游说国际货币基金组织调整一揽子计划的细节，但在此之前，经济衰退已经造成了大量的破产和社会问题。总之，民主党与国际货币基金组织合作，随着危机不断加深和经济连续三年未见起色，民众对民主党的支持度也逐渐减弱。

人们对全球化的热情随着 GDP 数据的下降而降低。一些人现在将全球化视为一股邪恶力量，"奴役"泰国并破坏其稳定。其他人则认为这场危机表明泰国还未准备好迎接全球化，对其危险性毫无防备。甚至那些虔诚的自由现代主义者，最初抗议泰国不应封闭自己拒绝全球化，现在也承认国家应加强其内部机制，以便在一个不稳定和快速变化的世界里求得生存和繁荣。在危机之时，地方主义者主导了争论。他们将危机归咎于之前的发展模式。一位僧侣知识分子巴尤多（P. A. Payutto）说危机之所以会发生，是因为泰国"用错误的方式发展国家，它过于依赖外部世界"。① 国王在 1997 年 12 月的生日演说中再度肯定了这种思想：

> 做一只（经济）虎并不重要。重要的是要能够丰衣足食，并且有一个保证丰衣足食的经济……我们必须小心翼翼地生活，不得不退回去做不复杂的事情，不使用精密昂贵的设备。为了继续前进，我们需要先后退。如果我们不这样做，要解决这场危机将十分困难。②

在短期内，这是简单实用的建议，因为人们在城市经济中被解雇，被迫回去依靠家庭和村庄的资源。许多政府部门推出了以社区为基础的方案来应对危机。非政府组织人士劝说世界银行不要通过政府渠道发放主要的社会救助贷款，而是利用非政府组织建立的网络以各种项目的形式发放到社区，以建立"社会资本"，如地方福利计划、教育项目、幼儿中心和环境保护计划。

巴威呼吁进行"一场救国战争"，从地方社区开始自下而上重建社会，基于一种"文化经济学，它不仅涉及金钱，还包括家庭、社

---

① Phrathammapitok（P. A. Payutto），"Khwam romyen nai wikrit Thai：phutthawithi nai kan kae panha wikrit khong chat"（Shelter in the Thai Crisis：A Buddhist Way to Solve the Problem of the National Crisis），in Phitthaya Wongkun ed.，*Thai yuk watthanatham that*（Thais in the Era of Cultural Slavery），Bangkok：Withithat Globalization Series 4，1998，pp. 3 - 4.

② 我们的翻译来自非官方的泰文记录，参见：http：//kanchanapisek. or. th/speeches/index. th. html。

区、文化和环境"。① 他和其他人一道呼吁政府更多地关注农业，它因
政府急于工业化而备受忽视，但依然有半数人口主要依赖农业。农村
地区的抗议团体也提出类似的要求，而且更加直接和实际。他们要求
政府减免贫困农民的债务，而不是只顾着帮助城市里的商人和银行
家。他们向政府请愿，要求扶持不断下跌的农产品价格。一些失去了
城市工作的人占领了闲置土地，社会活动家要求进行土地改革，扭转
土地从农民手中向城市用地和投机行为流动的趋势。

　　另一个抗议主题出现在被逼到破产的商人中间。国际货币基金组
织和主流经济分析将危机归咎于"亚洲"资本主义的任人唯亲和效率
低下，认为其毁灭是合理的，理应被更先进的国际资本替代。但是外
府的地方商人拒绝接受这一解释，并感觉自己被国家、民主党和技术
官僚们遗弃了。1998 年初，他们成立了新组织，如救国联盟（Alliance for National Salvation）等；举行街头示威；选派代表前往华盛顿；
猛烈抨击国际货币基金组织的"新殖民主义"政策。

　　这些努力起初没有获得多少公众支持。但是在 1998—1999 年，
危机的社会影响扩大，社会贫富差距拉大，抗议活动蔓延开来。即使
是阿南·班雅拉春这样的曾劝告泰国人不应拒绝全球化的领导人，也
欢迎以更自立的方式去应对危机，"为了泰国的生活方式"。② 为了战
胜危机，他们推出了各种自强的项目。一位受人尊敬的高僧玛哈波捐
出募集的 20 亿泰铢的善款，包括 1.7 吨黄金，以抵销国家债务。保
卫国家的主题也出现在流行文化中。1999 年，电影《邦拉占》（Bang
Rajan）大受欢迎，它讲述了历史教材中记载的，1767 年邦拉占的村
民们英勇抵抗缅甸人进攻的故事。素攀甘拉雅（Suphankanlaya）公主
是 16 世纪使暹罗摆脱缅甸控制、赢得"独立"的纳黎萱国王的传奇

①　Prawase Wasi, *Setthakit pho phiang lae prachasangkhom naew thang phlik fuen setthakit sangkhom* (The Sufficient Economy and Civil Society as a Way to Revive Economy and Society), Bangkok: Mo Chao Ban, 1991, p. 59.

②　Thailand Development Research Institute, *Ekkasan prakop kan sammana wichakan prajam pi 2542 setthakit pho phiang*, Papers from the 1999 Annual Seminar on the Sufficiency Economy, 18 – 19 December 1999.

的姐姐，她变成了一个受欢迎的女神，可以拯救商人们摆脱危机。一个由学者和商人组成的"新民族主义"团体希望将"对国家的爱种在国内每个角落里的每个人的心中"，这样"拯救经济主权的力量将会自然而然地生长"。①

2000 年，金融危机开始缓解。但是这一事件的冲击唤起了许多重要的主题，包括保卫国家、自立自强、对农村社会的忽视、制定新发展政策的必要性，以及重新评估全球化背景下泰国的地位。

泰爱泰

最终，这个危机和论争的时期以强大的独裁国家传统的复活而告终——这一回是由大商人推动的，他们希望借助国家力量去清除全球化和民主化的威胁。

1998 年 7 月，他信·西那瓦组建了一个新政党。他信曾经是经济繁荣期最成功的企业家之一，他通过垄断政府授权的电信行业，以及巧妙利用上涨的股市，在五年内就取得了 20 亿美元的净资产。他在 20 世纪 90 年代中期进入政坛，塑造了一个重视科技的现代商人形象。他的新政党在 1998 年吸引了那些遭受金融危机打击但幸存下来的商业集团的支持。其中包括最大的企业集团正大集团、著名银行盘古银行，以及一些面向国内市场的服务业公司。这些经济的主要部分仍然受到各种形式的保护，免于落入外资手中。这种大企业对政治的热情，又重现了在 1932 年、1946 年、1973 年和 1992 年遭遇国家危机之后出现的那种模式。在此前的那些危机中，这种热情被证明是昙花一现的，但是现在企业的实力已不可同日而语，这场危机使很多商人领袖确信，有必要掌握国家政权去应对全球化。他信以一个成功的商人自居，他将帮助小型和大型企业从危机中恢复过来。

这个新政党迎合了后危机时代人们的情绪。它的名字"泰爱泰"

---

① Narong Petchprasoet, *Kham prakat chatniyommai*（Declaration of New Nationalism），Bangkok：Chulalongkorn University Political Economy Centre，2000，pp. 13 – 29.

（Thai Rak Thai，TRT）反映了民族主义对这场危机做出的反应。该党的口号是"新的思考，新的行动，为了每一个泰国人"，其宣言也承诺要"对国家基础结构进行全面改革，使泰国变得强大、现代，并准备好在新时代面对世界的挑战"，以自强精神去应对全球化。泰爱泰党联系非政府组织和农村活动家，帮助制订一个选举计划，内容包括减免农业债务、农村投资基金、廉价医疗保健，他们意识到金融危机对农村的冲击。泰爱泰党的宣传计划使用了地方主义的词汇，即对社区赋权和由草根阶层自下而上的基层发展。巴威·瓦西、玛哈波长老（曾制订民族自救方案的僧人）和一些农村抗议组织都支持该党。

随着支持者日益增多，他信也得到许多地方老板的支持，他们心里明白民主党及其同盟很可能会被击败，因为他们倾向于遵从国际货币基金组织的强制政策。他信还斥巨资打造了一个前所未见的光鲜亮丽、协调有序和声势浩大的选举活动。在 2001 年的选举投票中，泰爱泰党仅差 2 席就赢得绝对多数，之后通过吸收其他两个党（其中包括差瓦立领导的政党）成为多数，在 500 个席位中获得了将近 300 个席位。以南部地区为大本营的民主党只得屈居第二大党（见图 7 - 2）。

除了在议会中一枝独秀，他信还受益于新宪法的条款，新宪法旨在加强总理的权力并创造更稳定和长期的政府。他作为新时期的政治家，充分利用通信时代的手段，通过每周的广播谈话节目与听众交流自己的活动，还经常占据报纸和电视新闻的头条。他信政府在任期第一年内兑现了其选举的承诺，巩固了公众的支持。

他信承诺不仅要使经济摆脱危机，还要带领泰国经济跃升至第一世界的地位。这主要通过将迟钝的官僚体制转变为支持私营企业的体制来实现。他信指出"国家就是一个公司。管理方式是相同的"。他复制了差猜的做法，重新委任大批高级官僚和国有企业官员，让官员们对他俯首帖耳；建立一个广泛的咨询组织结构，以将决策权力从各部委集中到总理府；彻底改革官僚体制的结构。他信自称是个"CEO 总理"，他还对地方政府官员和外交官冠以同样的 CEO 前缀，并召集

图 9-2 选举地理图，2001—2011 年

培训他们适应经济发展的推动者的新角色。他们启动了一个国有企业私有化计划。政府财政部门被要求向一些优先产业和遴选出来的公司提供贷款。为了增加竞争力，政府聘请外国顾问出谋划策。个别与政府相关的公司从债务减免和鼓励政策中获益良多。经济增长率从2002年开始提升，股市指数在2003年大幅上扬。他信承诺，他将在其第二任期内带领泰国加入经济合作与发展组织（OECD）这一富裕国家俱乐部。

这种激进的资本主义与一种新民粹主义联系起来。他信在2001年大选期间承诺的政策得到很高的民意支持，在这些承诺落实之后，支持率就更高了。一方面，这些政策提高了人民的福利，特别是全民医疗保健计划；另一方面，这些计划将资本主义延伸到草根阶层，帮助半自给的农民们转型，让他们获得更多的资本和市场。但是他信的民粹主义并不仅是一个政策问题。他深入民众，以一种全新的泰国政治文化赢得人民的拥护。他每周都会通过广播与全国人民通话。他还将内阁会议开到了外府。他带着部长和官员们巡视农村，将政府带到地方即时办公。他承诺要消除贫困，还进行了一个试点计划，在贫穷的东北部进行了一个直播的电视真人秀。2005年，泰爱泰党的口号换成了民粹主义色彩更强烈的"泰爱泰党的心脏是人民"，在那一年的大选中，泰爱泰党承诺政府要帮助人民一生的生活，从躺在摇篮到入土为安。

2003年初，他信发起了一场"缉毒战争"。从缅甸流入的廉价冰毒药片在金融危机期间占领了市场。毒品通过传销的方式流入学校。他信给警察和地方政府3个月时间清理他们管辖的地区。在那段时间，有超过2500人死亡，多数是被手枪射杀的。政府声称这是毒贩在相互火并，防止对方告密。但有些人担心警察为了满足上面下达的既定目标在故意杀人，不管是确实有罪还是无辜的。一位联合国官员对此表示担忧，他信回敬道，"联合国不是我的父亲"。但是民意调查显示，这场运动得到了压倒性的支持。

他信作为一个泰国民选政治家，受到了前所未有的欢迎。他为竞选去做宣传的时候，人们狂热的情形就像见到摇滚歌星一般。但是，当他在大众中获得的支持不断提高时，他在有影响力的城市精英中的支持率却越来越低。

他信的商人家世和他利用国家公权来促进私人业务的行为引发了一些人的忧虑。在2001年大选之前，他被指控在20世纪90年代担任部长期间隐瞒了理应公开的资产。他被判无罪，但是审判词非常蹩脚，他可能有腐败之嫌。许多受惠于他的亲商政策的人似乎都属于他的商业盟友小圈子。一些政府决策似乎都是他的家族企业从中受益。他本人的家族财富在其四年任期内翻了三番，主要是通过股市的惊人复苏，但也源于一些政府举措，他明目张胆地帮助自己的家族企业。

为了遏制越来越激烈的批评，他信政府重新严控电子媒体。对报纸则通过操纵广告预算加以威逼利诱。他信家族收购了成立于1992年的唯一一家独立电视台（ITV）的控股权。其他电视频道则被命令只能播放"正面"的新闻。敢于发声的公共知识分子遭到猛烈攻击。非政府组织被诋毁为只为了获取外国基金而进行抗议。那些继续试图捍卫自己的地方利益的地方组织，被描述成"无政府主义者"和国家的敌人。他信政府还削弱了由宪法设立的新机构的作用，这些机构是为了制衡行政机关的强大权力而设立的。他信说他希望有平静的政治（*kanmueang ning*），并公开表达对新加坡和马来西亚政治体制的赞赏。在作巡回竞选演说时，他信表示自己是人民的朋友，并宣称他不得不与旧精英们进行斗争，他们要维护自己的特权，并阻挠他信为人民所做的努力。他认为，相互制衡、人权、公开辩论，甚至议会中的反对派，都是阻碍他完成使命的拦路虎。

2005年2月，泰爱泰党以绝对优势赢得了大选，获得了67%的选票和500个席位中的377席，在北部、东北部、中部和曼谷选区中遥遥领先。反对党民主党只保住其在南部的中心地带（见图9-2）。

选举的成功和他信个人声望的飙升也给他带来了麻烦，特别是在这个君主长期统治且具有崇高的民众威望，以及军队仍旧觊觎恢复其政治作用的国家。他信着手提升商人和民选代表的地位，超越旧有精

图 9-3　他信挥舞着旗帜。他信·西那瓦在
2003 年 12 月宣布缉毒战取得胜利

英和被任命的官僚。之前的政治家们一直小心翼翼地不侵犯国王的公共空间。极端保皇派人士视他信的高人气为一种挑战。在 2001 年 12 月的生日演说中，国王当着内阁成员的面说道，"目前每个人都知道国家似乎面临灾难"，并将此归因于一种"双重标准"，这在泰国是一个新现象。① 不久之后，枢密院主席炳将军发表演讲，建议人们不要称颂不值得尊敬的富人。2003—2004 年，一些枢密院大臣多次发表演讲抨击腐败和过多的财富，并常常引用国王的话。

他信意识到，军队可能是他实施政府改革计划的最大威胁。毕竟，1988—1991 年的一场政变终结了差猜类似的计划。作为一名警校学员，他信曾在泰国军官预备学校（Armed Forces Preparatory School）学习过一年，因此他与一些陆军军官学校第十期毕业生是老同学。在他第一任期内的军队晋升中，他的这些同学都被迅速提拔上去。但是他们和他信一样，年龄都在 50 岁左右，距离担任军中关键的高级职务资历尚浅。为了弥补这个缺口，他信还越级提拔了自己的堂兄猜希（Chaisit），2003 年 8 月，猜希一跃成为陆军司令，另一位堂兄也被任命为国防部常务次长。然而，猜希不堪重用，无法胜任，不得不在 2004 年被撤换。这种在军队升迁中公然的偏袒行为激怒了那些资格更老却未能升职的人，也激怒了炳将军和素拉育将军等德高望重的老兵们，他们希望能对这类事务施加影响。

针对他信的第一次攻击与南部问题有关。2002 年，他信解除了南部三府的军事指挥部，而以警察取而代之。警察在这一区域的行动，包括在 2003 年缉毒战期间的杀戮，似乎成了激起新的暴力阶段的导火索。2004 年 1 月那拉提瓦军械库遇袭之后（参见第八章），这几个府几乎每天都发生谋杀和爆炸事件。他信最初以为行凶者只是"绿林匪徒"，让警察通过秘密逮捕和处决的方式消灭他们。这一策略却让冲突扩大。2005 年大选刚落下帷幕，两位枢密院大臣就公开要求改变政策，他们援引国王的建议，要求采取"可行、理解和发展"式的策

---

① 参见：http：//kanchanapisek. or. th/speeches/2001/1204. th. html。

略。他信迫不得已成立了一个全国和解委员会（National Reconciliation Commission）。

曼谷的中产阶级最初对他信关于发展经济和推动泰国前进的承诺表示欢迎。只有个别自由主义者反对他的对人权、自由和民主做法的蔑视，以及他为自己的家族企业谋利所引发的利益冲突。然而在2005年，他日益激进的民粹主义开始引发人们的担忧。一些人担心中产阶级会失去政治影响力，他们发现自己正在为他信的民粹主义的施舍及其小圈子丰厚的商业利润买单。一位他信的盟友商人试图收购（可能是为了封口）领先的高端新闻集团《民意报》之时，众媒体集体反抗政府对媒体的约束和恐吓。媒体的批评之声增加了。一位媒体大亨颂提·林通恭在电视上言辞激烈地批评了他信，结果该档节目被取消，他便改变计划，走上街头进行一系列示威活动。颂提还称他信对君主制是一个威胁，从而调动起人们的情绪。

颂提的示威在2005年末最终失败。但是在2006年1月，他信的家族将他们控股的臣那越集团（Shin Corp）出售给新加坡政府的淡马锡控股公司（Temasek Holdings），交易额达到730亿泰铢却不用缴纳1泰铢税额。因为政府已修改多处法律，甚至为了让他信家族企业避税改判了之前的税务案件。这次出售使得民怨沸腾。颂提联合包括占隆·西芒在内的一批老活动家，在人民民主联盟（People's Alliance for Democracy，PAD）的旗帜下重启示威活动。军方开始考虑通过政变推翻他信的可能性，并且似乎开始与人民民主联盟进行协调。示威活动的重点是将他信和泰爱泰党描绘为对君主制的威胁，声称发现他信在出访芬兰之时谋划实行共和制的阴谋，并指责他信藐视君主。示威者采用国王的颜色黄色作为自己统一着装的颜色。他们呼吁国王罢免他信，但是国王认为这一想法是"非理性的"，并未应允。

他信作出回应，要求在2006年4月举行大选。民主党和其他反对党决定抵制投票。泰爱泰党再次大获全胜，但被人指责是通过不当方式获胜。国王召见了他信，之后他信就宣布他将从政治前沿退居二线。国王还呼吁司法部门发挥更积极的作用，以"推进民主"。宪法法院裁定选举结果无效，于 10 月举行另一次大选。他信蛰伏一段时间之后重新出山，声称"一些身具波罗密之人和宪法管控之外的组织，正试图推翻政府和法律法规，破坏宪法和民主"。[①] 炳将军在对军队讲话时强调，军队"隶属"国王，总理就像个骑手。

他信在商业和政治上的野心，使许多相互陌生的人联起手来共同反对他。在王宫、军队和官僚机构中的保守势力，早已对泰国在全球化下的变化速度感到不安，面对他信的全面计划，他们采取了行动。知识分子和中产阶级中的自由派改革者长期以来一直批判商业在政治中的主导作用，他们对他信兼具商业财富、民粹主义的魅力和个性化的独裁统治感到恐慌。反对他信变成了一种反对选举民主的行为。

2006 年政变

2006 年 9 月 19 日深夜，趁他信赴纽约出席联合国大会之机，军队发动政变夺取权力。尽管政变在泰国是家常便饭，但是这次是近 50 年来第一次将坦克开到首都并取得成功的政变。尽管政变行动十分顺利，但是事前还是经历了一番斗争。政变领导人颂提·汶亚叻格林（Sonthi Boonyaratglin）在 2005 年成为陆军司令，此前国王拒绝了他信提出的这一职务的候选人选。在政变发生前的 3 个月里，颂提调集了 100 多名部队指挥官，以便减少他信支持者的势力。坦克是用来挡住可能同情他信的曼谷驻军的军营大门的。它们并不是装饰物。

这次政变带有鲜明的保皇主义色彩。政变领导人公开承认自己是保皇派。坦克上绑着黄丝带，士兵制服上也别着黄丝带。政变集团起初自称君主立宪制民主改革委员会（Council for Democratic Reform under Constitutional Monarchy），但后来将君主立宪的字样去除，因为该字样在名称里出现就把国王也牵扯进政变之中了。颂提将军选择的总理人选是素拉育将军，他是前任陆军司令，现在是一名枢密院大臣。

---

① *The Nation*, 4 July 2006.

政变集团撕毁了 1997 年宪法，并承诺在一年多时间内起草一部替代宪法并恢复选举。

政变集团宣称他信政府犯下藐视君主罪，干涉宪法机构工作，并造成社会分裂。但这其中也有军方想借机重返政坛的因素。将军们重新回到了头版头条，回到国有企业的董事会和其他有影响力的位置。在两个预算周期内，分配给军队的预算几乎提高了一半。野心勃勃的武器购买计划又浮出水面。军队重新负责打击南部边疆的武装分子，推翻了他信在 2002 年的命令。

政变政权的主要目的是调整政治权力的平衡，压制他信，减少民选政治家的作用，让官僚和军队重新夺回权力。这一计划想要重现的是后 1976 年时期，许多政变领导人当时都曾参与的平定共产主义反政府武装的行动。在他们的内部文件中，颂提将军的集团想象，泰爱泰党中有少数 20 世纪 70 年代的左翼激进分子，现在利用选举政治将过去的共产主义带回来。将军们谈论着发动一场"为人民的战争"和"为国王的战争"。政变政府仿效过去的非官方的治安维持组织，向北部和东北部的乡村派遣特殊部队，"劝说"人们放弃对他信和泰爱泰党的支持。

法院宣判泰爱泰党在 2006 年选举投票中舞弊，禁止 111 名泰爱泰党高层人员在 5 年内从事政治活动，冻结了属于他信大家族的大约 900 亿泰铢的资产。法院对该家族的腐败行为发起了多起诉讼案件。一个精心挑选出来的委员会起草了一部新宪法，限制了行政权力，降低了议会的作用，试图保护官僚机构免受政治干涉，并给予 7 名大法官巨大权力，可以任命制衡行政院机构的成员。委员会还通过了一个《国内安全法》（Internal Security Act），恢复了曾在冷战时期指挥反共运动的国内安全行动指挥部，还通过了一个《计算机犯罪法》（Computer Crime Act），对利用计算机设备犯罪实施严厉惩罚。利用这些工具，军方打算在国家政治中重新发挥监管职责，正像炳·廷素拉暖在 20 世纪 80 年代时做的那样。政变政府引诱泰爱泰党成员变节加入新政党，配合实施他们的计划。

第九章 政治（20世纪70年代以来）

但是政变集团和军队的后续行动未能抑制支持他信的力量。素拉育将军的内阁成员大多数都是退休的官僚，他很快就发现他们没有能力管理复杂局面，无法满足现在泰国社会的要求。对政变最初的热情迅速消退。那些从他信的民粹主义政策中获益的人，和那些觉得自己已经在泰国政治中拥有一席之地的人，并不会被轻易地边缘化。农村地区的复杂程度已和20世纪70年代不可同日而语了，军队重新发动"心理战"，想要消除对他信的支持，结果遭到人们强烈的厌恶。虽然流亡他乡，但是他信通过互联网不断现身，还大张旗鼓地收购了英国的足球俱乐部曼彻斯特城队。尽管政党被解散了，一些泰爱泰党的政治家拒绝屈服，继续坚持公开批评政变政权。在2007年12月宣布恢复民选议会的选举之后，泰爱泰党改头换面，以小党人民力量党（People Power Party，PPP）的名义重生。他信说服了一位资深的政治家沙马·顺达卫（Samak Sundaravej）担任党主席。其竞选平台承诺要恢复泰爱泰党的政策，其非官方的竞选口号是"选沙马，得他信"。2007年8月，当新宪法被提交给第一次全民公投时，赞同与反对的比率为58∶42，远低于政变政府的预期，尤其是他们为了赢得公众支持而投下重金，而且还干扰反对派竞选活动。为在投票上击败人民力量党，将军们软硬兼施、威逼利诱有经验的政治家们加入新政党，但是大多数人拒绝了。在2007年12月举行的选举中，人民力量党仅差一点就达到绝对多数，它在北部、东北部和许多来自这两个地区的农民工所在的曼谷郊区大获全胜。民主党则在南部和曼谷市区获胜。这种泾渭分明的选举地理显示了他信造成的国家撕裂。沙马组建了一个联合政府。三个星期后，他信从流亡中归来，他在机场迎接的人群面前以头触地跪吻祖国的土地。新政府宣布计划修改政变集团制定的宪法，并且阻挠法院审理他信及其家人和同事的案件。

这场政变未能破坏他信对议会以及总理府的主导。反对他的各方力量现在另辟蹊径，开始转向法院和街头。

司法原本在泰国政治中的作用微不足道，直到国王敦促法官弄清2006年大选遗留下来的混乱。此时，法院的政治作用突然变大了。在几个月内，许多官员纷纷离职，众议院议长是因为选举舞弊，外交部长是因为违反宪法，卫生部长是因为资产负债表不准确。他信的妻子因逃税被定罪，之后他信本人也因滥用权力将国有地产交易给其妻子而被判处两年监禁。他信在判决下达之前就逃往海外。2008 年 9 月，沙马也因为在一档烹饪节目中担任主持人接受小额报酬而被免职。

与此同时，颂提·林通恭和人民民主联盟恢复了街头示威活动。2008 年 5 月，他们在政府大楼附近搭建了一个长期的抗议营地。一些高级士兵和显赫的贵族也加入进来。同情他们的商人们纷纷解囊捐助，资助他们搭起精致的舞台，由著名艺人担任主持，通过卫星信号出现在千家万户的电视屏幕里。抗议人群身着黄衫，上面印有支持国王的标语，他们被称作"黄衫军"（Yellow Shirts）。颂提·林通恭号召解散亲他信的政府，还提出一个"新政治"建议，即泰国应该放弃一人一票的原则，因为选举都是靠钱获胜的（通过贿选买票或民粹主义的政策），因此选举结果不具合法性。前高级外交官格西·皮荣（Kasit Piromya）也转投人民民主联盟，他向往"有道德的政治"。

在沙马被剥夺总理职务之后，他信的妹夫颂猜·翁沙瓦（Somchai Wongsawat）接任总理，2008 年 10 月，黄衫军示威者占领了政府大楼。暴力事件上升，包括当警察试图冲破人民民主联盟在议会前设置的障碍物时，双方发生的正面冲突。军队一再拒绝政府宣布进入紧急状态的请求。人民民主联盟派小队人马扰乱政府办公室并暂时占领了机场。12 月，一大批人民民主联盟人士占领了曼谷的素万纳普国际机场，导致机场被迫关闭一个星期，35 万名游客滞留，造成了巨大的经济损失。军队拒绝出动驱逐占领者或结束占领状态。宪法法院再次宣判，解散他信的党羽（理由是一位执行委员在选举中舞弊），由此导致政府垮台。人民民主联盟的示威者退出机场。军队和一些商人领袖帮助建立了一个以民主党为首的新联合政府。阿披实·威察集瓦（Abhisit Vejjajiva）成为总理。他的政府给了国内安全行动指挥部 10 亿泰铢，针对东北部地区，进行另一场消除他信影响的运动。

2006 年的政变及其后果对此前 30 年来艰难建立起来的民主制度

和传统造成了巨大的破坏。可以预见的是政变还会发生。军队已经重新政治化。议会政治已被政变集团制定的宪法削弱了。一场以旧精英和城市中产阶级为基础的抗议运动已经扰乱了政府，同时又免受法院或安全部队的控制。司法已卷入政治之中，一些人将它解读为推进法治，但是其他人指责其带有政治倾向性。军队和人民民主联盟宣称他们的行动是为了捍卫君主制，已将宫廷的象征资本带入日常政治中心。人民民主联盟提议泰国应该放弃选举政治的基本原则。泰国的民主制和君主制都已深陷危机之中。

红衫军

政变以及随后试图通过军事行动、司法判决和街头政治来消除他信势力的举动，引发了泰国政治史上第一次群众运动。

在 2006 年 9 月政变之后，少数活动组织举行了抗议集会。2007 年初，泰爱泰党的余党加入了这些组织。从 5 月开始，流亡海外的他信开始出现在这些集会之中，起初是通过电话，后来是通过事先刻录好的 CD 光盘，最后是通过直播视频连线。抗议组织在忠于他信的北部和东北部建立起来，通常都或多或少与社区广播电台或私人电台的 DJ 们有关。2007 年 7 月 7 日，反独裁民主联盟（United Front of Democracy Against Dictatorship，UDD）成立，成为抗议政变的庇护伞。它在枢密院主席炳·廷素拉暖的家门口举行集会，指控他策划了政变。随着人们对政变幻想的破灭和对军队的恐惧的减少，反独裁民主联盟在曼谷的集会逐渐增多。

2007 年 12 月大选之后，亲他信的政党重掌大权，反独裁民主联盟停止了活动，但是在 2008 年 5 月重新集结，以对抗人民民主联盟集会愈演愈烈的暴力。7 月，沙马政府推出了一个电视节目《今日真相》（*Khwam jing wan ni*），以对抗颂提·林通恭在人民民主联盟集会舞台上的节目转播。三位主持人均身着红衫为制服。政变以来，只有一部分抗议者身着红衫。但从这时开始，红衫成为一种标志。区别于其他组织，红色是泰国的国旗三色旗中代表人民的颜色，它被用来作为泰爱泰党和人民力量党等他信派政党的视觉识别特征。或许更重要的是，它与黄色在视觉上对比最为强烈。

2008 年底，红衫军在体育场举行了大规模的集会。参加集会的有从北部和东北部乘大巴赶来的支持者；从这两个地区出来的进城务工人员，特别是曼谷的出租车和摩的司机；还有越来越多的学者、活动家和城市职业人群，他们觉得自 2006 年政变以来的一系列事件，尤其是人民民主联盟的"新政治"，是对民主价值观和实践的一种践踏。许多曾经反对他信，将他视为对民主的威胁的人现在开始反对人民民主联盟，视其为一种更加严重的威胁。

随着两种颜色集会的对抗，小规模的摩擦冲突增多。一方身着黄衫，宣称要捍卫君主；另一方身着红衫，宣称要捍卫民主。

2008 年 12 月，在颂猜政府被解散、民主党领导的执政联盟上台之后，反独裁民主联盟设立了一个卫星电视台，并于 2009 年 3 月在政府大楼外搭建了长期的抗议营地，要求政府下台并立即举行选举。流亡的他信几乎每天都从迪拜进行视频连线，公开指责将军们，尤其是炳和素拉育策划了推翻自己的阴谋。他信自认为是泰国民主运动的一部分，承继了自 1932 年革命开始、经过 1973 年和 1992 年的流血事件直到今天的传统，但他并不否认，他的动机还有法院即将判决没收其在政变之后被冻结的资产。他的言辞越发激烈："如果听见枪声，士兵向人民射击，我将立即回去带领大家向曼谷进发。我对这样的独裁统治忍无可忍了。"[①]

在 2009 年 4 月中旬的泰历新年，即宋干节假期期间，出租车司机封锁了曼谷的交通。一支红衫军队伍走到芭提雅，中断了东盟峰会，之后返回曼谷继续封锁首都。4 月 13 日，军队调集 1 万名士兵进入曼谷，要清除街头的示威人群。13 名示威领导者投降并被拘捕，示威营地也被拆除。红衫军的卫星电视台和几家广播电台也被关闭，成

---

① *Matichon*, 24 March 2009.

千上万的网站被屏蔽。官方称只有 2 人在行动中身亡，但是军事行动的规模，以及抗议者为了防御而焚毁 52 辆公交车，都表明暴力程度在不断加剧。

红衫军运动不断壮大，主要是地方的激进主义。在清迈，红衫军组织的数量从 2008 年的 5 个增长到 2010 年的 24 个。反独裁民主联盟还开办政治学校，每次培训为期 2—3 天，大多在北部和东北部地区。有几个地方宣称自己是"红色村庄"。两位能言善辩的演说家纳塔武·赛格（Nattawut Saikua）和乍都蓬·彭攀（Jatuporn Promphan）在地方集会和复播的卫星电视频道中非常受欢迎。2010 年初，红衫军运动开始准备在曼谷发动另一场集会抗议，并在北部和东北部进行筹款活动。

图 9 - 4 2010 年 3 月，红衫军的队伍穿过曼谷

2010 年 3 月 14 日，成千上万的红衫军涌入曼谷，他们大多数乘坐着皮卡车，身穿红衫，播放着吵闹的音乐，营造了一种狂欢的气氛。最初他们受到热烈欢迎，不仅有来自首都的进城务工人员，还有许多曼谷的上班族。该运动的正式诉求是重新进行选举，但是许多参与者的目的略有不同："我们都崇拜他信，希望他能回来当我们的总

理。是政府和军人将他赶下台的。"①

　　红衫军尝试与政府谈判，但不到 2 天谈判就破裂了，很可能是他信干预的结果。虽然大多数参与者坚持非暴力原则，但有少数人相信只有通过暴力才能取得些许效果。4 月 10 日，当军队试图驱散一部分示威人群时，爆发了一场混战，并演变成枪战。一伙不明身份的"黑衣人"袭击了士兵，他们很可能是变节的士兵或前侦察兵，袭击造成一名重要的陆军上校身亡。超过 20 名抗议者身亡，绝大多数是被高速子弹击中的。不久之后，抗议集会地点搬到拉查巴颂路（Rajprasong），这里是曼谷的核心商业区。一些对他们报以同情的白领上班族和本地商人，随着城市生活持续受到影响和暴力事件增加而渐渐冷淡下来。5 月 19 日，军队使用武力强行驱散了示威人群。抗议集会点背后的购物中心连同其他几座城市建筑被人纵火付之一炬。4 个府的地方政府办公楼也被人纵火焚烧。抗议持续了 8 周，有超过 90 人死亡，包括约 80 名抗议者和约 10 名安全部队成员。

　　红衫军运动是在过去几十年时间里发展起来的大众社会的政治表达。参与者主要来自社会的底层，但通常是那些收入逐步增长，愿望不断提升，通过进城务工和新通信方式扩展了视野，对在收入、机会和尊重上的不平等日益不满的人。他们主要来自北部和东北部，这些具有独特文化的地区直到 19 世纪时才被纳入暹罗版图。他们对"双重标准"表示愤怒，即法院和军队对黄衫军与红衫军不一视同仁，以及整个社会存在的更普遍的不平等。他们称自己是 *phrai*，称他们的对手是 *ammat*，分别是封建时期对农奴和主人的称呼，以此嘲笑官僚和带有官僚思想的政治家的家长作风。与其说他们试图推翻政治秩序，不如说是要改变它，这样他们就能更充分地参与政治和更公平地获益。由于从 20 世纪 90 年代末开始，政府将权力向地方下放，以及他

---

　　① 一位 61 岁的东北妇女的话，引自 Pattana Kitiarsa，"From Red to Red：An auto-ethnography of economic and political transitions in a northeastern Thai village"，in M. J. Montesano et al. eds，*Bangkok May* 2010：*Perspectives on a Divided Thailand*，Singapore：Institute of Southeast Asian Studies，2012，p. 240。

信的民粹主义倾向的政策，他们认识到选举的价值，认为可以利用这种手段获取更多的利益。正如一位参与者所说："曼谷已经过上了好日子，他们不需要通过选举改变什么，但是我们需要。"①

泰国的旧机构和大部分中产阶级既反对他信，也反对他所代表的政治。他信抨击了官僚机构的文化和突出地位，还试图加强对军队的控制。中产阶级对他信的受欢迎程度和他低下的道德标准感到恐惧。许多人最初是他信的拥趸，但是后来转而反对他，就像失望的恋人那样充满了怨恨之情。保守派的反应来自对暴民的恐惧，它源自冷战时期反共产主义遗留下来的阴影。

2010年5月的冲突揭示了一个严重分裂的社会。还未待冲突的硝烟散尽，就爆发了另一场关于事件的记忆和意义的战斗。红衫军一方将事件描绘成政府和军队对争取民主的人民犯下的又一次暴力罪行，而对己方集会时的暴力因素视而不见。黄衫军一方则将红衫军运动斥为彻头彻尾的暴力和恐怖主义，受到他信的幕后操纵，而他信只是为了一己私利，无视大多数参与者的愿望。

从2004年以来，黄衫军一方就呼吁国王干政，使用国王生日当天的象征色黄色作为统一的着装颜色，高举捍卫国王的口号，并指责他信意欲推翻君主制。为了对抗他信对选举的控制，他们提出选举的力量需要受到道德的制衡，并将国王作为道德力量的标志或工具。一言以蔽之，黄衫军运动利用了君主制在公共政治中的符号权力。这样会将君主制置于危险境地，并招致批评。针对这一情况，保守势力一再坚称君主制是"凌驾于政治之上"的，同时藐视君主的案件越来越多。被起诉到法庭的此类案件在1949—1956年平均每年仅有1件，到1977—1992年上升到每年10件，到2005—2009年则激增到每年111件。在少数备受瞩目的案件中，嫌疑人被判处长期监禁。

随着黄衫军和红衫军运动的出现，更多的人前所未有地积极参与到政治活动。更多的人则通过卫星电视频道和地方广播电台，远距离

① Quoted in Naruemon Thabchumphon and Duncan McCargo, "Urbanized villagers in the 2010 Thai Redshirt protests", *Asian Survey*, 51, 6, 2011, p. 1015.

关注政治。泰国忽然之间变成了一个极端政治化的社会。

2010 年 5 月之后

民主党曾是 20 世纪 90 年代最为成功的政党，但是未能驾驭世纪之交来自底层大众的政治热情。该党的根底是保皇主义的，在风格和管理上带有官僚制色彩，特别是在川·立派担任党首期间。由于在 1997 年金融危机期间站在国际货币基金组织一边，它失去了一部分来自商人和中产阶级的传统支持。他信把自己精心打造为一个新型的大众领袖，他嘲笑民主党是属于旧时代的旧精英。

2005 年，阿披实·威察集瓦成为党首，由功·加迪卡瓦尼（Korn Chatikavanij）出任其副手。二人都来自 19 世纪移民过来的华人家庭，他们的祖辈成为贵族官员，飞黄腾达，进入社会精英的行列。二人也都曾在英国的伊顿公学和牛津大学学习。功在金融业小有成就，而阿披实受到川的器重，川将其作为自己的接班人。就在人民在泰国政治中的重要性迅速提升之际，民主党的领导们却在民众中缺乏知名度，群众基础薄弱。民主党不仅以反对他信的回归为目标，而且还反对那些将他信奉为领袖的新政治力量。民主党人将自己定位为君主制的捍卫者，并接受了国王提出的"适足经济"（sufficiency economy）理念，这是种基于克制和审慎原则的生活方式，虽然官方极力推动，但是民众对此缺乏兴趣。

2007—2008 年，阿披实率领民主党与黄衫军结盟，试图推翻他信一派的内阁。当 2008 年 12 月阿披实在法院和军队的干预之下成为总理之后，他就首当其冲地承受了来自人们对推翻民选政府的不满，他的车两次遭到暴徒的袭击。他的政府对媒体的管控规模，是自军人时代结束以来从未有过的，亲红衫军的报纸被关闭，广播电台受到威胁，红衫军的电视台信号不时被中断，成千上万的网站被封锁，动用亵视君主法审理了大量案件。在 2010 年示威期间，阿披实躲在一处军营中。当流血事件发生后，他不断重复军方的论断，说士兵没有打死任何抗议者。民主党对官僚、军队和君主制等旧机构的认同至此已彻底完成。它在北部和东北部仅剩的一些派系领导人已经消失了。

2001年以来，民主党勉为其难地决定出台"民粹主义"的政策，与他信派政党竞争。阿披实政府执政之后，除了对农产品的价格补贴外，没有改动任何他信的主要创新政策，还增加了新的养老金和教育的对策。但是民主党无法摆脱其高高在上的家长作风。为了在选举前拉拢底层民众，民主党推出了一揽子政策，并宣称这是"给国家的礼物"。

在2010年5月流血事件之后，阿披实最初顶住压力，在人们情绪平复下来之前拒绝举行新选举，但随后宣布将于2011年7月举行投票。此时他信派政党已经复活，他们组建了新党为泰党（Pheu Thai），但是尚未公布领导人，民主党可能希望趁对手混乱之机渔利。然而，为泰党马上选择他信最小的妹妹英拉·西那瓦（Yingluck Shinawatra，华文名丘英乐）出任党首。他信说英拉将成为他的"克隆"。为泰党的竞选口号是"他信思考，为泰行动"。尽管他信依然身处海外，但是那场大选毫无疑问带有他的印记，以及大众对2006年政变以来发生的一系列事件的反应。

投票反映了街头政治的两极化（见图9-2）。在整个北部和东北部的各选区，为泰党获得了多数选票。而在南部地区，民主党则得到更多的支持。其他小党毫无竞争力。人们投票给谁完全是基于对该党的理性认同，这一点强过以往任何时候。暴力事件和贿选行为相比之前的选举都明显减少了。为泰党比2007年选举多获得了25%左右的选票，并赢得了绝对多数，夺得500个席位中的265个。民主党紧随其后，获得159席。

这个决定性的选举结果暂时缓解了紧张气氛。英拉在她的首次演说中强调忠于君主制，并以女性魅力、增加军事预算并承诺不干涉军队的任职升迁来安抚将军们。但是对手们无法接受他信影响力的回归。残余的黄衫军发起了推翻英拉政府的运动，但是未能得到相应的支持。直到2013年11月，当时众议院通过了一项大赦法案，取消了对他信的定罪，并允许他回国。曼谷的上班族和商人参加了大规模的示威抗议活动。素贴·特素班（Suthep Thaugsuban）退出了议会和民主党，发起一场"封锁曼谷"的运动，要迫使英拉政府辞职。英拉解散了议会，但是民主党随后于2014年2月的选举中再次拒绝合作。

英拉及其支持者指出，政府应该继续掌权以维护选举民主的原则。示威者则要求政府下台，并允许"改革"政治进程。由于抗议支持者减少和军方一再拒绝武力推翻政府，这场运动在2014年3月实际上已经被放弃了。但是这些抗议显示了城市中产阶级反对他信回归，以及要求加强措施进一步限制议会和行政力量的强烈情绪。

英拉成为泰国第一位女性总理。她此前是家族企业里的一位高管，毫无政治经验，但是她组建了一支经验丰富的政治家和顾问团队。他信虽然人在国外，但是仍积极参与部长人选和政策框架的制定。政府回到了传统的他信式政策，提高收入以刺激需求，并在基础设施上投入大量资金。

结论

从20世纪70年代开始，经济和社会变化的速度加快了。经济发展经历了一个长期繁荣后泡沫破裂的过程，它改变了收入水平，扩张了城市区域，提高了商人在社会秩序中的地位，使泰国无论在经济上还是文化上都更多地暴露在全球化之下。

社会变得更加复杂，特别是随着白领中产阶级和穿梭于城市—农村之间的农民工的不断增长。地方世界被公路、公共汽车、摩托车、电视和互联网打开了。一种新的大众社会出现了，尤其反映在国家级媒体如雨后春笋般涌现。关于种族、国家、历史、民族性格和文化等旧式的统一话语，在现实多样性的冲击下变得支离破碎。

政治落后于这些变化。由于缺乏民族主义运动、战争或巨大的社会危机，旧式的君主制、军队和官僚制等体制继续主导着国家。建设一个更包容和民主的政治进程始终是断断续续的。20世纪70年代的学生—工人—农民联合发动的反抗结束了军人统治的时代，但是之后又遭到镇压。在此之后，一位地方商人精英通过依赖金钱铺路的议会，一跃成为国家领导人，开启了寡头统治。但是官僚制的权力只是略有削弱；同时君主制的地位不断提升，成为国家团结的象征和危急时的避难所；而军人继续要求干政的权利，并在1991年行使了这种权利，其他时间也不时发出威胁。在这些条件的作用下，经济得到了繁荣发展，环境却遭到破坏，社会摩擦成倍增加。

1997年的金融危机使得大型企业集团减少了三分之一，造成了普遍的社会困境，削弱了技术官僚和地方商人政客的合法性，为新政治力量开辟了道路。遭受重创的残余的曼谷大企业希望有一个能够帮助他们管理全球化的政权。大部分农村民众随着收入增长，愿望提升，对社会多方面的不平等的怨气也不断加重，他们开始认识到选举政治带来变化的潜力。他信·西那瓦踏入政坛后，承诺将创造一个对商业友好的政权，并将泰国带向第一世界国家。当他上台执政之后，他就以一个"人民的领袖"自居，称将使那些商业精英以及那些为更好的未来而奋斗的人美梦成真。

他信促进大资本主义、民粹主义和自己家族的商业利益，引发了一场军方、君主和官僚等旧机构的强烈反对，泰国那些感到不安的城市中产阶级也加入进来。2006年，军队再次动用其干预权，司法部门也积极协助，中产阶级占领了街道，借用君主的权力符号。这反过来又激发了泰国第一次真正意义上的大众政治运动，他们身着红衫，要求的并不是推翻政权或资本主义，而是争取更好地从资本主义受益的机会，以及更公平地分享政府管理的资源。

强势国家与人民的福祉

自 19 世纪末泰国的民族国家建立以来，由其根本目标逐步形成了两个传统。

第一个是来自朱拉隆功国王执政时期的最初的程式。为了解决外部威胁（殖民主义）和内部骚乱，使暹罗能够实现"进步"并成为一个世界上的重要国家，建立一个强势的专制国家的需求是合理的。既有的王室精英统治这个强势国家的正当性，是通过历史（自素可泰延续至今的君主制），以及精英的无私、专业化和对文明的垄断来阐释的。民族的作用就是要统一、屈从和服帖。

这个程式在 20 世纪中期被军人独裁者恢复并升级。披汶和威集将君主从中心位置移除，但是原封不动地保留了这个构想的主要内容。为了解决外部威胁（共产主义）和内部威胁（华人），使暹罗能够实现进步/发展，并在一个充满民族和意识形态竞争的世界中立足，建立一个强势的独裁国家的需求是合理的。军人精英统治权的正当性，是通过历史（泰族是一个尚武民族），以及其无私、专业化和对武力的垄断来阐释的。在美国的帮助下，沙立重新将王室和军事传统结合起来。

在这一重构中，民族的作用不得不做出调整，因为带有个人利益和愿望的新城市阶层开始出现。威集将泰族想象成一群在自由市场经济之中的自由人，他们有机会提升自己并改变其社会地位。但是在保皇派的历史之中，民族是隐而不见的，威集让它在来自北方的"大迁移"、素可泰的文化成就和军事行动的英雄主义中发挥积极作用。披汶和威集让这些新兴的暹罗城市男女扮演一种进步的先锋角色，尤其是作为家长式的官员，去监督那些仍被视为无法变得现代，因而期望继续维持屈从和服帖状态的社会大众。

在21世纪初，他信·西那瓦及其商人政党再一次复兴了这一程式，同样对其进行了调整，以反映在此前四分之一世纪里出现的民族经济与大众社会。为了解决外部威胁（全球化）和内部威胁（社会冲突），使泰国能够跃升进入第一世界国家行列之中，建立一个强势的威权国家的需求是合理的。新兴的商业—政治精英统治这个强势国家的正当性，是通过其无私（对"人民"的承诺）、专业化（运用商业手段），以及调动赢得选举所需的财富来阐释的。

随着接连不断的出场，这个传统具有了一些独有的特征。它为政治精英快速的财富积累提供掩护：专制君主对财产和投资的积累；将军们攫取自然资源并寻求支持自己的商业伙伴的能力；以及泰爱泰党政府治下对大企业或明或暗的支持。民族既被描绘成一个神秘的统一体（*samakkhitham*），也被描绘成一个明显的等级结构，其中一些人比其他人更具泰性、更有"民族性"。它倾向于表现出一种高度男权和尚武的氛围，并通过一夫多妻及其现代变体授权对女性的剥削。这种传统占据主导的时期，恰恰是通过国家暴力压制本国人民的时期：对1899—1902年起义的镇压；炮在20世纪50年代对政敌的杀戮；1973年、1976年和1992年的屠杀；2003年的缉毒行动；以及对山地、泰南和落后的东北部等周边地区反复不断的暴力行为。

虽然随着政治国家的扩张而发生了一些改变，但这种以内外威胁为理由、以进步和国际地位为需要的强势国家理念已经成为泰国政治的主导传统。

另外一个与之相对立的传统，在平民知识分子的期盼下于19世纪晚期出现，并在20世纪初的公共领域中初具规模。在这个程式中，民族国家的目标是增加民族成员的福祉。渴望成为一个世界上的重要国家是无足轻重或无关紧要的。敌人并不来自什么外部的或内部的威胁，而恰恰是来自强势的国家传统本身。

这第二个传统避免将民族归为任何神秘的统一体，而是拥抱其多样性。它重写历史，突出被捆绑在民族之下的各种人群，破除了统一性和连续性的神话。它通过宣传基于原则的政府、法治、制度的重要性，特别是宪法的作用，来反驳强势国家传统中的权力和特权的假设。这一策略在1885年的请愿书中便初见端倪，并由比里和民党在1932年时首次实施。随后，这一传统又以同样的方式在1946年、1974年和1992年卷土重来。

这个传统倾向于向外去寻找思想，以对抗占据主导地位的强势国家传统。19世纪末的平民知识分子望向日本明治年代的自强运动。20世纪初期的政论家和政治家则吸收了欧洲自由主义和社会主义的思想。冷战时期的知识分子、学生和新兴城市中产阶级不仅从共产主义，而且还从西方自由主义和民主理念中汲取灵感。全球化时代的改革者们拾起人权、公民社会、理想社区和直接民主的话语。这种国际主义既给人以力量，也带来了脆弱性。强势国家的拥护者一再重提民族主义的观点，诋毁对立的观点是"非泰"（un-Thai）的。作为回应，第二种传统往往试图通过在佛教中寻找相似之处，来使其思想本土化。

在21世纪初，他信试图同时接受两种传统。在保留其强势国家承诺的同时，他还以人民福祉为目标，并将自己塑造成可以实现这一目标的唯一领袖。但是他力有不逮。他的对手们将他挤到一旁，重申对强势国家传统的所有权。在他们的新程式下，旧的官僚机构、军队和君主制需要重新授权，以解决不道德的资本主义和不负责任的民粹主义的双重威胁，从而使泰国不会面临灾难。

每一种政治文化都建构了属于自己的关于如何利用民族国家的传统。在泰国，民族国家诞生之时就开启了强势国家的传统，该传统一直保持着巨大的影响力，因为它通过数十年的统治，地位已根深蒂固，故它在未来的政治世代中也仍将存在。但是，最新的强势国家传统的动员却面临着有持续民众支持的激烈反对。或许，第二种传统现在正在迎来自己的时代。

国王与总理名录

阿瑜陀耶后期

巴萨通 1629—1656

昭发采 1656

希素达摩罗阇 1656

纳莱 1656—1688

佩德罗阇 1688—1703

汕佩（瑟）1703—1708

普民塔罗阇（泰萨）1708—1732

波隆摩谷 1732—1758

乌图蓬 1758

厄伽陀 1758—1767

吞武里

达信 1767—1782

曼谷：却克里王朝

拉玛一世帕菩陀耀发朱拉洛 1782—1809

拉玛二世帕菩陀勒拉纳帕莱 1809—1824

拉玛三世帕南诰 1824—1851

拉玛四世帕宗诰（蒙固）1851—1868

拉玛五世帕尊拉宗诰（朱拉隆功）1868—1910

拉玛六世帕蒙固告诰（瓦栖拉兀）1910—1925

拉玛七世帕勃诰（巴查提勃）1925—1935

拉玛八世阿南塔·玛希敦 1935—1946

拉玛九世普密蓬·阿杜德 1946—

　　传统上，国王在世的时候只是简单地称其为国王。在去世后，他会被赋予一个王号。拉玛一世、拉玛二世这样的称呼方式是在 1916 年时创制的。从拉玛四世到拉玛七世，在英文中，他们在当王子时的名字（蒙固、朱拉隆功、瓦栖拉兀、巴查提勃）更为人熟知。从拉玛八世开始，国王在登基时即被授予王号。

历任总理

帕耶玛诺巴功（玛诺）尼蒂塔达 1932 年 6 月—1933 年 6 月

帕耶帕凤裕庭 1933 年 6 月—1938 年 12 月

披汶·颂堪 1938 年 12 月—1944 年 7 月

宽·阿派旺 1944 年 8 月—1945 年 8 月

他威·汶耶革 1945 年 8 月—1945 年 9 月

社尼·巴莫 1945 年 9 月—1946 年 1 月

宽·阿派旺 1946 年 1 月—1946 年 3 月

比里·帕侬荣 1946 年 3 月—1946 年 8 月

探隆·纳瓦沙万 1946 年 8 月—1947 年 11 月

宽·阿派旺 1947 年 11 月—1948 年 4 月

披汶·颂堪 1948 年 4 月—1957 年 9 月

坡·沙拉信 1957 年 9 月—1957 年 12 月

他侬·吉滴卡宗 1958 年 1 月—1958 年 10 月

沙立·他那叻 1958 年 10 月—1963 年 12 月

他侬·吉滴卡宗 1963 年 12 月—1973 年 10 月

讪耶·探玛萨 1973 年 10 月—1975 年 1 月

社尼·巴莫 1975 年 2 月—1975 年 3 月

克立·巴莫 1975 年 3 月—1976 年 4 月

社尼·巴莫 1976 年 4 月—1976 年 10 月

他宁·盖威迁 1976 年 10 月—1977 年 10 月

江萨·差玛南 1977 年 11 月—1980 年 2 月

炳·廷素拉暖 1980 年 3 月—1988 年 4 月

差猜·春哈旺 1988 年 4 月—1991 年 2 月

阿南·班雅拉春 1991 年 2 月—1992 年 4 月

素金达·甲巴允 1992 年 4 月—1992 年 5 月

阿南·班雅拉春 1992 年 6 月—1992 年 9 月

川·立派 1992 年 9 月—1995 年 7 月

班汉·西巴阿差 1995 年 7 月—1996 年 11 月

差瓦立·永猜裕 1996 年 11 月—1997 年 11 月

川·立派 1997 年 11 月—2001 年 2 月

他信·西那瓦 2001 年 2 月—2006 年 9 月

素拉育·朱拉暖 2006 年 10 月—2008 年 1 月

沙马·顺达卫 2008 年 1 月—2008 年 9 月

颂猜·翁沙瓦 2008 年 9 月—2008 年 12 月

阿披实·威察集瓦 2008 年 12 月—2011 年 7 月

英拉·西那瓦 2011 年 7 月—

重要人物表

阿披实·威察集瓦（Abhisit Vejjajiva, 1964—　）：生于英国，拥有显赫的越南—中国血统，祖先于 19 世纪来到暹罗。在英国的伊顿公学和牛津大学（主修哲学、政治和经济专业）接受教育，在川·立派的支持下加入民主党。1992 年当选国会议员。2005 年成为党首。2008 年 11 月出任总理。

阿南·班雅拉春（Anand Panyarachun, 1932—　）：生于曼谷，孟族贵族家庭与福建座山的后代。在英国的德威士学院和剑桥大学三一学院接受教育。1955—1977 年任职业外交官，曾任驻美国大使。辞去政府公职之后加入 Saha-Union（纺织业集团）并于 1991 年成为主席。1991—1992 年接受政变集团国家维持和平委员会委任出任总理。1996—1997 年，任宪法起草大会主席。

帕耶阿努曼拉查东（Anuman Rajadhon, Phya, 1888—1969）：生于曼谷的华人家庭。在易三仓学院接受教育。曾在海关工作。独立学者和散文家，用沙田哥色的笔名撰写关于宗教、泰国文化、语言学和民俗学的著作。1933 年受聘进入艺术厅并晋升为厅长。退休之后从事教学和讲学工作。

班汉·西巴阿差（Banharn Silpa-archa, 1932—　）：出身于素攀一个中等富裕的布商家庭，华文名马德祥。中学之后搬到曼谷，并得到一位公共工程部高官的资助。赢得了向供水系统供应氯的合同。后成立建筑公司，主要承包公共工程。还从事农产品贸易和建筑材料业务。从1975年起当选泰国党素攀府地方议会议员。1976—1994年担任该党秘书长。曾出任多个部长级别职务，包括1988—1991年在差猜内阁的财政部长和内政部长。1994年成为党首。1995—1996年出任总理。

普密蓬·阿杜德，拉玛九世（Bhumibol Adulyadej, King Rama IX, 1927— ）：生于美国波士顿，拉玛七世国王的同父异母兄弟玛希敦亲王之子。随家庭搬到瑞士洛桑。1945年进入洛桑大学学习。1946年在哥哥神秘死亡之后继承王位。1951年从欧洲回到泰国。1957—1958年沙立崛起之后，地位逐渐上升。通过佛教仪式、发展项目、馈赠关系、电视曝光和政治介入历次国家危机（1973年、1976年、1992年）等方式确立了新的君主地位。到1988年时成为泰国在位时间最长的国王，1992年时成为世界上仍在世的在位时间最长的国王。

汶初·洛迦纳沙田（Boonchu Rojanastian，1921—2007）：生于春武里，是一个海南移民家庭之子，其父由木匠起家成为建筑承包商。在新民学校和法政大学接受教育。最初从事会计工作。1953年被秦·索蓬帕尼的盘谷银行录用，晋升为执行副总裁。20世纪50年代成为左翼新闻的赞助人。1974年成为克立的社会行动党的创建人之一。1975年当选春武里府议员。1975—1976年担任财政部长。1980年出任副总理。经过在小党派的浮沉，1992年成为正义力量党党首。

波隆摩谷王（Borommakot，King，1681? —1758）：经过艰苦的王位之争，于1733年登上阿瑜陀耶王位。大力扶持佛教。兴建或重建了许多阿瑜陀耶的佛寺。1751年和1755年向锡兰派出使团帮助其重振僧伽。

佛使比丘（Buddhadasa Bhikkhu，1906—1993）：生于猜耶，华人店主之子。入寺学习并于 1926 年出家。曾在曼谷学习，但对寺院教育深感失望。1932 年在猜耶附近成立解脱自在园。著有大量重新解读佛教的文字。到 20 世纪 40 年代，已成为公认的入世佛教哲学家的代表。

占隆·西芒（Chamlong Srimuang，1935—　）：生于吞武里，华人移民鱼商之子。职业军人。1953 年进入朱拉尊高皇家军事学院学习。在美国接受过三次训练。1962 年在老挝参加过战斗。青年军官党成员。1973 年前后加入禁欲主义的静无忧佛教运动。参与了 1976 年法政大学屠杀。1980 年任炳·廷素拉暖的总理秘书。因 1981 年未遂政变而与青年军官党决裂。1985 年辞去陆军少将之职。1985 年和 1990 年高举反腐大旗，当选曼谷市长。1988 年组建正义力量党。1992 年辞去曼谷市长职务。领导了 1992 年黑色五月抗议运动。当选 1992—1995 年国会议员。1995 年辞去正义力量党领导职务。建立"领导人学校"。

察娜·比亚韦（Chanat Piyaoui，1922—　）：生于北标，原名王金玉，是一个锯木厂和碾米厂老板的三女儿。在曼谷的法政大学学习。第二次世界大战后去纽约求学，但是放弃了学位。1950 年兴建公主酒店，主要来自家庭提供的土地和投资。1970 年创办都喜天阙酒店，在之后 20 年间发展成为都喜天阙酒店集团。

禅威·格塞希利（Charnvit Kasetsiri，1941—　）：生于叻丕。本科在法政大学学习外交学，1972 年获得康奈尔大学博士学位，主要研究阿瑜陀耶时期的历史。1973 年起在法政大学担任讲师。研究关注重心由素可泰时期的国王与战争，转向阿瑜陀耶时期的贸易以及华人研究。1976 年大屠杀之后出国。1994—1995 年成为法政大学校长。出版了记录 1973—1976 年历史的印刷品和影像资料。学术兴趣拓展到区域文化和历史研究。2012 年获得福冈亚洲文化奖。

差猜·春哈旺（Chatichai Choonhavan，1920—1998）：生于曼谷，是领导 1947 年政变的屏将军之子。职业骑兵军官。拉查库巷派系领袖。1957 年沙立发动政变后以少将身份从军队退役，担任驻外大使。经营纺织业和金融业企业。1974 年与人共同创建泰国民族党。1975 年起成为呵叻地方议员。1975—1976 年任外交部副部长。1988—1991 年担任总理。

差瓦立·永猜裕（Chavalit Yongchaiyudh，1932—　）：生于暖武里，是一位陆军上尉之子。职业军官，从事通信与参谋工作。是"民主战士"的领袖，并制定了 1980 年反对共产主义的政治策略。1986—1990 年担任陆军司令。在国家维护和平委员会的施压下辞职。后组建新希望党。1996—1997 年担任总理。2002 年该党并入泰爱泰党。

秦·索蓬帕尼（Chin Sophonpanich，1910—1988）：生于吞武里，广东移民后裔。1915—1927 年在中国求学。返泰之后做过驳船苦力、碾米厂工人和木材代理商。20 世纪 30 年代往来于中国和暹罗之间。1939 年在曼谷开办建材商店。1944 年加入由 9 个家庭合伙的财团，经营黄金交易、建筑、电影、制冰和金融业务。1944 年 12 月，财团创办盘谷银行，由秦做中介。发展了汇款业务。与炮·希亚依有密切合作，与拉查库巷派系有密切的金融业务。1952 年发生反对伙伴的董事会变动。从政府资金获得大量注资。泰在沙立政变之后逃走，但是修复了和巴博的关系。

川·立派（Chuan Leekpai，1938—　）：生于董里，是一名华人教师和市场商贩之子。1964 年获得法政大学法律学位并取得大律师资格。1969 年开始当选为民主党的董里府地方议员。在 1976 年极化时期被攻击是共产主义者。1992—1995 年、1997—2001 年担任总理。

川·汶纳（Chuang Bunnag，1808—1883）：生于曼谷，是一个从 17 世纪就迁居暹罗的波斯家族的后裔，该家族在 19 世纪初成为首要贵族家族。川是德的大儿子。在拉玛三世时期成为财务大臣和军务大臣，拥立蒙固继位。川经商并热衷于西方知识。1951 年成为军务大臣并获封昭帕耶希素利亚翁。川决定让朱拉隆功继位，并担任摄政王。推动废除奴隶制，但是反对财政集中化。

朱拉隆功国王，拉玛五世（Chulalongkorn，King Rama V，1853—1910）：在宫廷中接受教育。1868 年在 15 岁之时继承王位。曾到访印度、马来亚和爪哇。从 1873—1874 年开始进行财政、劳动力控制和行政改革。1892 年组建部长内阁，该内阁主要由其兄弟及同父异母兄弟组成。1897 年和 1907 年出访欧洲。塑造了一个"现代"和带有亲西方观念的泰国君主制。

丹隆拉查努帕（Damrong Rajanuphap，1862—1943）：生于曼谷，是蒙固王第 57 个儿子。在皇家侍卫队接受教育。19 世纪 80 年代在政府的教育和军事部门任职。1894 年被任命为第一任内政部长。提出省级行政体系。1916 年与瓦栖拉兀发生争执并辞职。担任京畿图书馆（后来的国家图书馆）馆长和皇家学术院院长。著有 80 多部著作，主要是关于历史和传记方面的内容，代表作是《泰缅战争史》（*Our Wars with the Burmese*，1920）。巴查提勃时期被召回出任顾问。反对引入宪法。1932 年后离开暹罗，在槟城居住到 1942 年。

塔尼尼瓦王子（Dhani Nivat，Prince，1885—1974）：蒙固国王的孙子，朱拉隆功国王的侄子。在大王宫中长大。在拉格比公学和牛津大学默顿学院求学，主修东方研究。拉玛六世时在皇家秘书处任职，拉玛七世时成为教育部长。1932 年之后，致力于用泰语和英语创作文学和历史作品。是普密蓬国王的枢密院大臣和早期的监护人。著有许多关于泰国历史、君主制、文学和佛教的文章。

塔宁·杰拉瓦侬（Dhanin Chiaravanont，1939—　）：是 1921 年在曼谷开店的一位广东种子商人的最小的儿子。中文名字叫谢国民。曾在曼谷和汕头学习。以正大（CP）的商标，将动物饲料子公司建成综合型鸡肉企业。后在印度尼西亚和其他邻国复制了这一模式。20 世纪 80 年代末进军电信行业。是中国的主要外国投资者，特别是在农业综合企业和房地产领域，在上海和北京有强大的政治关系。

科拉多·费罗奇（Feroci，Corrado，1892—1962）：出生于意大利圣乔瓦尼的贸易家庭。就读于佛罗伦萨皇家艺术学院（Royal Art A-cademy of Florence）。1923 年被瓦栖拉兀国王招募去培训艺术家。获赐名辛拉巴·皮拉西（Silpa Bhirasri）。受 1932 年后的政府委托，制作了许多雕塑，包括宪法纪念碑上的浮雕、胜利纪念碑和呵叻的陶素拉纳里雕像。1943 年担任艺术大学的首任校长。在泰国去世。

哈吉素隆·多米纳（Haji Sulong Tomina，1895—1954）：生于北大年，是一名穆斯林教师的儿子。1907 年前去麦加学习。在那里待了20 年，并成为著名的宗教教师。1927 年回到北大年。创办了伊斯兰学校。20 世纪 40 年代成为反抗披汶文化政策的领袖。1947 年提出七点要求的请愿书，要求在暹罗境内建立自治国。被指控犯有叛国罪。1948—1952 年被捕入狱。1954 年失踪，据信是被炮下属的警察淹死在宋卡湖。

集·普米萨（Jit Phumisak，1930—1966）：生于巴真武里，税务职员之子。20 世纪 40 年代末开始在报纸杂志上发表文学、哲学、历史和艺术等方面文章。1957 年从朱拉隆功大学毕业，不久后出版《文艺为人生，文艺为人民》（*Art for Life*，*Art for the People*）和《当今泰国萨迪纳制的真面目》（*The Real Face of Thai Feudalism Today*）。集是诗人、音乐家和多产的散文家。1958—1964 年被捕入狱。1965 年在丛林加入泰国共产党。后在沙功那空府被警察枪杀。

K. S. R. 古腊·德里沙纳侬（K. S. R. Kulap Kritsananon，1834—1921）：生于曼谷，是一个下级官员的儿子。在寺庙和皇家侍卫官学校接受教育。为一家外国公司工作了 15 年。19 世纪 80 年代成为出版泰语书籍的出版商和用泰语写作散文的先驱。1897—1908 年，出版杂志《暹罗门类》。该杂志出版了关于历史、家谱、皇家文化的宫廷藏书中的内容。1902 年，被认定犯有伪造文本罪，但由于年龄原因而被赦免。

空·詹达翁（Khrong Chandawong，1908—1961）：生于沙功那空，是一位富裕农民的儿子。在乌汶府取得教师资格，并在家乡成为地方教师。加入自由泰运动。1952—1957 年因和平运动入狱。主张废除反共产主义法和进行村长选举。1957—1958 年任沙功那空府议员。1961 年被捕，罪名是宣传共产主义和伊善分离主义。1961 年根据沙立的命令被处决。

克立·巴莫（Kukrit Pramoj，1911—1985）：生于曼谷，拉玛二世国王的曾孙。就读于玫瑰园学校，后进入牛津大学王后学院攻读哲学、政治学及经济学（PPE）。1933 年回国后进入税务局，后加入泰国中央银行。1945 年组建进步党，该党在 1946 年与民主党合并。1947—1949 年任初级部长。1950 年创办《沙炎叻报》（*Siam Rath*）。1973—1974 年任国民议会议长。1974 年组建社会行动党。1975—1976 年担任总理。克立还是小说家，代表作为《四朝代》（*Si Pha-endin*，1950 年）。曾与马龙·白兰度合作出演《丑陋的美国人》（*The Ugly American*）。克立热衷于传统艺术，特别是面具舞剧孔剧（*khon*）。

古腊·赛巴立（Kulap Saipradit，1905—1974）：生于曼谷，一位铁路职员的儿子。就读于帖希琳学校。曾任英语教师、进口电影剧情翻译和记者。先锋小说家，著有《男子汉》（*Luk phu chai*，1928 年）、《生活的战争》（*Songkhram chiwit*，1931 年）、《画中情思》（*Khanglang phap*，1936 年）。1929 年创办《君子》（*Suphapburut*）杂志。1942—1944 年入狱。1947 年访问澳大利亚。1952—1957 年因和平运动被捕入狱。1957 年访问中国，在沙立发动政变后决定不再回国。

銮坡坤（Luang Por Koon，1923— ）：生于呵叻农村，俗名坤·查蓬格朗（Khun Chatphonkrang）。1944 年在法宗派林居传统中受戒。在东北部的森林中游历，研究超自然灵力。20 世纪 60 年代末，开始制作佛牌，其佛牌在那些与共产主义武装作战的士兵中很受欢迎。1993 年，据说其佛牌能保佑人们从酒店倒塌和火灾中获救，因而大受欢迎。

帕耶玛努巴功尼迪塔达（Manopakon Nithithada，Phraya，1884—1948）：生于曼谷，原名恭·胡达辛（Korn Huthasingh）。在玫瑰园学校和法律学校学习。获得政府奖学金赴伦敦学习法律。20 世纪 20 年代担任上诉法官和枢密院大臣。1932—1933 年担任总理。

蒙固国王，拉玛四世（Mongkut，King Rama IV，1804—1873）：1824 年出家，以避免继承权纠纷。与传教士，特别是巴勒格瓦主教进行辩论。对天文学和占星术十分着迷。创立了更为严格的法宗派教派。1851 年还俗，登上王位。在其下一代王室成员中推广西式教育。并开始研究暹罗历史。发明了王国的守护神。最后在前往巴蜀观察日食后死于疟疾。

尼提·尤希翁（Nidhi Eoseewong，1940— ）：生于曼谷的一个潮州商人家庭。就读于春武里府希拉查的易三仓学校。在密歇根大学获得博士学位。1966 年起在清迈大学教授历史，直至 2000 年退休。著有《羽毛笔与船帆》（*Pen and Sail*），以及关于纳莱王和达信王统治时期的研究。是高产的散文作家，散文的内容关于当代文化和政治，还开设了建议专栏。尼提是人民政治的活动家。于 2000 年获福冈亚洲文化奖。

帕耶帕凤蓬帕裕哈塞纳（Phahon Phonphayuhasena, Phraya, 1887—1947）：原名坡·帕凤裕廷，贵族家庭的陆军将军之子。在德国的军事学院学习并曾加入德国军队。支持 1932 年革命的高级军官领袖。1933—1938 年担任总理。第二次世界大战时任总司令。

炮·希亚侬（Phao Siyanon, 1910—1960）：生于彭世洛，一位军官之子。职业军官。掸邦战役指挥官的助手和女婿。后调到警察部门。参加了 1947 年的政变。1951 年被任命为警察总监。受到中央情报局的支持，建立反共力量。维持秘密组织"钻戒骑士"，从事政治暗杀活动。1957 年沙立政变后逃往瑞士。

披汶（披汶颂堪） [Phibun（Phibunsongkhram），1897—1964]：生于暖武里，原名贝·齐达桑卡（Plaek Khitasangkha）。获封爵衔銮披汶颂堪（Luang Phibunsongkhram）。步兵学校学员，1921 年在陆军军官学校获得第一名，1924—1927 年在法国枫丹白露军事学院学习。1927 年出席在巴黎举行的民党成立会议。1934 年担任陆军司令和国防部长。1938—1944 年、1948—1957 年担任总理。1957 年政变后逃亡，在柬埔寨和日本生活。

蒲蓬·端詹（Phumphuang Duangjan, 1961—1992）：原名蓝蓬·集韩（Ramphueng Chithan），是一名猜纳府的农户的女儿。仅上过两年学。童工。在当地歌唱比赛中成名。1973 年在崴坡·沛素攀（Waiphot Phetsuphan）的田园民谣（陆通）乐团中当学徒。从 1978

年起，在威迁·康加伦（Wichien Khamcharoen）的指导下，使用新的艺名，使乡村的田园民谣演唱风格和表现形式现代化，吸引了更多的城市观众。死于红斑狼疮。其火葬仪式得到皇家赞助。素攀府塔格拉丹寺成为崇拜她的中心。

巴查提勃国王，拉玛七世（Prajadhipok，King Rama VII，1892—1941）：生于曼谷，是朱拉隆功国王最小的儿子。在英国伊顿公学和军事学院接受教育。1925 年继承王位。1935 年逊位，住在英国的萨里郡。

巴色·萨顺通（Prasoet Sapsunthon，1913—1994）：生于素叻他尼，是一位农民和商人的儿子。受过教育，后来在朱拉隆功大学担任图书编辑。1946 年当选素叻他尼府议员。提出修改《反共产主义法》的议案。后加入泰国共产党。他不同意该党的农村战略。1957 年被开除出党。后为沙立效力。与国内安全行动指挥部合作制定反共策略。

巴威·瓦西（Prawase Wasi，1931—　）：生于北碧，农民之子。曾在诗里叻医院、科罗拉多大学和伦敦大学学习医学，专攻血液学。医师、研究者和活动家。玛希隆大学教授。世俗佛教的信徒和宣传者。1981 年获麦格塞塞奖（Magsaysay Award）。作为民主发展委员会主席，开启了制定 1997 年宪法的进程。

炳·廷素拉暖（Prem Tinsulanond，1920—　）：生于宋卡，一位官员之子。在玫瑰园学校和军事学院学习。职业陆军军官。1977 年起任东北第二军区司令，制定了打击叛军的政治策略。1978 年被任命为陆军司令。1980—1988 年担任总理。1988 年成为枢密院大臣。

比里·帕侬荣（Pridi Banomyong，1900—1983）：生于阿瑜陀耶。获赐爵衔銮巴迪玛努探（Luang Pradit Manutham）。1920—1927 年，

先在法律学校就读，之后在巴黎大学学习法律和政治经济学。1927 年出席了在巴黎举行的民党成立会议。1934 年任内政部长；1937 年任外交部长；1938 年任财政部长；1941 年任摄政王；1946 年担任总理。沙立著有反战小说《白象之王》（*The King of the White Elephant*），并将其拍成电影。1949 年大王宫叛乱失败后离开泰国。住在中国，之后从 1970 年起住在巴黎。在流亡期间写了大量的哲学、语言学和政治方面的文章。

贝·恩帕功（Puey Ungphakon，1917—1999）：一个鱼类批发商的儿子。法政大学第一届学生。获得奖学金赴伦敦政治经济学院学习经济学。1944 年由于参加自由泰运动，跳伞进入泰国并被俘。1948 年在伦敦政治经济学院完成博士学位。1959—1971 年任泰国中央银行行长。1974—1976 年任法政大学校长。法政大学大屠杀后被迫逃亡，住在伦敦。

沙马·顺达卫（Samak Sundaravej，1935—2009）：来自一个很早就移民泰国并有为国王行医传统的华人家庭。1968 年加入民主党。在导致 1976 年 10 月 6 日法政大学大屠杀的右翼暴行中表现突出。1976—1977 年任内政部长。1979 年创建泰国民众党。1991—1992 年任素金达·甲巴允政变政府的副总理。1997 年泰国民众党解散。2000—2003 年当选为曼谷市市长。2007 年 8 月被他信选为人民力量党领导人。2008 年担任总理。

沙立·他那叻（Sarit Thanarat，1908—1963）：生于那空帕侬，是地方官员的儿子。在曼谷接受教育。职业陆军军官。在 1947 年政变和大王宫叛乱中担任曼谷驻军指挥官。1951 年任国防部副部长。1954 年任陆军司令。1956 年任陆军元帅。1957 年领导政变。1958 年访问美国。1958 年发动第二次政变并担任总理。沙立重视发展，统治独断专行，包括即时处决。

赛汕·巴色恭（Seksan Prasertkun，1949—　）：一位渔船建造者和市场摊贩的儿子。1973年在法政大学担任学生领袖。1976年逃往丛林。1980年投降，继续求学，1989年在康奈尔大学获得博士学位。后在法政大学教授政治学。是著名公共知识分子，诗歌、故事和自传的作者，其作品还包括电影《猎月人》（*The Moonhunter*，泰文版名为《十月六日，人民战争》）的剧本。

社尼·巴莫（Seni Pramoj，1905—1977）：生于曼谷，拉玛二世国王的曾孙，克立的哥哥。在牛津大学沃塞斯特学院接受教育，在泰国获得大律师资格。1941年担任驻美国大使，拒绝递交披汶的宣战书。自由泰运动的组织者。1945年返回泰国，监督和平谈判。1945—1946年担任总理。民主党创始人之一，1968年当选党首。律师和记者。1975年、1976年担任总理。

颂提·林通恭（Sondhi Limthongkun，1947—　）：生于曼谷，父母为海南籍华人。1969年获加州大学洛杉矶分校历史学学士学位；1972年获犹他州立大学硕士学位。从事新闻工作。1982年创办《经理人报》（*Phujatkan*），后扩张为出版集团。1997年金融危机后几乎破产。早期是他信的支持者，后来成为反对派黄衫军运动的领导人。2009年4月险些被枪击暗杀。

颂提·汶雅叻格林（Sonthi Boonyaratglin，General，1946—　）：来自很早就移居泰国的波斯裔穆斯林贵族家庭。职业军人。特种作战司令部负责人。2005年成为陆军司令，阻挡了他信·西那瓦提名的候选人。2006年9月19日领导反对他信的政变取得成功。2007年9月，作为陆军司令和政变总指挥退休。

素集·翁帖（Sujit Wongthet，1945—　）：生于巴真武里，是一位村长和农民的儿子。在泰国艺术大学获得考古学学士学位。在《沙炎叻报》担任记者。在《社会科学评论》担任编辑。是美国时代著名的文化民族主义批评家。诗歌、短篇小说和小说作家，传统音乐和戏剧的表演者。他还是《艺术与文化》（*Sinlapa Watthanatham*）杂志和出版社的编辑和出版商，通过该杂志对泰国历史进行文化民族主义的解释。著有《美国制造》（*Made in USA*，1971 年、1973 年）、《泰人一直在此地》（*The Thai Were Always Here*，1986 年）和《华老混合》（*Jek pon Lao*，1987 年）。

素拉·希瓦拉（Sulak Sivaraksa, 1932—　）：生于吞武里，来自一个泰—华家庭，是一位会计之子。1953—1961 年，在教会学校学习，尔后赴英国学习，获得大律师资格。1963 年创办《社会科学评论》（*Social Science Review*），同时还创办了一家出版公司和书店。后成为佛使比丘的信徒，并参与了早期的非政府组织工作。1976 年大屠杀后逃离，1991 年政变后再次逃离。1984 年和 1992 年被控犯有藐视君主罪，但两次都被无罪释放。是宗教间运动、非政府组织和环境事业的主要活动家。著有多本以佛教和政治为主题的书籍，特别是《危机中的暹罗》（*Siam in Crisis*，1990 年）。

顺通蒲（Sunthon Phu, 1786—1856）：生于曼谷。在王宫中长大，母亲是一名奶妈。从事文职工作。1806 年写下他第一首伟大诗作《格连城纪行》（*Nirat mueang Klaeng*）。受到拉玛二世的赏识，并参与编纂了宫廷叙事诗《昆昌与昆平》（*Khun Chang Khun Phaen*）。因醉酒争吵而再次入狱，开始创作《帕阿派玛尼》（*Phra Aphaimani*），并在随后的几年里不断扩充。他写下许多尼拉纪行诗和训谕作品。再次受到蒙固王的赏识，声名流芳于世。

素拉育·朱拉暖（Surayud Chulanont, General, 1943—　）：一个军官之子，但其父亲反叛成为泰国共产党的领导人。1969—1972 年在柬埔寨的秘密部队服役。成为炳·廷素拉暖将军的助手。1992 年任特种作战司令部司令。1998 年任陆军司令。2003 年任最高司令。2003
年从军队退役并被任命为国王的枢密院大臣。2006—2008 年，在政变
后被任命为总理。

T. S. R. **天宛·万纳坡**（T. S. R. Wannapho, Thianwan, 1842—
1915）：生于曼谷，一位阿瑜陀耶贵族的孙子。在宫廷的资助下接受
教育。做过商人。学习英语和法律。是律师、散文家，曾短暂加入
"少年暹罗"团体。1882 年，以起草煽动性请愿书的罪名被起诉，入
狱 17 年。获释后经营书店，并在 1902—1909 年出版杂志，批评陈旧
的社会秩序缺乏对发展的关注，也缺乏代表性。

达信王（Taksin, King, 1734—1782）：可能是一名潮州移民赌徒
之子。人称郑信。可能是个赶车贩货的商人，获得边境城镇达的地方
长官职位。1767 年带兵保卫阿瑜陀耶，在城破之前离开。在东部重整
旗鼓，驱逐了缅甸驻军，并在吞武里建立了新的都城。1768—1771 年
击败了国内的割据势力。实行个人化、卡理斯玛式的统治方式。1782
年被旧贵族策划的血腥政变推翻。被处决。

他信·西那瓦（Thaksin Shinawatra, 1950—　）：生于清迈一个经
营丝绸、建筑和银行业的著名商业家族。进入警察学校学习。获奖学
金取得美国萨姆休斯敦州立大学刑事司法博士学位。开始电脑租赁业
务。1987 年辞去警察职务。获得一系列政府特许权，包括第一个私人
移动电话网络和卫星业务。到 20 世纪 90 年代中期，资产净值已达到
600 亿泰铢。加入占隆的正义力量党涉足政坛，曾三次短暂担任部长
级职务。1998 年组建泰爱泰党。2001—2006 年担任总理，后被政变
推翻。2007—2008 年拥有曼彻斯特城队足球俱乐部。2008 年被控滥
用职权，在定罪前逃亡国外，主要生活在迪拜。

他侬·吉滴卡宗（Thanom Kittikhachon, 1911—2004）：生于达，

是一位官员的儿子。进入军事学院学习。职业军官。沙立·他那叻的左膀右臂。1958 年、1963—1973 年担任总理。在 1973 年 10 月 14 日事变之后被罢免并流亡，但是在 1976 年归来。

昭帕耶提帕格拉翁（Thiphakorawong, Chao Phraya, 1818—1870）：原名坎，生于曼谷，迪·汶纳之子。学者，热衷西方科学，辅佐蒙固王子。1851—1865 年被任命为财务大臣。一世王至四世王时期编辑皇家编年史，编辑《御函版阿瑜陀耶纪年》。著有关于科学和佛教的文章，发表在刚刚起步的泰国媒体上，收录在《万物论》（*Sadaeng Kitchanukit*，1867 年）中。

提拉育·汶密（Thirayuth Boonmi, 1950—   ）：生于佛统，是一个陆军中士和商贩之子。作为朱拉隆功大学工科学生，是国家学生中心的领袖。是因争取宪政而被捕的 13 名学生之一，引发了导致 1973 年 10 月 14 日学生起义的运动。曾担任工程师和活动家。逃往难府的泰国共产党丛林武装营地。1981—1985 年赴荷兰和德国学习。自称"社会思想家"和主要的公共知识分子。著作包括《强势的社会》（*Strong Society*）和《时代的转捩点》（*Turning Point of the Era*）。

瓦栖拉兀国王，拉玛六世（Vajiravudh, King Rama VI, 1881—1925）：就读于玫瑰园学校。1894—1903 年赴英国，先进行私人补习，后进入桑赫斯特军事学院和牛津大学基督教堂学院学习。1910 年继承王位。1911 年组建保皇派准军事组织野虎团。因宠爱男性平民激怒了宫廷守旧派。1920 年被迫向国外贷款以避免个人破产。修建蓝毗尼公园。是多产的剧作家、莎士比亚的译者和民族主义作家。

銮威集瓦塔干（Wichit Wathakan, Luang, 1898—1962）：原名金良，是乌泰他尼的一个果农的儿子。1921—1927 年，参加外交考试并到巴黎公使馆任职；业余时间在巴黎大学学习。1934—1942 年任艺术厅厅长；第二次世界大战期间任外交部长；1951—1953 年任金融/经济事务部长；1958—1962 年任沙立总理的特别顾问。是多产的剧作家、电台主持人和作家，其作品是关于历史、宗教、文化和自我提升等方面的内容。

英拉·西那瓦（Yingluck Shinawatra，1967— ）：生于清迈一个富裕的华裔家庭，他信最小的妹妹。本科毕业于清迈大学，1991 年获肯塔基州立大学公共管理专业硕士学位。曾在多个家族企业中工作，特别是在房地产公司 SC Asset. 中任常务董事。2011 年 7 月前夕当选为泰党主席。2011 年起担任总理。

耀发国王，拉玛一世（Yotfa，King Rama I，1737—1809）：生于阿瑜陀耶，是一位孟人贵族领袖和华人妻子的儿子。娶了一位叻丕大户人家的妻子并在那里任职。在弟弟的邀请下投靠达信王。成为军队的大将军。1782 年通过由旧贵族发动的推翻达信的政变而登上王位。召集佛教结集大会修订《三藏经》。见证了向南部、北部和东北部大规模的军事扩张。委托整理法律、国家档案、宗教文本和戏剧作品。

拓展阅读

1. 曼谷王朝之前的历史

Kennon Breazeale ed. , *From Japan to Arabia*：*Ayutthaya's Maritime Relations with Asia*, Bangkok：Foundation for the Promotion of Social Sciences and Humanities Textbooks Project, 1999.

Georges Condominas, *From Lawa to Mon, from Saa' to Thai*：*Historical and Anthropological Aspects of Southeast Asian Social Spaces*, Canberra：Australian National University, 1990.

Lorraine Gesick, "The rise and fall of King Taksin：a drama of Buddhist kingship", in Gesick ed. , *Centers*, *Symbols and Hierarchies*：*Essays on the Classical States of Southeast Asia*, New Haven：Yale University Press, 1983.

CharlesHigham and Rachanie Thosarat, *Early Thailand*：*From Prehistory to Sukhothai*, Bangkok：River Books, 2012.

Charnvit Kasetsiri, *The Rise of Ayudhya*：*A History of Siam in the Fourteenth and Fifteenth Centuries*, Kuala Lumpur：Oxford University Press, 1976.

David Lieberman, *Strange Parallels*：*Volume I*, *Integration of the Mainland*：*Southeast Asia in Global Context*, *c.* 800 *to* 1830, Cambridge：Cambridge University Press, 2003.

Richard A. O'Connor, "Agricultural change and ethnic succession in Southeast Asian states：a case for regional anthropology", *Journal of Asian*

Studies 54, 4, 1995.

Richard A. O'Connor, "A regional explanation of the Tai m̈uang as a city state", in Mogens Herman Hansen ed. , *A Comparative Study of Thirty City-State Cultures*, Copenhagen: Royal Danish Academy of Science and Letters, 2000.

David K. Wyatt, *Thailand: A Short History*, rev. edn, Yale University Press, 2003.

2. 转型中的旧秩序 (18 世纪 60 年代—19 世纪 60 年代)

Neil A. Englehart, *Culture and Power in Traditional Siamese Government*, Ithaca: Cornell Southeast Asia Program, 2001.

Volker Grabowsky ed. , *Regions and National Integration in Thailand*, 1892 – 1992, Wiesbaden: Harrassowitz Verlag, 1995.

Hong Lysa, *Thailand in the Nineteenth Century: Evolution of the Economy and Society*, Singapore: Institute of Southeast Asian Studies, 1984.

D. B. Johnston, "Bandit, nakleng, and peasant in rural Thai society", *Contributions to Asian Studies* XV, 1980.

Junko Koizumi, "From a water buffalo to a human being: women and the family in Siamese history", in Barbara Watson Andaya ed. , *Other Pasts: Women, Gender and History in Early Modern Southeast Asia*, Honolulu: University of Hawai'i, 2000.

CraigJ. Reynolds, "Buddhist cosmography in Thai history, with special reference to nineteenth century culture change", *Journal of Asian Studies* 35, 2, 1976.

William G. Skinner, *Chinese Society in Thailand: An Analytical History*, Ithaca: Cornell University Press, 1957.

Andrew Turton, "Thai institutions of slavery", in J. L. Watson ed. , *Asian and African Systems of Slavery*, Oxford: Blackwell, 1980.

3. 改革（19 世纪 50 年代—20 世纪 10 年代）

Tej Bunnag, *The Provincial Administration of Siam*, 1892 – 1915, Kuala Lumpur: Oxford University Press, 1977.

Kullada Kesboonchu Mead, *The Rise and Decline of Thai Absolutism*, London: Routledge Curzon, 2004.

Tamara Loos, *Subject Siam: Family, Law, and Colonial Modernity in Thailand*, Chiang Mai: Silkworm Books, 2006.

EijiMurashima, "The origins ofmodern official state ideology in Thailand", *Journal of Southeast Asian Studies* 19, 1, 1988.

M. Peleggi, *Lords of Things: The Fashioning of the Siamese Monarchy's Modern Image*, Honolulu: University of Hawai'i Press, 2002.

David Streckfuss, "The mixed colonial legacy in Siam: origins of Thai racialist thought, 1890 – 1910", in L. Sears ed., *Autonomous Histories: Particular Truths*, Madison: University of Wisconsin, 1993.

Patrick Tuck, *The French Wolf and the Siamese Lamb: The French Threat to Siamese Independence*, 1858 – 1907, Bangkok: White Lotus, 1995.

Thongchai Winichakul, *Siam Mapped: A History of the Geo-body of a Nation*, Honolulu: University of Hawaii Press, 1994.

Thongchai Winichakul, "The quest for 'siwilai': a geographical discourse of civilizational thinking in the late nineteenth and early twentieth-century Siam", *Journal of Asian Studies* 59, 3, 2000.

4. 农民、商人与公务员（19 世纪 70 年代—20 世纪 30 年代）

Mark Askew, *Bangkok: Place, Practice and Representation*, London and New York: Routledge, 2002.

Scot Barmé, *Woman, Man, Bangkok: Love, Sex and Popular Cul-*

ture in Thailand, Lanham: Rowman and Littlefield, 2002.

Ian G. Brown, *The Elite and the Economy in Siam*, *c.*1890 – 1920, Singapore: Oxford University Press, 1988.

J. C. Ingram, *Economic Change in Thailand*, 1850 – 1970, Kuala Lumpur: Oxford University Press, 1971.

Chatthip Nartsupha, *The Thai Village Economy in the Past*, tr. Chris Baker and Pasuk Phongpaichit, Chiang Mai: Silkworm Books, 1999.

Pasuk Phongpaichit and Chris Baker, *Thailand: Economy and Politics*, 2nd edn, Kuala Lumpur: Oxford University Press, 2002.

Akira Suehiro, *Capital Accumulation in Thailand*, 1855 – 1985, Tokyo: Centre for East Asian Cultural Studies, 1989.

David K. Wyatt, *The Politics of Reform in Thailand: Education in the Reign of King Chulalongkorn*, New Haven and London: Yale University Press, 1969.

5. 民族主义（20 世纪 10 年代—20 世纪 40 年代）

Pridi Banomyong, *Pridi by Pridi: Selected Writings on Life, Politics, and Economy*, tr. Chris Baker and Pasuk Phongpaichit (Chiang Mai: Silkworm Books, 2000.

Scot Barmé, *LuangWichit Wathakan and the Creation of a Thai Identity*, Singapore: Institute of Southeast Asian Studies, 1993.

Benjamin A. Batson, *The End of the Absolute Monarchy in Siam*, Singapore: Oxford University Press, 1984.

Stephen L. W. Greene, *Absolute Dreams: Thai Government under Rama VI*, 1910 – 1925, Bangkok: White Lotus, 1999.

J. B. Haseman, *The Thai Resistance Movement during World War II*, Chiang Mai: Silkworm Books, 2002.

Thamsook Numnonda, *Thailand and the Japanese Presence*, 1941 –

45, Singapore: ISEAS, 1977.

Craig Reynolds ed. , *National Identity and Its Defenders*, 2nd edn, Chiang Mai: Silkworm Books, 2002.

E. B. Reynolds, *Thailand and Japan's Southern Advance*, 1940 – 1945, New York: St Martin's Press, 1994.

Kobkua Suwannathat-Pian, *Thailand's Durable Premier: Phibun through Three Decades*, 1932 – 1957, Kuala Lumpur: Oxford University Press, 1995.

6. 美国时代与发展（20 世纪 40 年代—20 世纪 60 年代）

Thak Chaloemtiarana, *Thailand: The Politics of Despotic Paternalism*, Bangkok: Social Science Association of Thailand, Thai Khadi Institute, Thammasat University, 1979; revised edition, Ithaca: Cornell University Southeast Asia Program, 2007.

D. Fineman, *A Special Relationship: The United States and Military Government in Thailand*, 1947 – 1956, Honolulu: University of Hawaii Press, 1997.

K. Hewison, *Bankers and Bureaucrats: Capital and the Role of the State in Thailand*, New Haven: Yale University Southeast Asian Studies, 1989.

P. Hirsch, *DevelopmentDilemmas in Rural Thailand*, Singapore: Oxford University Press, 1990.

F. Molle and Thippawal Srijantr, *Thailand's Rice Bowl: Perspectives on Agricultural and Social Change in the Chao Phraya Delta*, Bangkok: White Lotus, 2003.

R. Muscat, *The Fifth Tiger: A Study of Thai Development Policy*, New York: M. E. Sharpe and United Nations University Press, 1994.

7. 意识形态（20 世纪 40 年代—20 世纪 70 年代）

Saiyud Kerdphol, *The Struggle for Thailand: Counter-Insurgency*,

1965 – 1985, Bangkok: S. Research Center, 1986.

D. Morell and Chai-Anan Samudavanija, *Political Conflict in Thailand*: *Reform*, *Reaction*, *Revolution*, Cambridge, Mass. : Oelgeschlager, Gunn and Hain, 1982.

Kasian Tejapira, *Commodifying Marxism*: *The Formation of Modern Thai Radical Culture*, 1927 – 1958, Kyoto: Kyoto University Press, 2001.

Thongchai Winichakul, "Remembering/silencing the traumatic past: the ambivalent memories of the October1976 massacre in Bangkok", in Shigeharu Tanabe and Charles F. Keyes eds, *Cultural Crisis and Social Memory*: *Modernity and Identity in Thailand and Laos*, Honolulu: University of Hawai'i Press, 2002.

8. 全球化与大众社会（20 世纪 70 年代以来）

D. Arghiros, *Democracy*, *Development and Decentralization in Provincial Thailand*, Richmond: Curzon, 2001.

Andrew Brown, *Labour Politics and the State in Industrializing Thailand*, London and New York: RoutledgeCurzon, 2004.

M. K. Connors, *Democracy and National Identity in Thailand*, New York and London: RoutledgeCurzon, 2003.

Anek Laothamatas, *Business Associations and the New Political Economy of Thailand*: *From Bureaucratic Polity to Liberal Corporatism*, Boulder, CO: Westview Press, Institute of Southeast Asian Studies, 1992.

M. B. Mills, *Thai Women in the Global Labour Force*: *Consuming Desires*, *Contested Selves*, New Brunswick, NJ, and London: Rutgers University Press, 1999.

Bruce D. Missingham, *The Assembly of the Poor in Thailand*: *From Local Struggles to National Protest Movement*, Chiang Mai: Silkworm

Books，2003.

Shigeharu Tanabe and C. F. Keyes eds，*Cultural Crisis and Social Memory：Modernity and Identity in Thailand and Laos*，Honolulu：University of Hawai'i Press，2002.

Andrew Walker，*Thailand's Political Peasants：Power in the Modern Rural Economy*，Madison：University of Wisconsin Press，2012.

9. 政治（20 世纪 70 年代以来）

W. A. Callahan，*Imagining Democracy：Reading "The Events of May" in Thailand*，Singapore：ISEAS，1998.

Michael K. Connors and Kevin Hewison eds. ，"Thailand's 'Good Coup'：The Fall of Thaksin，the Military，and Democracy"，special issue of *Journal of Contemporary Asia* 38，1，February 2008.

Paul Handley，*The King Never Smiles：A Biography of Thailand's King Bhumibol Adulyadej*，New Haven：Yale University Press，2006.

Kevin Hewison ed. ，*Political Change in Thailand：Democracy and Participation*，London and New York：Routledge，1997.

Anek Laothamatas，"A tale of two democracies：conflicting perceptions of elections and democracy in Thailand"，in R. H. Taylor ed. ，*The Politics of Elections in Southeast Asia*，Cambridge：Cambridge University Press，1996.

D. McCargo，*Chamlong Srimuang and the New Thai Politics*，London：Hurst，1997.

D. McCargo ed. ，*Reforming Thai Politics*，Copenhagen：NIAS，2002.

DuncanMcCargo，"Network monarchy and legitimacy crises in Thailand"，*Pacific Review* 18，4，2005.

Ruth McVey ed. ，*Money and Power in Provincial Thailand*，Copenhagen：NIAS，2000.

Pasuk Phongpaichit and Chris Baker, *Thaksin*, 2nd ed. Chiang Mai: Silkworm Books, 2004.

Kasian Tejapira, "Post-crisis Economic Impasse and Political Recovery in Thailand: the Resurgence of Economic Nationalism", *Critical Asian Studies* 34, 3, 2002.

Naruemon Thabchumphon and Duncan McCargo, "Urbanized villagers in the 2010 Thai Redshirt protests", *Asian Survey* 51, 9, 2011.